Christoph Daxelmüller
Zauberpraktiken

Christoph Daxelmüller

Zauberpraktiken

Die Ideengeschichte der Magie

Patmos

Bibliographische Information der Deutschen Bibliothek
Die Deutsche Bibliothek verzeichnet diese Publikation
in der Deutschen Nationalbibliographie;
detaillierte bibliographische Daten sind im Internet
über http://dnb.ddb.de abrufbar.

Umschlaggestaltung: butenschoendesign, Lüneburg
Umschlagmotiv: John William Waterhouse,
Circe Invidiosa, 1892, Art Gallery of South Australia, Adelaide
Printed in Germany
ISBN 3-491-69128-1
www.patmos.de

Inhaltsverzeichnis

Vorwort

Vom Zauber handeln nicht nur die Märchen, die man einst den Kindern erzählte, sondern auch die Wissenschaften. Gerade in der Gegenwart haben sie sich in der Überzeugung vereint, daß an ihm etwas Bemerkenswertes sein müsse. So malen die Theologen das Bild Satans an die Wand; sie glauben, daß Gott ihm einen Spielraum zur Verführung des Menschen eingeräumt habe. Die Historiker finden mehr und mehr Gefallen an den inneren Mechanismen der Hexenverfolgungen, die tief in das soziale und kulturelle Leben der frühen Neuzeit eingegriffen hatten, und die Völkerkundler trugen (und tragen) abendländische Magiekonzepte in fremde, außereuropäische Kulturen hinein. Der Volkskundler plagt sich mit der Popularität abergläubischer Denkformen und zauberischer Handlungen herum. Die ungebrochene Faszination, die vom Zauber ausgeht, blendet mit einer Kraft, die sogar den Pleonasmus übersehen läßt; denn *fascinatio* bedeutet «Verzauberung».

Wie unterschiedlich die Zugänge auch sein mögen, die Wissenschaften lassen sich ihre nahezu erotische Leidenschaft für die Sub- und Gegenkultur des Zaubers nicht nehmen: Er reiche aus eisgrauen Vorzeiten in die Gegenwart hinein, irgendwie müsse es etwas geben, was den fanatischen Hexenjägern des 17. Jahrhunderts aufgefallen sei und sich vor allem in den ländlichen Unterschichten als geheimes Wissen erhalten, sich in seiner Handhabung, nicht in seiner Wirkung, als lebensgefährlich erwiesen und zu den religiösen, sittlichen und sozialen Normen der Gesellschaft in Widerspruch gestanden habe. Die «Hexe» ist als Angeklagte inzwischen von der Forschung wegen erwiesener Unschuld freigesprochen und rehabilitiert worden; doch das eigentliche Verbrechen, die Magie, bleibt weiterhin unbezweifelt. Merkwürdigerweise fiel diese Ungereimtheit bis heute niemandem so richtig auf.

Mit dieser Beobachtung begannen meine Zweifel. Daß Zauberpraktiken ein wichtiges Element der Volkskultur bildeten und Ausdruck von Über-Lebensstrategien eben jener vom Hexereivorwurf betroffenen Sozialschichten seien, erwies sich letztendlich als elitäre Fiktion gebildeter Chronisten. Denn die Suche nach der populären Magie geriet zur abenteuerlichen Zeitreise durch die Geschichte des Denkens und der von Ideen ausgehenden Machtansprüche. Als die «Zauber»texte geordnet nebeneinander lagen, überraschten sie durch ihre Unvollständigkeit und ihre monotone Gleichartigkeit; die Furcht der Missionszeit vor fremdem Aberglauben, die stereotypen Ängste des Mittelalters und die stets gleichen Hexenutopien der Neuzeit verstärkten den Verdacht. Die Zeugnisse, die uns heute vom vermeintlich weit verbreiteten Laster der Zauberei berichten, beschreiben – eintönig genug – die *Art* des Zaubers, nicht jedoch die zu erwartende mechanische Vielfalt der dämonischen Kunst; sie überliefern Äußerlichkeiten, keine Rituale und keine Anleitungen zu den hochkomplizierten *artes technicae magicae*. Die Zauberhandlung existierte als theoretisches Konstrukt in den Köpfen einer gebildeten Elite; sie aber unterschied sich von den Analphabeten, die – nach ihrer Vorstellung – die komplexe Struktur des ihnen vorgeworfenen Zaubers mühelos handhabten, durch die Fähigkeit des Schreibens, Lesens, durch Lateinkenntnisse und durch die Gabe der Abstraktion. Der Nachweis, daß die dämonische Magie tatsächlich existierte, will bis zu jener aufklärerischen Epoche nicht so recht gelingen, die Satan die Macht nahm und die Zauberkunst als ebenso *curieusen* wie harmlosen Zeitvertreib tolerierte. Wie aber löst sich der Widerspruch auf, daß sich das einfache, unschuldige, verängstigte, bildungsferne Volk, das zwar von den Untaten der Hexen, allerdings nichts von Zauberritualen mit ihren lateinischen, giechischen, hebräischen und aramäischen oder einfach nur unsinnigen Wörtern, von den rätselhaften Zeichen und von den astrologischen Bezügen wußte, gezielt in den Jahrhunderten der Hexenverfolgung der Gefahr der schwarzen Magie aussetzte?

Kurzum: Die Art und die Herkunft der Quellen über den Zauber gestatten lediglich den Nachweis, daß Zauberwissen im kleinen Kreis der Gelehrten zirkulierte; jede weiterreichende Aussage wäre spekulativ. Zumindest die hochmittelalterlichen Zaubereiprozesse scheinen die soziale Zuordnung noch zu ahnen; denn die des *crimen magiae* angeklagten Malefizpersonen, Mönche etwa, Kleriker oder

Angehörige des Hochadels wie Gilles de Rais, gehörten in der Mehrzahl der Bildungsschicht an. Der augenfällige Bruch erfolgte mit den frühneuzeitlichen Hexenprozessen, in denen die zur eigenen Verteidigung intellektuell unfähigen und daher wehrlosen Unterprivilegierten vor Gericht gezerrt wurden, während die Elite unschuldig blieb oder, besser: sich der Schuld entzog. Und so stand am Ende der Suche nach den *populären* Zauberritualen die Erkenntnis, daß der in die Antike zurückreichenden Zaubertheorie eine kaum glaubliche Macht zukam, die sowohl soziale Entwicklungen wie auch die Eigenart des abendländischen Denkens, die europäische Weltsicht und nicht zuletzt die Entstehung der Naturwissenschaften nachhaltig, vielleicht sogar maßgeblich prägte. Aus einer Sozialgeschichte der Magie als einer Geschichte der Betroffenen wurde eine Sozialgeschichte der Ideen und derjenigen, die sie formulierten. Als der Zauber an der Wende vom 17. zum 18. Jahrhundert konkretere Formen annahm, die ersten volkssprachlichen Zauberbücher gedruckt wurden und damit seine Geschichte begann, lag der Buhlteufel der Hexen als der eigentliche Urheber magischer Phänomene bereits im Sterben. Der Respekt vor den überlieferten Zeugnissen gebietet diese Aussage; man hat die Texte zum Reden zu bringen, nicht zur fabulierenden Geschwätzigkeit zu zwingen.

So ist im doppelten Wortsinn der Zauber des Märchens allerliebstes Kind. Nur die Kinder leben noch in einer verzauberten Welt voller sprechender unbelebter Dinge, voller Wunder und voll des uneingeschränkten Glaubens an die Wirklichkeit ihrer magischen Phantasiereiche, die von Engeln und Dämonen, guten und bösen Geschöpfen bevölkert sind, ob diese nun Luzifer oder He-Man heißen mögen. Ich habe meine Reise durch die Welt der Magie für Lea aufgezeichnet. Noch versteht sie den Expeditionsbericht nicht, da sie sich ihre Zauberwelt nach eigenen, den Erwachsenen verborgenen Prinzipien eingerichtet hat. Irgendwann muß dieser Kosmos zerbrechen; vielleicht wird sie dann meine Aufzeichnungen zur Hand nehmen. Ich bitte sie um Vergebung, daß sie ihren Vater oft genug wegen seiner Suche nach der Utopie des Zaubers entbehren mußte. Ich hätte sie lieber in *ihr* reales Reich der Magie und Abenteuer begleitet.

1. Kapitel Der Fall Anholt

Und es kam in die Zeitung, und es wurde gedruckt, und es ist ganz gewiß: Eine kleine Feder kann durchaus zu fünf Hühnern werden. HANS CHRISTIAN ANDERSEN

Laut einer Meldung der Kopenhagener Tageszeitung «Politiken» vom 22. November 1991 war beim Verrücken einer Vitrine im «Handels- og Søfartsmuseet» in Schloß Kronborg, Helsingør, eine Münze gefunden worden; ihre Vorderseite zeigt ein Bild Satans, ihre Rückseite die Datierung 13. Mai, Anholt, 1973. Die Person, die sie dort versteckte, ist unbekannt.

Blutsuppe zum Hochzeitsmahl oder: Ein Leserbrief

«Ich befinde mich in einer furchtbaren Situation. Vielleicht erscheint dies vielen unmoralisch zu sein, aber ich bin praktisch gleichzeitig in zwei Männer verliebt. Der eine ist wie ich 21 Jahre alt, blond, freundlich, extravertiert. Er gehört der Folkekirke an und interessiert sich für Fußball, Politik und Wirtshausschnack – er ist also recht durchschnittlich. Der andere – sein Gegensatz – ist 25 Jahre alt, dunkelhaarig, ein wenig düster und introvertiert, aber er hat viele seriöse Interessen.

Beide wollen mich heiraten, aber der letztgenannte, der Mitglied eines Schwarzen Kultes ist, wünscht unter keinen Umständen eine kirchliche Hochzeit. Er sagt, daß unsere Vermählung in einer bestimmten, Luzifer geweihten Nacht unter Anholts Sternenhimmel stattfinden und viele besondere Dinge an unserer Hochzeit geschehen sollen, so zum Beispiel das Trinken von Blutsuppe, und die Oberpriesterin wird auf einer aus dem Schenkelknochen einer Jungfrau angefertigten Flöte blasen. Dies alles hört sich sehr spannend, aber auch beunruhigend an. Was soll ich glauben? Soll ich mich dem Unbekannten ausliefern, was vielleicht mit Tod und Untergang enden wird, oder soll ich den blonden jungen Mann wählen, der mir sicherlich ein geborgenes Dasein bieten kann – aber *welch* ein Leben für ein junges Mädchen, das nicht nur auf ihn zu warten wünscht, bis seine politischen Treffen / Wirtshausbesuche abgewikkelt sind? *Was* soll ich machen? Ich beginne beim Nachdenken über dieses Dilemma noch verrückt zu werden[1].»

Dieser Leserbrief eines jungen, zu gleicher Zeit in zwei Männer mit unterschiedlichem Charakter verliebten Mädchens erschien nicht in einem auf Astrologie und Okkultismus spezialisierten Blättchen, sondern 1980 in der Sonntagsausgabe einer der größten und renommiertesten dänischen Tageszeitungen, der Kopenhagener «Politiken», zusammen mit der Antwort Herdis Møllehaves, einer bekannten Schriftstellerin und Briefkastentante für Ehe- und Sexualprobleme:

«Mir fällt es schwer zu begreifen, daß deine Situation so ‹fürchterlich› sein soll und daß du nahe daran bist, ‹wahnsinnig› zu werden, weil du dich nicht entscheiden kannst. Ich glaube, du sollst das Wählen lassen. Was hast du von ‹einem relativ geborgenen Dasein›, wenn du dir bereits jetzt wegen der ‹Wartezeit› Sorgen machst? Und dazu derjenige, der dunkle ‹Okkulte›: das erweckt den Eindruck, als ob die Hochzeit spannender sei als er. In einer Zeit, die hier und jetzt so viele Herausforderungen und Aufgaben stellt, erscheint mir diese Flucht nicht nur krankhaft, sondern auch gefährlich. Das gilt sowohl für den Hexen- wie für den Teufelskult. Nicht weil ich glaube, daß es mit ‹Tod und Untergang› ende, aber einige Menschen verfügen nicht über die psychische Kraft, um diese Form von Hysterie zu bewältigen, und die Vernünftigeren wählen ein Engagement in etwas mehr Lebensnahem. Am liebsten würde ich den Okkultismus als Unsinn abtun, wenn man seine Folgen nicht so ernst nehmen müßte. Warte daher, bis ein Dritter kommt, bei dem du nicht im Zweifel bist, ob er der Rechte sei.»

Anholt oder: Die Mysterien realer Objekte

Der Leserbrief des verunsicherten Mädchens ist zeitlos; daß er auch 1992 verfaßt sein könnte, mögen Heidi Staschen, die im «Hexenarchiv» des Hamburger Völkerkundemuseums wöchentliche Beratungen abhält, oder die Sektenbeauftragten der Kirchen bestätigen.

Gegenwärtig zielen nicht nur Astrologie, Horoskopstellerei, Wahrsagerei und esoterische Spekulationen auf die Wünsche, Sorgen und Nöte einer vernunftmüden Gesellschaft – und in deren Geldbeutel; vor allem «harte» spiritistische, okkultistische und satanistische Praktiken finden mehr und mehr Eingang in die Freizeit der Jugendlichen, als Mutprobe etwa, als Objekt der Neugierde oder auch als libidoförderndes Sexualbeiwerk. Die Parapsychologie erlebt Hochkonjunktur mit ihren Erklärungsversuchen für die Mechanik einer überwunden geglaubten magischen Welt, und die Heavy-Metal-Bands hypnotisieren ihre Anhänger nicht nur mit Musik, sondern gerade mit okkulten Symbolen und den als Bühnenshow inszenierten Schwarzen Messen. Man könnte hier den Fall Charles Manson und seine blutrünstige Sekte aufgreifen, sich Gedanken machen über die mit dem Blut der Opfer, unter ihnen die Schauspielerin Sharon Tate, an die Wände des Schlachthauses geschmierten, einem Beatles-Song entnommenen Wörter «Helter Skelter», doch die Funde, die man 1972 und 1973 auf der kleinen, zum damaligen Zeitpunkt nur von etwa 200 Menschen bewohnten, von der Fischerei und dem Tourismus lebenden, über eine Marinebasis und einen kleinen Flugplatz verfügenden dänischen Kattegatinsel Anholt machte, *scheinen* die Lebenskraft einer traditionellen Schwarzen Magie in der Gegenwart besser zu bestätigen. Aber hatte man dort tatsächlich satanistische Rituale durchgeführt[2]?

Dies glaubte zumindest die Presse, die mit Anholt willkommene Schlagzeilen für das – dänische – Sommerloch fand, und dies glaubte auch die in Deutschland durch Filme wie «Ich betone: Oben ohne» (Deutschland/Schweiz 1968; Regie Rolf Olsen) oder «Die Liebesquellen» (Österreich 1965; Regie Ernst Hofbauer) als Schauspielerin bekannt gewordene Ann (Hanne) Smyrner. Nachdem eine Woche zuvor Inselbewohner verschiedene merkwürdige Gegenstände gefunden hatten, mutmaßte am 24. Mai 1973 die Kopenhagener Tageszeitung «Politiken»: «Schwarze Magie auf Anholt», während am gleichen Tag die «Morgenavisen Jyllandsposten» sogar erste Aktivitäten mitzuteilen vermochte, nicht ohne Ironie: «Ein Polizist aus Grenå soll Anholts Satan finden. Der vermutete Satanskult auf Anholt, der die Bevölkerung in einem Maße aufgeschreckt hat, daß sogar erwachsene Männer nur noch paarweise das Gelände

‹Ørkenen› an der Pakhus-Bucht aufsuchen, soll aufgeklärt werden. Vor dem nächsten Vollmond soll ein Polizist auf die Insel gesandt werden, um aufzuklären, wer die Satansverehrer seien.» Einen Tag später, am 25. Mai, ließ «Berlingske Tidende» den inzwischen auch über Dänemarks Grenzen hinaus bekannten Schriftsteller Ebbe Kløvedal(-Reich) mit einer tiefschürfenden Analyse zu Wort kommen:

«Experten: Wir erhalten Satanstempel anstelle von Kirchen und Gemeindehäusern. Schriftsteller Ebbe Kløvedal: ‹Ich glaube, daß Satanstempel einmal genauso alltäglich wie Kirchen und Gemeindehäuser werden. Zu einem Zeitpunkt, an dem der Aberglaube um sich greift, werden Satanskulte in großer Zahl entstehen. Die Menschen wissen nicht mehr, woran sie überhaupt noch glauben sollen. Der ehrlichste Ausdruck für den Verlust eines gemeinsamen Glaubens ist de facto der Satanskult.› ‹Wir wollen, daß die Vorkommnisse aufhören, da wir uns bedroht fühlen›, sagt einer der Inselbewohner. ‹Ich wage es nicht, meine Kinder in das öde Terrain hinausgehen und Möweneier sammeln zu lassen, solange man uns nicht darüber aufgeklärt hat, was sich hinter dem unheimlichen Fund verbirgt.›»

Von nun an überschlugen sich die Meldungen. Am 25. Mai 1973 vermutete die Jütlandsausgabe des Sensationsblattes «Ekstra Bladet» bereits einen Mord: «Birgt der Tod eines 17jährigen Mädchens die Lösung des Satanskults? Fund einer mysteriösen Grabstätte auf Anholt, wo man die unheimlichen Gegenstände gefunden hatte. Ein verschwundenes 17jähriges Mädchen bietet vielleicht die Lösung des Rätsels um den Satanskult auf der Kattegatinsel Anholt, was der gestrige Fund eines möglichen Grabes bekräftigen könnte. Mitarbeiter von ‹Extra Bladet› fanden in dem öden ‹Ørken›-Gebiet eine Stelle, an der mit Strandsteinen ‹BODIL 1955–1972› geschrieben war. Auf Anholt vermehren sich die Gerüchte mit unverminderter Schnelligkeit, und keiner der Inselbewohner weiß, wer inzwischen die Verantwortung für die Aufklärung des Rätsels trägt.» Mehrere Zeitungen griffen die Nachricht von der (kultischen) Beisetzung eines Mädchens namens Bodil auf. Doch die von der Presse ins Anholter Jenseits Beförderte unterrichtete die Polizei in Grenå, daß sie sich bester Gesundheit erfreue und im Sommer 1972 das Steinornament aus Spaß angefertigt hätte: die Differenz von 17 bedeuteten die siebzehn Sommer, die sie auf der Insel verbracht habe.

Jetzt aber folgte der Auftritt der (Ex-)Schauspielerin Ann (Hanne) Smyrner. Am 25. Mai 1973 schrieb «Morgenavisen Jyllandsposten»:

«Satanskult Ursache für das Anholt-Mysterium. Die ehemalige Hexe, die Schauspielerin Hanne Smyrner, zweifelt nicht daran. Die international bekannte dänische Schauspielerin Hanne Smyrner, die vor einigen Jahren öffentlich bekannte, sie sei eine Hexe, später jedoch zum Christentum konvertierte, vermutet, daß die Anholter Satansverehrung gegen sie gerichtet sei. Sie hatte anonyme Drohbriefe erhalten, die Rache für ihre Fahnenflucht ankündigten. ‹Ich bin mir vollständig sicher, daß es sich bei den Vorgängen um Satanskult handelt›, sagt Hanne Smyrner. ‹Die aufgefundenen Objekte beweisen, daß auf der Insel eine 100 % echte Schwarze Messe zelebriert wurde. Ich bin wohl die einzige Expertin auf diesem Gebiet in Dänemark. Nachdem ich die Bilder und Beschreibungen der Gegenstände [...] gesehen habe, kann ich mit Sicherheit behaupten, daß es sich nicht um Jungenstreiche oder um das Werk von Rauschgiftsüchtigen dreht. Hier sind gefährliche Leute mit übernatürlichen Kräften am Werk, wie auch ich sie besaß.› Hanne Smyrner glaubt nicht, daß sich die Bevölkerung von Anholt fürchten müsse, da es die Mitglieder des Kultes auf sie abgesehen hätten. ‹Aber ich würde keinem raten, sie bei ihren Beschwörungen zu stören. Denn die Art ihres Wirkens kann Tod und Unglück für diejenigen Menschen bedeuten, die ihnen in die Quere kommen.›»

Fortan übertrafen sich die Zeitungsmeldungen mit immer neuen Mutmaßungen über Satanistisches. Hanne Smyrner feierte in den Medien ein willkommenes Comeback. Nach der Beendigung ihrer Filmkarriere war sie in Ceylon in die Hexenlaufbahn eingetreten, hatte sich dann jedoch – geläutert – theologischen Studien hingegeben und ließ sich nun als Spezialistin für okkultistische Angelegenheiten feiern. Inzwischen aber lernten die Einheimischen mit dem massiven Presserummel gelassen umzugehen und eigene Erklärungen für die mystischen Vorkommnisse zu finden. Die Inszenierungen dienten dem Verbergen von Schmuggelei, seien das Werk von Hippie-Gruppen oder gar von – betrunkenen – dänischen oder schwedischen Segeltouristen gewesen. Neue Aufklärung verhieß die Anzeige wegen Landfriedensbruch, die der Strandvogt, Fredrik von der Maase, zugleich Besitzer des Naturschutzgebiets, stellte; Unbekannte hatten ein offenes Feuer in dem äußerst brandgefährdeten Gebiet entzündet. Bei den folgenden Untersuchungen durch einen Polizeibeamten aus Grenå wurden dann im Mai 1973 insgesamt dreizehn Aufstellungen mit folgenden Gegenständen gefunden:

1. 42 Paranüsse, einige verschiedenfarbige Glasperlen;

2. Chimäre (Abguß einer Plastik von Notre-Dame, Paris); grauweiße Flintsteine; an den Steinen waren zwei Plastikhände befestigt, die eine Kugel, ebenfalls aus Plastik, hielten; Schlüsselbeinknochen mit einem Haarbusch aus Pferdehaar; neun schwarze Kerzen; ein Messingschrein folgenden Inhalts: ein Blockdruck mit der Darstellung eines tibetanischen Hirschdämons, der zusammen mit einer Schlangenhaut in einem Beutel aus Fensterleder lag; Ziegenhaar; sechs menschliche Knochen, darunter Teil einer Hirnschale mit aufgemalten Symbolen (Auge sowie ein an eine ägyptische Hieroglyphe erinnerndes Zeichen); zwei Zähne, davon einer ein Menschenzahn; sieben Kauri-Schnecken und Blüten von sieben gelben «Ewigkeitsblumen»;

3. Steinsetzung in Form eines Megalithgrabes; Vogelkranium mit angebundenen Drähten; Messingschrein folgenden Inhalts: menschliche Knochenreste; sieben schwarze Perlen; eine niedergebrannte Kerze und Räucherstäbchen aus Sandelholz;

4. sieben schwarze Kerzen; zwei Tauquasten;

5. braune Dämonenmaske aus Holz; drei schwarze Kerzen;

6. Knochen, umwickelt mit dicker, mehrfarbiger Seidenschnur und vernäht mit einem Paar Vogelkrallen, die mit Phosphor verschmiert waren (einen ähnlichen Fund hatte man bereits 1972 gemacht); eine Messingleuchte; zwei schwarze hölzerne Dämonenmasken; ein Armring mit Löwenhäuptern; ein Kerzenhalter mit Dekor aus roten und blauen Perlen; ein Messingschrein, der folgende Gegenstände enthielt: ein imitierter Schrumpfkopf; ein schwarzes und zwei rotbraune Schneckenhäuser; eine rotbraune Hühnerfeder;

7. Keramikschale mit kandierten Rosenblättern und Gelbwurz; ein blaugraues Alabasterei, drei dunkelfarbige hölzerne Vögel, deren Augen und Schnäbel mit Phosphor beschmiert waren;

8. ein imitierter Schrumpfkopf auf einer Holzstange, die in einem Kinderschuh steckte; der Kopf war mit einem Armring gekrönt und mit Gelbwurz eingerieben; fackelähnliche purpurfarbige Gegenstände; ein Ball aus strohartigem Material; ein ziselierter Behälter mit kandierten Rosenblättern, Gelbwurz und vielfarbigen Perlen; neun schwarze Kerzen;

9. Dämonenmaske; zwei Rasseln aus Stroh;

10. Vogel (wie in Aufstellung 7); Ball (wie in Aufstellung 8);

11. Dämonenmaske aus dunkelbraunem Holz; drei schwarze Kerzen;

12. zwei leere Messingkannen; ein Gipsgefäß, gefüllt mit kleinen braunen Samenkörnern und Strohstummeln (Räucherwerk?); sechs Gefäße der gleichen Art waren bereits im Sommer 1972 gefunden worden; Messingglocken, die mit Nylonschnüren am Buschwerk neben der Aufstellung befestigt waren;

13. zwei aus Stroh geflochtene Fahnen; zwei Steine mit aufgemalten roten Händen; die Hand ist offen, die Finger sind ausgestreckt («Hand Fatimas»).

Nicht ohne Absicht wurden hier der Fall und die Dinge von Anholt so ausführlich referiert, nicht zufällig der bereits im Sommer 1972 gemachte Fund einer kleinen Steinsetzung auf der Insel bis jetzt verschwiegen: in ihr lag eine kleine Kiste mit einer Puppe, die sich bei näherem Augenschein als Rest einer toten Ratte mit menschlichem Schädel erwies. Denn Anholt steht für ein kritisch-historisches Problem, das uns im folgenden immer wieder begleiten wird: die Täter, die wir einmal «Magier» nennen wollen, sind bis heute ebenso unbekannt wie die Magie, die sie praktizierten. Es bleiben lediglich *unser* Wissen und *unsere* Interpretationen von Magie, wie sie über Jahrhunderte hinweg überliefert und dadurch gefestigt wurden.

Der rationalen Position stehen mystisch-esoterische Spekulationen gegenüber. Die kritische Vernunft kann unwiderlegt behaupten, daß es sich auf der dänischen Insel um einen Schildbürgerstreich handelte und die «magischen» Objekte mühelos in Geschäften erhältlich seien, die sich auf orientalisches Kunsthandwerk spezialisiert hätten, während menschliche Skelettreste tagtäglich bei Friedhofsarbeiten ans Tageslicht kämen. Eine von «Alice Mandragora» mit «teuflischen Grüßen» unterzeichnete, immerhin mit dem professionell angefertigten Siegel «Anholt – die Insel mit den zwei Gesichtern» gestempelte Einladung, die «Politiken» im Oktober 1981 erhielt und am 22. Oktober 1981 veröffentlichte, läßt an eine Parodie denken, beweist aber zugleich die Kontinuität des Wissens um die Vorfälle:

«Lieber Freund! Wenn Sie über ausreichenden Mut verfügen, dann ist Ihre Teilnahme am ‹Feuerfest der Nachtschattenbewegung›, das auf Ostebakken im Gebiet Ørkenen auf Anholt in der Nacht zum 31. Oktober vor sich gehen wird, willkommen. Alle sind willkommen – Lebende wie Tote –; allerdings sind eine Bibel oder ein Katechismus mitzubringen, die zum rechten Zeitpunkt in das flammende Feuer geworfen werden sollen. ‹Der Schlimme› hat seine Teilnahme an den Feierlichkeiten höchstpersönlich zugesagt, und Er wird, wenn die Mitternachtsstunde gekommen ist, den Feuertanz tanzen, daß die Funken fliegen.

Ich selbst will – in aller Bescheidenheit – meine Flugkünste auf dem Besen über die Köpfe der Anwesenden hinweg demonstrieren. Außerdem wird zu einem kleinen Essen gebeten: eingemachte Kreuzottern und Wacholderschnaps. Was sagen Sie dazu? Willkommen!»

Die magische Phantasie erkennt die Versatzstücke, die Regelmäßigkeit und den Symbolwert der Aufstellungen; immer wieder tauchen die zaubermächtigen Zahlen 3, 7 und 9 auf, die Gegenstände besitzen als Amulette und Zauberhilfsmittel ihren Sinn: schwarze Kerzen, Kauri-Muscheln und Menschenknochen blieben in ihrer Bildgestalt unverständliche Anagramme, wären sie durch magiologische Traditionen nicht als Travestie kirchlicher Liturgie, als Talismane und als Denkstruktur des wirksamen *pars pro toto* dechiffrierbar. Vom Schadenzauber mit Bildern kann angesichts der Kiste mit der Rattenpuppe die Rede sein, Voodoo im Norden wird gegenwärtig, und auch in der wissenschaftlichen Literatur ist nachzulesen, was Hanne Smyrner über die Bedeutung des mit Gelbwurz gesalbten Schrumpfkopfs in einem Kreis mit 13 schwarzen Kerzen zum besten gab; die Zahl 13 stehe in Gegensatz zur «heiligen» Zahl der zwölf Apostel Christi, Anholt repräsentiere daher eine im Vergleich zu Charles Manson sehr viel bessere Form des Satanismus.

Doch daß Schadenzauber, das Opfer an einen dämonischen, nichtchristlichen Gott oder gar eine Schwarze Messe stattgefunden habe, ergibt sich nicht aus den Berichten der Beteiligten, sondern aus einem kulturell vermittelten Konstrukt von Magie, das den Beobachter zur Erklärung verleitet; nicht die Magie selbst, sondern lediglich *unser* Wissen von Magie wird in der Inszenierung von Anholt gegenwärtig. Der Presse mag es in der nachrichtenarmen Ferienzeit ebenso recht sein wie dem sensationslüsternen Leser: ob schwarze Magie oder Spukerscheinungen, weinende Madonnen und blutende Christusbilder, Yetis oder ein unverwüstlicher Langzeittaucher im schottischen Loch Ness, Magie und Paranormales haben bis heute als schöne und zugleich nervenkitzelnde Illusion noch nichts von ihrer einst verheerenden Imaginationskraft eingebüßt. Der Fund von Anholt ist auch eine Erfindung der Magie. Die Voraussetzung, daß zwischen der dänischen Kattegatinsel und unserem Zauberverständnis eine Kommunikations- und Verständnisebene vorhanden ist, kann aber auch wesentlich das «Verstehen fremden Denkens», wie Hans G. Kippenberg und Brigitte Luchesi Magie zu definieren versuchten, verstellen.

Die Anonymität des Magiers

«Wer bist du, Zauberin, die du mich dauernd besuchst,
zum Bösen dauernd nach mir schaust,
zum Ungünstigen dauernd um mich herum bist?
Deine Stadt kenne ich nicht, dein Haus kenne ich nicht, deine
Wohnung kenne ich nicht» (Maqlû II, 206–209).

***

«Beschwörung. Koche, koche, brenne, brenne!
Böser und Schlimmer, tritt nicht ein, geh weg!
Wer bist du, wessen Sohn, wer bist du, wessen Tochter,
die ihr dasitzt und eure Hexereien, eure Machenschaften
gegen mich hext?

Ea, der Beschwörer, löse,
es vernichte eure Zaubereien
Asarluhi, der Beschwörer der Götter, der Ea-Sohn, der Weise»
(Maqlû IV, 1–8).

***

«Beschwörung. Wer bist du, Zauberin, die Mord gemacht hat?
Ob Genosse oder Gefährte,
ob Bruder oder Freund,
ob Fremdling oder Stadtbewohner,
ob Bekannter oder Unbekannter,
ob Zauberer oder Zauberin» (Maqlû IV, 76–81).

***

«Beschwörung. Nusku, diese Figuren meines Hexers,
diese Figuren meiner Hexerin,
die Figuren meines Zauberers und meiner Zauberin
die Figuren meines Behexers und meiner Behexerin,
die Figuren meines Betörers und meiner Betörerin,
die Figuren meines Spukmachers und meiner Spukmacherin,
die Figuren meines Widersachers und meiner Widersacherin,
die Figuren meines Feindes und meiner Feindin,
die Figuren meines Verfolgers und meiner Verfolgerin,
die Figuren meines Klägers und meiner Klägerin,
die Figuren meines Verleumders und meiner Verleumderin,
die Figuren meines Ränkeschmiedes und meiner Ränkeschmiedin,
die Figuren meines Plänemachers und meiner Plänemacherin,
die Figuren meines Bösen und meiner Bösen –
Richter Nusku, du kennst sie, ich kenne sie nicht»
(Maqlû I, 73–87).

***

Die einleitenden, dem abendländischen Magieverständnis nur allzu vertraut klingenden «Zauber»texte stammen aus der neuassyrischen Beschwörungssammlung «Maqlû»[3], die unter anderem in einer Version aus der Bibliothek Assurbanipals (7. Jh. v. Chr.) überliefert ist. Bis zur Erstedition durch Knut L. Tallqvist 1895 waren sie unbekannt[4], können daher für die kontinuierliche Tradition von Zauberwissen nicht verantwortlich gemacht werden. Dennoch verbalisieren sie ein zentrales Problem der Magiediskussion: Der Zauber scheint real und allgegenwärtig, Zauberin und Zauberer bleiben hingegen anonym, unwirklich und verborgen. Man möchte krasser formulieren: abendländische Magie als eine elitäre Utopie, aus deren Dynamik sich eine kaum glaubliche kulturelle Kreativität für die Struktur des modernen Denkens, für die Entstehung der Naturwissenschaften, für die historische Alltagserfahrung, aber auch für die nach dem Holocaust zweitgrößte systematische, ideologisch begründete Massenvernichtung ergab, nämlich die Hexenverfolgung[5].

Magie als Utopie. Die Mühsal der Definitionen

Magie als Utopie, in ihren geistes- und sozialgeschichtlichen Folgen wirkungsvoller als etwa die Staatsmodelle im 1516 in Löwen erschienen «Libellus de Optimo Reipublicae Statu, deque Nova Insula Utopia» des Thomas More (Morus, 1477/78–1535) oder der «Neu-Atlantis» des Francis Bacon (1561–1626) von 1621: Dies mag seriöser Forschung ebenso häretisch erscheinen wie dem Anhänger effektheischender Esoterik und okkulter Praktiken blasphemisch. Gibt es einen Sinn, das abendländische Denken auf ein Phantom zurückzuführen, das weder Existenz noch Substanz, wohl aber eine Geschichte besitzt, deren Kinder wir sind? Wie können heute die magischen Jahrhunderte des Zauber- und Hexenwesens zum wichtigen Paradigma der Alltagshistoriographie auf der Suche nach gesellschaftlichen Entwicklungen, Lebensbedingungen und Mentalitäten werden?

Gemeinhin erwartet man am Beginn einer Studie die begriffliche Klärung des Untersuchungsobjekts, nicht dessen rigorose Verbannung in das Reich der Wünsche, Träume und Utopien. Eine Zusammenstellung der Definitionen von Magie, die bisher gegeben wurden, bietet Stoff für ein eigenes, ebenso reizvolles wie umfangreiches Buch. Sie sei, so Hans Biedermann, die «Umsetzung eines auf Entsprechungen und Sympathien gegründeten Weltbildes in die Praxis»[6], der «Inbegriff menschlicher Handlungen», die – so Wolfgang Brückner – «auf gleichnishafte Weise ein gewünschtes Ziel zu erreichen suchen; dann die dahinterstehende magische Denkform; im besonderen Sinne ein rationalisiertes und konventionalisiertes System von zwingenden Handlungen, bei denen naturwissenschaftlich nicht faßbare, aber von den Handelnden angenommene ‹übernatürliche› Kräfte beansprucht werden»[7]. Wie Leander Petzoldt betonte man immer wieder den «instrumentalen Charakter, die ‹Praxis›, die freilich erst wirkungsmächtig ist innerhalb eines mehr oder weniger differenzierten kollektiven Glaubenssystems»[8]. Ähnlich formulierte S. J. Tambiah:

«Magische Akte, die sich gewöhnlich aus verbalen Äußerungen und dem Manipulieren (manipulation) von Gegenständen zusammensetzen, sind ‹performative› Akte, durch die aufgrund einer Analogie eine Eigenschaft auf einen Empfänger – sei das ein Gegenstand oder eine Person – kategorisch übertragen wird. Magische Akte sind rituelle Akte, und rituelle Akte wiederum sind performative Akte, deren positive und schöpferische Bedeutung nicht verstanden werden kann und deren Gültigkeit falsch beurteilt wird, wenn sie einer Methode der Verifikation, die der wissenschaftlichen Tätigkeit zugehört, unterworfen werden[9].»

Doch Bestimmungsversuche, die einen gemeinsamen Nenner für *alle* historischen Zeitschichten zwischen Paläolithikum und Gegenwart, für die unterschiedlichsten geographischen Räume und Kulturen suchen, sind früher oder später zum Scheitern verurteilt. Tatsächlich läßt sich das Wesen der Zaubertheorie als eines intellektuell wie sozial prägenden Faktors nur innerhalb einer konkreten Kultur erarbeiten, in der die Zeitschiene zugleich als Trägerin linearer geistiger Traditionen fungiert. Magie ist, so Dieter Harmening, «Lehre der ‹Magier›», wie es bereits Konstantin Franziskus von Khautz 1767 definiert hatte:

«Magia omnis, uti eam in Oriente sapientiam denotasse in vulgus notum est, ita apud cunctas omnino gentes ceteras nihil aliud quam sapientia credebatur, id quod in sequentibus plena luce radiabit, fuitque CULTUS DEORUM, cujus interpretes, licet sapientum nomine indigni, primam sapientiae arcem tenere putabantur[10].»

Als «Wissenschaft und Weisheit von den göttlichen Kräften in der Natur und Schöpfung *(magia naturalis)*» kann dieses Wissen zum einen in «Divination, Orakel und Zauberei», zum anderen als «betrügerische Zauberei» genutzt werden, wobei diese (Dis-)Qualifizierung «an die christliche Dämonisierung anknüpfen konnte»[11].

Damit aber ist mit dem Abendland auch der Kulturraum benannt, in dem Magie als präscientistisches wie als wissenschaftliches System seine Theorie und jene Inhalte fand, die spätestens seit dem 19. Jahrhundert der eurozentristische Blick der Völkerkunde auch auf nichtchristliche und außereuropäische illiterate Kulturen übertrug. Von der Verzerrung der Beobachtung handelt nicht zuletzt Edward Evans-Pritchard epochales, erstmals 1937 in Oxford erschienenes Werk «Witchcraft, Oracles and Magic among the Azande». Hans G. Kippenberg und Brigitte Luchesi faßten diese Problematik zusammen:

«Die ethnologische Literatur ist reich an Belegen für Denkweisen von Gesellschaften, die sich am Rande oder außerhalb der modernen westlichen Zivilisationen entwickelt haben. Bei der Untersuchung derartiger Gesellschaften sahen sich die westlichen Forscher oft Denkweisen gegenüber, die von den ihren mitunter grundlegend verschieden waren. In vielen Bereichen trat ein Denken zutage, das dem Betrachter fremd und als dieses Fremde in jedem Fall dokumentierens- und berichtenswert erschien. Das zunehmende Bewußtsein davon, daß die Kategorien, unter denen diese Denkweisen beschrieben und den Lesern zugänglich gemacht wurden – Religion, Magie, Mythologie etwa, aber auch Wissenschaft, Philosophie und Kunst –, dem europäischen Denken entstammen und daß andere Völker und andere Ethnien die so beschriebenen Phänomene anders bezeichnen können, machte ein Vorgehen problematisch, wodurch diese anderen Gesellschaften dem eigenen Denken entweder einfach konfrontiert oder seinen Begriffen unkritisch unterstellt wurden[12].»

So sei hier eine vorläufige Bestimmung gewagt: die abendländische Magie (gr. μαγεία, lat. magia) beruft sich als Denksystem auf die Vorstellung von den sympathetischen Strukturen des Kosmos. Die Verwobenheit von Makro- und Mikrokosmos ermöglicht ein Netz von Kommunikationsmöglichkeiten zwischen dem Menschen und den Göttern, beziehungsweise Dämonen, wobei das magische

Ritual eine bild- und zeichenhafte Handlung für die diese ausführenden medialen Wesen darstellt. Von der auf einem Vertrag oder Pakt beruhenden und daher verbotenen «magia daemoniaca» («magia illicita») ist die «magia naturalis» als erlaubte («licita») Handhabung der in der Natur durch den Schöpfungsakt immanenten Kräfte («qualitates occultae») zu trennen; die Grenzen zwischen beiden Bereichen waren dennoch stets umstritten und unterlagen häufig ebenso subjektiven Einstellungen wie gesellschaftspolitisch umsetzbaren Ansprüchen.

Eine Präzisierung des dann vor allem für das Mittelalter verbindlichen Magiebegriffs ergibt sich durch die dem *magus* zugeschriebenen Fähigkeiten: er versteht sich auf das zauberische Wort, auf Beschwörungen also und Zaubersprüche *(incantatio;* so zum Beispiel Martin von Braga, De correctione rusticorum, cap. 16), auf die Anfertigung von Phylakterien und Amuletten (Ivo von Chartres, Panormia VIII, cap. 63), die Zubereitung von Giften und magischen Getränken (*veneficia;* zum Beispiel Gregor III., Epistola ad Bonifatium 43) und auf die Techniken der Weissagung (*pythones;* passim); die Zuordnung der Magie an den Götzendienst (*idolatria, cultus idolorum;* zum Beispiel Admonitio generalis, cap. 65; MG Leg. 2 I 55–60) verweist auf den dämonologischen Aspekt des Zaubers. Damit aber ist auch ein funktionales Grobraster vorgegeben, das Magie als willentliche Einflußnahme auf den Menschen etwa im Schaden- und Liebeszauber, auf die Umwelt (z. B. Wetterzauber) und als Reaktion auf alltägliche Bedürfnisse wie Nahrung, Krankheit oder Tod beschreibt; die binäre Struktur von «magia daemoniaca» und «magia naturalis» setzt sich in den zauberischen Absichten als Teil gesellschaftlicher Ethik fort.

Physik der Hölle – Mathematik des Himmels

Die neuassyrische Beschwörungssammlung «Maqlû» vertritt die umfangreiche mesopotamische «magische» und divinatorische Literatur, die nach dem Fall Assurs und Babylons die «Chaldäer» zum Inbegriff der *magoi* machte; in der Gestalt der den neugeborenen Christus in der Epiphaniegeschichte anbetenden drei «Sterndeuter» (Mt. 2, 1–12) wurden sie der frühchristlichen Superstitionenkritik und dem mittelalterlichen und neuzeitlichen Zauberwissen vermittelt. Doch das Ergebnis einer systematisch-quantitativen Durchsicht der Keilschrifttexte überrascht; sie enthalten lediglich Abwehrrituale, während bis heute kein einziger Zaubertext bekannt geworden ist, auf den die Kriterien der «Schwarzen Magie» der *magia daemoniaca,* zutreffen könnten. Der Zauberer lebt nur in der Furcht der Phantasie und in der Allwissenheit des um Hilfe angerufenen Gottes.

Auch diese Einsicht ist direkt auf die abendländische Magie zu übertragen. Die Protokolle der nachmittelalterlichen Hexenprozesse gaben den Zauberinnen und Zauberern Namen und Biographien, doch keine Zauberanleitungen; der Teufel hätte ja alles bereits für sie gerichtet. Hier aber stoßen wir mit der Suche nach einschlägiger magischer Literatur auf ein zentrales, stets übersehenes Quellenproblem.

Denn operativer Zauber setzt ein kompliziertes und zugleich konkret verbildlichendes Ritual aus Wörtern, Formeln, Namen, Gegenständen und körperlichen Ausdrucksbewegungen voraus. Mit einem Handlungsspiel versucht der Magier in Kommunikation mit dem dämonischen Helfer zu treten, der von ihm vollführte magische Akt ist weder willkürlich noch nimmt er von einem Zauberutensil allein, einem Bild zum Beispiel oder einer Schere, seinen Ausgang, sondern enthält eine komplexe Struktur, deren korrekte Handhabung – wie noch zu zeigen sein wird – über Leben und Tod entscheidet. Wer etwa die theoretischen Ausführungen eines Heinrich Cornelius Agrippa von Nettesheim (1486–1535) zum Wesen der Magie betrachtet, weiß, daß die Voraussetzungen für die Dämonenbeschwörung einer «Physik der Hölle» entsprechen. Das – naturwissenschaftliche – Konstrukt der frühneuzeitlichen Magie, über das wir weitaus bessere Kenntnisse besitzen als über die Zauberpraxis des Mittelalters, aber überstieg die Bildungsmöglichkeiten und -fähigkeiten der unteren und mittleren Sozialschichten. Es blieb Geheimwissen und Diskursmaterie einer gelehrten Elite. Deren Magiologie ist jedoch von der populären Anwendungspraxis ähnlich weit entfernt wie eine Theorie der Elektronik von dem Wissen, daß mittels eines geeigneten Steckers Strom aus der Steckdose bezogen werden kann.

Der weit verbreitete Brauch, das neugeborene Kind mittels einer – geöffneten – Schere zu schützen, mag dies beispielhaft illustrieren. In einer unpublizierten, nur für ihre Kinder und Enkelkinder verfaßten Geschichte des Geschlechts von und zu Aufseß schilderte Luise Heim, geborene Freiin von Aufseß, diese Praxis für das oberfränkische Dorf Aufseß:

«Als heranwachsendes Kind besuchte ich einmal mit Mutter eine Wöchnerin. Unter einem hochgebauschten Federbett schlief in der Wiege ein winziges, vor Hitze krebsrotes Wickelkind. Da lag etwas auf dem Federbett, was meine Aufmerksamkeit in hohem Maße festhielt. Eine große, gegen die Türe zu geöffnete Schere! Auf mein dringliches Fragen hin erklärte die Bauerngroßmutter verlegen flüsternd, daß dies [sic!] ‹Boppela› noch ungetauft sei und deshalb bestünde durchaus die Gefahr, daß ‹die böse Trud› käme, um es gegen eine ‹Wechselbuttn› (Wechselbalg) umzutauschen. Läge aber vor dem Kind die nach der Türe zu geöffnete Schere, so verfängt sich die Trud in dem scharfen Winkel, den die Schere bildet, und kann nicht zum Kind gelangen[13].»

Die Schere durfte erst nach der Taufe entfernt werden, «trotzdem mußte man im ersten Jahr noch in vieler Beziehung vorsichtig sein, zum Beispiel durften dem Kind weder Haare noch Nägel geschnitten werden, um es nicht ‹zu mindern› – die Nägel konnte die Mutter im Notfall abbeißen[14].»

Dies hat mit Zauber als einer Theorie der Machtausübung reichlich wenig zu tun; Magie reduziert sich als Schutzmechanismus auf eine sehr einfache, allgemein verständliche Bildebene: im glänzenden Metall der geöffneten Schere verfängt sich die Hexe wie in der Falle des Jägers. Die Vorstellung von der Zauberkraft des Utensils gleicht dem auf dem Tisch angerichteten Essen, von dem keiner der Hungrigen weiß, wie es zubereitet wurde.

Dennoch zwingt die Definition von Magie als einer gesellschaftspolitisch höchst aktiven Utopie zur Differenzierung. Die Rede ist von der verbotenen *(illicita) magia daemoniaca,* nicht von der erlaubten *(licita) magia naturalis.* Nachvollziehbare Ritualanweisungen zur Dämonenevokation, zur Nekromantie und zum Schadenzauber, zur Verhexung von Milch, zum Wetter- und Hagelmachen, zum Potenz- und Unfruchtbarkeitszauber, zum Anhexen von

Krankheiten oder gar zum Töten existieren im Sinne einer «Physik der Hölle» nicht. Einschlägige Praktiken durchziehen zwar das Schrifttum und die Untersuchungsprotokolle von den Zaubereiprozessen im südfranzösischen Umfeld des ebenso magiegläubigen wie ängstlichen Papstes Johannes XXII. (1316–1334) über die Ketzereivorwürfe gegen die Katharer, Templer und andere mißliebigen Gruppen bis hin zu den nachmittelalterlichen Hexenprozessen; doch die Schilderungen vom Zauber mit (Wachs-)Bildern, vom Ausgraben von (Kinder-)Leichen, von der Herstellung von Liebestränken *(philtra)* bleiben schattenhafte Schablonen, die gelehrten – lateinischen – Traktate zur Herstellung der Hexensalben überlassen das diffizile pharmazeutisch-chemische Gleichgewicht der Ingredienzien der Phantasie oder, besser: der Todes- und Rauschlust der Hobbyzauberer. Die Zauberkataloge ermüden in ihrer unpräzisen Monotonie.

Tatsächlich hat die moderne, seriöse Hexenforschung längst die Mechanismen der Anklagen wegen eines *crimen magiae* erkannt und einerseits die elitäre Magiologie und Dämonologie, andererseits gesellschaftliche Ursachen wie Nichtkonformität der Verdächtigten, Hunger- und Seuchenperioden, wirtschaftliche Rezession und sozial-disziplinierende sowie normstabilisierende Maßnahmen für den Hexenwahn verantwortlich gemacht. Wo die Normalität und der fließende Rhythmus des Alltags durch Krankheit, Leid und plötzlichen Tod aus den Bahnen geriet, war man mit dem Vorwurf der Bezauberung und der Verhexung als Erklärung rasch zur Hand. Indem man jedoch die Hexen für unschuldig erklärte, entstand eine kuriose Situation: obwohl es sie nun nicht mehr gab, hielt gerade die Alltagsgeschichte an ihrer spektakulärsten, bunt-exotischen Facette, der Magie als konstitutivem Teil der Volkskultur, als Gegenkultur oder als Opposition ländlicher und randständischer Gruppen gegen das obrigkeitliche Anpassungsbestreben fest; den solchermaßen bezauberten Wissenschaftlern wurde nicht bewußt, daß man mit diesem Widerspruch der Magie den Magier verwehrte.

Es bleibt festzuhalten, daß sich der aus dem Fehlen präziser Nachrichten ergebende Zweifel an der Existenz von Magie ausschließlich auf die *magia daemoniaca* und auf die von Theologen geschaffenen Phantasien von Teufelspakt und Teufelsbuhlschaft, Dämonenbeschwörung und Dämonenkult, auf das epidemische, das Christentum in seinen Grundfesten bedrohende Laster der Hexerei bezieht und nicht für die Rituale der *magia naturalis,* eine Reihe divinatorischer Praktiken, vor allem aber nicht für Schutzhandlungen gegen Krankheit, Unglück und Bezauberung gilt. Nicht der angreifende, sondern der sich bei der Bewältigung des Alltags wehrende Mensch gerät zum Magier, der – im Gegensatz zur Schwarzen Magie – nun auf eine Unzahl von literarisch überlieferten Abwehrritualen zurückgreifen kann. Ihre Herkunft aus der kirchlichen Gebets- und Segensliteratur ist unverkennbar, ihre «magische» Aneignung in der rhythmischen Häufung der Namen und Formeln ebensowenig übersehbar wie ihre zwar verständliche, aber egoistische Unanständigkeit, die ein wenig Glück, Wohlergehen und Wohlhabenheit in der irdischen und nicht in der jenseitigen Welt suchte. Die Vielzahl der überlieferten Rituale zum Schatzgraben verwundert daher nicht. Ungefährlich war die *magia naturalis* dennoch nicht, da es nur zu oft im Ermessensspielraum der Richter lag, die Grenze zur *magia daemoniaca* festzusetzen.

Im Heil- und Abwehrzauber aber rückten Priester und Laie so eng wie nirgendwo sonst zusammen. Der Priester vollzog im Gottesdienst jene Handlungen und Gebete, die auch außerhalb der Kirche im täglichen Gebrauch zu weniger frommen, allerdings verständlichen Absichten angewandt wurden. Wie sehr sich Gottesdienst und magisches Ritual annähern konnten, zeigt der in der Königlichen Bibliothek Kopenhagen aufbewahrte eigenartige, zwischen 1475 und 1500 entstandene Text einer beschwörenden Messe gegen Ratten und Mäuse. Hinter der angerufenen, im Spätmittelalter sehr beliebten heiligen Kakukilla (auch Kakubilia, Cacucabilla, Cacucilla, Cucacilla) verbirgt sich niemand anderer als der irische Heilige Kolumkille, besser bekannt als der Exorzist und zum Schutz gegen Feuer und Gewitter herbeizitierte heilige Kolumban. Die Form, in der die Messe durchgeführt werden soll, erinnert an die Travestie der Schwarzen Messe: Man solle so viele Namen auf einen oder mehrere Bögen Papier schreiben, wie sich Ungeziefer in den Häusern eines Hofes herumtreibt, diesen Zettel unter das Korporale legen, auf dem der Altarkelch steht, und dann die Beschwörung an die heilige Kakokilla richten, die «Braut Christi» *(sponsa Christi);* an drei Tagen hintereinander seien dann drei Messen mit einer recht unorthodoxen Liturgie zu lesen[15].

Der Priester als Magier und Heiler verfügte dabei über die kirchliche Legitimation, wie etwa Martin von Cochems «Libellus benedictionum et exorcismorum», in fünfter und stark erweiterter Auflage 1736 in Mainz und Frankfurt erschienen, mit seinen Formeln gegen infizierte Milch, Mäuseplagen und Spukhäuser *(domus infesta)* bezeugen mag: die Vorbereitung zur Reinigung des von Dämonen umsessenen Hauses und die hierfür erforderlichen Untensilien, zum Beispiel Weihrauch und Wacholderzweige, erinnern an Rituale zur Dämonenevokation. Daß hier die Spuren von *magia daemoniaca* und *magia naturalis* zusammenlaufen, zeigt die Vorschrift, daß der Exorzist abschließend Kapitel 1 des Johannes-Evangeliums zu rezitieren habe[16]. Mit dem «In principio erat verbum» aber hatte bereits laut den Protokollen eines in den Jahren 1390/91 geführten Zauberprozesses die Pariser Prostituierte Macete versucht, ihren Geliebten zurückzuzwingen und ihn schließlich zu schädigen[17]; im Gegensatz zum Kapuzinerpater Martin von Cochem war sie jedoch für diese Verzweiflungstat vor Gericht gestellt worden.

Der Tod Satans, die Geburt des Zaubers und die Erfindung der populären Magie

Wenn auch zu betonen bleibt, daß im Gegensatz zur erlaubten Magie, der *magia naturalis,* für die *magia daemoniaca,* für Schwarze Messen und Dämonenbeschwörungen, für Todes- und Schadenszauber die Anleitungstexte fehlen, so ist dennoch eine Einschränkung notwendig: sie fehlen für die magischen Jahrhunderte, in denen der Teufel seinen festen Platz im Denken der Eliten wie der Massen besaß und die Hexen sowohl zur negativen Parabel für heilsgeschichtliche Bedingungen wie zum Exempel für soziale Disziplinierungsmaßnahmen erklärt wurden. Nachdem, von der Frühaufklärung an den Universitäten seit der zweiten Hälfte des 17. Jahrhunderts vorbereitet, die Hexen*verfolgung* zum Hexen*wahn* geraten war, die radikale Vernunft der Aufklärung die dämonologischen, naturwissenschaftlichen und juristischen Voraussetzungen in Frage gestellt hatte und nach und nach die Feuer der Verbrennungen zu erlöschen begannen, drängten populäre Zauberbücher und -anleitungen etwa für heute abwegig erscheinende Heilrituale in kaum glaublicher Zahl auf den Buchmarkt, erreichten dort jedoch sicherlich nicht die Mehrzahl der Ungebildeten und Leseunfähigen, jene Schicht also, die infolge ihrer Lebenssituation weder Zeit zum Erlernen des Lesens noch Zeit zum Lesen als nützlichem Zeitvertreib hatte. Es fällt auf, daß zu diesem Zeitpunkt Theologen, Juristen und Naturwissenschaftler über die Prämissen nachzudenken begannen, über den Wahrheitsgehalt der unter Folter erzielten Geständnisse oder gar über die Existenz Satans, die der Holländer Baltasar Bekker (1634–1694) in Frage stellte. Je uneingeschränkter man dem Hexenwahn die theoretische Grundlage entzog, desto ungefährlicher wurden die Produktion und der Besitz magischen Schrifttums. Als das Zaubern belanglos wurde, schlug mit der Wende vom 17. zum 18. Jahrhundert die Stunde einer Magie, die nun einen sterbenden, daher für jede Anrufung von Herzen dankbaren Satan zum Ziel hatte.

«Im 19. Jahrhundert hatte man schon fast vergessen, daß die Hexenbilder in den Köpfen der Leute aus den Schreibstuben der Gelehrten, von der Kanzel und aus dem Beichtstuhl stammten[18].» Man könnte hier wissenschaftsgeschichtlich anfügen: im 19. Jahrhundert wurde auch das Dogma von der Volksläufigkeit magischer Praktiken verkündet und die sich langsam formierende Volkskunde als Sachwalterin dieser Doktrin eingesetzt.

Greifen wir noch einmal auf das Beispiel Anholt und auf den Leserbrief eines jungen Mädchens zurück, das hier – im übertragenen Sinne – für eine historische Grundsituation des Magischen in der westlichen Hemisphäre stehen mag, während die Kummerkastentante Herdis Møllehave die reine, absolute Vernunft vertritt. Da sie nicht versteht, warum das Wanken zwischen Normalität und Paranormalität so entsetzlich sein soll, argumentiert sie nur am Rande mit der Entscheidung entweder für Konvention oder für Magie, sondern mit den Gegensätzen von bürgerlicher Langeweile und pervertiertem Nervenkitzel. Da beides aus den moralischen Positionen einer aufgeklärten Gesellschaft verwerflich sei, rät sie der unentschlossenen Verliebten, auf einen dritten Mann zu warten, jenseits von Teufelskult und regelmäßigem Wirtshausbesuch. Die Gleichsetzung der nach wie vor latenten Faszination am Magisch-Paranormalen mit der Dummheit, sich im 20. Jahrhundert für eine magische Welt als Exil der Vernunft zu entscheiden, aber hätte Møllehave einen ehrenvollen Platz unter den Aufklärern des 18., an den Universitäten bereits der zweiten Hälfte des 17. Jahrhunderts eingeräumt. Denn die Gelehrten dieser Epoche hatten damit begonnen, Menschen, deren Köpfe noch voll von überholtem Glauben und deren Handlungen bei der Bewältigung des Alltags nicht mehr mit den neuen naturwissenschaftlichen Erkenntnissen in Einklang zu bringen waren, als «dumm» und «ungebildet» hinzustellen. Wieder einmal mußte der Bauer, der «rusticus», als stereotypes Schreckbild herhalten. Kaum eine Epoche spülte eine derartige Flut von aberglaubensbekämpfenden Traktaten und magietheoretischen Monographien auf den Buchmarkt wie die Zeit zwischen 1650 und 1770. Damit aber begann eine wissenschaftsgeschichtlich folgenschwere Entwicklung.

Die akademische Frühaufklärung der zweiten Hälfte des 17. und die Volksaufklärung des 18. Jahrhunderts verwiesen den nun von der Vernunft überholten Aberglauben und die Überzeugung von der Wirksamkeit magischer Praktiken an die Schicht der ungebildeten, der – im heutigen Sprachgebrauch – unterprivilegierten Bevölkerungsschichten und fanden in den alten Weibern und Ammen (*fabulae aniles*, «Ammenmärchen») sowie in den Bauern *(rustici, ethnici)* die Vertreter unverbesserlicher Bildungsunwilligkeit. Der Aberglaube stand dem rationalen Vertrauen auf die Zukunft im Wege. Der elitäre Charakter der Magie- und Zaubertheorie hingegen war in Vergessenheit geraten.

Recht bald aber vollzog sich eine radikale, romantische, Umbewertung sowohl des Gegenstandes wie des Trägers, des «Bauern». Zwar leugnete eine physikalische Vernunft weiterhin die Effizienz von Magie und Zauber, die Realität von Dämonen und Gespenstern schrieb sie der Leichtgläubigkeit menschlicher Dummheit, dem geringen Bildungsniveau und vor allem dem Bildungsdefizit zu, doch die neue Altertumswissenschaft glaubte, gerade in ländlich-bäuerlichen Glaubensformen wichtige Zeugnisse für alte und uralte, vorchristliche Kulturformen gefunden zu haben. Das «volkstümliche» Wissen, das sich im «Aberglauben», in zauberischen Akten und in magischen Ritualen äußerte, schien in seiner Widersprüchlichkeit zu den modernen wissenschaftlichen Konventionen und Überzeugungen eine frühe, «germanisch-heidnische» Kulturstufe zu vertreten: Aus der Dummheit des *rusticus* war eine zentrale Quelle für die Frühgeschichte des *deutschen* Volkes geworden.

Kein Autor verdeutlicht diese Umbewertung besser als Jacob Grimm, der in seiner «Deutschen Mythologie» den Aberglauben zwar nicht als den gesamten «Inhalt des heidnischen glaubens, der ein wahn, ein falscher glaube erscheint» verstanden wissen wollte, wohl aber als

«beibehaltung einzelner heidnischen gebräuche und meinungen. der bekehrte Christ verwarf und verabscheute die götter der Heiden, in seinem herzen blieben aber noch vorstellungen und gewohnheiten haften, die ohne offenen bezug auf die alte lehre der neuen nicht unmittelbar zu widerstreben schienen, da, wo das christenthum eine leere stelle gelassen hat, wo sein geist die roheren gemüter nicht sogleich durchdringen konnte, wucherte der *aberglaube* oder *überglaube*. [...]

Es gibt zwei arten des aberglaubens, einen *thätigen* und *leidenden*, jener mehr das *augurium, sortilegium,* dieser mehr das *omen* der alten Völker. Wenn dem menschen, ohne sein zuthun, von höherer Hand ein auffallendes zeichen gegeben wird, folgert er daraus heil oder unheil. Entspringt das zeichen aber nicht von selbst, lockt er es erst durch seine verrichtung hervor, so besteht ein positiver aberglaube. Das christenthum hat natürlich dem [sic!] positiven, der mit heidnischen bräuchen vermischt war, eher zu steuern vermocht, als dem schuldlosen negativen aberglauben, der wie gespensterfurcht auf das menschliche gemüt wirkte.

Gebräuche des thätigen aberglaubens haben immer practische zwecke. Der mensch will sich von einem gegenwärtigen übel frei machen, z. b. ein siechthum entfernen, seinen feind wegschaffen, oder er will sein künftiges glück wissen und sichern. Hierbei ist nicht zu übersehn, wie oft nach verschiedenheit der zeiten und völker die nemlichen bräuche veränderte beziehung und deutung empfangen, die bräuche sind oft aus ihrem zusammenhang gerissen, z. b. was für das opfer bestimmten bezug hatte, steht allein für sich unverständlich; diese bewandtnis hatte es auch bei den absichten der zauberei.

Was unsere vorfahren hoften oder fürchteten bezog sich mehr auf krieg und sieg, der heutige landmann sorgt um sein getraide und sein vieh. Wenn die heidnische zauberin durch ihren hagel das feindliche heer verdirbt, so macht die hexe wetter für des nachbars acker. Ebenso prophezeit sich der bauer gedeihlichen acker aus dem zeichen, das in der vorzeit sieg bedeutete. Aber auch landbau und viehzucht reichen in ein hohes alterthum und eine menge abergläubischer gebräuche, die mit ihnen zusammenhängen, zieht sich unverrückt durch lange jahrhunderte. Daneben sind alle richtungen des aberglaubens auf häusliche verhältnisse, auf geburt, freien und sterben, natürlich und fast unwandelbar in dem lauf der zeiten; der aberglaube bildet gewissermassen eine religion für den ganzen niederen hausbedarf[19].»

Grimm stand mit einem Bein im Bildungssystem des 18. Jahrhunderts, wenn er den Aberglauben als Bildungsgut der bäuerlichen Schicht definierte, während das romantische 19. Jahrhundert ihn zur Differenzierung zwang:

«Wir sind froh des vielen aberglaubens ledig zu gehn; doch erfüllte er das leben unsrer voreltern nicht allein mit furcht, sondern auch mit trost[20].»

Die Behauptung, daß Jacob (und sein Bruder Wilhelm) Grimm die *volkskundliche* Aberglaubens- und Magieforschung begründet hätten, wäre übertrieben. Doch mit der Fokussierung auf den – nun idealisierten – Bauern und der Betonung der vorchristlichen Struktur populärer Glaubensformen gaben sie ihr eine unselige Richtung, die nicht zuletzt im zehnbändigen, zwischen 1927 und 1942 erschienenen «Handwörterbuch des deutschen Aberglaubens» ihre Kulmination fand[21].

Darauf, daß die volkskundliche Magieforschung bis in die Tage Will-Erich Peuckerts hinein nicht historisch, sondern vorwiegend phänomenologisch-vergleichend arbeitete und es ihr bei der Erschließung von Zauberbüchern und Zauberhandlungen, Hexensalben und «Hexen»pflanzen, Beschwörungen und Segensformeln, Amuletten und Talismanen, Divinationstechniken und Abwehrritualen nicht um ein magisches System, um eine Geistes- und Kulturgeschichte der Magie oder um Rezeptionsprozesse zwischen elitärer und populärer Kultur ging, sondern um den fiktiven Mythos von Volkskultur und populären Aneignungen, sei hier nur hingewiesen[22]. Sehr viel wichtiger erscheint mir in diesem Zusammenhang die Identifizierung von Magie und unterschichtlicher Kultur, an der sich zuerst einmal das akademische Standesbewußtsein jener Disziplinen stieß, die sich als Hüter des abendländischen Erbes verstanden.

So beeinträchtigte die prüde Distanz der (Universitäts-)Gelehrten sowohl zur Kultur der vermeintlichen einfachen Leute als auch zum Unding «Magie» anfänglich die Forschungs- und Editionsgeschichte der griechischen Zauberpapyri. Im Sommersemester 1905 legte Albrecht Dieterich in Heidelberg seinen Studenten im Oberseminar «Ausgewählte Stücke aus griechischen Papyri» vor. Wie Karl Preisendanz im Vorwort zur Ausgabe der «Papyri graecae magicae» schrieb, verbargen sich unter diesem Decknamen

«im Vorlesungsverzeichnis der Ruperto-Carola die griechischen Zauberpapyri. Denn es empfahl sich damals noch nicht für die zünftigen Philologen, sich öffentlich zur Beschäftigung mit so tiefsitzenden Erzeugnissen ungebildeter Volksschichten zu bekennen, Erzeugnissen krassen Aberglaubens, denen der Name ‹Literatur› nicht zukam. Im einzelnen Ausnahmefall, der ein Verwerten der Zauberpapyri und Fluch-Bleitafeln in größerem Zusammenhang für höhere Zwecke entschuldigte, mochte der Verkehr mit Abraxas und Genossen noch hingenommen werden, wenn auch nicht ganz ohne Stirnrunzeln jener klassisch Gerichteten, die mit *François Lenormant* in allen magischen Dokumenten der nachchristlichen Zeit nur den ‹fromage gnostique› rochen. Die in Vorurteilen nicht befangen, unbeirrt das religionsgeschichtlich und volkskundlich wertvolle Gut aus dem ungeordneten Wust der Zauberrezepte und Praktiken zu erkennen suchten, sie waren zu Anfang des Jahrhunderts leicht zählbar[23].»

Immerhin konnte Preisendanz 1941 melden, daß der «gnostische Käse» inzwischen mehr und mehr Genießer gefunden hatte:

«Die vielen noch ungelösten Probleme und Rätsel, die auf allen diesen Gebieten der Lösung harren, müßten heute Mitarbeiter in Menge anlocken, nachdem die einstigen Vorurteile der hohen Wissenschaft gegen den ‹fromage gnostique› der Zauberpapyri wohl allgemein geschwunden sind[24].»

Damit aber konnte die Zauberei als «populäre» Voll- und Teilzeitbeschäftigung fröhliche Urständ feiern. Während die Nachkriegsvolkskunde mehr und mehr auf Quellenkritik und historische Genauigkeit pochte, zudem das elitäre Konzept der mittelalterlichen und nachmittelalterlichen Magiediskussion erkannte, begann sich insbesondere die Alltagsgeschichte, die nun die von der mythologisch-folkloristischen Altertumskunde gesäten Früchte erntete, verzweifelt an ihr liebstes, spektakulärstes und dadurch auflagensteigerndes Kind, das Hexenwesen und die Existenz einer populären, meist ländlichen Magie zu klammern. Der *magus* wurde erneut auf das flache Land verbannt.

So ist sich der französische Historiker Robert Muchembled durchaus der Doppelbödigkeit des Problems bewußt: zwar seien die «eigentlichen Hexen, Adepten einer strukturierten Teufelsreligion», erst durch die Repression der Juristen und Theologen geschaffen worden[25], doch die dörfliche Hexe symbolisiere «die Volkskultur, die die herrschenden Eliten und die Richter mit der Unterstützung einer Minderheit von Bauern zu zerstören suchten, die mit ihrem traditionellen Weltbild gebrochen hatten»[26]; mit der Abschwörung oder Verbergung des Aberglaubens, «der in der Hexerei nur zum Teil sichtbar wurde», sei «eines der Fundamente der Volkskultur» zusammengebrochen[27].

Solche Behauptungen aber setzen die Sichtweisen des 19. Jahrhunderts fort, die mit den dualen Begriffspaaren von Vernunft (Wissenschaft) und überlieferter Erfahrung (Aberglaube, Magie), Elite und «Volk», Universität und Analphabetismus, Stadt und Land, Kurzlebigkeit eines naturwissenschaftlich orientierten Fortschrittsglaubens und Langlebigkeit beharrender Traditionen operierten. Die Zeugnisse, die dies nicht hergeben, wenn man es nicht in sie hineinliest, ließen die «magische Volkskultur» als kulturelle Leitlinie der frühen Neuzeit erscheinen: «Die Vorstellung von der Möglichkeit der magischen Einflußnahme auf die Umwelt hatte», so Richard van Dülmen, »für diesen Zeitraum zentrale Bedeutung»[28]. Unberührt von jeglicher Quellenkritik konnte daher auch Jürgen Kuczynski formulieren: «Doch von alldem kann unter den Werktätigen nicht die Rede sein – solche Konflikte wurden ihnen erspart: Sie aberglaubten ehrlich und unberührt von wissenschaftlichen Bedenken[29].» Peter Dinzelbacher spricht in Verbindung mit der Erforschung der Volksreligion nicht nur vom «intensiven Interesse» an «Hexenwesen und Zauberei», sondern auch vom «Zusammenhang mit der Zauberei»[30], während Jean-Claude Schmitt «im Thema des Hexensabbats», das um die Mitte des 14. bis Ende des 15. Jahrhunderts aufgekommen sei, eine fundamentale Bestimmungsmöglichkeit für das Verhältnis von «Gelehrtenkultur und Volkskultur» sieht[31].

Jüngst hat Eva Labouvie am Beispiel des Saarlandes eigenständige «volksmagische Traditionen»[32] namhaft zu machen und sie mit Argumenten zu begründen versucht, wie es die Folkloristik des 19. Jahrhunderts nicht besser vermocht hätte. Da ist vom «ländlichen Hexenglauben» die Rede, «der sich aus einer Verknüpfung traditioneller Vorstellungen aus dem Bereich der Volksmagie und des alten Zauberglaubens mit Elementen der neuen Hexenlehre herausbildete»[33], und vom «volksmagischen Spektrum», das «auch eine dem Charakter der Magie entsprechende ambivalente Praxis» kannte:

«Dem Dualismus einer jeweils magisch besetzten Dimension des Außerirdischen oder Überirdischen einerseits, des Irdischen, Diesseitigen andererseits, entsprachen magische Rituale, die eine Partizipation an beiden Magiebereichen garantieren oder deren eigenes Magiepotential abzuwehren halfen. Dieser Ambivalenz des Gebrauchs magischer Mittel oder Kräfte zum Vor- oder Nachteil anderer entsprachen Unterscheidungskriterien in den Formen ‹weißer› und ‹schwarzer› Magie mit den dazugehörigen Praktiken. Vor allem der ambivalente Einsatz magischer Kräfte und Gegenstände zum Guten wie zum Schaden anderer Individuen oder des gesellschaftlichen Kollektivs, über den es keine umfassende Kontrolle geben konnte, verlieh der Volksmagie eine zugleich verheißende wie unheimliche, unkalkulierbare Macht, die die Phantasien der Menschen seit alters beflügelte. Dabei bildete besonders der schwarzmagische Bereich, den die Merkmale des Geheimnisvollen, der Dunkelheit, der Nacht, des Grauenvollen und Schadenbringenden kennzeichneten, weit mehr an volkstümlichen Imaginationen und Schreckfiguren aus als der positiv bewertete weißmagische[34].»

Für den saarländischen Raum genügen Labouvie die «wenigen,

aber inhaltlich übereinstimmenden Quellen», um eine «magische, speziell ländliche Grundeinstellung zu rekonstruieren», die «mit großer Sicherheit mit der kirchlichen Hexenlehre und ihren Elementen noch nicht in Berührung gekommen» war[35]. Hier schallt dem Volkskundler 1991 entgegen, was seine Ahnen mit dem «Handwörterbuch des deutschen Aberglaubens» verbrochen hatten:

«Seit früher vorchristlicher Zeit waren dem Volk vielerlei Vorstellungen, Phantasien und Praxisformen eigen, die auf dem Glauben an die Existenz und Beherrschbarkeit magischer Kräfte gründeten. Magie als eine Möglichkeit, mit geheimnisvollen Mitteln und Künsten Ergebnisse und Wirkungen zu erzielen, die dem menschlichen Erfahrungshorizont unbegreiflich und den naturgegebenen Kräften und Fähigkeiten des Individuums weit überlegen waren, wurde einerseits als eine Kraft oder Macht begriffen, die dem Dämonenreich und damit auch dem Teufel und seinem Anhang zugerechnet wurde. Sie galt aber weit mehr als Eigenschaft irdischer Substanzen und ganz gewöhnlicher Menschen, die sie sich angeeignet oder ererbt hatten[36].»

Das «einfache Volk» jedoch, aus dem sich nach dem Willen der Gelehrten die Hexen und Magier rekrutierten und zu dessen «volkstümlichen Praktiken», so Labouvie, die «Geister-, Dämonen- und Teufelsbeschwörungen» gehörten[37], will sich nicht so recht in ein quellenkritisch erarbeitetes Schema der Magiologie einfügen lassen. Da teilte etwa Petrus (Pietro) de Abano zusammen mit der «Oratio ad Deum, quae dici debet in quatuor partibus Mundi, in Circulo» folgende Ritualanweisung in seinen «Elementa Magica» mit:

«Tunc stans in medio Circuli, teneat manum prope Pentaculum, & dicat: Per Pentaculum Salomonis aduocati, dent mihi responsum verum [...][38].»

Der dämonenbeschwörende Text bleibe hier mit Absicht unübersetzt. Die agrippinische und pseudoagrippinische Magielehre integriert Astrologie, *magia naturalis,* Naturwissenschaft und Naturmystik in einer Komplexität, die auch manchem gebildeten Zeitgenossen, sicherlich aber den Angehörigen der ländlichen und städtischen Unterschichten unverständlich geblieben sein muß; ansonsten hätte die Forschung zu erklären, wie denn Analphabeten ausgerechnet lateinische, mit griechischen und hebräischen Zitaten durchsetzte Text mühelos lesen könnten. Der Einwand, daß es auch volkssprachliche «magische» Literatur wie zum Beispiel Johannes Hartliebs 1456 fertiggestelltes «Buch aller verbotenen Künste, des Aberglaubens und der Zauberei» gäbe, fällt in sich zusammen, da es sich keinesfalls um eine Zauberanleitung, sondern um einen der hinlänglich bekannten Aberglaubenskataloge und zudem um eine vehemente Aufforderung an Markgraf Johann von Brandenburg-Kulmbach (1403–1464) handelte, mit dem Zauberer- und Hexengesindel aufzuräumen.

Wo aber die Quellen zu komplizierten Zauberpraktiken schweigen und *populäre* Zauberanweisungen (noch) nicht nachweisbar sind, blühen die Spekulationen. Daß man dennoch auf dem Boden des quellenkritisch Leistbaren bleiben kann, zeigen die fundierten Bemerkungen des Konstanzer Historikers Andreas Blauert zur Hexenforschung[39].

Magie oder: Die Sozialgeschichte einer Idee

«Sozialgeschichte» ist ein anspruchsvoller Begriff. Er verführt im Spannungsfeld der Magie dazu, an die Hexen, das Hexenwesen und die Hexenverfolgungen seit der frühen Neuzeit, an die geistige und körperliche Qual der Inquisiten, an soziale Spannungen und Notsituationen, an Verleumdung und Unterdrückung zu denken, aber auch an populäre zauberische Bewältigungstechniken bei der Konfrontation mit einer feindlichen, bedrohlichen Umwelt. Doch die Quellen erlauben lediglich, das elitäre Konzept der Magie und die Sicht der gebildeten Theoretiker zu erfassen. Die Opfer, *saga* (Hexe) und *magus* (Zauberer), erlangen ihre Gestalt lediglich in der Wahrnehmung der Chronisten.

Die Fragestellung kann sich daher, will sie den historischen Zeugnissen ihr Recht belassen, nicht auf eine Sozialgeschichte der Magie als einer Lebensstrategie breiter Bevölkerungsschichten beziehen, sondern auf die soziale Wirksamkeit einer Idee, die sowohl die Art des abendländischen Denkens kausal beeinflußte als auch gesellschaftliche Repression ermöglichte, Angst verbreitete und gewalttätige Machtausübung legitimierte. Die Erkenntnis von Magie als einer Utopie erlaubt, den Zauberer als *Opfer* sehr viel präziser zu erfassen, da er als *Täter* letztendlich wissenschaftsmodischen Theorien ausgeliefert bleibt.

Der Bogen dieses Buches spannt sich von der Spätantike bis ins 19. Jahrhundert, die Quellen beginnen jedoch erst im 16. Jahrhundert ausführlicher und dann im 17. und 18. Jahrhundert nahezu geschwätzig zu sprechen. Am Anfang steht die frühchristliche Auseinandersetzung mit den antiken Religionen und dem Synkretismus des römischen Großreichs, das die unterschiedlichsten Kulturen vereinigte. Frühchristliche Apologeten wie Augustinus, die sich dem Kampf gegen die vom Christentum überholten Götter stellten, befanden sich in einem Dilemma: Mit ihrem Intellekt im spätantiken heidnischen Bildungs- und Wissenssystem verankert hatten sie nun die Einzigartigkeit des Christengotts gegen seine pagan gewordenen Kollegen zu rechtfertigen. Man tötete Jupiter, Mars, Venus, Pan und Dionysos nicht, sondern degradierte sie zu Dämonen und verbannte sie auf die Planeten. Augustinus schuf die Grundlagen sowohl für die Dämonologie wie für die Magietheorie der christlichen Hemisphäre; Thomas von Aquin konnte sie übernehmen und für das Mittelalter tragfähig machen.

Die Untersuchung endet mit dem Entstehen spiritistischer und okkultistischer Zirkel, die seit dem 19. Jahrhundert die Vorstellung von Magie maßgeblich mitbestimmen sollten. Sie an das über mehr als zwei Jahrtausende relativ geschlossene theoretische Konstrukt der abendländischen Magie anzuschließen fällt nicht nur deswegen schwer, da zwischen dem Ende der Hexenverfolgung und der neuen Magie die Jahrzehnte der radikalen aufklärerischen Vernunft liegen. Die Wurzeln der modernen Esoterik, von New Age und Teenager-Okkultismus führen sich nur teilweise auf die traditionelle Magie zurück; sie beziehen ihr oft abstruses Repertoire aus Pseudokabbalistischem und halbverstandenen fernöstlichen Heilslehren, aus der Anthroposophie und der Hoffnung, der Naturwissenschaft ein Schnippchen zu schlagen. Doch nicht nur die Ideen, sondern auch die gesellschaftlichen Bedingungen haben sich grundlegend verändert: den modernen Magiern fehlt die Angst um Leib und Leben, die ihre Vorfahren mit der zauberischen Tat verbanden.

An einer Sozialgeschichte der Magie interessieren zwei Positionen: Zum einen die Person des Zauberers, der Urgrund des Zauberns und die Funktion von Magie als gesellschaftlichem Handlungs- und Argumentationsinstrument; sie reagiert auf die Bedingungen der Umwelt und deutet zugleich deren Zustand. Sie vertritt Leid, Schmerz, Hunger, Angst, Haß, enttäuschte Liebe und die Hoffnung auf ein besseres Dasein. Zum anderen aber ist sie Diskursmaterie einer gebildeten Elite, die mit der Magie als spekulativer Naturmystik die Enge des mittelalterlichen Weltbilds aufbrach, jedoch auch für die in Europa in Wellen unterschiedlicher Intensität verlaufenen Hexenverfolgungen verantwortlich war. Magie als abstrakte Idee geriet zum sozialen Disziplinierungsinstrument, das Wohlverhalten und kirchliche Rechtgläubigkeit schaffen sowie Minderheiten zum Schweigen bringen sollte. Sie bildete in der historischen Gesellschaft ein verbindliches Kommunikationssystem; darin aber unterscheidet sie sich von der Hochkonjunktur der Esoterik in der Gegenwart.

Es mag als platte Binsenweisheit erscheinen, daß nur derjenige, der des Lesens und Schreibens mächtig ist, schriftliche Nachrichten hinterlassen kann. Im Zusammenhang mit der Erforschung der magischen Volkskultur gewinnt diese banale Beobachtung eine wichtige Bedeutung, da wir unser Wissen über Zauberer, Hexen und Zauberpraktiken bis weit ins 17. Jahrhundert hinein ausschließlich der Sicht der intellektuellen Elite verdanken. Sie bediente sich der *lingua franca* Europas, des Lateinischen, verfügte meist über ein Universitätsstudium und den Zugang zu den voluminösen magiologischen Kompendien und den Traktaten, die vor dem Laster der Zauberei warnten. Ihnen ist das Bild von der – epidemischen – Volksläufigkeit der Magie zu verdanken, das heutigen quellenkritischen und perzeptionshistorischen Anforderungen kaum mehr standzuhalten vermag. Damit aber beginnt die Schwierigkeit, von den sozialen Zusammenhängen des magischen Denkens zu sprechen.

Man mag dagegen einwenden, daß die Akten der mittelalterlichen Zauberei- und der neuzeitlichen Hexenprozesse die Volksläufigkeit zauberischer Praktiken vom Nestelknüpfen bis zum Wettermachen, vom Zauber mit Bildern bis hin zum Verwünschen, vom Hexensabbat bis hin zur Teufelsverehrung in nachhaltigem Maße bestätigen. Längst aber waltet Vorsicht bei der Interpretation dieser Zeugnisse; spätestens seit Friedrich Spee von Langenfeld

(1591–1635) und Christian Thomasius (1655–1728) war bekannt, daß ein Mensch unter extremen Schmerzen alles gesteht, was man von ihm hören will, und daß die unter dem Begriff «Hexenhammer» *(malleus maleficarum)* bekannten normierten Fragelisten elitäres Wissen von Magie und Zauberei in die meist den unteren Volksschichten angehörenden Verdächtigten hineinredeten, liegt auf der Hand. Die religiöse Katechese tat ihr übriges.

Der Historiker wird nun zwischen den umfangreichen lateinischen Traktaten zur *magia daemoniaca* und *magia naturalis*, zu den komplizierten Divinationskünsten und zur Astrologie einerseits und den während der Untersuchung eines Zaubereidelikts angefertigten Protokollen andererseits trennen. Erstere erscheinen ihm als wirklichkeitsferne theoretische Schreibtisch- und Kompilierarbeit, letztere jedoch zumindest als Widerhall der historischen Realität von Zauberglauben und Zauberpraktiken. Doch dabei wird ein entscheidendes Moment übersehen: Wer über das Privileg des Lesens und Schreibens verfügte, wer sogar die lateinischen theologischen und juristischen Fachtermini beherrschte, besaß Bildung, die er durch *Aus*bildung erlangt hatte. Lernen bedeutete bis weit ins 18. Jahrhundert hinein die Aneignung von Wissen anhand beispielhafter Fälle *(exempla)*, und daß an den Gymnasien und Universitäten der frühen Neuzeit magiologische und dämonologische Themen durchaus einen festen Platz im Unterrichtsprogramm besaßen, zeigen die Vorlesungsverzeichnisse sowie die Traktate und Dissertationen des 16., 17. und 18. Jahrhunderts. Der Blick der Gerichtsprotokollanten, Theologen und Advokaten, denen die schriftlichen Aufzeichnungen zu verdanken sind, war also nicht nur geschärft, sondern auch vorgeprägt; man wußte, worauf das Augenmerk zu richten, was aufzuzeichnen, was und wie zu fragen sei. Das Leben eines Menschen und die Ereignisse, die zur gerichtlichen Untersuchung geführt hatten, wurden in ein juristisches, geistig längst vorweggenommenes Formular, die Zauberhandlung in ein erlerntes magiologisches Schema gepreßt, das nur derjenige für vollständig hält, der die Frage unterläßt, was denn *nicht* in einem Gerichtsprotokoll auftaucht; mit anderen Worten: die heute zur Verfügung stehenden Auskünfte über die sozialgeschichtlichen Aspekte der Magie durchliefen den letztendlich stark verzerrenden Filter des elitären Wissens und der theoretischen Abstraktionsfähigkeit. Von den Betroffenen selbst fehlen die Aufzeichnungen; Autobiographien von Hexen sind eine Sache des 20. Jahrhunderts.

Die Konfrontation mit der Magie führt daher in erster Linie zur Erkenntnis vom elitären Konstrukt der diffizilen magiologischen Systeme und von der Anwendung dieses Wissens zur Aufrechterhaltung kirchlicher, staatlicher und gesellschaftlicher Ansprüche. Hinter dem disziplinierenden Charakter des Magievorwurfs aber werden kollektive Ängste sichtbar: die Furcht vor der Natur, vor der Zauberei und davor, Opfer des Verdachts zu werden, eine Hexe oder ein Hexer zu sein. Angesichts des perfekten Mechanismus wissenschaftlicher Begründungen, theologisch-juristischer Legitimationen und psychischen Terrors erübrigt sich die Frage nach der physikalischen Wirksamkeit zauberischer Rituale, da sie einem seiner selbst überdrüssig gewordenen naturwissenschaftlichen Diskurs entstammt.

Folgt man den wissenschaftlichen Argumentationsmethoden, die bis ins 18. Jahrhundert hinein ihre Gültigkeit beibehielten, dann gelangt man zur Feststellung, daß es ohne den babylonischen König Nebukadnezar (604–562 v. Chr.) keine Werwölfe[40], ohne die Hexe von Endor[41] kein Hexenwesen gegeben hätte. Die Quellen zur Magie spiegeln weniger die Tatsächlichkeit eines Zustands oder eines Ereignisses, sondern eine Idee; sie repräsentieren «vorgeprägte und vermittelte Bilder und Raster von den Dingen der Welt. Der Zugang zum Magischen [...] hat daher zuerst über die Interpretationsmuster von Natur und Kultur innerhalb der intellektuellen Elite zu erfolgen»[42]. Vor die Deutung der historischen Nachrichten hat folglich der geschichtliche Prozeß die Entschlüsselung der individuellen wie der kollektiven Wahrnehmung gesetzt.

Da die Quellen voller Fallen sind, kommt die Magieforschung an den elitären Konzepten der Zaubertheorie nicht vorbei. Von hier aus ist nach den Vermittlern, nach Vermittlungsprozessen und schließlich vorsichtig nach der Funktion des Zaubers für die des *crimen magiae* Angeklagten zu fragen. Nur dadurch kann das Problem gelöst werden, ob die abendländische Magie lediglich eine ethische, systemstabilisierende Fiktion darstellte, ob, und in welcher Form, sie als Handlungsmuster und als Denkprinzip Teil der Volkskultur war oder ob sie gar die Grundstruktur unseres Denkens vertritt und damit zu einer zentralen Triebfeder für die kulturelle Entwicklung des Abendlandes wurde. Sie kann damit zum Interpretament auch für die populäre Kultur und für die über Jahrhunderte hinweg konstante Faszination des Menschen am Magischen geraten. Faszination aber stammt aus dem Lateinischen und heißt in der ursprünglichen Wortbedeutung «Bezauberung».

2. *Kapitel* Die Geburt des Magus

Viel haben sich unterstanden, die allergeheimste weisheit der magorum, der Chaldaeer, Perser und Ägypter nit allein zu ergründen, sondern auch solche in usum und offenbaren Gebrauch zu transferieren, welches aber bisher noch nit vollzogen wurde.

PARACELSUS, AURORA PHILOSOPHORUM, 1603

Gib jemandem die Unsterblichkeit,
und er redet dir Löcher in den Bauch.

ALF ZU SEINEM SCHUTZENGEL

Ritual gegen einen lästigen Hund

Namburbi gegen das Böse eines Hundes, der im Hause eines Mannes heult und jammert oder Urin auf einen Mann verspritzt.

Rezitiere [die Beschwörung]

dreimal, und das Böse, das den Hund umgibt, wird sich dem Mann und seinem Haus nicht mehr nähern.

Das Ritual: fertige eine Tonfigur eines Hundes an.
Lege Zedernholz auf ihren Nacken. Sprenge Öl auf ihren Kopf.
Bekleide sie mit Ziegenhaar. Setze Pferdeborsten
an ihre Hüfte. Errichte am Flußufer einen Altar aus Schilfgras für Šamaš.
Setze darum zwölf Emmerbrote. Häufe Datteln und feines Mehl auf.
Setze Honigkonfekt und Butterschmalz hin.
Setze einen *pihu*-Krug hin. Fülle zwei *kukkupu*-Flaschen mit feinem Bier und
setze sie hin. Setze Räucherwerk aus Wacholderholz hin.

Gieße feines Bier aus. Veranlasse diesen Mann sich niederzuknien und
hebe diese Figur hoch und rezitiere wie folgt.

Beschwörung: Šamaš, König von Himmel [und] Erde, Richter der oberen und unteren Regionen,
Licht der Götter, Herrscher der Menschheit,
Rechtssprecher unter den großen Göttern,
Ich wende mich an dich, ich suche dich. Bei den Göttern, befiehl, daß ich lebe!
Mögen die Götter, die mit dir sind, mir Glück gewähren!
Wegen dieses Hundes, der auf mich gepißt
hat, bin ich erschrocken,
alarmiert, verängstigt.
Wende ab von mir das Böse dieses Hundes,
dann werde ich dein Lob singen[1]!

Die Weisheit der Chaldäer. Vom Ursprung der Magie im Zweistromland

Als Heinrich Cornelius Agrippa von Nettesheim (1486–1535) die Magie der Alten als höchste und heiligste Wissenschaft rühmte und von Pythagoras und Platon berichtete, daß sie, um die Magie kennenzulernen, die Priester in Memphis aufsuchten und in Syrien, Ägypten, Judäa sowie in den «Schulen der Chaldäer» nach den heiligen Denkmälern forschten[2], war die vorchristliche Kultur Mesopotamiens längst zum Mythos geworden. Die wenigen Nachrichten, über die man verfügte, stammten aus dem Alten Testament (z. B. Daniel 2, 2), von antiken Laographen wie Herodot oder Naturwissenschaftlern und Universalgelehrten wie C. Plinius Secundus (23–79 n. Chr.).

Bereits in der griechischen und römischen Antike hatte die Geschichte des Landes zwischen Euphrat und Tigris an Konturen verloren; man ahnte noch die Bedeutung der in den Zentren Babylon, Assur und Ninive entwickelten Wissenschaften, man bewunderte die Präzision der von den Priestern entwickelten astrologischen, divinatorischen, mantischen und therapeutischen Techniken, doch die babylonischen «magischen» Texte fanden weder einen griechischen noch einen römischen Gelehrten, der sie übersetzt und kommentiert hätte; so klagte Plinius:

«Wo gibt es noch einen Menschen, der wenigstens vom Hörensagen Kenntnis von den nur unter dem Namen nach bekannten Männern hat: den Medern Apusoros und Zaratos, den Babyloniern Marmaros und Arabantiphokos oder dem Assyrer Tarmoindas, von denen keine Werke vorhanden sind[3]?»

Die mehrtausendjährige mesopotamische Hochkultur war im Nebel der neuen persischen, makedonischen und römischen Großreiche verschwunden, die historische Tradition zum Gerücht verkommen; immerhin glaubte Plinius, im Assyrerkönig Orus den Erfinder einer radikalen Heilmethode für Alkoholismus ausfindig gemacht zu haben:

«Trunkenbolde bekommen eine Abscheu [vor dem Alkohol], wenn man ihnen drei Tage lang die Eier des Steinkauzes in Wein gibt. Rausch verhütet eine vorher gegessene gebratene Schafslunge. Die Asche vom Schnabel einer Schwalbe, mit Myrrhe zerrieben und in den Wein gestreut, der getrunken werden soll, wird vor der Trunkenheit bewahren. Dies hat Orus, ein König der Assyrer, herausgefunden[4].»

Zwar hatte man, nachdem das Zweistromland 538 v. Chr. unter persische Hoheit gekommen war, einen Teil der Beschwörungsserien weiterhin abgeschrieben, doch Babylonisch war als Umgangssprache ausgestorben. Einzelne Spuren führen zu Gelehrten, die aus Babylonien stammten und griechische Schriften zur babylonischen Geschichte, Astronomie und Magie verfaßten, unter ihnen vor allem Berossos (um 345 bis nach 270 n. Chr.); Vitruvius kannte dessen nur in Bruchstücken überlieferte «Babyloniaca» (oder «Chaldaica»)[5] ebenso wie die griechischen Philosophen Alexander Polyhistor (um 100 bis nach 40 v. Chr.) und Poseidonios (um 135–51/50 v. Chr.). Doch erst mit dem gelungenen Entzifferungsversuch Georg Friedrich Grotefends (1775–1853), den er am 4. September 1802 der Göttinger Akademie der Wissenschaft vorlegte, und mit den wissenschaftlichen Ausgrabungen des 19. Jahrhunderts begann sich der Schleier allmählich zu lüften.

Dennoch lassen sich die bis heute wenig präzis nachvollziehbaren Verbindungen nicht ableugnen; die Grundstruktur des religiös-«magischen» Denkens sowohl des Zweistromlands wie der Antike ist zu ähnlich, wie – als eines von tausenden von Beispielen – die Beschwörung gegen einen «pissenden Hund» zeigt: Die Anfertigung eines Bildes aus einem vergänglichen, in diesem Falle im Wasser auflösbaren Material, womit dem angerufenen Gott kundgetan wird, was mit dem lästigen Hund geschehen soll, die Benutzung verschiedener Utensilien und das beschwörende Gebet an den Sonnengott Šamaš. Die äußere Vergleichbarkeit mit Ritualen, die zwei Jahrtausende später bezeugt sind, darf allerdings nicht über den Wandel der Voraussetzungen hinwegtäuschen; der aus moderner Sicht lächerliche Anlaß, ein Hund, der einen Menschen anpißt, stellte für den Mesopotamier des 1. Jahrtausends v. Chr. eine schwerwiegende Bedrohung dar.

Die Erinnerung der Spätantike an die babylonische Vorzeit war in den griechischen Zauberpapyri auch namentlich gegenwärtig. Diese Texte vertreten einen Synkretismus, auf den der Ausdruck vom mediterranen Universalgötterstaat eher zuträfe: ägyptische Götter stehen gleichberechtigt neben ihren griechischen und römischen Kollegen, neben dem jüdischen Jahwe und – *le dernier cri* – dem jungen Christengott; sie verbürgen eine religiös tolerante und in der Vielzahl der angerufenen Helfer zugleich eine effiziente Magie. In einem Liebeszwang, den der wohl aus dem 4. nachchristlichen Jahrhundert stammende «Große Pariser Zauberpapyrus» mitteilt, ist nach der Anfertigung der Tonfiguren eines Mannes und einer Frau, deren Beschriftung und verschiedenen Manipulationen an den Körperteilen folgende Anrufung zu sprechen, die sich unter anderem an die sumerische Unterweltsgöttin Ereschkigal wendet:

«Ich lege nieder diese Bindung bei euch, den unterirdischen Göttern [...] und der Kurê Persephonê Ereschigal [sic!] und Adônis, dem [...] Hermês, dem unterirdischen, Tôuth [...] und dem starken Anubis [...], der die Schlüssel für die im Hadês besitzt, den unterirdischen Göttern und Dämonen, den vorzeitig Gestorbenen, männlichen und weiblichen, Jünglingen und Jungfrauen, auf Jahre um Jahre, Monate um Monate, Tage um Tage, Stunden um Stunden [...][6].»

Ein zweiter, recht universal einsetzbarer Abwehrzauber erwähnt ebenfalls die sumerische Ereschkigal:

«[... Name] der Hekate Ereschigal gegen Furcht vor Züchtigung. Kommt [der Züchtiger] heraus, sag zu ihm: ‹Ich bin Ereschigal, die die Daumen festhält, und nichts Schlimmes kann ihr widerfahren.› Wenn er aber sich dir nähert, greif an deine rechte Ferse und sprich: ‹Ereschigal, Jungfrau, Hündin, Schlange, Binde, Schlüssel, Stab, goldne Sandale der Tartarosherrin›, und du wirst dich freibitten [...][7].»

Die bis ins 26. vorchristliche Jahrhundert zurückreichenden, wegen ihrer Orthographie jedoch nur teilweise verständlichen sumerischen und die akkadischen Texte des 2. Jahrtausends v. Chr. belegen so bekannte Praktiken wie das Nestelknüpfen, den Zauber mit Bildern oder den Liebes- und Potenzzauber *(šà.zi.ga)*, astrologische Voraussagen und Wahrsagerei aus Tiereingeweiden, vor allem aus der Leber. Im 1. Jahrtausend v. Chr. wurde das verstreute Material systematisch zu Hand«büchern» für durchwegs im Dienste des Hofes stehende Spezialisten kompiliert. Ob es am Amt oder an individueller Ängstlichkeit gelegen haben mag, die solchermaßen kanonisierten Texte wie *Šurpu* (Reinigungsrituale), *Maqlû,* das Hilfe gegen die im Finstern ausgeübte Zauberei versprach, und *bāt rimki* (wörtlich: «Badehaus») sollten den König gegen plötzliche Erkrankung, Unheil und Bezauberung schützen sowie ihn von Sünden befreien. Gegen das Wirken der bösartigen *utukku*-Dämonen und gegen die Erreger von Kopfkrankheiten wandten sich die Beschwörungsserien *udug.hul.a.meš* und *sag.gig.a.meš.* Daß insbesondere Abwehrritualen gegen die für Kindbettfieber und Säuglingssterblichkeit verantwortliche Dämonin Lamaštu eine wichtige Rolle zukam, verwundert angesichts der Einstellung einer Gesellschaft nicht, für die der Nachwuchs sowohl soziales Prestige wie Sicherung des Totenkults bedeutete.

Doch diese apotropäische «Magie» band sich – im Gegensatz zum christlich-abendländischen Zauberverständnis – sowohl in die offizielle Religion wie in das physikalische Weltbild ein. Ea, der Gott der Weisheit, war zugleich auch Gott der Magie, sein Sohn, der später mit dem babylonischen Reichsgott Marduk identifizierte Asalluhi, der «göttliche Beschwörungspriester»; diejenigen aber, die über das Wissen der Divination, der Astrologie und der rechten Auslegung der Zeichen in den Eingeweiden verfügten, die um die Strategien zur Bekämpfung von Krankheiten und Unheil wußten, nahmen eine angesehene gesellschaftliche Position ein: der *āšipu* war für Beschwörungen und Exorzismen, der *asû* für die Diagnose und Therapie von Krankheiten und der *barû* für die Weissagung verantwortlich.

Die Kategorisierung der sumerischen und babylonisch-assyrischen Rituale als «magisch» nötigt daher zur Vorsicht. Trotz der einträchtigen Koexistenz guter und böser Dämonen, helfender Schutzgeister und schadender Wesen fehlte den mesopotamischen Religionen das duale System des offiziellen Pantheons; während sich die christliche Magietheorie aus dem Widerspruch von gutem und bösem Prinzip, von Gott und Teufel rekrutierte, waren die Götter des Zweistromlands selbst *magoi,* und der «Zauberer», was auch immer darunter zu verstehen sein mag, bildete ein konstitutives Element der Gesellschaft.

Magie, Religion und Wissenschaft

Obwohl die babylonischen Gelehrten aus unerfindlichen Gründen weder eine Dämonologie noch eine abstrakte Zaubertheorie entwikkelten, vermag der Kulturraum des vorchristlichen Vorderasiens zur Lösung des Problems beitragen, wo denn nun Magie anzusiedeln sei, bei der Religion etwa oder bei der Wissenschaft. Tatsächlich war sie integraler Bestandteil beider Ebenen, da es sich bei ihr sowohl um religiös legitimierte Liturgie als auch um einen Ansporn zur empirischen Überprüfung dessen handelte, was man der Konstellation der Gestirne oder den Signaturen der Eingeweide entnehmen zu können glaubte. Die Hand«buch»bildung der magischen Texte, wie sie in der Bibliothek Assurbanipals (7. Jh. v. Chr.) zu erkennen ist, ergab sich aus einem verwissenschaftlichenden Prozeß. Magie läßt sich somit weder evolutionistisch als Vorstufe von Religion und Wissenschaft bestimmen noch als eigenständige Denkform *neben* religiösen, wissenschaftlichen und sozialen Konventionen. Die sich dahinter verbergende Theorie von der Magie als einer überholten menschlichen Kultur- und Bewußtseinsstufe entstammt nicht der konkreten historischen Ausgangssituation, sondern den europäisch-ethnologischen Vorurteilen des 19. Jahrhunderts, das sich längst von seinen eigenen magischen Prämissen entfremdet hatte oder, in den Worten von C. R. Phillips III:

«The problem lies with the use of modern definitions of ‹magic› to categorize ancient religious systems. As I will demonstrate, those definitions utilize combinations of Judeo-Christian and modern scientific models for, respectively, religion and science to identify phenomena that do not conform as magical – that is, ‹bad› – religion or science in the modern sense. Thus on a modern view a whole host of phenomena become magic[8].»

Helfer, Gegenstände, Handlungsspiele

Eine Beschwörung aus der Serie «Maqlû» gibt folgende Anweisung:

«Beschwörung. Ich erhebe die Fackel, ich verbrenne die Figuren
des utukku, des šêdu, des Hockers, des Totengeistes,
der lamaštu, des labâsu, des Packers,
des Nachtmännchens, des Nachtweibchens, der Nachtmagd
und alles Bösen, was die Menschen packt.
Zertropft, zerrinnt und zerfließt!
Euer Rauch steige zum Himmel empor!
Eure Aschenglut lösche die Sonne!
Es schneide ab euren ‹Spion› der Ea-Sohn, der Beschwörer!»
(Maqlû I, 135–143).

In einem griechischen Liebeszauber aus dem 4. Jahrhundert n. Chr. heißt es:

«Beibringezauber, bestes Feuermittel, an Kraft ohnegleichen. Es führt Frauen Männer und Männern Frauen zu und läßt Mädchen eilends ihr Haus verlassen. Nimm reines Papier, schreib mit Eselsblut die folgenden Namen auf die Zauberfigur und nimm Zauberstoff vom Weib, das du begehrst, bestreich das Blättchen mit flüssigem Essiggummi und heft es an im trockenen Schwitzraum des Bades, und du wirst staunen. Doch wahre dich selbst, nicht getroffen zu werden. Das Geschriebene lautet: ‹Komm, Typhôn, der du auf dem obern Tor sitzt, Iô Erbêth (u. a. Namen Seths, Logos). Wie ihr verbrannt und im Feuer verzehrt werdet, so sollen auch die Seele, das Herz der NN, Tochter der NN, [verbrannt werden], bis sie kommt, mich, NN, liebend, und ihre weibliche Scham mit meiner männlichen zusammenfügt, gleich gleich, sofort sofort![9].»

Die beiden, durch mehr als ein Jahrtausend getrennten Texte äußern unterschiedliche Absichten, und trotzdem legen sie gemeinsam die Grundmechanismen zauberischer Wirksamkeit bloß. Die Erklärung der magischen Effizienz mit der physischen oder psychischen Kraft des *magus* geht auf physikalische, heute von der Parapsychologie spektakulär aufbereitete Überzeugungen zurück: der *Mensch* besitzt oder verschafft sich die dem herkömmlichen naturwissenschaftlichen Wissen unerklärliche Macht zum Töten, Schaden und Heilen, zur Beschwörung der Stimmen Verstorbener oder zur Geisterevokation. Ein Medium verkörpert das Kraftfeld, wovon zumindest seit dem 19. Jahrhundert die Spiritisten überzeugt sind.

Doch weder die mesopotamische Beschwörung des 1. Jahrtausends v. Chr. noch der griechische Liebeszwang aus dem 4. Jahrhundert n. Chr. setzten ihr Vertrauen auf die wirksame Erfüllung des – zauberischen – Wunsches in die Kraft der Gegenstände oder in die Person des Magiers. Vielmehr beschreiben sie, was gerade bei Zauberritualen mit Bildern deutlich wird, ein Handlungsspiel; es zeigt dem angerufenen Gott oder dem helfenden Dämonen, was diese mit dem zu Bezaubernden anzustellen haben: So wie der Zauberer die Figuren verbrennt, soll der jenseitige Helfer mit dem Widersacher oder der zu zwingenden Frau verfahren. Das antike Magiesystem trennte zwischen der wollenden Absicht und der ausführenden Tat, die – paraphysikalische – Wirklichkeit beruhte nicht auf ominösen Kraftfeldern, Psi oder individuellen Begabungen, sondern auf der Bereitwilligkeit des dämonischen Helfers. Der Beitrag des Magiers beschränkte sich auf das Wissen, den Dämon anzulokken und ihn durch magische Zeichen und Sprüche, durch Opfer und Beschwörungen über seine Wünsche zu instruieren. Augustinus sollte hieraus die Kommunikationstheorie, Thomas von Aquin die Paktlehre entwickeln. Die Mechanik des Zauberakts wird somit identisch mit der Dämonologie.

Aufstieg und Fall des Dämons. Die antike Dämonologie

Von den Dämonen gäbe es, so Agrippa von Nettesheim, nach der Tradition der Magier drei Gattungen: Die überhimmlischen, von jeder Körperlichkeit befreiten Geister, die an der Natur Gottes partizipierten; dann – in zweiter Ordnung – die himmlischen Intelligenzen, die den Weltsphären zugeordnet seien und einem jeden Himmel und Gestirn vorstünden; die Astrologen nähmen daher zwölf Dämonenfürsten, sechsunddreißig Vorsteher der Derurien, zweiundsiebzig Vorsteher der Quinarien des Himmels, der menschlichen Sprachen und Völker, vier Vorsteher der Triplizitäten und Elemente sowie, gemäß den sieben Planeten, sieben Leiter der gesamten Welt an; schließlich aber die dienstbaren Geister, die wiederum in Feuer-, Wasser-, Luft- und Erdgeister zu unterscheiden seien. Die bösen Dämonen hingegen würden von den Theologen analog zu den neun Ordnungen der Engel in neun Grade eingeteilt, die sich von den falschen Göttern *(pseudotheoí)* bis zu den bösen Genien erstreckten; deren Fürst heiße Mammon und vertrete die sinnliche Lust[10].

Bis es in der frühen Neuzeit zu einer derart minutiösen Rangordnung kommen konnte, mußte der Dämon eine für ihn schmerzhafte Evolution durchlaufen; denn noch Homer verwandte die Begriffe *daímon* und *theós* synonym für «Gott» und «Gottheit»:

«Wagt es ein Mann, dem Dämon zum Trotz, mit dem Helden zu kämpfen,

Den ein Himmlischer ehrt, bald rollt auf das Haupt ihm ein Unheil.

Darum eifre mir keiner der Danaer, welcher mich siehet

Weichen vor Hektors Macht, denn er kämpft mit der Hilfe der Götter[11].»

Erst mit Hesiods (um 700 v. Chr.) Zeitalterlehre begann der Niedergang des göttlichen Dämons (Theogonie 991). Laut seiner für die späteren philosophischen Systeme folgenschweren Theorie wurden die Menschen des Goldenen Zeitalters nach ihrem Tode zu *daímones* und Wächtern der Sterblichen; er verknüpfte damit die Dämonologie mit der Seelenlehre[12], rief den Schutzdämon des Menschen ins Leben und schuf sowohl die Voraussetzung für die Rangordnung wie die Zahl der Dämonen: sie waren nun zu Wesen höherer Ordnung degradiert worden, die sich von den Göttern unterschieden und als körperfreie Seelen von Menschen des Goldenen Zeitalters *(epichthónioi daímones)* in der Gesamtzahl von 30 000 von Zeus den Auftrag erhielten, die Menschen zu beschützen und alles Unrecht zu rächen. Im Vergleich zu den Dämonenseelen der Menschen des Silbernen Zeitalters, den *hypochthónioi makáres* (oder: *deúteroi*), nahmen sie eine vorrangige Stellung ein[13].

Damit aber begannen sich die Konturen des Dämons als eines zwischen Gott und Mensch stehenden, bestimmten Rangstufen und Sphären zugewiesenen medialen Wesens zu schärfen, was zwei Jahrtausende später die nachmittelalterlichen Magietheoretiker erneut beschäftigen sollte.

Die Entgöttlichung des *daímon* wurde von Thales von Milet (um 624–544) fortgesetzt; er sah im Dämonen ein höheres, weder mit Gott noch mit der Menschenseele identisches, sondern zwischen beiden angesiedeltes, der menschlichen Seele nahe verwandtes Wesen. Einen Schritt weiter gingen die Pythagoreer mit ihrer Dreiteilung in die *unsterblichen,* «echten» *Dämonen,* die dem höchsten Gott am nächsten stehen und keiner Sündhaftigkeit unterworfen sind, aber das Göttliche nicht unvermischt besitzen, die *Heroen,* bei denen es sich, Homer folgend, um die bevorzugten Seelen derjenigen Menschen handelt, die nach dem Tode wegen der Steigerung aller guten menschlichen Eigenschaften eines seligen ewigen Lebens im Elysium teilhaftig wurden, und schließlich in die *sterblichen Dämonen.* Letztere aber erlangten Bedeutung für die Magie: während nach einem tugendhaften Leben die Seelen der Menschen wieder in den reinen Äther emporsteigen durften, wurden sie nach einem lasterhaften Leben zur Läuterung in einen anderen Körper verbannt. Sie senden den Menschen Träume und teilen ihnen Heilmittel gegen Krankheiten mit[14]. Damit aber hatte sich die Rangordnung weiter gefestigt; die Götter seien mehr zu verehren als die unsterblichen Dämonen und diese wiederum mehr als die Heroen.

Nach dem Sturz vom Götterthron begannen nun die Dämonen, sich in ihrer Zwischenwelt einzurichten und nach und nach zauberische Aufgaben zu übernehmen. Empedokles von Agrigent (um 483/82 bis um 423 v. Chr.), der Götter, Dämonen und Seelen auf ein luftig-geistiges Wesen als Urquell zurückführte, trennte ähnlich wie Pythagoras zwischen guten und bösen Dämonen; deren Aufgabe war es, den Angelegenheiten der Menschen vorzustehen und vor allem die Orakel sowie die Mantik zu besorgen. Vielleicht unter dem Einfluß orientalischer Dämonologien baute Demokritos von Abdera (um 460–380/70 v. Chr.) die Lehre von der Vermittlerrolle der Dämonen weiter aus: sie bildeten sich aus den im Raum umherschwebenden Atomen einen menschenähnlichen Leib, gäben Stimmen und Töne von sich und könnten sich dadurch dem Menschen bemerkbar machen. Sie seien lang dauernd und dennoch vergänglich, teils gut und wohltätig, teils übelwollend und bösartig, offenbarten die Zukunft und teilten dem Menschen Erkenntnisse über die Götter mit. Demokrits Atomlehre erreichte nun ein für den Dämonenglauben wichtiges Stadium; die den Geistwesen zugeschriebene Fähigkeit der Materialisation ermöglichte sowohl die Überzeugung von der Existenz von Gespenstern wie auch die Diskussion um die Körperlichkeit Satans, die ihnen zugeschriebene mediale Funktion, die sie sowohl an der Sphäre der Götter wie an der Welt der Menschen teilhaben ließ, prädestinierte sie zur Vermittlung von Wissen und Techniken, die ansonsten verborgen geblieben wären. Ohne den Dämon konnte die Magie nicht geboren werden.

Platons Aussagen zur Dämonologie erscheinen auf den ersten Blick widersprüchlich. Während er im «Phaidros» – ähnlich wie bereits Homer – *theós* und *daímon* gleichsetzte, knüpfte er im «Symposion», das den volkstümlichen Dämonismus reflektierte, an die Rangordnung von Göttern, Heroen und den als Zwischenglied zwischen den Göttern und den Menschen tätigen Dämonen an[15]. Als uneheliche Kinder von Göttern und Nymphen und dadurch Götterwesen zweiter Wahl begleiten sie die Seelen zur Unterwelt[16] und halten die Kommunikation zwischen den Göttern, an die sie Gebete und Opfer weiterreichen, und den Menschen, denen sie die göttlichen Befehle und das Entgelt für die Opfer mitteilen, aufrecht. Sie sind verantwortlich für die Weissagung und – erstmals – auch für die *ars magica*. Die längst geläufige Theorie vom Dämon als Schutzgeist behandelte er, wie später Plutarchos, am Beispiel des sokratischen *daimónion,* in dem man im 17. Jahrhundert unter anderem die Diskussionsgrundlage für die Existenz der Hausgeister sah[17].

Mit dem Platonschüler Xenokrates von Chalkedon (396/95?–314 v. Chr.), der nach dem Tod des Speusippos die Leitung der Akademie übernommen hatte, erhielt die Dämonologie durch die Auffassung vom Wesen der *bösen* Dämonen eine entscheidende Richtung. In sich göttliche, seelische und körperliche Natur vermischend, vereinigen sie das Schlechte in der Welt und sind für schadende Magie, böse Riten und Menschenopfer verantwortlich. Plutarchos (nach 45 n. Chr. bis nach 120 n. Chr.), ein Vertreter des mittleren Platonismus, faßte die traditionellen dämonologischen Spekulationen noch einmal zusammen[18]. Die Lehre von der Vermittlerfunktion der Dämonen, die er auf orientalische Ursprünge zurückführte, und von der sublunaren Zone als ihrem Aufenthaltsort hatte sich inzwischen durchgesetzt; in seiner Schrift «Die eingegangenen Orakel» heißt es:

«Mir aber scheint, noch mehr und größere Zweifelsfragen haben diejenigen gelöst, die das Geschlecht der Dämonen inmitten zwischen Göttern und Menschen entdeckt haben als dasjenige, welches gewissermaßen die Gemeinschaft zwischen ihnen und uns knüpft und zusammenhält, sei es nun, daß dies die Lehre der Magier, der Jünger des Zoroastres, ist, sei es thrakische Lehre von Orpheus her, sei es ägyptische oder phrygische Lehre, wie wir schließen möchten, wenn wir sehen, daß bei beiden Völkern den Weihen viele auf Tod und Trauer bezügliche Riten und Begehungen beigemischt sind. Unter den Griechen braucht Homer offenbar beide Wörter noch unterschiedslos und nennt die Götter zuweilen Dämonen. Hesiod aber hat klar und bestimmt als erster vier Gattungen vernunftbegabter Wesen aufgestellt: Götter, dann Dämonen, dann Heroen und nach allen Menschen, und aus ihnen läßt er offensichtlich eine Wandlung vor sich gehen, so daß das goldene Geschlecht in viele gute Dämonen, die Halbgötter in Heroen übergehen. Andere nehmen wie bei den Körpern so auch bei den Seelen eine Wandlung an. Denn wie man aus Erde Wasser, aus Wasser Luft, aus Luft Feuer entstehen sieht, wenn die Substanz sich nach oben bewegt, so vollziehen die besseren Seelen die Wandlung aus Menschen in Heroen, aus Heroen in Dämonen, und aus dem Dämonenstand haben sich einige wenige in langer Zeit durch ihre Vollkommenheit gereinigt und sind ganz der Göttlichkeit teilhaftig geworden. Einigen aber geschieht es, daß sie sich nicht beherrschen, sondern absinken, wieder in sterbliche Körper eingehen und ein glanzloses, schwaches Leben wie einen Dunst führen[19].»

Doch mit der Lehre von der Affizierbarkeit insbesondere der bösen Dämonen fügte er einen neuen Aspekt hinzu: sie seien «auf die tugendhaften Menschen neidisch und suchten ihrem guten Tun allerhand Hindernisse in den Weg zu legen; ja sie versuchten sogar, sie durch Furcht und Schrecken in ihrer Tugend zu erschüttern, damit die Menschen nicht, wenn sie im Guten fest und unwandelbar verharrten, nach dem Tode eines besseren Loses teilhaftig würden als ihnen, den Dämonen selbst, beschieden» sei[20]. Die Überzeugung vom bösen Wesen der Dämonen war dennoch von Zweifel begleitet; denn schlechte Dämonen müßten ihre Macht von Gott erhalten haben, was unmöglich sei, da Gott nur Gutes bewirken könne. Hätten sie aber ihre Kraft nicht von Gott, dann sei ihr göttlicher Ursprung abzustreiten; diese Annahme aber sei wiederum unmöglich, da Gott *alles* hervorgebracht habe.

Für den Rhetor Maximos von Tyros (um 125–180 n. Chr.) bildeten die Dämonen das Band, das die sinnliche mit der übersinnlichen Welt verklammerte; sie seien

«Dolmetscher zwischen der menschlichen Schwachheit und der göttlichen Schönheit, zahlreich. Einige heilen Krankheiten, andere geben dem Ratlosen Rat, verkünden das Unsichtbare, sind Mitarbeiter im Handwerk, Begleiter auf dem Weg; es gibt solche in den Städten, auf dem Lande, im Meer, auf dem Festland. In jedem Körper nahm einer seinen Wohnsitz, einer bei Sokrates, ein anderer bei Platon, bei Pythagoras, bei Zenon, bei Diogenes. Einer ist schrecklich, einer menschenfreundlich, einer staatsmännisch, einer strategisch. So verschieden wie die Natur der Menschen, so verschieden sind auch die Dämonen[21].»

Apuleius von Madaura (um 125–170 n. Chr.), gegen den 158 in Sabratha ein Prozeß wegen eines zauberischen Liebeszwangs angestrengt wurde und dem mit den elf Büchern des «Metamorphoseon» ein Roman über den durch magische Künste in einen Esel verwandelten Lucius zu verdanken ist, nahm mit der Seele, solange sie im menschlichen Körper lebt, der Seele nach der Trennung vom sterblichen Leib und geistigen Wesen, die nie einen irdischen und sterblichen Körper besessen hatten, drei Klassen an, wobei es sich lediglich bei den Angehörigen der letzten Gruppe um echte Dämonen handelte. Auf seine Definition bezog sich Augustinus: «Sie sind ewig, und das haben sie mit der Gottheit gemein; ihrer Abstammung nach aber sind sie Geschöpfe, affizierbar und mit Vernunft begabt, und das alles haben sie wieder mit der menschlichen Seele gemein; endlich verfügen sie über einen aus Luft gebildeten Körper und das ist ihnen eigentümlich[22].» Ihre Affizierbarkeit bestehe darin, «daß sie von denselben Gemütsbewegungen beherrscht werden wie die menschlichen Seelen: denn durch Beleidigungen werden sie gereizt, durch Gehorsam und Geschenke versöhnt; sie freuen sich an Ehrungen, ergötzen sich an verschiedenen heiligen Handlungen und Gebräuchen und geraten in Zorn, wenn man darin etwas versäumt»[23].

Damit aber hatten die Dämonen endgültig ihre göttliche Unschuld verloren und menschliche Züge angenommen. Vor allem aber führten sie nun magische Handlungen aus: In seiner Verteidigungsrede gegen die Anklage wegen Zauberei bestimmte Apuleius den Magier als einen Wissenden, der durch die Kommunikation mit den unsterblichen Göttern eine kaum glaubliche zauberische Macht zur Ausführung seiner Wünsche erhalte:

«Magus est qui communione loquendi cum dis immortalibus ad omnia, quae velit, incredibili quadam vi cantaminum polleat[24].»

Mit dem pythagoreisierenden Numenios von Apamea (2. Hälfte des 2. Jh. n. Chr.) aber trat die traditionelle Dämonologie an die Schwelle zum Neuplatonismus. Im Rückgriff auf orientalische, gnostische und jüdische Lehren verlor sich jetzt die antike Philosophie im neuen Synkretismus. Numenios, der etwa Moses neben Pythagoras als Archegeten sah, unterschied zwei oder drei Götter: Der erste sei unbewegt, einfach, das an sich Gute, ohne Berührung mit der Materie, der zweite der Demiurg, der Weltschöpfer, der die diesseitige Welt regiere und den *noûs* den daran Teilhabenden vermittele; er sei zweiseitig, zugleich dem Übersinnlichen und dem Sinnlichen zugewandt. An der Numenios zugeschriebenen Lehre von der Welt als drittem Gott übte er selbst Kritik: der dritte Gott sei lediglich eine andere Seite des zweiten. Die Materie vertrete das Böse in der Welt und werde von der bösen Seele bewegt. Das Böse aber existiere von Anfang an und könne von Gott nicht ausgetilgt werden, weswegen ein ewiger Kampf in der Welt stattfinde.

Obwohl Numenios seine Theorie des Bösen als selbständigem, uranfänglichem Prinzip als pythagoreisch bezeichnete, erinnert sie an das dualistische Prinzip der Gnosis, vor allem aber an den Neuplatonismus. Wie nahe er tatsächlich dessen Kosmosideen kam, mag aus dem Vorwurf ersichtlich werden, daß Plotin nahezu vollständig von Numenios abhängig gewesen sei[25].

Die Hierarchie des Kosmos. Der Neuplatonismus

Die Neuplatoniker brauchten folglich mit den traditionellen dämonologischen und magiologischen Spekulationen nicht zu brechen, sondern konnten an sie anknüpfen und sie fortentwickeln. Doch die Zeiten hatten sich gewandelt, das Christentum war nicht nur als neue religiöse Sekte, sondern auch als sich mehr und mehr bemerkbar machender politischer Machtfaktor hinzugekommen. Das Verhältnis der neuen Ideen zueinander ist ähnlich schwer zu bestimmen wie die Toleranzbereitschaft des alten zum neuen Denken. Mit dem Neuplatonismus aber, dem letzten verzweifelten philosophischen Versuch, die überlieferte Ordnung zu retten, nahm die Magietheorie endgültig jene Form an, die für das christliche Abendland bestimmend werden sollte. Eingang fand sie auf zwei Wegen: in der kämpferischen Reflexion der in der heidnischen Welt aufgewachsenen Apologeten des Christentums und – ein Jahrtausend später – im Florentiner Platonismus. Die strukturelle Kontinuität war trotz der rapiden religiösen, intellektuellen und gesellschaftlichen Veränderungen durch das Janusgesicht der Magie gewährleistet: Sie enthielt einerseits das Geheimnis der dämonischen Zauberei, andererseits als Teil der Kosmosdeutung den Schlüssel zur Erklärung Gottes und der Natur. Das christliche Magieverständnis sollte sich neben der *magia daemoniaca* das Wissen um die Wurzeln der *magia naturalis* bewahren.

«Ein mit dem Seelenleben des Menschen verbundener Grundsatz magischen Denkens», so Dieter Harmening,

«geht davon aus, daß ähnliche Dinge und Verhältnisse Wirkungen aufeinander ausüben: Wie die Affekte eines Menschen ähnliche in einem anderen bewirken können, so stellt man sich auch die Dinge der äußeren Welt in Verhältnissen der Ähnlichkeit ‹sympathetisch› (‹mitleidend›) aufeinander einwirkend vor. Magisches Handeln ist Praxis dieser Vorstellung und somit immer bildhaftes, gleichendes Handeln, in dem die Manipulation eines Ähnlichen Ähnliches bewirken soll. Wo jene Vorstellung einer wechselseitigen Wirkung von Ähnlichkeiten zum systematischen Prinzip des Zusammenhanges des Kosmos gemacht wird, entsteht ein Weltbild nach strukturalen Gesichtspunkten, in dem die Dinge nach morphologischen Aspekten geordnet und wechselseitig aufeinander bezogen werden[26].»

Plotin (204–270), einer der Hauptvertreter des Neuplatonismus, knüpfte in seiner Dämonologie durchaus an überlieferte Lehrmeinungen an, wenn er zur Untersuchung aufforderte, «wie wir Götter von Dämonen unterscheiden können, sobald wir nämlich von diesen beiden Gattungen als verschiedenen sprechen; denn oft genug bezeichnen wir auch die Dämonen als Götter»[27]. Im Gegensatz zu den Göttern aber betrachtete er die Dämonen als affektionsbehaftet; obwohl sie ewig seien, stünden sie unter den Göttern und nähmen eine Zwischenstufe zwischen den Menschen und den Göttern ein. Man habe allerdings in Betracht zu ziehen,

«ob es in der intelligiblen Welt (d. h. in den nur durch den Intellekt vorstellbaren Regionen oberhalb der Stern-[Planeten-]Sphären, deren unterste und letzte die des Mondes ist), ob es dort gar keine Dämonen gibt und die Dämonen somit bloß auf diese (d. h. die sinnlich-wahrnehmbare Welt, auf die Stern-Planeten-Sphären und auch auf die Region unter dem Monde) beschränkt sind, die Gottheit aber auf das Intelligible, oder ob es auch hier (in der sinnlich wahrnehmbaren Region) Götter gibt [...] Es ist besser, im Intelligiblen keine Dämonen anzunehmen, sondern wenn es auch dort Dämonen gibt, diese als Gottheit aufzufassen. Auch die sichtbaren Götter (d. h. die Gestirne bzw. Planeten) in der Sinnenwelt sind als Götter, und zwar als zweite Götter (Götter zweiten Ranges) aufzufassen und als abhängig von den intelligiblen Göttern wie der Glanz von jedem Gestirn, das er umgibt[28].»

Plotin siedelte also die Götter in der supralunaren, die Dämonen aber nach den Planetengöttern *(horatoì theoí)* in der sublunaren Sphäre und in der sinnenhaften Welt an. Die alte Lehre von Gott als dem Weltschöpfer wandelte der Neuplatonismus in die Emanationstheorie um: In einer hierarchischen Ordnung des Kosmos zeugt das höchste Wesen alles bis zur letzten Grenze und ist deswegen in allem gegenwärtig, wird aber für die niedrigeren Stufen des Seins immer durch die höheren vermittelt. Im obersten Prinzip ist der *noûs,* in diesem die Seele, in ihr die Körperwelt, daher der Mensch mit Gott verwandt und fähig, sich zu ihm zu erheben. Martin P. Nilsson sprach daher von der neuplatonischen Kosmologie als einem dynamischen Pantheismus[29]. Sie ergibt eine Abfolge, die sich vom göttlichen intelligiblen Urwesen über den von ihm erschaffenen *noûs,* dem Denken, bis zur Weltseele erstreckt; sie zeugte, im Intelligiblen verharrend, wirkend und allein dem Schönen und Guten zugewandt, die intelligiblen Götter *(noetoì theoí),* in der Planetensphäre die sichtbaren Planetengötter *(horatoì theoí)* und in der sinnlich wahrnehmbaren Region zwischen Mond und Erde die Dämonen; diese aber gewährleisten die Verbindung zwischen den höheren Sphären und der irdischen Welt des Menschen. Daher verfügen sie über die Sinneswahrnehmung, hören Anrufungen und erfahren Einwirkungen durch andere Wesen[30].

In diesem System bildete der Mond die Grenze zwischen dem Göttlichen und dem Irdisch-Menschlichen. Erstmals gewinnt er sowohl als angstverbreitendes Gestirn wie als Bestandteil von Zaubervorstellungen eine philosophisch begründete Kontur, über die noch zu sprechen sein wird[31].

Ähnlich wie die dualistische Gnosis identifizierte der Neuplatonismus die Materie mit dem Urbösen *(prôton kakón),* das Körperliche mit dem abgeleiteten Bösen *(deúteron kakón)* und die dem ihr fremden Bösen hingegebene Seele als böse. Porphyrios berichtete von Plotin, er habe sich seines Leibes geschämt, nie von seinen Eltern gesprochen und es abgelehnt, ein Bild von sich anfertigen zu lassen; er sei unverheiratet gewesen, habe von der Zeugung nichts wissen wollen und streng vegetarisch gelebt.

Die Dämonologie Plotins ging davon aus, daß im Gegensatz zu den körperlosen intelligiblen Göttern und den sichtbaren Planetengöttern die Dämonen in der Lage seien, sich nach Belieben aus der Elementarmaterie, so zum Beispiel aus Luft oder Feuer, einen für den Menschen wahrnehmbaren und mit Stimme und Sprache ausgestatteten Körper zu bilden. Diese Lehren wurden von seinem bedeutendsten Schüler und Herausgeber seiner Werke, Porphyrios von Tyros (234 bis um 304/05 n. Chr.), präzisiert, der viele seiner dämonologischen Thesen in einem Brief an den ägyptischen Priester Anebo, in dem man den Verfasser für die unter dem Namen des Jamblichos bekannte Schrift «Über die Geheimlehren» sah, erläuterte. Wie Plotin siedelte auch er die guten wie bösen Dämonen in der sinnlich wahrnehmbaren Region unterhalb des Mondes an. Diese – psychischen – Dämonen verbänden sich bei ihrem Eintritt in die sublunare Zone mit dem *pneûma,* einem geistigen, unsichtbaren und menschlichen Empfindungen unzugänglichen Körper, der dennoch reizbar und durch die Materie beeinflußbar sei; denn er nähme die Mitte zwischen dem absolut Unkörperlichen und dem materiell Körperlichen ein, ähnlich wie auch die Dämonen selbst zwischen den unkörperlichen Göttern und den materiell-körperlichen Menschen stünden. Erneut wird die Verachtung der Materie deutlich: Erliege der Dämon trotz der ihm innewohnenden Vernunft den Verlockungen der Materie, dann werde er böse; die bösen Dämonen aber seien in der Mehrzahl[32].

Infolge seiner Verwandtschaft mit der vergänglichen Materie sei der pneumatische Leib der Dämonen dem Verfall preisgegeben, doch als Emanation der göttlichen Weltseele dauere dieser Prozeß länger. Jedenfalls könnten sich die guten Dämonen dem Menschen mit einem schönen, die bösen mit einem häßlichen Körper sichtbar machen. Die Art der Stofflichkeit stehe in Verbindung mit der Materie: die *pyrinoì daímones,* die einen aus Feuermaterie gebildeten Scheinleib angenommen hätten, seien zwar sichtbar *(horatoí),* aber nicht greifbar, während Dämonen mit einem Körper aus erdiger Substanz vom Menschen ertastet würden. In dieser Stufe der Materialisation seien sie in der Lage, Nahrung zu sich zu nehmen und die von den Opfern aufsteigenden Düfte zu riechen. Allerdings unterscheiden sich, so Porphyrios in seiner Schrift «Über die Enthaltung vom Beseelten», die guten von den bösen Dämonen in der Art der Ernährung; während letztere an Fett, Blut und Dampf der tierischen Opfer Gefallen fänden, begnügten sich die guten Dämonen mit unblutigen Opfern wie Früchten, Blumen und wohlriechenden Gewürzen[33].

Spätestens hier aber hatte der Dämon Eigenschaften und Fertigkeiten erlangt, die sein Wirken fortan prägen sollten. Die neuplatonische Materiefeindlichkeit zwang Porphyrios zur These, daß die bösen *daímones* nicht nur – wie Fliegen – durch blutige Opfer angelockt würden, sondern auch diejenigen anfielen, die solche Opfer oder Nahrung zu sich nähmen. Diese Vorstellung ließ den im christlichen Mittelalter allgegenwärtigen Dämon zum disziplinierenden Exempel gegen Fehlverhalten geraten; so hatte eine Nonne im Frauenkloster des heiligen Equitius in der Provinz Valeria im Garten von einer Salatstaude gegessen, ohne sich vorher bekreuzigt zu haben, und war dadurch besessen geworden[34].

Mit der Zeugungsfähigkeit der Dämonen nahm Porphyrios eine weitere, folgenschwere dämonologische Prämisse vorweg; daß Proklos sogar Geschlechtsverkehr zwischen Dämonen und Menschen annahm, ist zwar nicht überliefert, allerdings auch nicht unwahrscheinlich. Die Idee vom *Incubus* und *Succubus,* ein stereotypes Argument in den nachmittelalterlichen Hexereianklagen, war geboren.

Da sich die bösen Dämonen von ihrem pneumatischen Leib und den durch ihn vermittelten Affekten beherrschen lassen, sich daher der sinnlichen, den Affekten unterworfenen Welt verbunden fühlen, halten sie sich in der Nähe der Erde auf. Diese bösen, im Banne der Materie verhafteten «Stoff-Dämonen» *(hylikoì daímones)* schädigen die Menschen und dringen beim Essen und allen unreinen Handlungen, so bei der Stuhlentleerung, beim Urinieren und beim Beischlaf, in den menschlichen Leib ein. Sie rufen Pest, Dürre, Mißernten, Erdbeben und andere Naturkatastrophen hervor, finden Gefallen an allem Widersinnigen und Unvernünftigen, an der Entfachung böser Leidenschaften wie der Geschlechtslust, Habgier und Ruhmsucht, woraus Aufruhr und Krieg erwachsen; durch sie geschieht alle Zauberei, und die Zauberer verehren sie als ihre Herren[35].

Die guten Dämonen führen hingegen die Menschen zu den Künsten, zur Musik und zur Pädagogik, zur Heilkunst und Gymnastik. In ihren Reihen befinden sich auch die Götterboten *(ángeloi),* die für die Kommunikation zwischen den Menschen und den Göttern verantwortlich sind, Gebete emportragen, die Aussprüche und das Wirken der Götter in Form von Orakeln kundtun und Heilungen bewirken. Doch über dem Mond, in der Region des Äthers, halten sich mit den Erzengeln *(archángeloi)* noch höhere Wesen auf, die Porphyrios nach ihren Wohnorten «Aether»- und «Feuerdämonen» *(aithérioi, empyrioi daímones)* nennt[36]. Augustinus, der in seiner Schrift «De civitate dei» Bezug auf Porphyrios nahm, gab sich mit dessen Hinweis auf Platon allerdings nicht zufrieden:

«Das hast du nicht von Platon gelernt, sondern von den Chaldäern, damit du die Laster der Menschen in den ätherischen und feurigen Höhen des Himmels emporheben kannst und eure Götter imstande sind, den Theurgen das Göttliche zu verkünden[37].»

Als Syrer war Porphyrios sicherlich von orientalisch-semitischen Dämonenvorstellungen beeinflußt gewesen. Das dämonologische System seines Lehrers Plotin baute er vor allem in bezug auf den pneumatischen Leib der Dämonen, ihren Wohnort und die Trennung in gute und böse Dämonen weiter aus. Nun aber hieß die Reihenfolge Engel, Dämonen, Heroen, Menschenseelen und Menschen.

Jamblichos aus Chalkis (gest. 337 n. Chr.) darf als Hauptvertreter der «phantastischen Dämonenlehre» angesehen werden. Die ehemals recht einfache Ordnung, die in der übersinnlichen Welt das Urwesen, den *noûs* und die Seele ansiedelte, wurde nun durch die Spaltung in Triaden um ein vieles komplizierter, da Jamblichos vom Urwesen eine zweite, zwischen dem Einen und der Vielheit in der Mitte stehende Einheit trennte. Die überweltlichen Götter teilte er in intelligible, intellektuelle und seelische Wesen, die innerweltlichen in die Seelen der Götter, der Engel, der Dämonen und der Heroen ein[38]. Unverkennbar ist nun der Einfluß der Astrologie auf die Ausbildung des Göttersystems: Die zwölf oberen Götter wurden zu 36 und weiter zu 360 vervielfacht; hinzu traten 72 Ordnungen unterhimmlischer Götter, ferner Naturgötter und Schutzgötter.

Vor jedem wirklich Seienden, vor jedem Anfang befindet sich der in seiner Einheit unbewegte Gott, der alleinige Vater des Guten und Urgrund von allem, auch der ersten Ideen. Von ihm strahlt der zweite selbstgenügsame Gott aus, der Anfang des Seins, der Gott der Götter. Die über den Körper herrschenden Seelen besitzen *per se* keinen Anteil am Guten, doch dieses teilt ihnen etwas von sich mit. Zwischen den beiden Welten stehen zum einen die mit den Göttern verbundenen, ihnen allerdings unterlegenen Dämonen, ferner die den Seelen überlegenen, mit diesen durch eine Ähnlichkeit des Lebens verbundenen Heroen.

Insbesondere das Jamblichos zugeschriebene Werk «Über die Geheimlehren» erlangte größte Bedeutung sowohl für die spätantike Dämonologie als auch für die Theurgie. Heroen und Dämonen bilden die Zwischenglieder zwischen den Göttern und Seelen. An Kraft, Tugend und Schönheit sowie an allem, was an guten Eigenschaften den Seelen zukommen kann, sind sie diesen überlegen, ihnen dennoch durch die Verwandtschaft gleichartigen Lebens verbunden. Die Dämonen aber stehen mit den Göttern in Verbindung; sie setzen deren unsichtbare Güte in die Tat um und vermitteln das göttliche Schöne den tiefer stehenden Klassen der Heroen und Seelen. Indem die Heroen und Dämonen eine unlösbare Verbindung zwischen den Endgliedern der Kette herstellen, bewirken sie das Absteigen vom Höheren zum Niederen und das Aufsteigen vom Niederen zum Höheren. Wie Porphyrios trennte auch der sogenannte «Jamblichos» zwischen guten, vernunftbegabten *(logikoì daímones)* und bösen, vernunftlosen Dämonen *(álogoi daímones);* erstere, der Unterscheidung zwischen Gut und Böse mächtig, handeln gut und helfen dem Menschen zum Guten. Ein Teil der *álogoi daímones* führt die Oberaufsicht über die Natur *(physis)* und die Materie *(hyle);* obwohl sie zwischen Gut und Böse nicht trennen können, sind sie von ihrem Wesen her nicht ausschließlich böse. Neben den genannten beiden Klassen fehlt einer dritten Ordnung, den Geistern *(pneúmata)*, dieses Unterscheidungsvermögen; sie können sich nur in die Richtung begeben, die ihnen vom Schicksal vorgegeben ist.

Allen höheren Wesen mangelt ein aus Materie oder aus Elementen *(stoicheîa)* bestehender Leib. Die These, daß ihnen trotzdem von Anfang an ein körperartiges Fortbewegungs- und Immanenzmittel *(somatoeidès óchema)* zukomme, erinnert an Plotins Lehre vom immateriellen Leib.

Die Theurgie aber ermöglicht es dem Menschen, mit den Göttern in Verbindung zu treten. Nicht das Denken *(énnoia)* verknüpft die Theurgen mit den Göttern, da ansonst *alle* mit Gedanken arbeitenden Philosophen die Vereinigung mit ihnen erlangten; vielmehr wird sie theurgisch durch die den Göttern würdige Durchführung von unaussprechlichen und die Vernunft übersteigenden Handlungen dank der Kraft der nur den Göttern verständlichen, unsagbaren Symbole erreicht. Der Theurge vermag nicht, die Götter zu seinen Diensten zu verpflichten, sondern die Götter selbst erleuchten den Theurgen und erheben ihn zu sich. Die theurgische Anrufung bewirkt Reinigung von Leidensfähigkeit, Befreiung von Geburt, Vereinigung mit dem göttlichen Prinzip und schärft den Sinn *(gnómen)* des Menschen für den Akt, der Götter teilhaftig zu werden. Damit aber war erstmals das Prinzip des Magischen theoretisch definiert und in einen ethischen Rahmen eingebunden; der *magus* wurde nicht als schlechtes, sondern als gutes, mit der Gottheit verbundenes Wesen gezeugt; der «Götterzwang» ist, so Jamblichos,

«seinem ganzen Wesen nach ein Zwang, der den Göttern eignet und nur in einer Weise erfolgt, die allein bei den Göttern (und nicht etwa bei uns Menschen) liegt. Er erfolgt also nicht etwa von außen her (von seiten der außerhalb des Göttlichen stehenden Menschen) und auch nicht gewaltsam, sondern ist durchaus ebenso geartet wie die Notwendigkeit des Guten, das (von seiten der Götter und aus ihnen von selbst) zwingenderweise nützt, und ist immer nur so und niemals anders geartet. Diese Art Zwang ist also mit der prinzipiell auf das Gute gerichteten Willensentschließung (der Götter) gepaart, verschwistert mit der Liebe (der Götter zur Schöpfung) und verfügt infolge der Stellung, die den Göttern (als Trägern dieses Zwanges) eigentümlich zukommt, über Identität und Unbeeinflußbarkeit (von außen), sowohl weil diese Art Zwang innerhalb derselben Grenzen in gleicher Weise (wie die Götter selbst) eingeschlossen ist als auch beständig darin verharrt und niemals daraus heraustritt[39].»

Die Evokation der Götter sei jedoch, so fährt Jamblichos fort, zugleich ein mystischer Akt der Gotteserkenntnis:

«Aber auch die Herbeirufungen [...] stellen die Verbindung der Priester mit den Göttern nicht durch einen Affekt her, sondern gewähren den Ersteren vielmehr das Anteilhaben an der unlösbaren Verbindung (aller höheren Wesen untereinander, zu denen aber auch die Seele des Priesters gehört) nur infolge der göttlichen Liebe, die das All umfaßt und zusammenhält; denn sie beugen nicht etwa den Intellekt der Götter zu den Menschen herab, wie das Wort ‹Herbeirufungen› zu besagen scheint, sondern sie machen vielmehr, wie der wahre Sachverhalt lehren will, nur das Erkenntnisvermögen der Menschen fähig, an den Göttern Anteil zu gewinnen, führen es zu den Göttern empor und passen es ihnen durch eine angemessene Art der Überredung an. Deshalb vermögen auch heiligehrwürdige Namen der Götter und die übrigen Symbole [...], uns mit den Göttern zu verknüpfen, da sie zu ihnen emporführen[40].»

Doch es blieb dem Lykier Proklos (412–485) vorbehalten, das System des Zwischenreiches und die Abgrenzung der einzelnen Klassen höherer Wesen detailliert auszuarbeiten und zu seiner endgültigen Form zu bringen. In seiner «Stoicheíosis theologiké» *(Institutiones theologicae)* merkte er an:

«Alle Religionsbegriffe und Philosophenschulen nehmen zwar etwas Göttliches als höchsten Anfang an, und alle Menschen glauben zwar, daß etwas Göttliches über dem Sterblichen steht, daß es aber auch danach noch göttliche Wesen gibt und eine Fürsorge von seiten solcher Wesen für das All, das glauben nicht alle; denn es erscheint ihnen klarer faßbar, nur das Eine, die am Anfang stehende Gottheit, anzunehmen als eine Vielheit göttlicher Wesen noch nach dieser Gottheit des Uranfanges. Andere wiederum nehmen zwar auch noch nach dem Göttlichen des Uranfanges andere Wesen an, die Dämonen als Zwischenglieder zwischen dem Göttlichen und Sterblich-Irdischen, kennen aber wieder die Klassen der Heroen nicht, so daß ihre Kenntnisse von den Zwischenstufen und Zwischengliedern mangelhaft sind. Gerade die ins einzelne gehende Erkenntnis der Zwischenglieder aber, der *mesótetes,* und des durch sie erfolgenden Aufstieges der Seele und des Sterblich-Irdischen zum Göttlichen ist das schwerste Stück menschlicher Erkenntnis überhaupt[41].»

Proklos definierte die Dämonen durch ihr untergeordnetes Verhältnis zu den Göttern über dem Monde, den himmlischen Göttern oder den Göttern im eigentlichen Sinne des Wortes: Erst ihr Verhältnis zu den eigentlichen Göttern mache sie zu Dämonen; denn da sie in der sublunaren Zone das All ebenso regieren wie die eigentlichen Götter in der supralunaren Region, könnten sie ebenfalls «Götter» genannt werden. Das Göttliche sei folglich unter dem Mond ähnlich vertreten wie das Dämonische über dem Mond. Wenn nun der gesamte Kosmos göttlich sei, dann nähmen die Mittelglieder, die Dämonen, Heroen und Seelen, ja sogar das Irdische, Sterbliche, Vergängliche und Materielle am Göttlichen teil. Den Beweis für diese These erbrächten die Weihungen, Orakel und Götterbilder; obwohl sie aus irdischen und vergänglichen Materien bestünden, partizipierten sie durch die Kraft gewisser Symbole am Göttlichen.

Im System des Proklos kommt der Lehre vom Demiurgen, dem Schöpfer aller beseelten Wesen, eine wichtige Rolle zu. Die beiden Endglieder in der Kette der beseelten Wesen bilden einerseits die Götter, andererseits die sterblichen Menschen und Tiere. Da man aber nicht annehmen könne, daß der Schöpfer unmittelbar nach dem Göttlichen als der höchsten Stufe der beseelten Wesen das Sterbliche, die tiefste Stufe, geschaffen habe, seien mit den Dämonen und Halbgöttern höhere, über den sterblichen Menschen stehende Geschlechter anzunehmen. Indem sich nun Proklos entschieden gegen die von seinen Vorgängern versuchte Lokalisierung aussprach, vollzog er den für die christlich-abendländische Magietheorie entscheidenden Schritt einer weiteren Differenzierung: in *jedem* der vier Reiche von Himmel *(ouránioi)*, Luft *(aérioi, aeropóroi)*, Wasser *(énydroi)* und Erde *(chthónioi, pezoí)* lebten *sowohl* Götter *wie* Engel, Dämonen und Halbgötter; die Dämonen und die anderen Mittelglieder aber schlössen sich jeweils der im betreffenden Reiche herrschenden Gottheit an.

Im Luftraum unter dem Mond halten sich wesenhafte Dämonen *(daímones kat' ousían)* und Dämonen ihrem Verhalten nach *(daímones katà schésin)* auf. Alle Zwischenwesen ergeben die Dreiheit von Engel *(tò angelikón)*, Dämonen *(tò daimónion)* und Heroen *(tò heroikón)*. Jeder Gott ist von einer bestimmten Zahl von Engeln, Dämonen und Heroen umgeben; er führt sie, und seine Wesenheit spiegelt sich in den ihm zugeordneten Mittelwesen wider. Nun aber gibt es mit den *ouránioi, genesiourgioí, anagogoí, demiourgikoí, zoogonikoí* und *átreptoi* verschiedene Arten von Göttern, denen ebenso viele und ebensogeartete Engel, Dämonen und Heroen entsprechen. Zu den *anagogoì theoí*, jenen Göttern also, die dem Schöpfer, dem *demiourgós*, die Seelen zuführen, gehören auch die in den Planeten wohnenden Götter wie Kronos und Helios; ihnen stehen die *krónioi* und *heliakoì anagogoì ángeloi, daímones* und *héroes*, den *zoogonikoí theoì*, das heißt den lebenerzeugenden Göttern, Aphrodite und Selene, die *aphrodisiakoí* und *seleniakoì zoogonikoì ángeloi, daímones* und *héroes* zu.

Diese zugegebenermaßen komplizierte Struktur beruht auf einer Dreiteilung der Grundprinzipien und Funktionen der Zwischenwesen. Die Engel verkörpern das erste Grundprinzip, das *noetón,* das nur durch den Verstand, nicht jedoch durch die Sinne wahrnehmbare Intellektuelle. Die Dämonen vertreten mit dem Leben *(zoé)* das zweite Grundprinzip; sie leiten die Natur und verbinden den sichtbaren Kosmos zur Einheit. Die Heroen bezog Proklos auf das dritte Grundprinzip, die Rückkehr *(epistrophé)* zum Demiurgen; sie beaufsichtigen die Läuterungen und helfen den Seelen beim Aufstieg.

Proklos setzte die Vorstellung von der Stufenhierarchie des Kosmos im Bild von den Ketten *(seiraí)* um, die stets nach einem Gott und das diesen repräsentierende Gestirn benannt sind. Die Gottheit bildet ihr Anfangsglied und gibt ihre Eigenschaften an die Mitglieder der betreffenden Reihe weiter. Je tiefer sie aber angesiedelt sind, desto mehr mangelt es ihnen an Vernunftbegabung und Sittlichkeit. Der Sturz der homerischen Götter war besiegelt; als Dämonen standen sie nun dem der Materie verhafteten Menschen näher als ihrem Ursprung, dem Göttlichen. Doch da sie nun zu Hütern und Bewahrern der alles miteinander verbindenden Sympathie erkoren worden waren, konnte derjenige, der vom Wesen der Götter, Engel, Dämonen und Heroen Kenntnis besaß, der wußte, welche Tiere, Pflanzen oder Steine ihnen sympathetisch oder antipathetisch waren, der – wie Jamblichos – ihren «wahren» Namen kannte, sie in seinen Dienst zwingen. Der *magus* war Philosoph, Naturwissenschaftler und Zauberer zugleich, hochgeachtetes Mitglied der Gesellschaft und zugleich von ihr Bedrohter. Die Diskriminierung der Magie ergab sich – noch – nicht aus ihrem Wesen, sondern aus ideologischen und gesellschaftspolitischen Kalkülen.

Vom Urgrund der Magie zum Untergrund des Abendlandes

Der verhältnismäßig breite Raum, der hier den antiken und insbesondere den neuplatonischen Dämonenlehren eingeräumt wurde, ist keinesfalls verschwendet. Denn als sich die antike Welt ihrem Ende zuneigte, war das theoretische Konstrukt der Magie nahezu verbindlich formuliert. Die antiken Philosophen hatten die Bruchstelle zwischen der Weisheit der chaldäischen Zauberer und ihrer eigenen Gegenwart mit Mythen und mythischen Zeiten überwunden; in dem Abschnitt über die Geschichte der Magier verwies Plinius darauf, daß Zoroaster «5000 Jahre vor dem Trojanischen Krieg gelebt» habe und es besonders merkwürdig sei, «daß sich die Erinnerung an ihn und seine Kunst in einem so langen Zeitraum erhalten hat, obwohl die Aufzeichnungen verlorengegangen sind und die Kunst zudem weder durch berühmte noch durch ununterbrochen aufeinanderfolgende Schulhäupter bewahrt wurde»[42].

Von nun an aber war die Überlieferung esoterischen Wissens gesichert; es erfuhr zwar in den folgenden Epochen eine radikale ethische Umorientierung, doch nur noch wenige theoretische Retuschen. Seinen Weg in die Zukunft fand das spätantike System der Dämonen und der prozessualen Magie zum einen in der Kontroverse der Kirchenväter mit der nun pagan gewordenen Umwelt, zum anderen als Antrieb zu neuen Naturspekulationen im Florentiner Neuplatonismus, und schließlich in der vermittelnden Rolle islamischer und jüdischer Gelehrter im maurischen Spanien.

Der Urgrund der Magie lag nun offen: die Dämonen hatten als Mittelwesen zwischen den Göttern ihren Platz, als Garanten für Orakel, Mantik, Weissagung, Kryptoskopie und Zauberei ihre Funktion und in der sublunaren Zone ihren Aufenthaltsbereich gefunden. Ihre Zuordnung zu den Planetengöttern schuf die kausale Verbindung von Magie und Astrologie. Weder die Divination noch die Anfertigung von Amuletten war fortan ohne den Bezug zu den *qualitates* der Gestirne denkbar. Mensch und Natur, Körperglieder und -säfte, Steine und Pflanzen wurden in geradlinigen Reihen den Planeten zugewiesen; die mittelalterlichen Aderlaßtafeln bezeugen in eindrucksvoller Weise diese Kohärenz von Mikrokosmos und Makrokosmos. Als Beispiel für die Rezeption spätantiker Magie mag Agrippa von Nettesheims Verbindung von Wesen und Dingen der irdischen Welt mit dem Mars genügen, der rot und kriegerisch ist:

«Dem Mars gehören unter den Elementen das Feuer, desgleichen alles Scharfe und Brenzliche; unter den Säften die Galle; unter den Geschmäcken die bittern, scharfen, auf der Zunge brennenden und die, welche zu Tränen reizen; unter den Metallen das Eisen, das rote Erz, und alles feurige, rötliche und schwefelige; unter den Steinen der Diamant, der Magnet, der Blutstein, der Jaspis, der Amethyst; unter den Pflanzen und Bäumen die Nieswurz, der Knoblauch, die Euphorbie, der Meerrettich, der Rettich, der Seidelbast, der Sturmbut, die Purgierwinde und alle wegen ihres Überschusses an Wärme giftigen Pflanzen, ebenso die, welche mit stechenden Dornen bewaffnet sind oder durch ihre Berührung auf der Haut ein Brennen verursachen, stechen oder Blasen ziehen, wie die Disteln, die Nessel, die brennenden Waldreben; ferner solche, deren Genuß zu Tränen reizt, wie die Zwiebeln, der Lauch, der Senf; endlich sind auch alle stacheligen Bäume sowie der Kornelkirschbaum dem Mars heilig. Unter den Tieren gehören ihm die kriegerischen, räuberischen, kühnen und achtsamen an, wie das Pferd, das Maultier, der Bock, der Wolf, der Panther, der wilde Esel; auch die giftigen Schlangen und Drachen und alles, was die Menschen verfolgt, wie Flöhe und Mükken, und der Hundskopf wegen seines Jähzorns; ferner alle räuberischen, fleischfressenden und Beine zermalmenden Vögel, wie der Adler, der Falke, der Habicht, der Geier; solche Vögel, die man Unglück bringende und Tod weissagende nennt, wie die Nachteulen, das Käuzchen, die Weihe; die, welche immer hungrig und raubgierig sind oder die krächzen und gleichsam Laute des Erstickens von sich geben, wie die Raben und Krähen; auch der Specht ist vor andern dem Mars heilig. Unter den Fischen besitzt er den Hecht, die Seebarbe, den Stachelrochen, den Seewidder, den Seebock, den Seewolf, welche sämtlich sehr gefräßig und räuberisch sind[43].»

In der kosmologischen Theologie des Neuplatonismus war die Zahl der Dämonen in einer Weise angewachsen, die eine Systematisierung nach Rangordnung, Charakter und Wohnort notwendig machte. Daran konnte die frühneuzeitliche Magiologie mit ihren Feuer- und Luftgeistern, *sylvani* und *fauni,* Wasser- und Erddämonen anschließen und sie – in später ausführlicher zu behandelnden Prozessen – als Hausgeister *(spiritus familiaris)* und Bergmännlein *(virunculi metallici),* Heinzelmänner und Weiße Frauen, Waldkobolde und Zwerge (z. B. *pygmaei*), Werwölfe *(lykanthropoi)* und Vampire *(homines sanguisugi)* an die populären Überzeugungen und Ängste weiterreichen.

Den Kern der Zaubertheorie aber formulierte die spätantike Naturphilosophie mit der Feststellung von der Teilhabe der Dämonen sowohl am menschlichen Leib wie an den menschlichen Wünschen. Ihre Verfügbarkeit war infolge ihrer doppelten Wesenhaftigkeit gewährleistet; es bedurfte lediglich der Kenntnis geheimer Symbole, Zeichen und Wörter, um sie zur Ausführung des menschlichen Willens zu bewegen.

Der spätantike Synkretismus entwickelte, gespeist aus zoroastrischen, ägyptischen, gnostisch-mandäistischen und manichäistischen Lehren, ein duales System von Gut und Böse, Gott und Materie, Seele und Leib, das nicht zuletzt seinen Ausdruck in der Konstruktion binärer Dämonensysteme fand. Das Christentum sollte hiervon nicht unbeeindruckt bleiben. Vor allem aber wies es den Dämonen und ihrer Magie den Weg in den Untergrund des Abendlandes[44].

Diese einseitige Entwicklung läßt jedoch leicht vergessen, daß der neuplatonischen kosmologischen Theologie für die Entstehung der modernen Naturauffassung weitreichende Folgen zukamen. Ihre Überlieferung und die differenzierte Auseinandersetzung mit ihren theoretisch-theologischen Inhalten bereitete den modernen Naturbegriff vor. Auch wenn sie mit ihren dämonologischen Implikationen in eine Richtung führte, der das Abendland die «Katastrophe des Hexenwahns»[45] verdankte, erscheint es berechtigt, von der Magie als dem *Urgrund* unseres Denkens wie auch unserer Ängste zu sprechen.

Doch nun besaß Christus in einem Zauberpapyrus aus der byzantinischen Zeit die Züge eines neuplatonischen Gottes:

«[Christus! Ich beschwöre] dich, Herr, Allherrscher, Ersterzeuger, Selbsterzeuger, ohne Samen Erzeugter, [...], Allseher zugleich [bist] du und Iaô, Sabaô, Brinthaô, nimm mich als Sohn, bewahre mich vor jeglichem bösen Geist und unterwirf mir jeglichen Geist Verderben schaffender, unreiner Dämonen, die auf der Erde, unter der Erde, die des Wassers und Festlandes, und jedes Gespenst. Christus![46].»

3. Kapitel

Die verlorene Unschuld der Magie. Das Frühchristentum und das Laster des Aberglaubens

Fürwahr, alle Götter der Heiden sind nichtig, doch den Himmel machte der Herr! PSALM 96, 5

Dämonologie des Alten und Neuen Testaments

An dieser Stelle mag die Frage berechtigt erscheinen, warum bislang so ausführlich von den antiken Magie- und Dämonenlehren, doch mit keinem Wort von *jüdischen* und *christlichen* Überlieferungen die Rede war. Die Antwort fällt leicht: Die abendländische Magie- und Zaubertheorie nahm ihren Ausgang von der neuplatonischen Kosmologie, nicht vom Judentum des Alten Testaments. Ihre Unschuld verlor die Magie, als das Christentum ihre Existenz und Voraussetzungen anerkannte, mit ihr jedoch eine Theologie des Bösen begründete. Satan war im vorexilischen Judentum gezähmt; nur dreimal fand er Erwähnung. Der Prophet Zacharias (um 520 v. Chr.) zählte ihn zum Hofstaat Jahwes, wo er für Ordnung in der Welt zu sorgen hatte (Sach. 3, 1–7), der Prolog des Buches Job reihte ihn unter die «Gottessöhne» ein, die «vor den Herrn hintreten» (Job 1, 6; 2, 1), und vertraute ihm die Aufgabe an, unrechtes Tun der Menschen vor Gottes Gericht zu bringen. Doch erst mit der Erzählung im Buch der Chronik, David sei von Satan zu einer schweren Sünde verführt worden (1 Chronik 21, 1), nahm er die Züge des Bösen an; vermutlich beabsichtigte der Verfasser, Jahwe, der ursprünglich sowohl das Gute wie das Böse in sich vereinigte, vom Makel des in seinem Zorne bösen Gottes zu reinigen. Der Heilsplan sah Satan als jenes Wesen vor, das den Willen Jahwes zu vollführen hatte.

Daß das 2. Buch Moses zur Tötung der Hexe *(m'kassepha)* aufforderte («Eine Hexe darfst du nicht am Leben lassen»; 2. Moses 22, 17) und damit jede Zauberei verbot, daß die Propheten Dämonenbeschwörungen, Nekromantie, Zauberei, Magie und Astralkult bekämpften, berechtigt nicht dazu, auf eine weite Verbreitung magischer Vorstellungen und Kulte, sondern bestenfalls auf «Strandgut umweltlichen Dämonenglaubens», so Herbert Haag, zu schließen[1].

Daß dennoch die alttestamentarischen Schriften als Paten für die Namen von Engeln und Dämonen, für «himmlische» und «teuflische Heerscharen» stehen, die Erzengel in den Beschwörungsformeln der griechischen Zauberpapyri eine ähnlich wichtige Rolle wie im nachmittelalterlichen Schutzbrauch und Amulettwesen spielen, daß mit Gog und Magog, Lilith und Leviathan Inkarnationen des Bösen in die Magie- und Zauberliteratur Eingang finden sollten, stellt eine späte, synkretistische Entwicklung und eine noch spätere, nämlich kabbalistische und pseudokabbalistische Deutung dar. Die jüdische Dämonologie erhielt erst in der nachexilischen und apokryphen Literatur durch die Rezeption iranisch-zoroastrischer und gnostischer Lehren ihr endgültiges Gesicht. Satan, der einstige «Lichtträger» *(Luzifer)* und rechte Hand Gottes, stürzte und emanzipierte sich zu dessen erbittertem Gegenspieler. Spätantikes, von alten jüdischen Traditionen weit entferntes Gedankengut ließ etwa Lukas ihn als «feindliche Gewalt» (Lk. 10, 19), Johannes als «Fürst dieser Welt» (Joh. 12, 31) oder Paulus als «Gott dieser Welt» (2 Kor. 4, 4) bezeichnen. Vor allem Paulus, dessen Nähe zu gnostischen Vorstellungen die Bibelexegese längst bestätigt hat, sprach von den «Mächten und Gewalten», wenn vom Satan und den Dämonen die Rede war. Wie andere jüdische Teufelsbanner reiste auch Christus als Exorzist durch die Lande, doch die Berichte der Evangelisten von seinen Wundertaten und seiner Begegnung mit Satan formten erste theologische Aussagen von den Zeichen, an denen der Messias und das nahende Reich Gottes erkennbar seien.

Es heißt daher zu differenzieren: Das Alte und das Neue Testament lieferten den frühchristlichen Intellektuellen die Argumente für die Diskussion um das Wesen und die Natur des Bösen; für die

Gestalt der Dämonen und die Bestimmung der Magie wie auch für die Paganisierung der Götter aber setzten sie an neuplatonischen Theorien an. Dies läßt sich konkret belegen.

In Mailand war Augustinus zu einem Zirkel von Intellektuellen um Ambrosius (339?–397), dessen Nachfolger er später werden sollte, gestoßen. Dort wurde er mit dem Neuplatonismus und dessen christlicher Interpretation vertraut. Für die mailändischen Katholiken spielte diese Philosophie eine ähnliche Rolle, die der Aristotelismus für die Scholastik des 13. Jahrhunderts einnehmen sollte: als *die* Philosophie schlechthin und als rational verankerte Wahrheit erschien sie um den Preis einiger Abstriche oder Transponierungen fähig, dem christlichen Glauben bei der Erkenntnis seiner inneren Struktur zu helfen und sich in der Theologie zurechtzufinden. In Mailand galt es als selbstverständlich, von den «Enneaden» Plotins zum Prolog des Johannesevangeliums überzugehen. Obwohl Augustinus erst später auch die Widersprüche zwischen dem Neuplatonismus und dem Christentum, zwischen der paganen Verachtung des Körpers und der christlich-authentischen Auffassung vom Menschen sah, der *sowohl* über einen Leib *wie* über eine Seele verfügte und dem ferner die leibliche Auferstehung verheißen war, beschäftigte er sich ausführlich mit Plotin und Porphyrios, die ihm durch die lateinische Übersetzung des afrikanischen Rhetors und Konvertiten Marius Victorinus (Claudius Marius Victor, gest. nach 425) zugänglich waren. Sie führten ihn zur Entdeckung der übersinnlichen Welt.

Eine zweite, spätantik-gnostische Schicht betraf das Spätjudentum ebenso wie das Neue Testament. Sie beeinflußte die Satanologie, die Dämonologie und sogar das frühchristliche Eucharistieverständnis; dem Bericht Tertullians (um 160 bis nach 220 n. Chr.) ist die Angst der Kommunikanten zu entnehmen, daß konsekrierte Elemente bei der Verteilung an die Gläubigen auf den Boden fallen könnten[2], und die Kirchenordnung Hippolyts (gest. 235 n. Chr.) rief zu äußerster Vorsicht auf, wenn die Gläubigen konsekrierte Hostien nach Hause mitnehmen mußten, um dort an Tagen ohne kirchliche Eucharistiefeier zu kommunizieren:

«Jeder möge darum besorgt sein, daß kein Ungläubiger von der Eucharistie genieße, daß kein Nachtvogel oder sonst ein Tier davon aufschnappe, daß nichts zu Boden falle noch verderbe. Denn der Leib Christi darf nur von Gläubigen genossen und nicht gering geachtet werden.

Den Kelch empfindest du, im Namen des Herrn danksagend, als Abbild des Blutes Christi. Deshalb verschütte nichts davon, damit nicht ein dämonischer Geist es auflecke, während du gleichsam ein Verächter desselben bist. Du wirst das Blut verantworten müssen wie einer, der den Preis verachtet, um den er erkauft ist[3].»

Daß sich unreine Geister an Blutopfern labten, bezeugte nicht nur Plinius[4], sondern war auch Bestandteil der Dämonologie des Porphyrios gewesen[5].

Toleranz und Kampf

Die intellektuelle Auseinandersetzung um Magie und Zauber, Götter und Dämonen trug wesentlich dazu bei, daß sich das Christentum in einer paganen Umwelt selbst bestimmen und schließlich behaupten konnte. Mag die neue Sekte die Antike ihrem Ende näher gebracht haben, einen radikalen Traditionsbruch bedeutete sie nicht, *noch* nicht. Denn die heidnischen und die christlichen Philosophen waren Kinder und Schüler eines gemeinsamen Bildungshorizontes, vertraut sowohl mit dem synkretistischen Pantheon wie mit dem neuen Gott, der die erniedrigendste der den Römern geläufigen Todesstrafen erlitten hatte, gleichermaßen bekannt mit dem philosophischen, laographischen, naturwissenschaftlichen und belletristischen Bildungsgut wie mit den sich nach und nach kanonisierenden Überlieferungen von Jesus von Nazareth. Um ihr Publikum von den neuen Lehren zu überzeugen, mußten die konvertierten Intellektuellen auf gängige rhetorische Techniken zurückgreifen; die Paganisierung der Götter des römischen Großreichs vollzog sich mit den gleichen Argumenten, die einst deren Existenz begründet hatten.

Die – aus heutiger Sicht verwirrend erscheinende – Situation erhellt sich aus dem Verhältnis alter und neuer Philosophie. Von der Begeisterung des Mailänder Kreises um Ambrosius für den Neuplatonismus als Interpretament für das Christentum war bereits die

Rede gewesen; doch bei Jamblichos handelte es sich um einen ausgesprochenen Christengegner, und Proklos erwies den Magiern als Kommentatoren der «Chaldäischen Orakel» und als Vertretern des theurgischen Okkultismus seine Reverenz. Proklos' Nachfolger und zugleich letzter *diadochos* in der Leitung der von Kaiser Justinian (527–565) im Jahre 529 geschlossenen Athener Universität, Damaskios (geb. um 458), hatte seine entscheidenden Anregungen bei Ammonios Hermeiu («Sohn des Hermes»), dem alexandrinischen Schuloberhaupt und christlichen Konvertiten, erhalten. Der Neuplatonismus ermöglichte somit heidnische wie christliche Philosophie und neben schärfster Konkurrenz auch argumentative Zusammenarbeit, wie etwa die Schrift des Alexander von Lykopolis «Gegen die Lehren des Manichaios» zeigt[6].

Machtpolitik und Willkür. Die Kriminalisierung der Magie

Vor diesem Hintergrund muß sicherlich die unterschiedlich gehandhabte Kriminalisierung der Magie als Teil der ideologischen wie politischen Machtkämpfe betrachtet werden. Die römische Rechtspraxis kannte Magie als Strafrechtsdelikt bereits im «Zwölftafelrecht» (5. Jh. v. Chr.); es stellte unter anderem denjenigen unter Strafe, der Schadenszauber durch Beschwörungen («qui malum carmen incantassit») oder durch Verhexung der Früchte («qui fruges excantassit») betrieb[7]. Magie geriet zum *maleficium (magicum)*, der Magier zum *maleficus*, zum Übeltäter.

Eine weitere Verrechtlichung *und* Kriminalisierung der Magie vollzog die Verordnung Kaiser Konstantins (um 280/85–337), die später in die unter dem Titel «Corpus iuris civilis» bekannte Sammlung des römischen Rechts Kaiser Justinians I. einging und von Isidor von Sevilla an das abendländische Mittelalter weitergegeben wurde; zum Schadenszauber kamen divinatorische Praktiken hinzu: Niemand solle einen *aruspex*, einen *mathematicus* oder einen *ariolus* um Rat fragen:

«Chaldaei, ac magi, et caeteri, quos maleficos, ob facinorum magnitudinem vulgus appellat, nec ad hanc partem aliquid moliantur[8].»

Der Versuch einer staatlichen Regelung des Zaubereivorwurfs beruhte auf vermeintlich gesicherten Inhalten. Tatsächlich aber konnte die Rechtspraxis auf erhebliche Interpretationsspielräume zurückgreifen und damit zum Machtinstrument im Kampf gegen politische und ideologische Gegner werden. Magie besitzt nicht nur als philosophische Idee, sondern auch als tötendes Argument seinen Ursprung in der Antike.

Seit Kaiser Konstantin verboten die aus der kaiserlichen Kanzlei hervorgehenden Konstitutionen nahezu monoton divinatorische und magische Praktiken[9]. Diese Gesetzgebung konnte daher unschwer der Ausschaltung politischer Gegner dienen. Als sich unter Kaiser Valens (364–378) die heidnische Opposition der «Hellenisten» angeblich als magischer Zirkel konstituierte und aus Neugierde, nicht in umstürzlerischer Absicht, durch «Tischrücken» den Namen des potentiellen Nachfolgers auf dem oströmischen Kaiserthron in Erfahrung zu bringen versuchte, ließ Valens die Mitglieder des Kreises wegen des *crimen magiae* hinrichten.

Ähnlich ging man auch im Westen mit dem Mittel der Verdächtigung und der Anklage wegen Magie gegen unliebsame Gegner vor. Ein erstes Edikt bezüglich magischer Betätigung kann indirekt aus dem zweiten Erlaß erschlossen werden, den Valentinian I. (365–375 n. Chr.) während eines Aufenthalts in Trier unterschrieb. In diesem Dokument betonte der Kaiser gegenüber dem Senat, daß er die überlieferte Kunst der Haruspizien, soweit sie nicht zum Schaden anderer ausgeübt würde, keinesfalls als *maleficium magicum* betrachte; vermutlich hatte die Verdächtigung einiger – heidnischer – Angehöriger des römischen Senats, Magie ausgeübt zu haben, zu diesem Edikt geführt. Während also Valentinian I. die heidnische Opposition im Senat von der Anschuldigung ausnehmen wollte, förderte sein Mitaugustus Valens in Ostrom einschlägige Vorwürfe. Nur allzu leicht boten «magische Zirkel» dem durch die kaiserliche Geheimpolizei («agentes in rebus») vertretenen christlich-missionarischen Inquisitionseifer eine machtpolitisch nutzbare Angriffsfläche[10].

Der juristische Tatbestand der Magie bezog sich in den geschilderten Fällen weniger auf den Magier als Individuum, sondern auf Gruppen, auf den Zusammenschluß mehrerer Personen im Untergrund. Die Angst vor einer organisierten Opposition werden wir später in der Vorstellung von den Teufelssekten wiederfinden, in die man nichtkonforme Mitglieder der Gesellschaft wie Apostaten, Häretiker, Juden und schließlich die Hexen selbst steckte. Die theoretische Begründung hierfür aber sollte Augustinus vornehmlich in seinen Schriften «De civitate dei» und «De divinatione daemonum» liefern.

Vom Glauben zum Aberglauben. Augustinus (354–430) und die Magietheorie

Der afrikanische Römer Augustinus, am 13. November 354 in Thagaste (heute Souk Ahras) in Algerien geboren, stammte aus bescheidenen Verhältnissen; sein Vater Patricius, ein kleiner Landeigentümer, gehörte zur Klasse der *curiales,* jener Provinznotabeln, die besonders arg unter der kollektiven Steuerverantwortlichkeit litten. Augustinus besuchte die Grundschule in seiner Geburtsstadt, die höhere Schule in Madaura, der Vaterstadt des bereits einschlägig bekannten Apuleius. In seinem Hochschulstudium, das er in Madaura begann und in Karthago beendete, eignete er sich die zeitüblichen lateinischen Bildungsinhalte an: Grammatik und die Klassiker, zuerst die Dichter wie Vergil und Terenz, dann die Historiker und schließlich die Rhetoren, an ihrer Spitze Cicero. Seine naturwissenschaftlichen Kenntnisse beschränkten sich hingegen auf ein Mindestmaß. Nach dem Tode seines Vaters nahm er noch vor seinem 20. Lebensjahr die Tätigkeit als Lehrer auf, zuerst in Thagaste, dann in Karthago, wo er den städtischen Lehrstuhl für Rhetorik einnahm, in Rom und schließlich in Mailand.

Augustinus entschloß sich erst im Alter von 32 Jahren zur Taufe; sein Vater war kurz vor seinem Tode zum Christentum konvertiert, während seine Mutter Monika, eine Christin, ihn zwar in der christlichen Lehre unterrichtet, aber nicht zur damals zwar bekannten, dennoch unüblichen Kindertaufe gebracht hatte. Nach seiner Taufe kehrte Augustinus nach Thagaste zurück, verkaufte die väterlichen Besitzungen und baute eine klosterähnliche Gemeinschaft auf, in der er vom Herbst 388 bis Anfang 391 lebte. Anläßlich eines Besuchs in Hippo Regius (heute: Bône) wurde er unter Bischof Valerius durch Zuruf zum Priester und Prediger ordiniert, fünf Jahre später zum Hilfsbischof des Valerius und 396 zum Bischof von Hippo Regius geweiht. Dieses Amt hatte er bis zu seinem Tod am 28. August 430 inne, als die Vandalen die Stadt belagerten.

Augustinus und der Manichäismus

Die Wurzeln der Augustinischen Dämonen- und Magielehre im Neuplatonismus liegen offen. Schwieriger fällt hingegen die Bestimmung seines Verhältnisses zum Manichäismus, den man immer wieder für die Anthropologie des Kirchenlehrers verantwortlich gemacht hatte. Doch bevor Augustinus zwischen 387 und 400 einen großen Teil seiner literarischen Arbeit dem entschiedenen Kampf gegen die Lehre des iranischen, sich in einem Bergkristallsiegel als «Apostel von Jesus Christus» bezeichnenden Propheten Mani widmen konnte, mußte er einen langwierigen intellektuellen Prozeß durchlaufen.

Am Anfang standen tatsächlich intellektuelle Schwierigkeiten. Christlich erzogen und zugleich an der antiken Rhetorik geschult, enttäuschte ihn in jungem Alter die Bibel; sie erschien ihm sprachlich zu niedrig, unwürdig des Vergleichs mit der Erhabenheit Ciceros. Die katholische Religion betrachtete er als passend für einfache Menschen wie seine Mutter, nicht jedoch für Gebildete. Anders verhielt es sich mit dem Manichäismus, der sich trotz zahlreicher Verfolgungen bis in den Westen ausgebreitet hatte und Augustinus eine höhere, vollendete Form des Christentums versprach. Es faszinierte ihn, daß die Botschaft Manis als geoffenbarte Religion es wagte, sich als eine wissenschaftliche, rational bewiesene Lehre zu bezeichnen; zudem schlug ihn ihr Charakter als Geheimwissenschaft in Bann: Der Okkultismus übte eine verführerische Anziehungskraft auf die Intellektuellen der Spätantike aus. Schließlich aber bot der Manichäismus die Lösung des sittlichen Problems an; er empfahl eine sehr viel härtere und unbedingtere Askese als die christliche Orthodoxie. Da es mit dem Guten und dem Bösen zwei Prinzipien des Seins gab und alles, was im Kosmos existierte, einer unheilvollen, dennoch nur provisorischen Mischung guter und böser Elemente entsprang, zielte das Ideal eines heiligen Lebens darauf, die Teile des Lichts zusammenzuziehen und von den Schlacken der Finsternis zu befreien. Dies erforderte sexuelle Enthaltsamkeit, Untätigkeit und strenge Fastenvorschriften sowie den Verzicht auf die «dunklen» Lebensmittel Fleisch, Blut und Wein. Die «lichten» Nahrungsmittel wie Obst, Melonen, Kürbisse und Früchte aber vereinigten ihre Lichtteile mit der leuchtenden Substanz dessen, der sie verzehrte. Doch nur die Eingeweihten, eine kleine Zahl von «Erwählten», verpflichteten sich zur strengen Einhaltung der Vollkommenheitsregel; für die Masse der «Hörenden» galt ein wesentlich einfacherer Kodex: sie konnten sich durch gute Werke und Dienstleistungen für die «Erwählten» Verdienste erwerben in der Hoffnung, in einem späteren Leben im Körper eines «Erwählten» wiedergeboren zu werden. Augustinus selbst trachtete lediglich nach dem einfachen Rang eines «Hörenden».

Seine Begeisterung für die Manichäer währte allerdings nur neun oder zehn Jahre. Er löste sich von ihnen, nachdem er den phantastischen, weit von philosophischer Strenge entfernten Mythologismus erkannt und den von jeder Geheimlehre angepriesenen Zugang zur Offenbarung nicht gefunden hatte. Eine Begegnung im Jahre 383 mit einem der führenden Vertreter des nordafrikanischen Manichäismus, Faustus von Mileve, verlief für ihn enttäuschend. Ein Rest manichäischen Denkens aber hinderte ihn, sich sofort dem orthodoxen Glauben anzuschließen: Der manichäische Materialismus, der Licht ebenso als Materie begriff wie die Finsternis, verwehrte ihm eine Vorstellung vom Geist und damit von Gott; ferner standen seiner Konversion anfänglich die gnostizistischen Einwände gegen den alttestamentarischen Gott wie gegen das Alte Testament insgesamt im Wege. Dies änderte sich schlagartig durch seine Begegnung mit Ambrosius in Mailand, die ausgerechnet seine manichäischen Freunde ermöglicht hatten.

Augustinische Dämonologie und Magiologie

Die Dämonologie und die sich an sie anbindende Magiologie des Augustinus speiste sich folglich aus zwei Quellen: Einerseits erbrachten die Ablehnung manichäistischer Lehren und die Erarbeitung einer Theologie, die das Böse als Abwesenheit Gottes *(malum nihil est aliud quam naturalium privatio bonorum)*[11] konsequent Gott als dem guten Prinzip unterstellte und es nicht zum gleichrangigen Widerpart erhob, *per se* auch die Tradierung gnostisch-dualistischer Lehren. In seiner Schrift «De vera religione» (Über die wahre Religion) stritt er dem «bösen Engel, wegen seiner Bosheit Teufel genannt», die Fähigkeit ab, den «Geheiligten» zu schaden:

«Denn auch er, soweit er Engel ist, ist nicht böse, sondern nur soweit er aus eigenem Willen verkehrt worden ist. Man muß ja zugeben, daß auch die Engel von Natur wandelbar sind, weil nur Gott unwandelbar ist. Aber in Kraft des Willens, mit dem sie Gott mehr als sich selber lieben, bleiben sie in ihm fest und unerschüttert, sind einzig und allein ihm freudigst untertan und genießen seine Herrlichkeit. Jener andere Engel aber, der sich selbst mehr als Gott liebte, wollte ihm nicht untertan sein, blähte sich hochmütig auf, sagte sich vom höchsten Sein los und fiel herab. Darum ward er weniger als er war, weil er es vorzog, das Geringere, nämlich seine eigene statt der Macht Gottes zu genießen. Denn obwohl auch er einst kein höchstes Sein besaß, war er doch mehr, solange er das höchste Sein genoß, da Gott allein zuhöchst ist. Was aber weniger ist als vorher, das ist nicht, sofern es ist, sondern sofern es weniger ist, böse. Denn eben dadurch, daß es weniger wird, als es war, gleitet es zum Tode ab. Kein Wunder, daß aus solchem Absinken Mangel und aus dem Mangel der Neid entsteht, der den Teufel zum Teufel macht[12].»

Andererseits aber schloß sich Augustinus weitgehend den neuplatonischen Kosmostheorien an. Dadurch konnte er die Spätantike christlich umformulieren und sie zugleich zur Grundlage des abendländischen Denkens machen. Die Magie sicherte das Überleben des Synkretismus.

Augustinus schrieb seine Dämonen- und Magielehre in den beiden Werken «De civitate dei» (entstanden zwischen 413 und 427) und «De divinatione daemonum» von 406 nieder. Er betrachtete die Dämonen als numinose Naturpotenzen, die auf einer älteren Stufe der Götterentwicklung verharrt waren:

«Ja, wie sollten hier an einer Stelle dieses Buches alle Namen der Götter und Göttinnen untergebracht werden, wo doch die alten Autoren in ihren großen Werken, in denen sie jedem einzelnen Ding eine gute Obliegenheit der einen oder der anderen Gottheit zuteilten, sie selbst kaum zusammenfassen konnten? So war nach ihrer Meinung die Besorgung der Fluren nicht etwa irgendeinem einzelnen Gotte anvertraut, sondern der Acker im Tal der Göttin Rusina, der Bergkamm dem Gotte Jugatinus; die Hügel setzten sie unter die Aufsicht der Göttin Collatina, die Täler wiederum beschützte Vallonia. Sie konnten nicht einmal eine geeignete Segetia finden, der allein sie die Saaten während der gesamten Dauer anvertraut hätten, sondern den Getreidesamen sollte, solange er noch in der Erde lag, die Göttin Seja betreuen, wenn er zu keimen begann und zur Saat gedieh, die Göttin Segetia, über das gesammelte und eingeheimste Getreide aber setzen sie als Beschützerin die Göttin Tutilina[13].»

Die patristische Polemik aber galt weniger den Naturdämonen, die längst nicht mehr nur das Göttliche einzelner Naturkräfte vertraten, sondern die von den Neuplatonikern als kosmologische Potenzen und Mittler zwischen Menschen und Göttern betrachtet wurden. Diese Lehre versuchte Augustinus zu widerlegen. Die Dämonen seien keine Einbildungen der Heiden, sondern reale Mächte, keine Götter, wohl aber böse und betrügerische Geister. Die Neuplatoniker erfuhren nun dahingehend ihre christliche Umdeutung, als die Dämonen zu gefallenen Engeln degradiert wurden; ansonsten hatten sie für Augustinus nichts an philosophischer Anziehungskraft eingebüßt: sie lebten in der Luft, da sie einen Luftkörper besäßen, könnten in den Menschen eindringen, ihn besessen machen und ihm Trugbilder vorgaukeln. Da sie sich sehr schnell fortbewegten, erführen sie mehr als der Mensch; zudem hätten sie sich infolge ihres hohen Alters bedeutend umfangreichere Kenntnisse angeeignet, als dies dem Menschen in der Kürze seines Lebens möglich sei. Solches Wissen aber sei in ihnen ohne Liebe, hochmütig setzten sie alles daran, an göttlichen Ehren und am religiösen Kult teilzuhaben, der nur dem wahren Gott gebühre.

Die körperlichen und intellektuellen Vorzüge ihrer Geistnatur befähigten sie zu zahllosen Betrügereien gegen den Menschen; sie hätten den Zauber und die Magie, die astrologischen und divinatorischen Künste erfunden, um den Göttern gleich geachtet zu werden. Doch Augustinus vollzog einen entscheidenden Einschnitt: Während die neuplatonischen Götter- und Dämonenlehren mit der Annahme sympathetischer Strukturen in der sublunaren Zone davon ausgingen, daß die Dämonen durch einen nahezu naturgesetzlich wirkenden Automatismus in die Dienste des Magiers gezwungen werden könnten, formulierte Augustinus die Zeichen-Pakt-Theorie; durch bestimmte Zeichen, die sich aus den dem sympathetischen «Anhang» eines Gottes entsprechenden Mitteln, Manipulationen, Gebärden und Worten zu einem Zeichensystem vereinigten, werde die Verständigung, das Einverständnis und die Verbündung *(pactum)* zwischen Mensch und Dämon ermöglicht. Hierzu aber sei ein ursprünglicher Vertrag über den Bedeutungsinhalt magischer Zeichen notwendig; denn «wie die Sprache unter Menschen auf Übereinkunft beruhe und ihr Gebrauch die stillschweigende Anerkennung ihrer Verbindlichkeit voraussetze, so liege auch der magischen Kunst *(magica ars)*, ein ‹Kommunikationsvertrag› mit den Dämonen zugrunde»[14].

Was das spätantike Zauberwesen eher praktisch als theoretisch vorgeführt hatte, geriet durch Augustinus zur sozial folgenschweren Lehrmeinung: Magie ereignet sich in den Absichten des Zauberers und den Fähigkeiten des helfenden und weisenden Dämons. Die juristische Implikation konnte sich daher nicht mehr nur auf die Moral der magischen Tat, sondern auch auf ihre Grundsubstanz, den Verkehr mit den Dämonen beziehen.

Aberglaube oder: Die Paganisierung der antiken Welt

Der Weg zur Selbstfindung des Christentums führte über die Höllenfahrt der antiken Welt. Dies wird in Augustinus' «Aufruf zur wahren und Warnung vor der falschen Religion» deutlich:

«Unsere Religion sei nicht ein Kult menschlicher Kunstwerke. Denn besser als diese sind die Künstler selbst, die solche Werke schaffen und die wir gleichwohl nicht verehren dürfen. Unsere Religion sei nicht ein Kult von Tieren. Denn besser als sie sind die geringsten Menschen, die wir gleichwohl nicht verehren dürfen. Unsere Religion sei nicht ein Kult verstorbener Menschen. Denn lebten sie fromm, kann man nicht glauben, daß sie solche Ehren suchen.

Sondern sie wollen, daß wir den verehren, der sie erleuchtet und beglückt, wenn auch wir Anteil gewinnen an ihren Verdiensten. Man muß sie nacheifernd ehren, aber nicht religiös verehren. Haben sie aber übel gelebt, darf man sie, wo sie auch sein mögen, erst recht nicht verehren. Unsere Religion sei auch nicht ein Kult der Dämonen, denn aller Aberglaube ist eine schlimme Strafe und gefährlichste Schmach der Menschen, aber Ehre und Triumph der Bösewichter. Unsere Religion sei nicht ein Kult von Erde und Gewässern. Denn reiner und lichter als sie ist die Luft, auch wenn sie verschattet ist, aber auch die dürfen wir nicht verehren. Unsere Religion sei auch nicht ein Kult der reineren und heiteren Luft, denn fehlt das Licht, wird sie verdunkelt, und reiner als sie ist der Glanz unseres Feuers, das wir jedoch, weil wir es nach Gutdünken anzünden und auslöschen, keineswegs verehren dürfen. Unsere Religion sei nicht ein Kult der ätherischen und himmlischen Körper, obwohl wir sie allen übrigen Körpern mit Recht vorziehen. Aber besser als sie ist jedwedes Leben. Sind die Gestirne aber beseelt, so ist doch jede Seele, für sich betrachtet, besser als jeder beseelte Körper. Dennoch meine niemand, man müsse eine fehlerhafte Seele verehren[15].»

Allerdings wurden die heidnischen Götter nicht zu Grabe getragen; sie fristeten nun als Götzen ihr Leben zusammen mit den Dämonen. Ihr Kult geriet zur Idolatrie, einstiger Glaube zum gefährlichen Aberglauben, der nicht nur dem menschlichen Heil im Wege stand, sondern auch eine praktikable Handlungsanleitung für den ideologischen Kampf bedeutete.

Augustinus setzte vornehmlich in seiner Schrift «De doctrina christiana» den Aberglauben *(superstitio)* mit dem Götzendienst *(idolorum cultus)* gleich[16]: der Götterkult sei «superstitio», da Verehrung von Dämonen[17]. Auch wer sie um Rat und Hilfe bat oder mit ihnen einen Pakt einging, betriebe Dämonenkult und handele dadurch abergläubisch. Doch «Heidentum» bedeutete zugleich *superstitio* im älteren und konkreteren Wortsinn, nämlich Angst und Furcht vor der Unzahl der in ihren Interessen und Launen widerstreitenden Götter, daher auch Angst im Verhältnis zur politischen Herrschaft. Wie Augustinus in «De civitate dei» ausführte, scheint die Ursache hierfür allerdings

«nur diejenige gewesen zu sein, daß die bekannten Klugen und

Weisen ihre Aufgabe in der religiösen Täuschung des Volkes sahen und das Ihre dazu taten, um nicht nur die Verehrung, sondern auch die Nachahmung der Dämonen zu fördern, deren größtes Verlangen ja die Täuschung ist. So wie nämlich die Dämonen nur die besitzen können, die sie durch Betrug getäuscht haben, so haben auch die Großen, freilich nicht die Gerechten, sondern die den Dämonen ähnlichen, ihren Völkern bewußt reinen Wahn als angebliche Wahrheit unter dem Namen der Religion aufgeschwätzt und konnten sie um so enger zu einer Volksgemeinschaft zusammenschweißen. Dadurch haben sie sich auf ganz ähnliche Weise wie die Dämonen der Unterworfenen bemächtigen können. Wie soll sich auch ein schwacher und ungebildeter Mensch einem Betrug entziehen, der von staatlichen Machthabern im Verein mit Dämonen ausgeübt wird[18]?»

Der heidnische Kult aber ist deswegen *superstitio,* weil er sich auf etwas bezieht, dem Verehrung nicht gebührt, daher «falsche Verehrung» oder «Verehrung eines falschen Objekts», folgerichtig erweist sich das Wissen und der Glaube der Heiden über oder an ihre Götter als falsch, hohl und leer. Hier verband sich die Vorstellung vom «Falschen» mit dem Begriff der *superstitio;* indem der Aberglaube neben dem Götzendienst nun generell ideologisch nichtkonformes Wissen brandmarkte, nahm er innerhalb der christlichen Hemisphäre zusätzlich die Bedeutung des intellektuellen Mangels an. Neben den heidnischen Götter- und Kultlehren konnten jetzt *alle* paganen Anschauungen in vergleichbaren Bereichen bis hin zu den einzelnen philosophischen Lehren unter den Superstitionsbegriff fallen; was sich vom orthodoxen Standpunkt entfernte, war *superstitio gentium, sive Manichaeorum, sive Judaeorum* und damit *falsa religio.* Im Mittelalter sollten weitere Gruppen hinzukommen.

In der Dämonen- und Magietheorie des Augustinus treffen wir auf das gesamte Spektrum magischer und nun weitgehend diskriminierter Praktiken, auf die Omina etwa und die Vorzeichenlehre, die Weissagung aus dem Niesen und dem Gliederzucken, die Traumtheorie und die Traumdeutung. Augustinus klagte darüber, daß sich die Christen in den Besitz von apotropäischen Amuletten und von Diagrammen zur Divination brächten, sich Ringe an die Ohrmuschel und Straußvogelknöchelchen an den kleinen Finger steckten[19]. Welche Bedeutung Augustinus den Dämonen zum Beispiel für die Entstehung einer perfekten Traumillusion beimaß, verdeutlicht ein Abschnitt aus seinem Werk «De civitate dei»; laut einer antiken Überlieferung gäbe es in einer bestimmten Gegend Italiens Wirtinnen, die ihren Gästen einen präparierten Käse vorsetzten. Nach dessen Genuß würden sie in ein Lasttier verwandelt, das Schleppdienste verrichten müsse und erst nach getaner Arbeit wieder die alte Gestalt zurückerhielte:

«Ich denke nicht», so Augustinus, «daß die Dämonen Seele oder Leib eines Menschen in tierische Glieder oder tierische Wesenszüge umformen können, aber sie können auf einem unbeschreiblichen Weg das Trugbild eines Menschen in leiblicher Gestalt an die Sinne anderer heranführen. Etwas Derartiges ereignet sich auch in unserem Denken oder Träumen bei tausend verschiedenen Dingen, und wenn es auch kein Körper ist, nimmt es doch mit wunderbarer Schnelligkeit körperähnliche Formen an und wirkt auf die betäubten oder unterdrückten Sinne des Menschen in einer ganz unfaßbaren Art als Trugbild, das nur auf seiner Gesamtvorstellung beruht, während der menschliche Leib selbst an einem anderen Platz mit verschlossenen Sinnen, lebendig zwar, aber doch in einer Bewußtlosigkeit liegt, die tiefer und betäubter sein kann als im Schlaf. So kann ein solches Trugbild in körperlicher Gestalt anderen erscheinen, wie er sich im Traume selbst erscheinen kann, und kann dabei sogar Lasten tragen. Sind diese Lasten wirklich körperhaft, dann sind es die Dämonen, die sie tragen, um die Menschen zu foppen[20].»

In dieser Theorie, an die man später auch die Erklärung des Hexenflugs anknüpfen würde, sind Magie, Dämon und Aberglaube noch sehr viel enger als im Neuplatonismus zusammengerückt, um die Kultur, der man selbst entstammte, geistig zu überwinden. Die mittelalterliche Dämonologie aber sollte sich ebenso wie das Verständnis von den Superstitionen nahezu ausschließlich an den Feststellungen des Augustinus orientieren.

Cultus daemonum. Superstitionenkritik und Zeichentheorie

Der Aberglaube ergab sich aus der christlichen Distanzierung zur heidnischen Antike. Durch abergläubische Mittel, Praktiken und

Riten, durch den Aberglauben schlechthin, setzte sich der Mensch, so Augustinus, mit den Dämonen in Verbindung. Diese aber lieben den Betrug am unwissenden Menschen, ja der Götzendienst sei erst entstanden, als die Dämonen die Menschen als *ignorantes*, als «Unwissende», erkannt hätten. Die Dummheit der *superstitio*, die sich in Sinnbildern und Zeichen äußerte, locke die bösen Geister an.

Eine zentrale Stelle zur Augustinischen Magietheorie findet sich ein weiteres Mal in «De civitate dei», nämlich am Beispiel der wunderbaren Lampe im Tempel der Venus, die weder Sturm noch Regen auszulöschen vermögen:

«Wir setzen nämlich zu dieser nicht verlöschenden Laterne auch gleich die vielen anderen Wunder hinzu, die Wunder menschlicher und magischer, das heißt dämonischer Künste, die durch Menschen ausgeführt oder allein durch Dämonen in großer Zahl vollbracht werden: sie in Abrede stellen, hieße ja der Wahrheit der heiligen Schriften widersprechen, an die wir glauben. Entweder wird bei jener Leuchte ein von Menschen erfundener künstlicher Mechanismus aus Asbeststein verwendet, oder sie ist durch magische Kunst verfertigt, weshalb die Menschen sie in jenem Tempel anstaunten, oder es hat sich irgendein Dämon unter dem Namen der Venus so wirksam vergegenwärtigt, daß dieses Wunderzeichen den Menschen sichtbar wurde und längere Zeit andauerte. Die Geschöpfe aber, in denen sich Dämonen aufhalten, sind nicht von ihnen, sondern von Gott erschaffene, und die Dämonen werden durch verschiedene von ihnen bevorzugte Ergötzungen angelockt, nicht wie Tiere durch Futter, sondern als Geister durch Sinnbilder, die der Neigung jedes einzelnen entsprechen, durch allerlei Arten von Steinen zum Beispiel, durch Kräuter, Bäume, Tiere, Gesänge und Gebräuche. Um aber auch von Menschen angelockt zu werden, verführen sie selbst sie vorher mit allen Listen und Verschlagenheiten. Entweder flößen sie ihrem Herzen ein geheimes Gift ein oder treten auf als trügerische Freunde, um aus ihren wenigen Schülern Lehrmeister für viele zu machen. Zuerst lehrten sie nämlich selbst, sonst hätte ja niemand gewußt, was jeder einzelne von ihnen begehrt und was er haßt, unter welchem Namen er beschworen, womit er bezwungen werden kann. Hieraus ergaben sich dann die magischen Künste und ihre Meister. Hauptsächlich aber bemächtigen sie sich der Herzen der Menschen und rühmen sich dieses Besitzes dann am stärksten, wenn sie sich in Engel des Lichts verwandeln. Es gibt also sehr viele Werke der Dämonen, und je mehr wir sie als Wunder betrachten, um so vorsichtiger haben wir uns vor ihnen zu hüten. Freilich sind auch sie für das, wovon wir hier handeln, von Nutzen. Wenn nämlich bereits unreine Dämonen solche Dinge vollbringen können, um wie viel machtvoller gar als sie alle ist Gott, der auch diese Engel, die Bewirker der größten Wunder, erschaffen hat! Es sind viele und große Wunderdinge, wie sie der Grieche ‹mechanémata› nennt, die durch menschliche Kunst entstehen, wobei die Schöpfung Gottes dienstbar gemacht wird. Infolgedessen halten sie die Menschen, die sie nicht durchschauen, für göttlich. Daher konnte es vorkommen, daß in einem Tempel durch entsprechend große Magnetsteine unter dem Boden und über der Decke ein ehernes Götzenbildnis in der Mitte schwebend in der Luft gehalten wurde. Da niemand vom Vorhandensein der Magnete wußte, hielt man es für Zauberei. Und etwas Ähnliches dürfte auch, wie bereits gesagt, bei jener Leuchte der Venus mit einem Asbeststein von einem kundigen Mann gemacht worden sein. Solche Werke von Zauberern, die unsere Schrift Giftmischer und Beschwörer nennt, verstanden die Dämonen derart zu entwickeln, daß ein berühmter Dichter wohl nur die allgemeine Anschauung wiedergibt, wenn er von einem Weib, das in solcher Kunst erfahren war, sagt:

‹Diese verheißt durch Zaubergesang die Herzen zu lösen,
Welche sie will, und den anderen härteste Qual zu bereiten,
Ströme zu hemmen im Lauf und zurück die Gestirne zu drehen.
Nächtliche Manen beschwört sie: du hörst, wie die Erde dröhnt,
Wo sie nur auftritt, und siehst du Eschen den Bergen entfliehen›[21].»

Die von den Dämonen vollbrachten wunderbaren Effekte, Magie mithin, sind also keine «wirklichen», sondern «technische Wunder» *(mechanémata)* voller überragender dämonischer Intelligenz.

In seinen Ausführungen über die Wunderlampe im Tempel der Venus nannte Augustinus mit Steinen, Kräutern, Gesängen und anderem mehr die Lockmittel für die Dämonen. Doch es galt, ein grundsätzliches Problem der Emanzipation des Christentums zu lösen, die Frage, inwieweit den Christen die Beschäftigung mit der heidnischen Wissenschaft generell erlaubt sei. Hier trennte Augustinus in «De doctrina christiana» zwischen den Dingen *(res)* und den Zeichen *(signa)*:

«Ein Zeichen ist nämlich eine Sache, die außer ihrer sinnfälligen Erscheinung aus ihrer Natur heraus noch einen anderen Gedanken nahelegt: sehen wir zum Beispiel eine Spur, so denken wir uns, es sei das Tier vorübergegangen, dessen Spur es ist; oder sehen wir Rauch, so erkennen wir, daß auch Feuer in der Nähe ist; hören wir die Stimme eines Tieres, so können wir daraus auch einen Schluß auf seine Gemütsstimmung ziehen; an dem Ton der Kriegstrompete erkennen wir die Soldaten, ob sie vorrücken oder sich zurückziehen oder eine andere zur Schlacht gehörige Bewegung vollführen sollen[22].»

Mit den natürlichen Zeichen wie dem Rauch eines Feuers *(signa naturalis)* und den gegebenen Zeichen wie dem Signal einer (Kriegs-) Trompete *(signa data)* lassen sich zwei Kategorien unterscheiden: die *signa data* ermöglichen die Verständigung unter den Lebewesen und sind Sprache im weitesten Sinne. Die wichtigsten Zeichen unter den Menschen bilden die Wörter, für die es mit den Buchstaben wiederum eigene Zeichen gibt:

«So hat zum Beispiel auch die Gestalt ein und desselben kreuzweise geschriebenen Buchstabenzeichens X bei den Griechen einen anderen Wert als bei den Lateinern; und zwar kommt ihm diese verschiedene Bedeutung nicht schon von Natur aus zu, sondern weil man eben stillschweigend gerade über diese Bedeutung übereingekommen ist. Wer also von diesen beiden Sprachen etwas versteht, der wird, wenn er an einen Griechen schreibt, diesen Buchstaben in anderer Bedeutung schreiben, als wenn er an einen Lateiner schreibt. Auch ein und dasselbe Wort ‹beta› ist bei den Griechen der Name eines Buchstaben, bei den Lateinern aber die Bezeichnung eines Gemüses; ferner wenn ich ‹lege› sage, so denkt sich bei diesen zwei Silben sowohl der Grieche als der Lateiner etwas anderes [lies, sage]. Wie nun all diese Bezeichnungen (der Sprache) gerade so auf die Geister wirken, wie die daran interessierten Kreise eben darüber übereingekommen sind, und wie ihre Wirkung verschieden ist, wenn die Übereinstimmung eine verschiedene ist, und wie sich die Menschen bezüglich dieser Bezeichnung nicht deshalb verstanden haben, weil diese Bezeichnung schon an sich eine bezeichnende Kraft hat, weil man sich eben bezüglich ihrer miteinander verstand, so haben auch die Zeichen, durch die man sich die verderbliche Gesellschaft der Dämonen erwirbt, Kraft nur nach der Tätigkeit desjenigen, der sie beobachtet[23].»

Bisweilen aber können die Zeichen der Sprache dunkel sein. Augustinus setzte hier an seinen Aussagen in «De civitate dei» an: Die abergläubischen Mittel und Praktiken müssen als Sinnbilder und Zeichen begriffen werden, die Kontakt und Verständigung mit den Dämonen schaffen. Aberglaube stellt sich damit als Komplex vereinbarter Zeichen für die Kommunikation mit den Dämonen dar. Wie aber die Sprache unter den Menschen auf Übereinkunft beruht und ihre Anwendung die stillschweigende Anerkennung ihrer Verbindlichkeit voraussetzt, so erfordert auch der Aberglaube einen «Kommunikationsvertrag» mit den Dämonen. Hier aber schuf Augustinus ein nahezu duales Modell von der teuflischen Gegenkirche; denn wenn man die Menschen zum Bekenntnis einer Religion nur durch die «Bindung an gemeinsame sichtbare Zeichen oder Sakramente» zusammenführen könne[24], dann müßten auch die superstitiösen Zeichen als «Sakramente» zum Bekenntnis der Dämonenverehrung betrachtet werden. Die Rezeption dieses augustinischen Ansatzes durch die mittelalterliche Theologie sollte wesentlich zur Entwicklung sowohl des Hexensektenbegriffs wie zur Vorstellung von Schwarzen Messen beitragen.

Augustinus benutzte die Kommunikationstheorie zur kritischen Abrechnung mit dem Heidentum. Ihre geschichtliche Relevanz erwies sich im Mittelalter, als Thomas von Aquin (1225?–1274) sie zur Grundlage seiner Lehre vom Dämonenpakt machte: Wenn ein Gegenstand eine Wirkung zeige, die seinem natürlichen Wesen nicht entspräche, dann könne er nur ein Zeichen für den Wunsch sein, sich der Hilfe der Dämonen zu versichern[25].

Magie oder: Das Laster der menschlichen Neugierde

Die Auseinandersetzung mit Magie und Dämonologie bedeutete für Augustinus nicht nur einen intellektuellen Diskurs und auch nicht nur einen Beitrag zur philosophischen Untermauerung der Einzigartigkeit der christlichen Religion. Durch die Verbindung mit der Anthropologie verlieh er ihr eine entscheidende Brisanz: der *magus* wählt freiwillig das böse Prinzip, die *magia* verleitet ihn, das Böse ebenso wie das eigene Schicksal in die Hand zu nehmen und der Ungewißheit der göttlichen Vorsehung die Stirn zu bieten.

Als die Vernunft der frühen Neuzeit gegen die mittelalterliche Enge des Denkens zu rebellieren begann, sah sie in der Magie die Möglichkeit eines Erkenntnisprozesses, der das dogmatisierte Wissen um das aus der Heiligen Schrift abgeleitete Weltbild in Frage stellte. Damit aber machte sich der Magier der Todsünde der *curiositas* schuldig, der menschlichen Neugierde, die herkömmliche Erkenntnisgrenzen niederriß. Seit dem 16. Jahrhundert häuften sich die Menschen, die gegen das Verbot der Neugierde verstießen; im Vorwurf der Magie vereinigten sich die Hexen der *magia daemoniaca* mit den Naturspekulanten der *magia naturalis*. Beide mißachteten das Gebot, ihren sinnlichen Wissensdurst auf die in der Heiligen Schrift niedergelegten Fakten zu begrenzen; vor den Richtern der Inquisition traf sich die der Hexerei verdächtigte Frau mit Galileo Galilei.

Die Diskriminierung des menschlichen Erkenntnisdrangs als Laster der *curiositas* aber ist ebenfalls Augustinus und hier einmal mehr seiner manichäistischen Affinität und seiner Ernüchterung nach der Begegnung mit Faustus zu verdanken. Für den Kirchenvater bedeutete zwar die *curiositas* eine Kategorie der Abwendung von der Gnosis; doch ihre Lust an den irdischen, nicht an den göttlichen Dingen mache sie zur Sünde:

«Es gibt Leute, die alle Tugendhaftigkeit verlassen und im Unwissen um das Wesen Gottes und die Größe der Majestät einer sich immer gleichbleibenden Natur etwas Bedeutendes zu leisten glauben, indem sie die ganze Masse der Körper, die wir ‹Welt› nennen, mit äußerster Neugierde und Aufmerksamkeit durchforschen. Und daraus erwächst ein solcher Hochmut, daß sie sich selbst in den Himmel, mit dem sie sich so häufig beschäftigen, versetzt glauben[26].»

Daß sich gerade seit der zweiten Hälfte des 16. Jahrhunderts lateinische Traktate zu naturwissenschaftlichen, medizinischen, dämonologischen und spektrologischen Aspekten der Magie als «curiosum» bezeichneten, kam nicht von ungefähr; sie zeigen den nicht ungefährlichen Aufbruch der menschlichen Vernunft in ein neues, physikalisches Weltbild, zu dem die Magietheorie einen wesentlichen Beitrag leistete.

4. Kapitel Der Teufel, Wotan und die Missionare. Magie im frühen Mittelalter

Wunder sind nutzlos. Magie ist eine Ablenkung von den wahren Belangen. Sie ist rhetorisch. Melodramatisch.

CLIVE BARKER, DAS SECHSTE BUCH DES BLUTES

Die *curiositas* konnte nicht allein deswegen zur Todsünde geraten, da sie die *experientia* als sinnliche Lust betrachtete; sie enthielt auch die Gefahr, das dogmatisierte Weltbild aus den Angeln zu heben. Zwischen Augustinus und dem Mittelalter lagen mehrere hundert Jahre, innerhalb deren das Abendland neue Konturen erhielt, Völker zu neuen Horizonten aufbrachen, Ordnungen sich ablösten und neue Normen entstanden. Doch die Veränderungen der politischen und sozialen Geschichte kreisten um den ruhenden Pol eines konservativen Wissenschaftsverständnisses, das die Vergangenheit der Zeit in der Überlieferung der Autoritäten *(auctoritates)* zur Gegenwart verkürzte.

Konstanz und Wandel. Zaubertheorie nach Augustinus

Der mittelalterliche Gelehrte hätte gegen die verbindliche Wissenschaftsmethodik verstoßen, wenn er die Maßgeblichkeit der Heiligen Schrift, der Kirchenväter und der in den Kanon einbezogenen heidnischen Philosophen in Frage gestellt und sich der eigenen Vernunft, der eigenen Beobachtungsgabe bedient hätte. Denn Wissenschaft bedeutete nicht, durch Kritik der Tradition zu neuen Erkenntnissen zu gelangen, sondern durch disputatorische Verfahren altes Wissen zu bestätigen und zu vertiefen. Der schmale Spielraum der menschlichen Erkenntnisfähigkeit bezog sich auf das geschriebene Wort: Im Vergleich zum *legi*, der Lektüre einer anerkannten Autorität, spielte das *vidi* und *audivi*, der eigene Augenschein, nur eine untergeordnete, die Wahrnehmung der Umwelt stark einschränkende Rolle.

Diese Beobachtung ist gerade für die Geschichte der Zauberpraktiken wichtig. Sie rechtfertigt es nämlich, die dunklen Jahrhunderte der Missionierung Mittel- und Nordeuropas und die dem Christentum unterlegenen Kulturen der Germanen, Kelten und Slawen zu überspringen. An der Dominanz der von Augustinus entwickelten Aberglaubenstheorie änderte sich, von geringen Nuancierungen abgesehen, nichts. So wie er im Banne der spätantiken Philosophie stand, so fühlten sich seine Nachfolger ihm verpflichtet. Die wesentlichen Bestandteile der Magietheorie und der Dämonologie waren formuliert, die Anthropologie des Bösen hatte Gestalt angenommen, lediglich der naturwissenschaftliche Aspekt des Zaubers ließ noch Raum für Spekulationen. Wie Augustinus war auch der Lyoner Bischof Irenaeus (gest. um 202) davon überzeugt, daß der Teufel ursprünglich als gutes Wesen erschaffen worden sei[1], Lactantius (geb. um 250) sah in ihm sogar den zweitgeborenen Sohn Gottes, der durch seine Sünde von ihm abgefallen sei und sexuellen Verkehr mit Frauen gehabt habe[2]. Die Diskussion drehte sich in ihrem antidualistischen Engagement im Kreise: Die in Schuld geratenen Engel seien, so Tatian (geb. um 120), aus dem Himmel verstoßen worden[3], ihre Verfehlung bestünde, so Cassiodorus (um 485 bis nach 580), im Aufruhr gegen Gott[4].

Auffallenderweise aber gerieten nun sexuelle Begründungen, die im neuzeitlichen Hexenglauben zu den Phantasmagorien von Incubus und Succubus führen sollten, mehr und mehr in den Vordergrund. Justinus Martyr (gest. um 165) zum Beispiel schrieb die Existenz von Dämonen Engeln zu, die mit Frauen Kinder zeugten[5]. Mit dieser Idee, der sich auch Tertullian (um 160 bis nach 220) anschloß[6], versuchte man, die Vielzahl der Dämonen zu bestätigen. Die Theologie der Sünde vervollständigte das komplexe System der frühkirchlichen Dämonologie; nach Origenes (um 185 bis um 254) verursachten die Dämonen sündhaftes Handeln, ja, ohne Teufel gäbe es auch die Sünde nicht. Die Macht Satans wuchs durch die Erbsündelehre, wie sie Augustinus vertrat[7].

Wie unbeschadet solche Lehren die Jahrhunderte überdauerten, zeigt Bernhard Silvestris' (Mitte 12. Jahrhundert) Werk «De mundi universitate», in dem wir auf vertraute, in seinem Fall wohl auf Martianus Capella (4./5. Jahrhundert) zurückgehende Vorstellungen stoßen: Zwischen Himmel und Erde, zwischen Gott und Mensch existieren Mittelwesen. Die guten, zwischen Gott und dem Menschen vermittelnden Engel halten sich in der Sphäre zwischen Sonne und Mond, andere Geistwesen in der Nachbarschaft des Mondes auf. Die «genii», eine zweite Klasse sphärischer Wesen, fungieren als Schutzengel. In der Atmosphäre aber wohnen die übelwollenden Geister, die mit göttlicher Erlaubnis die Übeltäter strafen; diese von ihrer Natur her unsichtbaren *angeli deserti* bemächtigen sich der menschlichen Körper oder nehmen selbst einen Körper an. Harmlosen Charakter hingegen besitzen die *silvani, pan* und *neirei,* die in den Bergen, Wäldern und Gewässern der irdischen Welt hausen[8].

Kosmologische Überlegungen hatten zu einer Doktrin geführt, die 1215 das 4. Laterankonzil ganz im Sinne der Augustinischen Lehre der Unterordnung des Bösen unter das gute Prinzip verbindlich in Kapitel 1 «De fide catholica» formulierte:

«Diabolus enim et alii deamones a Deo quidem natura creati sunt boni, sed ipsi per se facti sunt mali.»

Damit war die noch bei Augustinus autonome Welt der heidnischen Götter und Dämonen endgültig unter die Obhut des christlichen Gottes gestellt und in dessen Heilsplan integriert worden. Die Auseinandersetzung mit dem Aberglauben aber schuf in der Magie eine zentrale Grundlage des abendländischen Denkens, nicht nur als elitäre Diskursmaterie, sondern auch als Idee mit weitreichenden sozialen Folgen.

Während die dämonologischen Systeme festgeschrieben waren, öffnete sich den Theoretikern des Zauberwesens der weite Raum der naturwissenschaftlichen Spekulation. Ähnlich wie Hildegard von Bingen (1098–1179) vertrat der durch seine Liebe zu Héloïse berühmte Philosoph und Dichter Peter Abaelard (1079–1142) die zweite Seite der Magie, die *magia naturalis,* mit der Feststellung, daß die Natur, zum Beispiel Pflanzen, Bäume und Steine, voller verborgener Kräfte sei; doch könne sie böse Begierden wecken, die sich die Dämonen mit Einverständnis Gottes zunutze machten[9]. Wilhelm von Auvergne (um 1180–1249) knüpfte mit der Frage, ob Faune, Zwerge und Wesen wie die «joculatores», die «incubi», «succubi», «lares», «penates» oder die Nymphen Dämonen, Tiere oder Menschen seien, an die Augustinische Diskussion um die Breite der Weltschöpfung an; daß der Zauber nur mit Hilfe der Dämonen möglich sei, stand für ihn außer Zweifel. Mit dem sexuellen Verkehr zwischen Dämonen und Menschen griff er jedoch ein grundsätzliches naturwissenschaftliches Problem auf, das bis weit ins 18. Jahrhundert ebenso heftig wie kontrovers behandelt werden sollte und das sich letztendlich aus der Unsicherheit ergab, ob es sich bei den teuflichen Manifestationen lediglich um Vorspiegelungen und dämonisch verursachte Phantasien *(praestigia)* oder um reale Erscheinungen handele. Er lehnte zwar den tatsächlich vollzogenen Geschlechtsverkehr zwischen Menschen und Dämonen ab, war allerdings davon überzeugt, daß sie aufgrund ihrer Fähigkeiten durch Eingriff in die Natur die Wirkungen des Beischlafs hervorrufen könnten[10].

Reste des Heidentums? Der germanische und keltische Untergrund

Doch besaß neben den degradierten antiken Gottheiten auch das Jenseits anderer Völker und Gruppen einen Platz? Man mag einer linearen Traditionslinie zwischen Neuplatonismus, frühchristlicher Apologetik und mittelalterlicher Theologie mißtrauen, da sie die kulturellen Eigenheiten der missionierten Völker ignoriert. Nicht zuletzt der patriotische Nationalismus des 19. Jahrhunderts hatte die Vertreter der Altertumskunde dazu geführt, heidnische Reste im Glauben des einfachen Volkes zu vermuten und die Lebenskraft magischer Rituale der Germanen und Kelten zu beschwören. Das germanische Heidentum war zum politischen Argument gegen den Ultramontanismus geraten. Nach Jacob Grimm habe das Christentum die germanische Vorstellung von der Hexe, der *hagazusa,* nicht nur verändert, sondern insgesamt eine verhängnisvolle Rolle gespielt:

«bis [Orthographie sic!] auf die jüngste zeit ist in dem ganzen *hexenwesen* noch offenbarer *zusammenhang mit den opfern, und der geisterwelt der alten Deutschen* zu erkennen. Hieraus ergibt sich die ungerechtigkeit und ungereimtheit der späteren hexenverbrennungen von selbst[11].»

Die Kühnheit der Grimmschen Theorie und ihrer Schuldzuweisung scheint sich bei oberflächlicher Betrachtung auch außerhalb des recht spät missionierten nordeuropäischen Raums zu bestätigen. Auf eine Reihe germanischer Gottheiten berief sich etwa der vor 750 aufgezeichnete «Zweite Merseburger Zauberspruch»:

«Phol ende Uuodan uuorun zi holza.
du uuart demo Balderes uolan sin uuoz birenkit.
thu biguol en Sinthgunt, Sunna era suister,
the biguol en Uodan, se he uuola conda:
sose benrenki, sose bluotrenki,
    sose lidirenki,
ben zi bena, bluot zi bluoda,
lid zi geliden, sose gelimida sin.»

(Phol und Wodan ritten in den Wald. Da verrenkte sich Balders Fohlen einen Fuß. Da besprach ihn Sindgund [und] Sunna, ihre Schwester, da besprach ihn Frija [und] Volla, ihre Schwester, da besprach ihn Wodan, so gut wie [nur] er es konnte: wie die Verrenkung des Knochens, so die des Blutes, so die des ganzen Gliedes! Knochen an Knochen, Blut zu Blut, Glied an Glied, als ob sie zusammengeleimt wären!)[12].

Ein schlesischer Nachtsegen des frühen 14. Jahrhunderts gegen Unholde erwähnte neben dem Blocksberg («Brochelsberge») auch Wotan:

«Gloczan unde Lodowan
Truttan unde Wutan,
Wutanes her und alle sine man,
dy di reder unde dy wit tragen
geradebrecht unde irhangun,
ir sult von hinnen gangen.
Alb unde elbelin,
Ir sult niht lenger bliben hin;
Albes swestir unde vatir,
Ir sult uz varen obir den gater;
Albes mutir, trute unde maren
Ir sult uz den virsten varen.
Noch mich di mare drüche,
Noch mich die trute züche,

Noch mich die mare rîte
Noch mich die mare beschrîte!
Alb mit diner crummen nasen,
Ich vorbite dir aneblasen [...][13].»

Doch im Gegensatz zum Zweiten Merseburger Zauberspruch, in dem die heidnischen Götter als Magier auftreten, erscheinen sie nun als Dämonen, die den Menschen durch böse Träume um die Nachtruhe bringen. Das um 772 entstandene «Sächsische Taufgelöbnis» reihte Donar, Wotan und Saxnot unter die «Unholde» ein und forderte die Absage an Teufelsopfer, Teufelswerk und an die Worte des Teufels:

«Forsachistu diabolae?
ec forsacho diabolae.
end allum diobolgelde?
end ec forsacho allum diobolgeldae.
end allum dioboles uuercum?
end ec forsacho allum dioboles uuercum and uuordum,
Thunaer
ende Uoden ende Saxnote ende allum them unholdum, the
hira
genotas sint[14].»

Die «Capitulatio Caroli Magni de partibus Saxoniae» von 785 sprach von teuflischer Besessenheit «nach der Sitte der Heiden» und der Darbringung von Opfern an die bösen Geister «nach heidnischer Sitte». Bis weit ins 18. Jahrhundert hinein vertrauten die Historiker der «Germania» des Tacitus, die unter anderem Zauberei und Wahrsagerei als Fähigkeit der Frauen schilderte. Aus dem Namen «Albruna»[15] schloß 1737 Gottfried Christ. Roth in seiner kleinen Schrift «De imagunculis Germanorum magicis, quas Alrunas vocant, commentatio historico-antiquaria, feminarum apud Germanos veteres sacrarum instituta et cultum religiosum simul explicans» in einem kühnen Gedankengang auf den germanischen Ursprung der Zauberwurzel Alraune.

Doch diesen Quellen darf keinesfalls die germanische (oder keltische) Herkunft einzelner Zauberpraktiken entnommen werden.

Daß die spätgermanische Kultur magische Rituale kannte, ist unbestritten. So berichtet die «Edda» von «Siegrunen» (sigrúnar), die man, um im Kampf zu bestehen, an den Knauf und auf die Rückseite eines Schwerts schneiden und dabei «zweimal [die Rune] Týr nennen» solle *(ok nefna tysvar Tý)*[16]. Runeinschriften wie die des Björketorp-Steins dienten der Abwehr des Bösen; der «Neun-Kräuter-Zauber» bezog sich auf Wotan:

«Wyrm com snican toslāt he man [Ein Drache kam geschlichen und zerriß einen Mann,]

đa zenam Wōden VIIII wuldortānas, [da nahm Woden neun Glanzstäbe,]

slōhđa nælddran [schlug damit die Schlange][17].»

Vorauswissen *(blót)* konnte man durch das Werfen von Opferstäben *(fella blótspánn)*[18], durch Kessel- und Feuerproben[19] oder durch die operative Magie *(seiđr)* erwerben, wobei sich mit dieser Fähigkeit – vertraut man dem Römer Tacitus – besonders Frauen wie die Albruna hervortaten. Daß die Brakteaten der Völkerwanderungszeit als Amulette verwandt wurden, dürfte als gesichert gelten; dennoch würde es zu weit führen, mit jeder einzelnen Rune sofort auch «Runenmagie» zu verbinden[20].

Allerdings berechtigen die wenigen Zeugnisse für die Gestalt germanischer Magie keinesfalls zur Theorie ungebrochener Kontinuitäten und zur Annahme, daß das getaufte Völkchen nun auch weiterhin munter germanisch-heidnisch zauberte, als habe sich nichts verändert. Vielmehr erwecken die Texte Argwohn, da sie aus später Zeit, häufig von christlichen Verfassern stammen und einen auffallenden Zug zur Standardisierung besitzen. Ob Wulfilaich 585 in Trier ein «keltisches Götterbild» der «Diana» zerstörte[21], ob laut Poenitentialbuch des Bischofs Theodor von Canterbury von 668 diejenigen, die den bösen Geistern opfern, zur Gesundheit der Lebenden und des Hauses Getreidekörner verbrennen, teuflische Zauberei und Wahrsagerei betreiben sowie sich der Zeichen-, Los- und Traumdeuterei befleißigen, mit Bußstrafen zwischen 40 Tagen und zehn Jahren belegt werden[22], stets klingen die Zauberpraktiken ebenso unspezifisch wie vertraut.

Reiseführer zur Magie. Der fremde Blick oder: Anleitungsliteratur für Missionare

Das «Lex Baiuvariorum» aus dem 8. Jahrhundert bestrafte diejenigen, die das Getreidefeld eines Mitmenschen durch zauberische Künste schädigten, mit zwölf Schillingen Buße; die Übeltäter bezeichnete es als «aranscarti». Die volkssprachliche Bezeichnung scheint, so will man meinen, auf eine spezielle, im Missionsgebiet ausgeübte magische Praktik und damit auf einen heidnischen Rest hinzuweisen, was auch das bekannteste Zeugnis seiner Art, der ebenfalls im 8. Jahrhundert entstandene «Indiculus superstitionum et paganiarum» mit – teilweise rätselhaften –, dem lateinischen Kontext grammatikalisch angepaßten Begriffen wie «nimidas», «nodfyr» oder «yrias» glauben macht.

Die Geschichte dieses Verzeichnisses, das sich heute als «Codex Palatinus Vaticanus Latinus 577» in der Vatikanischen Bibliothek befindet, ist abenteuerlich; dorthin wurde es 1623 von Leo Allatius zusammen mit anderen Handschriften der Palatina gebracht, nachdem die Heidelberger Bibliothek im Jahre zuvor bei der Eroberung der Stadt dem Feldherrn der katholischen Liga, Tilly, in die Hände gefallen war. Eine Notiz von 1479 weist die Handschrift als Eigentum des Mainzer Stifts St. Martin aus: «iste liber pertinet ad librariam sancti Martini ecclesie Maguntinae». Für die Entstehungszeit kommen das späte 8. oder das frühe 9. Jahrhundert, als Besitzer der von 752 bis 786 als Bischof wirkende Lullus oder aber Liudger in Betracht, als dieser bereits Bischof in Münster war (804–809). Dies spräche für eine Kompilation des Texts entweder vor 786, wahrscheinlich kurz nach 762, oder nach 804. In jedem Fall entstand der «Indiculus superstitionum et paganiarum» in einem Mainzer Scriptorium nach 762 und diente einem Bischof als Visitationsbuch.

Seine dreißig Paragraphen beziehen sich, soweit sie verständlich sind, zum einen auf heidnische Kultformen und auf die Verehrung fremder Götter, zum anderen auf magische Handlungen und zauberische Dinge. Gegen den Kult fremder Gottheiten richten sich vier Abschnitte: Sie untersagen Feiern an den Tagen des «Merkur» (Donar) und «Jupiter» (Wodan) (*De sacris Mercurii vel Jovis;* § 8), die

Ausübung bestimmter Bräuche an diesen Tagen (*De feriis quae faciunt Jovi vel Mercurio;* § 20), regeln das Verhalten an einstigen Kultplätzen (*De casulis, i. e. fanis;* § 4) und setzen sich mit dem Herumtragen von Götzenbildern *(simulacra daemonum)* bei Flurumgängen auseinander (*De simulacro quod per campos portant;* § 28).

Eine zweite Gruppe von Vorschriften wendet sich gegen den Seelen- und Dämonenglauben, gegen den Götzendienst an den Gräbern, den Totenkult, Grabopfer und das Totenmahl (*De sacrilegio ad sepulchra mortuorum;* § 1), vor allem aber gegen magisch interpretierbare Handlungen bei Verstorbenen *(dadsisas)*, speziell gegen Totenlieder. Bei den *carmina diabolica* oder *carmina turpia* handelte es sich vielleicht um Zauberlieder, die den Toten zum Zweck der Zukunftsbefragung beschwören und von ihm Auskunft über das Leben nach dem Tode erzwingen sollten. (*De sacrilegio super defunctos, i. d. dadsisas;* § 2). Die Geistlichen hatten ferner auf falsche Kulte und Opfer in Wäldern und Hainen, an Bäumen, Steinen, Quellen und Kreuzwegen zu achten (*De sacris silvarum, quae nimidas vocant,* § 6; *De his, quae facunt super petras,* § 7; *De fontibus sacrificiorum,* § 11).

Zwischen Gestirnglauben und der Überzeugung, daß die Sterne das menschliche Leben beeinflussen können, bewegt sich Abschnitt 21 *«De lunae defectione quod dicunt vinceluna»*. Ob der Fachausdruck *Vince luna* («Siege, Mond!») auf eine apotropäische Praktik hinweist, spielt in diesem Zusammenhang nur eine untergeordnete Rolle; wichtig ist hier vielmehr die Beobachtung, daß die Glossierung lateinisch, nicht jedoch volkssprachlich erfolgte. Zwei weitere Paragraphen erwähnen ein Phänomen, das zu zahllosen Spekulationen geführt hat, nämlich die Anfertigung von Götterbildern aus Teig und aus Lumpen (*De simulacro de consparsa farina,* § 26; *De simulacris de pannis factis;* § 27). Man sah darin den germanischen Ursprung von auch heute noch hergestellten Gebildbroten bestätigt, ohne andere Erklärungsversuche, etwa den Zauber mit Bildern heranzuziehen.

Mit nicht- und unchristlichem Brauchverhalten beschäftigten sich weitere Paragraphen des «Indiculus superstitionum et paganiarum». Da geht es etwa um nicht näher identifizierbare Bräuche an einem Frühjahrsfest (*De spurcalibus in Februario;* § 3) oder um das «Notfeuer» (*De igne fricato de ligno, i. d. nodfyr; §* 15); diese bis ins 20. Jahrhundert hinein bezeugte Schutzhandlung steht in Zusammenhang mit der magischen Medizin: Erkranktes Vieh sollte durch das Feuer gereinigt und geheilt werden. Die Hinweise auf die eigentliche Herkunft des Aberglaubenskatalogs aber verstärken sich in den folgenden Abschnitten, zum Beispiel zur Umfurchung bewohnter Orte (*De sulcis circa villas;* § 23). Dieser Rechtsakt, den man häufig mit einem magischen Schutzring in Zusammenhang gebracht hat, ist für den westgermanischen Raum nicht belegt, jedoch aus römischen Quellen geläufig. Deutungsschwierigkeiten bereitet hingegen Paragraph 24 *«De pagano cursu quem yrias nominant scissis pannis vel calciamentis»* wegen des etymologisch und grammatikalisch noch ungeklärten Begriffs «yrias»; gesichert ist lediglich, daß es sich um einen Umzug in Lumpen und zerrissenen Schuhen handelt. Ähnliches gilt für Paragraph 29, der von «hölzernen Füßen und Händen nach heidnischem Brauch» berichtet *(De ligneis pedibus vel manibus pagano ritu)*. Es kann nur vermutet werden, daß hier Nachbildungen erkrankter Gliedmaßen und damit Votivgaben gemeint waren, die man an heiligen Stätten hinterließ. Die Formulierung «nach heidnischem Brauch» *(pagano ritu)* überrascht schon deswegen nicht, da der Votivkult an antiken Heiligtümern, hier vor allem von Heilgottheiten wie Asklepios, durchaus gängig und daher den Kirchenvätern bekannt war.

Zudem ist die Verbindung, die der «Indiculus superstitionum et paganiarum» zwischen dem falschen (Götter-)Kult und der Magie herstellt, längst aus der frühchristlichen Superstitionenkritik vertraut. So führt er die Herstellung und Benutzung von Amuletten auf, die man um den Arm, den Hals oder um einen anderen Körperteil band und für die etwa Gregor von Tours Muscheln, Steine, Perlen, Metalle, Geräte, Wurzeln, Kräuter, Tierteile wie Maulwurfzähne, Mäuseknochen oder Bärenfelle bezeugte (*De phylacteriis et ligaturis;* § 10). Er verbietet mit den Beschwörungen das gesprochene oder gesungene Zauberwort (*De incantationibus;* § 12), untersagt den *tempestarii* den Wetterzauber und die Schädigung von Feldern und Saat (*De tempestatibus et cornibus cocleis;* § 22). Von besonderer Bedeutung für die Überlieferung zauberischer Ideen aber ist Abschnitt 30 *(De eo quod credunt, quia femine lunam comendet, quod possint corda hominum tollere iuxta paganos)*, der eine Verbindung zwischen der zaubernden Frau und dem Mond zieht. Verständlich wird dieser Paragraph erst durch die Konjektur von *comendent* für *comendet:* Er handelt vom Glauben, daß gewisse Frauen, da sie Gewalt über den Mond besitzen, nach Art der Heiden Menschenherzen herauszureißen vermögen. Erstaunlicherweise aber richtet er sich nicht gegen die Zauberinnen, sondern nur gegen den Glauben an sie. Noch wurden die Hexen nicht bekämpft, und die Strafen für operative Magie waren geringfügig.

Eine Reihe von Paragraphen behandelt Los- und Wahrsagerituale, darunter das Vogel- und Pferdeorakel sowie die Weissagung aus dem Kot von Stieren und Rindern und aus der Art des Niesens (*De auguriis vel avium vel equorum vel bovum stercora vel sternutationes;* § 13), die durch göttliche Eingebung *(divinatio)* und die durch das Loswerfen *(sortilegium)* zustande gekommene Weissagung *(divinatio)*, wobei sich – im Gegensatz zu den Hexen – der «Indiculus» hier auffallenderweise an die ausführenden Personen, nicht jedoch an den Gegenstand wendet (*De divinis et sortilegis;* § 14). Nicht vollständig gesichert, dennoch zu vermuten ist der Hinweis auf eine weitere Wahrsagepraktik, nämlich die Weissagung aus dem Gehirn von Tieren (*De cerebro animalium;* § 16). Zum «kleinen» Aberglauben gelangen wir mit Abschnitt 17, der sich mit dem Rauchorakel und dem «Angang» auseinandersetzt *(De observatione paganorum in foco vel in inchoatione rei alicuius)*. Die mantischen Praktiken, dem Herdfeuer, dem Herdrauch oder der Herdasche Auskunft über Zukünftiges und Verborgenes zu entnehmen, sind ebenso geläufig wie die Beobachtung von Vorzeichen beim Beginn («Anfang») eines Unternehmens.

Eine Reihe von Angaben zu synkretistischen Bräuchen rundet dieses karolingische Aberglaubensverzeichnis ab. Paragraph 5 *«De sacrilegiis per ecclesias»* wendet sich gegen Handlungen, mit denen die Heiligkeit der christlichen Kirche verletzt wird. Was darunter zu verstehen ist, ergibt sich aus dem einschlägigen kirchlichen Schrifttum, nämlich Festmahlzeiten und Leichenschmausereien in der Kirche und auf dem Friedhof, nächtliche Lieder und Tänze anläßlich von Totenwachen oder Gedenkfeiern und schließlich (wohl profane) Tänze und Gesänge an Sonn- und Festtagen in der Kirche, im Kirchhof und in der Vorhalle der Kirche. Zu bekämpfen sind die kirchlich nicht sanktionierte Heiligenverehrung (*De sacrificio, quod [fit] alicui sanctorum;* § 9; *De eo quod sibi sanctos fingunt quoslibet mortuos;*

§ 25) und die Verrichtung der Andacht an hierfür nicht vorgesehenen Plätzen (*De incertis locis, quae colunt pro sanctis;* § 18).

Der «Indiculus superstitionum et paganiarum» mag hier stellvertretend für die Beichtformeln, die Viten einzelner Missionare, die Briefe des Bonifatius (672/75–754), die Stammesrechte und Kapitularien, die Konzilsbeschlüsse, Dekretalien und Bußbücher, die Predigten etwa eines Berthold von Regensburg (um 1210–1272) oder für das bereits erwähnte «Altsächsische Taufgelöbnis» stehen. Man kann dieses Schrifttum zu einem nicht unerheblichen Teil unter dem Begriff der «Dekalogkatechese» zusammenfassen: Die Missionare, die Geistlichen und Bischöfe hatten auf Verstöße gegen das erste Gebot zu achten, das besagt, daß der Mensch keinen anderen als den christlichen Gott verehren solle. Der Götzendienst aber war die Verehrung eines falschen, fremden, heidnischen Gottes, die Magie sein Kult.

Zweifelsohne wurde der «Indiculus superstitionum et paganiarum» im späten 8. oder im frühen 9. Jahrhundert im germanischen Kulturraum niedergeschrieben, doch seine Inhalte entstammen anderen, sehr viel früheren räumlichen und zeitlichen Schichten. Seine volkssprachlichen Glossierungen verführten die Forschung dazu, in ihm ein Zeugnis für kultische und magische Praktiken in den Missionsgebieten zu sehen; so stellte Holger Homann apodiktisch fest: «Diese Überlegungen scheinen mir die Annahme unabweisbar zu machen, daß der Indiculus für westfälisch-sächsische Gebiete zu lokalisieren ist[23].»

Religionswissenschaftler, Altertumskundler, Folkloristen, ja sogar die Vertreter der modernen Alltagshistoriographie konnten sich daher in ihrer Überzeugung vom heidnisch-germanischen Substrat populärer magischer Rituale bestätigt fühlen. Allerdings ergab bereits eine erste, oberflächliche Analyse dieses Verzeichnisses die Erkenntnis, daß sich manche seiner Angaben bis heute für den westgermanischen Raum nicht verifizieren lassen. Auch die volkssprachliche Glossierung hilft hier nicht weiter; die Beschwörung der Feldfrüchte durch die «aranscarti», die das annähernd zeitgenössische Lex Baiuvariorum unter Strafe stellte, ist bereits aus dem römischen Zwölftafelrecht bekannt, und warum sollten die Westgermanen ihre Zauberformeln wie «vinceluna» (Sieg, Mond!) ausgerechnet in lateinischer Sprache rezitieren? Warum enthalten Quellen wie die Instruktionen Papst Gregors I. (um 540–604) an den Abt Mellitus von 601 zum Vorgehen bei der Mission[24] oder die «Capitulatio Caroli Magni de partibus Saxoniae» von 785 nur standardisierte Angaben zur Zerstörung der Götzenbilder oder zum abergläubischen Kult der zu Dämonen erniedrigten Götter? Warum verwandte Gregor von Tours (538–594) in seinem Bericht über die von Wundern begleitete Vernichtung eines keltischen Götterbildes durch Wulfilaich den Namen der römischen Göttin Diana, wo er doch – wäre er vor Ort gewesen oder hätte er über glaubwürdige Augenzeugen des Ereignisses verfügt – unschwer den keltischen Namen hätte in Erfahrung bringen können? Was berechtigte die Verfasser solcher Aberglaubenskataloge, sich stets der Sprachkonvention römischer Götternamen wie «Jupiter» und «Merkur» zu bedienen, wenn sie ebenso in der Lage waren, lateinische Begriffe volkssprachlich zu erläutern? Zielte Paragraph 20 des «Indiculus» *De feriis quae faciunt Jovi vel Mercurio* vielleicht sogar auf die beiden römischen und gar nicht auf die germanischen Götter?

Das Rätsel löst sich, wenn man die Frage nach der Funktion dieser Schrift stellt. Man hat den «Indiculus» als Inhaltsverzeichnis einer verlorengegangenen ausführlichen Darstellung von *superstitiones* und *paganiae* betrachtet oder als ein (vorläufiges) Verzeichnis dessen, worauf die Königsboten *(misse dominici)* und die Missionare zu achten hatten, als eine ergänzende, in Form eines Kapitulars veröffentlichte Liste zu Kanon IV des Konzils von Leptinae (743), ja sogar als Stichwortverzeichnis für eine Heidenpredigt oder für die Befragung in der Beichte.

Tatsächlich aber handelt es sich bei dieser Quellengruppe um eine Zusammenstellung längst kanonisierten magischen und abergläubischen Wissens, um einen Reiseführer, einen «Guide magique et superstitieuse» für Missionare und Seelsorger, um eine Liste von *Möglichkeiten,* nicht von kulturellen *Wirklichkeiten.* Die Voraussetzung für die Deutung ist denkbar einfach. Wie konnten die römischen und irischen Missionare wissen, welche Kulte, Gottheiten, abergläubischen Meinungen und magischen Techniken sie in jenen Ländern erwarten würden, die für sie völlig unbekannt waren? Die Aberglaubenslisten sollten ihnen eine Handreichung geben und ihr

Auge für auszurottenden Fehlglauben und zu bekämpfende Fehlhandlungen schärfen. Dafür boten ihnen die Kataloge bestenfalls mnemotechnische Anweisungen, keinesfalls exakte Tatsachen.

Diese Reiseführer für die *terra incognita* Mittel- und Nordeuropas aber repräsentieren heute die Vorstellung von Kultur und das Messen fremder Kultur am eigenen geistigen Hintergrund. Damit lassen sich die Mosaiksteinchen der einzelnen Abschnitte des «Indiculus superstitionum et paganiarum» zusammensetzen. Sie vermitteln die *frühchristliche* Auseinandersetzung mit der spätantik-heidnischen Welt des Mittelmeerraums, lassen sich über den gallokeltischen Raum, über Caesarius von Arles (470/71–542) zurück zu den Kirchenvätern und zur römischen Welt verfolgen. Die Missionare brachten folglich den Kelten und Germanen nicht nur das Christentum, sondern auch die neue Magie und den Zauber, wie ihn bereits die Antike gekannt hatte. Magie ist keine Schöpfung kirchenferner Unterschichten, sondern ein elitäres, kulturell vermitteltes System.

5. Kapitel Höllenängste. Das bezauberte Mittelalter

Es ist nicht der Teufel, kein Dämon. Es ist nicht Satan, nicht Luzifer. Deshalb gibt es für uns keine Hoffnung, Es ist menschlich, Callender. Nicht mehr und nicht weniger. Menschlich. STEPHAN LAWS, DAS MASS DES HASSES

Im «Buch aller verbotenen Künste» klärte Johannes Hartlieb (um 1400–1468) seinen Gönner, Markgraf Johann von Brandenburg-Kulmbach (1403–1464), unter anderem über den Zauber mit Bildern und darüber auf, «Wie ettlich machen pild und atzman und zaubernt damit»:

«Man findet einige Zauberinnen, die fertigen aus Wachs und anderem Material Bildnisse und Atzmannen. Sie machen das sehr oft, wobei sie so manchen bekannten und geheimen Namen hersagen, und hängen diese [Figuren] im Freien auf. Und wenn der Wind daran rührt, dann glauben sie, daß der Mensch, dessen Name bei ihrer Herstellung gesprochen wurde, keine Ruhe mehr finden werde. All das ist großer Aberglaube und Zauberei. Manche nehmen dazu ein Espenblatt, schreiben darauf ihre Zauberformel und meinen, damit Liebschaften zwischen den Leuten zu stiften[1].»

Als Hartlieb 1456 das «Buch aller verbotenen Künste» fertigstellte, war der Zauber mit Bildern längst ein geläufiger Anklagepunkt in den Zaubereiprozessen geworden. Doch bis ins frühe 14. Jahrhundert hinein hatte diese bereits in Mesopotamien weitverbreitete magische Praktik innerhalb der Magiediskussion kaum eine Rolle gespielt. Im 11. Jahrhundert waren Juden beschuldigt worden, den Trierer Bischof Eberhard mittels Bildzauber umgebracht zu haben; sie hätten ein Wachsbild angefertigt, dieses von einem mit Geld bestochenen Priester taufen lassen und es am Sabbat verbrannt, das Opfer sei am gleichen Tag erkrankt und gestorben. Das jüdische Verbot, am Sabbat Feuer oder Licht zu entzünden, war den Denunzianten allerdings entgangen:

«Quidam (Judaeorum) ad similitudinem episcopi [Eberhardi] ceream imaginem lyenis interpositam facientes, clericum, ut eam baptizaret, pecunia corruperunt, quo ipso sabbato accenderunt, qua jam ex parte media consumpta episcopus coepit graviter infirmari et obiit[2].»

Erwähnung fand der Zauber mit Bildern erst wieder in einer Prozeßwelle wegen einer Reihe von Zauberattentaten in Südfrankreich; in ihr aber spielte der greise Avignoner Papst Johannes XXII. (1316–1334) eine zentrale und für die spätere systematische Hexenverfolgung folgenschwere Rolle.

Von der Verbannung zur Hinrichtung, vom Individuum zum Kollektiv oder: Wie das Zaubern gefährlich wurde

Bis weit ins erste Drittel des 13. Jahrhunderts hinein stand der Zauberer bei seinem verborgenen Treiben allein; seine Bestrafung oblag der Kirche, die das *crimen magiae* weniger in seiner sozialen Reichweite als vielmehr in der Sünde gegen die Einzigartigkeit des christlichen Gottes sah. Sie unterband Magie als Götzendienst, als *cultus daemonum.* Nicht der Zaubertheorie, sondern der Aberglaubenskritik galten die Verlautbarungen. Der Magier versündigte sich vor allem gegen Gott und erst in zweiter Linie gegen seinen Mitmenschen.

Diese Auffassung fand nicht zuletzt ihren Ausdruck in einer recht uneinheitlichen, im Vergleich zu späteren Jahrhunderten jedoch relativ milden Rechtssprechung, die vor 800 die magischen Delikte Giftmischerei, Wettermachen und Zauberei mit Bußen bis zu sieben Jahren ahndete und während der Epoche der Karolinger die bei bischöflichen Visitationen ausfindig gemachten Malefizpersonen lediglich aus der Pfarrei zu entfernen oder sie durch bessere Unterweisung in der christlichen Lehre in ihrem Irrglauben zu belehren versuchte. Das weltliche Recht folgte, was das Strafmaß anbelangte, weitgehend dem kirchlichen Vorbild. Das salische Recht verfolgte Zauberei mit der Buße der Lebensgefährdung[3], das ribuarische

Recht setzte halbes Wergeld an, wenn der Körper des Behexten Spuren zauberischer Beeinflussung aufwies[4]. Das bayerische Recht bestrafte den – erfolglosen – Giftzauber mit 12 Solidi, das langobardische Recht mit halbem Wergeld, Giftmischerei mit 20 Solidi. Die Hinrichtung war hingegen unüblich; Karl der Große verbot 785 in einem in Paderborn erlassenen Kapitular den Sachsen unter Androhung der Todesstrafe die Verbrennung eines Zauberers:

«Wenn jemand vom Teufel getäuscht nach Sitte der Heiden glaubt, daß irgendein Mann oder eine Frau eine Hexe sei und Menschen ißt und er sie deshalb verbrennt oder ihr Fleisch zu essen gibt, werde er mit der Todesstrafe bestraft[5].»

799 forderte Kanon 15 der Synode von Reisbach-Freisingen den Archipresbyter auf, Zauberer und Zauberinnen zwar zum Geständnis zu bringen und sie einzukerkern, sie jedoch am Leben zu lassen[6], und Burchard von Worms (um 965–1025) schlug für die Bestrafung solcher Unholde in seinem um 1000 entstandenen «Corrector sive medicus» vor:

«Weissager, welche zukünftige Dinge zu wissen vorgeben, sollen gepeitscht und dann aus dem Bezirke ausgewiesen werden, und jeden soll der Bann treffen, der Wahrsager und Zauberer zu Rate gezogen hat; aus der Kirchengemeinschaft sollen ausgeschlossen werden Zauberer, Wettermacher oder solche, welche durch Anrufung von Dämonen die Gemüter der Menschen verändern zu können glauben; Weiber, welche solches tun und vorgeben, sie können die Gesinnung der Menschen, den Haß in Liebe, die Liebe in Haß umändern, und daß sie nachts auf Tieren reiten, sollen aus der Pfarrei ausgewiesen werden; die Priester sollen die Gläubigen belehren, daß Zauberkünste den Menschen in einer Krankheit keine Heilung verschaffen, ebenso wenig die Tiere vor Krankheit und Tod schützen können, sondern daß sie Fallstricke und Nachstellungen des alten Feindes sind, durch welche er das gläubige Volk zu berücken strebt. Sollte sich gleichwohl jemand ein Verbrechen hierin zu Schulden kommen lassen, so soll er, wenn er Priester ist, degradiert, wenn Laie, gebannt werden[7].»

Zauberei war somit zwar ein strafwürdiger Tatbestand, dennoch weder lebensgefährlich noch geschlechtsspezifisch auf die Frau fixiert. Zudem betrachtete man die operative Magie als Einzeldelikt.

Die Entwicklung aber, die aus *dem* Zauberer *die* Hexe, aus der Einzelperson die Sekte der das Christentum bedrohenden Teufelsanhänger machte, setzte um 1230 ein. Die erste Spur führt nach Südfrankreich und Oberitalien, wo man die «guten Menschen», die Katharer, wegen Ketzerei[8] systematisch auszurotten versuchte und zugleich aus der Konfrontation mit der Häresie dieser Gruppe heraus neue Teufelsmythen und Zaubernormen in die traditionelle Magiologie einspeiste; hiervon wird noch die Rede sein. Das gezielte rechtliche wie militärische Vorgehen aber war durch die Institutionalisierung des kirchlichen Inquisitionsverfahrens ermöglicht worden: 1209 hatte Papst Innozenz III. zum Kreuzzug gegen die Waldenser aufgerufen, eine Bewegung, die 1177 von dem Lyoneser Kaufmann Petrus Waldes ins Leben gerufen worden war, und 1227 Konrad von Marburg den Befehl erhalten, in Deutschland die Aburteilung der Häretiker zu betreiben; im März 1232 war die Inquisition eingerichtet, im gleichen Jahr auch durch Kaiser Friedrich II. die Reichsacht über die Ketzer verhängt worden.

Damit aber war die grundsätzliche juristische Voraussetzung geschaffen worden, gegen nichtkonforme gesellschaftliche Gruppen vorzugehen. Doch während bei der Vernichtung der Katharer der *Zauberei*vorwurf nur eine untergeordnete Rolle gespielt hatte, führt eine zweite Spur ins Avignon des frühen 14. Jahrhunderts, wo während des Pontifikats Papst Johannes' XXII. der Umbruch in der Entwicklung vom Zauberer als Einzelperson hin zur teuflischen Sekte, von herkömmlichen Strafmaßen zur Massenhinrichtung präfiguriert wurde, und wo zudem eine Zauberpraktik in den Vordergrund trat, die bislang kaum eine Rolle gespielt hatte, nämlich der Bildzauber. Es ist nicht auszuschließen, daß das System der bischöflichen wie der päpstlichen Inquisition eine Länder und Territorien übergreifende Kommunikation gerade über dieses Ritual erst schuf und dadurch den raschen Informationsfluß unterstützte; denn ausgerechnet ein Inquisitionsverfahren, das Papst Gregor IX. 1233 gegen die aufständischen Stedinger Bauern anstrengte, förderte nicht nur makabre Phantasien vom Teufelskult, sondern auch vom Zauber mit Wachsbildern zutage. Vor zauberischen Anschlägen mittels solcher Objekte aber fürchtete sich Papst Johannes XXII. in kaum glaublichem Maße.

Johannes XXII., die Magie und der Zauber mit Bildern

1317 wurde Hugues Géraud (oder: Géraldy), Bischof von Cahors, des Mordversuchs an Papst Johannes XII. (1316–1334) angeklagt. Man warf ihm vor, nicht nur den Tod des Neffen des Papstes verschuldet zu haben, sondern auch diesen Anschlag mit Hilfe von Gift, Zauberei mit Wachsfiguren, der Asche von Spinnen und Kröten, der Galle eines Schweines und ähnlichen Mitteln unternommen zu haben. Nach siebenmaliger Befragung durch Johannes XXII. selbst folterte man ihn, verbrannte ihn auf einem Scheiterhaufen und warf seine Asche in die Rhone[9].

Am 27. Februar 1318 beauftragte der Papst Bischof Bartholomäus von Fréjus, den Prior Petrus Textoris von S. Antoninus in der Diözese Rodez und den Propst Petrus de Patris von Clermont, eine Untersuchung gegen mehrere Kleriker und Laien einzuleiten; sie standen im Verdacht, sich sogar am päpstlichen Hof mit der Nekromantie, Geomantie und anderen *artes magicae* beschäftigt, einschlägige Handschriften und Bücher besessen, Zauberbilder angefertigt und die bösen Geister beschworen zu haben, um damit ihre Mitmenschen zu beeinflussen:

«[...] se nigromancie, geomancie et aliarum magicarum artium moliminibus implicarunt et implicant, scripta et libros habentes huiusmodi artium, que quidem, cum sint artes demonum ex quadem pestifera societate hominum et angelorum malorum exorte, vitande forent cuilibet christiano et omni penitus execratione dampnande, speculis et ymaginibus secundum ritum suum execrabilem consecratis usi fuere frequenter ac in circulis se ponentes malignos spiritus sepius invocarunt, ut per eos contra salutem hominum molirentur aut eos interimendo violentia carminis aut eorum abreviando vitam violentia immissa langoris, demones in speculis, circulis seu anulis interdum incluserunt, ut eos nedum de preteritis set et de futuris inquierent, futura ipsa, que prescire solius dei est, ex illorum consultationibus predicturi, divinationibus et sortilegiis se immiscuerunt, perperam dianis nonnumquam utentes[10].»

1320 erhob sich das Gerücht, die Mailänder Familie Visconti habe ein Mordattentat gegen den Papst durch Zauber mit einer Wachsfigur unternommen[11].

Von nun an aber kann die Geschichte der Magie im Plural geschrieben werden. Die Zauberer und Unholde hatten sich, vertraut man den Untersuchungsprotokollen, miteinander verbündet, huldigten der «Pest des Aberglaubens» *(pestem superstitionum)* und schädigten nicht nur die Kurie und den Papst, sondern das gesamte menschliche Geschlecht. Damit aber trat die *ars magica* als neuer angstauslösender Faktor zu den Massenpsychosen einer apokalyptischen Zeit, die Sündenböcke zum Überleben benötigte. Die Ursache für die Pestepidemie, die 1348 von in Genua gelandeten Schiffen ihren Ausgang nahm, bedurfte einer realen Erklärung, die man in den verhaßten Juden fand. Bereits 1161, so glaubte man zu wissen, hätten jüdische Ärzte in Böhmen versucht, die Menschheit zu vergiften, doch die Idee der Massenverfolgung, der in Deutschland nahezu alle jüdischen Gemeinden zum Opfer fallen sollten, nahm anläßlich einer Lepraepidemie in Frankreich ihren Ausgang: Ein Edikt König Philipps IV. vom 21. Juni 1321 ordnete die Verbrennung aller Aussätzigen an, da sie nicht nur in Frankreich, sondern in allen Reichen der Christenheit zusammen mit ihren jüdischen Spießgesellen die Brunnen, Quellen und Gewässer vergiftet hätten. Auch in diesem Konflikt spielte der französisch fühlende, als Papst jedoch universalistisch handelnde Johannes XXII. eine unrühmliche Rolle: In einem als Hirtenbrief verbreiteten Aufruf zum Kreuzzug zitierte er ein Sendschreiben Philipps von Valois, des Herzogs von Anjou; unter wunderbarsten, auf das nahe Ende der Welt hindeutenden Vorzeichen hätten die Christen in den Grafschaften Anjou und Touraine bereits mit der Verfolgung der Juden begonnen.

Der ebenso fromme wie nahezu psychotisch ängstliche, vor allem aber magiegläubige Papst vertritt eine Epoche, die das Unsichtbare und Unbekannte als wirkliche Kraft erfuhr. Man befürchtete in plötzlich auftretender Krankheit und Unglück nicht nur eine gottgegebene, sondern durchaus auch eine irdische Verursachung nicht zuletzt infolge zauberischer Beeinflussung. In diese Furcht schlich sich nüchtern kalkulierende Machtpolitik ein. Während des Pontifikats Johannes XXII. häuften sich gerade in der Schicht der Herrschenden Anklagen wegen zauberischer Praktiken; das südwestliche Frankreich geriet zum Geburtsort von sich rasch ausbreitenden Ideen. Zu ihren Opfern gehörte etwa Guichard, Bischof von

Troyes, den man des Versuchs anklagte, die Mitglieder der königlichen Familie durch Gift und Zauberei umbringen zu wollen; auf sein Betreiben hin hätte ein Apotheker Jeanne de Navarre, die Ehefrau Philipps des Schönen, mit einer Mixtur aus Diamant und Blut getötet, nachdem bereits zuvor ein Ritter nach dem Verzehr einer Zauberdroge aus Skorpionen, Kröten, Spinnen und Pflaumen innerhalb einer Nacht gestorben sei. Beim Tod der Königin sei zudem Zauber mit Wachsbildern im Spiel gewesen. Der mehrere Jahre lang im Louvre inhaftierte Bischof Guichard wurde erst 1313 rehabilitiert, nachdem der Fall als böswillige Denunziation erkannt worden war[12].

Aufsehen erregte das Schicksal des Enguerrand de Marigny, eines Ministers Philipps IV., der nach dessen Tod von Charles de Valois, dem Bruder des Verstorbenen, des Zaubers mit Wachsfiguren gegen Philipp IV. und gegen den jungen König, Louis X., beschuldigt und deswegen gehenkt wurde. Als Charles de Valois kurz vor seinem Tod 1325 Geld an die Armen mit der Bitte verteilte, für Enguerrand und für ihn selbst zu beten, mag darin eine späte Reue für seine Beteiligung an der Hinrichtung des Ministers gesehen werden. 1318 geriet der Erzbischof von Aix, Robert Mauvoison, in den Verdacht, verbotene Divinationskünste ausgeübt zu haben.

Aufschluß sowohl über die Stimmung der Zeit wie über die Imagination des Magischen aber gibt der Fall des Karmelitermönchs Peter Ricordi, den 1329 die beiden Inquisitoren Heinrich von Chamay und Peter Bruni ketzerischer «sortilegia» für schuldig hielten und der im gleichen Jahr in Carcassonne mit der Verurteilung zu «ewigem Kerker» nur deswegen eine milde Strafe erhielt, da er sowohl Reue über seine Taten gezeigt hatte wie auch den Richtern durch Denunziation bei der Auffindung weiterer Ketzer behilflich gewesen war. Er hatte fünf Wachsbilder *(imagines cereas)* in unterschiedlichen zeitlichen Abständen angefertigt und über sie Dämonenbeschwörungen gesprochen, sie mit Krötenblut und anderen Extrakten gefüllt, mit seinem eigenen Nasenblut und durch Anspucken ihrer Bäuche teuflisch geweiht und heimlich unter der Hausschwelle derjenigen Frau vergraben, die er gerade sexuell begehrte. Da die Bezauberung dreimal von Erfolg begleitet gewesen war, sei der liebestolle Mönch in ein anderes Kloster versetzt worden. Der Wachsbilder habe er sich entledigt, indem er sie in den Fluß geworfen und dem Satan, der sich ihm unter anderem durch einen Luftzug zu erkennen gab, einen Schmetterling geopfert habe[13]. 1332 wurde Robert III. von Artois angeklagt, seine Tante Mahaut und seine Cousine Jeanne vergiftet oder mit Kräutern verhext zu haben.

Fälle dieser Art schürten nicht nur die Ängste, sondern prägten auch die Magiepolitik des Avignoner Papstes, der sich von ihm übelwollenden Zauberern umgeben glaubte und eine Untersuchung nach der anderen einleitete. 1323 hatte er den Fall eines Mönches aus Figeac aufgerollt, dem man die Beschäftigung mit Alchemie, Nekromantie, Augurien und anderen magischen Künsten nachsagte. Drei Jahre später beauftragte er einen Kardinal mit der Beurteilung der Anklage gegen einen Kanoniker aus Agen, dem die Evokation höllischer Geister, Wetter- und Todeszauber zur Last gelegt wurde; er besäße verschiedene Bücher verbotenen Inhalts und verdächtige Substanzen, zwei Komplizen des Kanonikers, ein Kleriker und ein Laie, verfügten sogar über Zauberutensilien wie menschliche Köpfe und den Arm eines gehängten Verbrechers[14].

Die 1326 oder 1327 verfaßte Bulle «Super illius specula» erscheint daher als die folgerichtige Konsequenz der apokalyptischen Zeitstimmung. Mit ihr verlieh Johannes XXII. seiner Befürchtung darüber Ausdruck, daß zahllose Menschen nur mehr dem Namen nach Christen seien, einen Pakt mit der Hölle eingingen, den Dämonen opferten, Zauberbilder herstellten und andere Requisiten benutzten, um die Dämonen um sich zu scharen und von ihnen Auskunft zu erhalten. Diese Pestilenz habe ein derartiges Ausmaß erreicht, daß sie zur Bedrohung für das Christentum geworden sei. Daher ordne er nicht nur die kirchliche Exkommunikation für die Zauberer an, sondern auch einen Prozeß und die Verbrennung aller Zauberbücher innerhalb einer Frist von acht Tagen[15]:

«Dolenter advertimus [...] quamplures esse solo nomine christianos, qui [...] cum morte foedus ineunt et pactum faciunt cum inferno, daemonibus namque immolant, hos adorant, fabricant ac fabricari procurant imagines, annulum vel speculum vel phialam vel rem quamcunque aliam magice ad daemones inibi allegandos ab his petunt, responsa ab his recipiunt et pro implendis pravis suis desideriis auxilia postulant, pro re foetidissima foetidam exhibent servitutem (proh dolor), huiusmodi morbus pestifer nunc per mundum solito amplius convalescens successive gravius inficit Christi gregem[16].»

Mit der Häufung der Zauberprozesse aber hatte sich die Einstellung zur Magie zu verändern begonnen. Die Gefahr, die von ihr für das Christentum insgesamt auszugehen schien, deutete auf eine verschworene Sekte von Malefizpersonen hin. Die Logistik der Verfahren, die sich nun mehr und mehr zu Massenveranstaltungen entwickelten, erforderte eine exakte Buchführung des Todes. Als am 24. April 1323 in Caracassonne vier Ketzer hingerichtet wurden, fielen insgesamt 8 Livres, 14 Sols und 7 Denare für die Verbrennung an. Die einzelnen Posten verteilten sich auf 55 Sols 6 Denare für dikkes Holz, 21 Sols 3 Denare für Rebenholz, 2 Sols 6 Denare für Stroh, 10 Sols 9 Denare für vier Pfähle und 4 Sols 7 Denare für Stricke zum Festbinden der Delinquenten. Die vier Henker waren Hauptnutznießer: Mit jeweils 20 Sols Entlohnung machten sie den umfangreichsten Posten für die Inszenierung der Hinrichtung aus; die Zeit der Scharfrichter hatte begonnen. 1357 erhöhte sich in Carcassonne die Zahl der Getöteten bereits auf 31.

Die von Südfrankreich ausgehende Welle aber zog mehr und mehr ihre Kreise. Die Verbreitung von Informationen funktionierte bereits im Hochmittelalter schnell und effektiv. Doch die Mechanismen gleichen sich – vielleicht gerade deswegen – in auffallender Art und Weise. Betroffen von den Zauberattentaten wie von den Anklagen wegen des *crimen magiae* waren vor allem Angehörige der herrschenden Oberschicht und der Bildungselite: Könige, Minister, Bischöfe, ja sogar der Papst, Kleriker und Mönche. Der Verdacht verstärkt sich, daß mit dem Vorwurf des rituellen Zaubers ein schlagkräftiges Argument bei politischen und ideologischen Auseinandersetzungen gefunden worden war; es half, den Gegner, zumindest zeitweise, mundtot zu machen. Der Teufel hingegen blieb unsichtbar; die erwähnten Zauberpraktiken muten in ihrer stereotypen Oberflächlichkeit unwirklich an. Die Texte nennen Zaubergegenstände aus Substanzen von Ratten, Kröten und anderen Tieren, aus Blut und Jungfernpergament, doch ein (para)physikalisches System lassen sie nicht erkennen. Die Macht des zauberischen Wortes verbirgt sich ebenso im Dunkeln wie das Ritual, das die Wachsbilder in

Gang bringen soll. Noch steht hinter dem Zauber die Phantasmagorie, während die Folgen zumindest für die Betroffenen real spürbar werden. In der Unschuld der Angst kommen sich Ankläger und Angeklagte näher.

Zaubertheorie an den Universitäten: Ein Pariser Gutachten von 1398

Die sprachlich karge, beinahe stichwortartige Auflistung der Zauberpraktiken in den Prozeßprotokollen läßt vermuten, daß es sich hier eher um Traditions- und Bildungsstoff einer kleinen Elite von Theologen und Juristen als um praktische Erfahrung handelte. Am Ende des 14. Jahrhunderts erregte in Paris ein Verfahren Aufsehen, dem man bei oberflächlicher Betrachtung die Verbreitung zauberischen Wissens auch in unterschichtlichen und randständischen Gesellschaftsgruppen entnehmen könnte. 1390/91 standen nämlich zwei Pariser Prostituierte wegen des gemeinsamen Versuchs vor Gericht, den Geliebten des einen Mädchens zauberisch zur Rückkehr gezwungen zu haben, nachdem er es Jahre zuvor verführt, sich der Hochzeit jedoch durch einen Aufenthalt in Spanien entzogen hatte. Obwohl sich die Dirne Macete inzwischen mit einem anderen Manne zusammengetan hatte, sehnte sie sich nach ihrem ursprünglichen Liebhaber. Um seiner wieder habhaft zu werden, lernte sie das «Initium Joannis» auswendig; dadurch konnte sie eine Verbindung mit dem Teufel «Haussibut» herstellen. Der Erfolg blieb nicht aus, doch der Mann weigerte sich erneut, auf die Heiratswünsche einzugehen. Auf den Rat der Nachbarinnen hin kaufte Macete Jungfernwachs und Pech, mischte beides unter Anrufung Luzifers und der Rezitierung des «Initium Joannis» sowie dreier «Pater noster» und «Ave Maria» zu einer Paste, mit der sie den Geliebten während dreier Nächte zwischen den Schultern unter nochmaliger Anrufung Satans salbte. Dies machte den Liebhaber willig, dennoch verlief die Ehe schlecht. Erneut sollte Zauber, diesmal gegen die Mißhandlungen durch ihren Ehemann, helfen: Macete schmolz Wachs und Pech und stellte unter Gebet und Teufelsanrufung eine Wachsfigur in Form eines Kindes her, sprach unter dreimaliger Anrufung Luzifers dreimal das «Initium Joannis», das Vaterunser und das Ave Maria, ließ das Püppchen mehrfach auf einem Strohlager in einem Kessel kochenden Wassers umhertreiben und wünschte, als keine Erfolge eintraten, dem Mann Krankheit an den Hals. In ihrer Verzweiflung verfiel sie zuletzt auf Nadelstechen mit Kröten, was schließlich zu ihrer Entdeckung führte; der Ehemann überlieferte dem Gericht als Beweisstück eine tote Kröte[17].

Doch wie weit hier elitäres Zauberwissen reproduziert wurde und bei den angeklagten Frauen auf Rudimente religiöser Bildung traf, läßt sich heute nicht mehr mit Sicherheit entscheiden. Der menschlich traurige Fall der beiden Dirnen mußte den Mitgliedern der Pariser Universität bekannt gewesen sein, als sie am 19. September 1398 ein 28 Artikel umfassendes Gutachten über die Irrtümer der Magie vorstellten[18]. Sie handelten damit unter dem Zwang aktueller Ereignisse, wie sich aus der Überschrift – hier in der Übersetzung Johann Weiers – erweist: «Determination vnnd außzielung der Theologen zu Pariß so Anno 1398. vber etliche Superstition / so newlich entsprungen vnd an den tag bracht: geschen vnnd gemacht[19].» Die Auflistung wandte sich gegen die *magia daemonica,* gegen Dämonenzwang und Dämonenschutz in einer streckenweise verblüffenden Detailliertheit, so bei der Beschreibung des magischen Kreises, den manche Zauberer zur Auffindung verborgener Schätze anfertigten:

«Der große Zirkel, umschrieben mit verschiedenen unbekannten Namen und bezeichnet mit unterschiedlichen Charakteren, das kleine hölzerne Rad, angebracht auf vier hölzernen Füßen und ein Pfahl in der Mitte des gleichen großen Kreises und die Flasche befestigt auf besagtem Rad; oberhalb dieser Flasche [befinden sich] auf einer kleinen Papierrolle gewisse Namen, deren Bedeutung uns unbekannt ist, nämlich Garsepin, Oroth, Carmesine, Visoc, zusammen mit dem Zeichen des Kreuzes und gewissen Charakteren zwischen den besagten Namen angebracht, ferner Throne, irdene Gefäße, ein entzündetes Feuer, Räucherwerk, Lichter, Schwerter und zahlreiche andere Charaktere und Figuren und verschiedene Namen und unbekannte Wörter und auch die Nennung und Schreibung der vier Könige auf vier kleinen Papierrädern, als da sind König Galtinus des Nordens, König Baltinus des Ostens, König Saltinus des Südens,

König Ultinus des Westens, mit gewissen Charakteren in roter Schrift zwischen den Namen besagter Könige[20].»

Das Gutachten der Pariser Theologen brachte nun eine Entwicklung zum Abschluß, die zu Beginn des 14. Jahrhunderts mit den Zauberattentaten in Südfrankreich ihren Ausgang genommen hatte. Denn Artikel 21 behandelte mit der Anfertigung von Zauberbildern aus unterschiedlichen Materialien, die für das magische Ritual «getauft, exorziert und geweiht oder eher entweiht» würden, eine inzwischen hinlänglich bekannte Praktik[21]. Der Kommentar gehört zu den interessantesten Passagen des Texts: Wer dies durchführe, begehe einen «Irrtum im Glauben, in der Naturphilosophie und in der wahren Astrologie».

Diese Formulierung verdeutlicht, daß die Verfasser des Gutachtens ursprünglich eine Verbindung des Bildzaubers mit den Künsten der *magia naturalis* – zumindest als dialektische Möglichkeit – nicht ausgeschlossen hatten. Die von jeher umstrittenen Grenzen zwischen der dämonischen und der natürlichen Magie waren erneut in ihrer Durchlässigkeit bestätigt worden. So überrascht es nicht, wenn auch Johannes Hartlieb im «Capitulum von den atzmann» einen indirekten Zusammenhang mit dem «Sternglauben» sah:

«Von solchen Atzmannen habe ich einiges im Zusammenhang mit der Kunst *Magica* gelesen, in der Sternglaube, zahlreiche Geheimworte und sonst noch eine Menge fremdartiger Vorstellungen eine Verbindung miteinander eingehen. All das ist handfeste Zauberei und böser Aberglauben. Oftmals wurde mir auch erzählt, wie die Weiber solche Atzmannen anfertigen und sie an einem Feuer erwärmen, um dadurch die Männer [, die durch diese Figuren verzaubert werden sollen,] zu quälen. Zweifellos ist das ein großer Aberglauben und kann ohne die besondere Hilfe des Teufels nicht geschehen. O Fürst, von diesen Leuten gibt es allzu viele in den deutschen Ländern! Wenn Ihr, Fürstliche Gnaden, in deren Bestrafung vorangehen würdet, dann könntet Ihr auf viele zählen, die Euch Hilfe und Beistand leisten würden. Es will aber leider niemand damit beginnen, denn solche bösen, nichtswürdigen, abergläubischen Leute werden meistens von den Fürsten beschirmt. O Jesus, erbarme dich der armen, irregeleiteten Menschen und erwecke einen rechtgläubigen Fürsten, der solche Zauberei haßt und hilft, sie zu vernichten. Diese Zauberei, mit der die Frauen Liebe oder Leid zu stiften glauben, ist weit verbreitet[22].»

Die Entscheidung der Pariser Fakultät verlagerte dennoch das Schwergewicht auf die *magia daemoniaca* und erschwerte dadurch in der Folgezeit die Trennung zwischen aggressiven zauberischen Handlungen und der Selbstverständlichkeit des Schutzes vor Bezauberung erheblich: Es sei ein Irrtum, Zauberei durch Zauberei zu bekämpfen (Artikel 6) oder Gott – «durch magische Künste und Zauberei» – zur Vertreibung der Dämonen zu zwingen (Artikel 9)[23]. Folglich geriet auch derjenige, der sich gegen die Bezauberung wehrte, in den Verdacht der Zauberei.

Der dritte Artikel des Gutachtens aber bezeichnete den Glauben als Irrtum, der «schweigende oder ausdrückliche» Pakt mit dem Dämon sei weder Idolatrie noch eine Art von Götzendienst und Apostasie. Mit dieser Feststellung war am Ende des 14. Jahrhunderts nach der Theorie von der Zauberei als einem kollektiven Delikt und nach der immer häufigeren Anwendung der Todesstrafe für das *crimen magiae* der Teufelspakt als dritte, unschwer in die juristische Handhabung übertragbare und dadurch anwendbare Konstitutive für den spät- und nachmittelalterlichen Hexenwahn hinzugekommen. Die Paktlehre aber führt zurück zu Thomas von Aquin, dem überragendsten Vertreter der mittelalterlichen Theologie.

Von der Gemeinschaft der Menschen mit den Dämonen zum Teufelspakt

1634 wurde in einem französischen Hexenprozeß ein Schriftstück vorgelegt; der Priester Urbain Grandier, Hauptperson in einem aufsehenerregenden Besessenheitsfall im Ursulinerinnen-Kloster in Loudon, hatte es unterzeichnet:

«Mein Herr und Meister Luzifer, ich erkenne dich an als meinen Gott und Fürsten und verspreche dir zu dienen und zu gehorchen, solange ich lebe. Und ich sage mich los von dem anderen Gott wie auch von Jesus Christus, von allen Heiligen, von der apostolischen und römischen Kirche, von allen Sakramenten und allen Gebeten und Fürbitten, mit denen die Gläubigen vielleicht für mich eintreten. Und ich verspreche dir, so viel Böses zu tun, wie ich kann, und auch sonst jedermann fürs Böse zu gewinnen. Ich sage mich los von der Salbung, der Taufe und allen Verdiensten Jesu Christi und seiner Heiligen. Wenn ich aber versäume, dir zu dienen und dich anzubeten, und wenn ich dir nicht dreimal am Tage Ehrerbietung erweise, so übergebe ich dir mein Leben zu Eigentum. Ausgefertigt in diesem Jahr und an diesem Tag.

Urbain Grandier. Heraufgekommen von der Hölle.»

Für ein solches Maß an Gehorsam versprach ihm Luzifer höchstpersönlich – im *pluralis maiestatis* – folgende Gegenleistungen:

«Wir, der mächtige Luzifer, bestärkt durch Satan, Beelzebub, Leviathan, Elimi, Astaroth und andere, haben heute den Pakt mit Urbain Grandier geschlossen, der nun auf unserer Seite steht. Und wir versprechen ihm die Liebe der Frauen, die Reinheit der Jungfrauen, die Keuschheit der Nonnen, weltliche Ehre, Lust und Reichtümer. Huren soll er alle drei Tage; der Rausch soll ihm gut Freund sein. Einmal im Jahr soll er uns Tribut erstatten, der mit seinem Blut gezeichnet ist; er soll die Sakramente der Kirche mit Füßen treten, und er soll seine Gebete zu uns verrichten. Kraft dieses Paktes soll er zwanzig Jahre lang glücklich unter den Menschen auf Erden leben und am Ende zu uns kommen und Gott verfluchen. Ausgefertigt in der Hölle, im Rat der Teufel.»

Mit diesem – eher an eine Parodie erinnernden – Vertrag hatte eine letztendlich in der spätantiken Dämonologie geborene Idee reale Gestalt angenommen: die Vorstellung von der Gemeinschaft der Menschen mit den Dämonen. Augustinus hatte sie in seiner Kommunikationstheorie präzisiert und zugleich eine Mechanik der Magie formuliert; der Dämon wurde zum ausführenden Organ menschlicher Wünsche und Ängste, Magie zum weisenden Handlungsspiel, das Zauberutensil zum Inszenierungsrequisit. Mit der über Jahrhunderte hinweg innerhalb der lateinischen Kirche nahezu unverändert tradierten Augustinischen Theologie ließ sich im Hochmittelalter – durch geringfügige Korrekturen – die Hexenlehre und im Nachmittelalter die Hexenverfolgung begründen; die vergleichsweise geringe Bedeutung, die dem Kirchenvater in der Ostkirche zukam, mag das Ausbleiben der Hexenprozesse im orthodox-osteuropäischen Raum erklären helfen.

Im verbotenen Zaubergegenstand, dem Amulett mit kryptischen

Charakteren zum Beispiel, oder im Ritual mit seinen Devotions- und Opferhandlungen verbildlichte sich bereits eine erste Gegenleistung des Menschen an den helfenden Dämonen, in der geheimnisvollen Signatur der belebten und unbelebten Dinge ein okkultes Verständigungsmuster zwischen dem Magier und seinem jenseitigen Gefährten. Die Tradierung Augustinischer Ideen ins Mittelalter verlief nicht zuletzt über Bischof Isidor von Sevilla (um 600–636), der sich in seinen «Etymologiae» im Abschnitt über die Zauberer eng an Augustinus hielt und nahezu wörtlich die entscheidende Passage aus dessen Werk «De doctrina christiana» zitierte: Im Zauber wirke die Kunst der Dämonen, die aus der verderblichen Gemeinschaft zwischen Menschen und bösen Engeln herrühre und daher von einem Christen zu meiden sei[24].

Auf Isidor von Sevilla sollten sich wiederum frühmittelalterliche Autoren wie der Fuldaer Abt Hrabanus Maurus (780–856)[25] und hochmittelalterliche Verfasser wie der Kamalduensermönch Johannes Gratianus (geb. spätestens Anfang 12. Jh., gest. vor 1179) berufen, dessen um 1142 veröffentlichte kirchenrechtliche Sammlung, das «Decretum Gratiani», ebenfalls die *artes magicae* behandelte[26]. Doch weder er noch Petrus Lombardus (um 1100–1160), Verfasser der «Sentenzen», formulierten die Theorie vom ausdrücklichen Pakt mit dem Teufel[27]; dies sollte dem Dominikaner Albertus Magnus (um 1200–1280) vorbehalten bleiben, der in einem Kommentar zum Werk des Petrus Lombardus und unter Bezug auf die Schrift «De diversis quaestionibus» des Augustinus die zauberischen Wunder auf «private Verträge eines mit Dämonen eingegangenen Bündnisses» zurückführte[28]. Daß allerdings Thomas von Aquin (1226/27–1274) die Paktlehre endgültig festschreiben sollte, kam nicht von ungefähr; denn er war der bedeutendste Schüler des Albertus Magnus.

Thomas von Aquin, der Aberglaube, die Divination und der Teufel

Als Thomas von Aquin in seiner zwischen 1267 und 1272 verfaßten «Summa theologiae» von den «ad consultationes et pacta quaedam significationum cum daemonibus placita atque foederata» sprach[29], beschränkte sich weder bei ihm noch bei Augustinus, auf dessen Kommunikationstheorie er sich berief, die Lehre vom Paktcharakter des Aberglaubens auf gedankliche Spielerei; denn noch die harmlosesten Superstitionen wie das Bleigießen zog er in seine Überlegungen mit ein; auch bei ihnen könnte es sich um Teufelswerk handeln, das durch einen ausdrücklichen *(pacta expressa)* oder stillschweigenden Pakt *(pacta tacita)* zustande käme. Sein Argumentationsverfahren aber ergab sich aus dem System der Superstitionenkritik.

Thomas von Aquin ging den Begriff «superstitio» von zwei Seiten an. Zum einen setzte er «fides» nicht mit «religio» gleich, die den Glauben durch äußere Zeichen bezeuge. Der äußere Kult der «infidelitas», des Gegensatzes von «fides», aber sei der Aberglaube *(superstitio)*. Einen zweiten Ansatz unternahm er vom Begriff der «religio» her als einer moralischen Tugend. Diese lasse sich nach Aristoteles als die Mitte zweier Positionen definieren; die Extreme bedeuten entweder ein Zuviel oder ein Zuwenig im Verhältnis zur mittleren Position. Für die «religio» könne es jedoch kein Zuviel in der rechten Verehrung des wahren Gottes geben, sehr wohl aber ein Zuwenig. Damit aber gelangte er zur Feststellung, daß der Aberglaube ein Laster sei,

«das der Gottverbundenheit durch die Überschreitung des Maßes entgegengesetzt ist, mit der einer göttliche Verehrung erweist, wem es nicht gebührt oder wie es sich nicht gebührt»[30].

Das «genus superstitionis» unterteile sich in «multae species», nämlich die Idolatrie (Götzendienst), die *superstitio divinativa* und die *superstitio observationum*. Während die Erörterungen zum Götzendienst die von Augustinus referierten Lehren heidnischer Religionsphilosophie wiederholen, beschäftigt sich die zweite *species superstitionis* mit unterschiedlichen Arten der Wahrsagung und superstitiosen Zukunftserforschung: Zukünftiges könne als solches selbst und aus seinen Gründen *(in suis causis)* erkannt werden; dem Menschen werde es zugänglich, *wenn* es eintritt, Gott aber, *bevor* es geschieht. Die Weissager («divini»: «göttliche») maßten sich folglich an, «was im eigentlichen Sinne in den Bereich Gottes gehört»[31]; sie erlangten ihr Wissen durch die Tätigkeit der Dämonen *(omnis divinatio ex operatione daemonum provenit)*[32]. Zu diesem Zweck könnten sie ausdrücklich angerufen werden *(expresse invocare)*, oder aber sie mischten sich ein, sobald sie Menschen sähen, die mit törichten Mitteln die Zukunft erforschen wollten.

Zukünftiges pflegten die Dämonen auf ausdrückliche Anrufung hin entweder selbst, etwa in Form von Blendwerken und Gaukeleien, also durch optische und akustische Täuschungen, durch Träume und durch die Nekromantie, die «Totenweissagung»[33], oder aber durch Phytonen *(per phytones)*, also durch Menschen, sowie durch Figuren und Zeichen, die sie an unbelebten Dingen erscheinen lassen, kundzutun. Hierzu zählen folgende Künste: Bei der Geomantie erscheinen Zeichen an hölzernen und eisernen Gegenständen oder auf polierten Steinen; die Hydromantie sucht nach Bildern im Wasser, die Aeromantie beobachtet die Luft, die Pyromantie die Bewegungen des Feuers, das Aruspicium zieht Schlüsse aus der Form der Eingeweide von Tieren, die auf den Altären der Dämonen geopfert werden.

Ohne ausdrückliche Dämonenanrufung kommen hingegen die Beobachtung der Sterne durch die Astrologie, die Deutung des Vogelflugs, des Niesens eines Menschen oder des plötzlichen Zuckens eines Körperglieds, ferner das Auspicium, das Omen, die Chiromantie, die Spatulomantie, das Losen und das Bleigießen aus.

Diese Kategorisierung der Divinationstechniken beruht auf der Unterscheidung von inneren *(causa interior)* und von äußeren Verursachungen *(causa exterior)*. Die Träume zum Beispiel können auf eine innere Ursache im Gemüt *(causa animalis)*, aber auch auf die Eingebung von Engeln und nicht zuletzt von Dämonen zurückgeführt werden; letzteres setzt zumindest das stillschweigende Einvernehmen *(tacita pacta)* mit den Dämonen voraus:

«*Feststellung:* Das Wahrschauen aus Träumen, die aus göttlicher Offenbarung da sind, oder sonst welcher natürlichen inneren oder äußeren Ursache, ist nicht unerlaubt: ganz unstatthaft und abergläubisch ist aber dasjenige, das aus einer Enthüllung der Teufel hervorgeht[34].»

Eine dritte *species superstitionis*, die *superstitio observationum*, umfaßt drei Bereiche: Die «ars notoria», die «Kundmacherkunst», fördert Kenntnisse auf unerlaubte Art und Weise zutage, indem sie Mittel benutzt, denen keine Kraft zur Vermittlung von Wissen innewohnt;

sie gehört daher zu den «pacta quaedam significationum cum daemonibus»[35]. Bei der «observatio ordinata ad corporum immutationem, ad sanitatem etc.» finden Gegenstände Anwendung, die über keine natürliche Ursache für die Erhaltung der Gesundheit oder die Heilung von Krankheiten verfügen; Charaktere oder Amulette können folglich nur «ex operatione daemonum» wirken[36]. Die «observatio ordinata ad praecognoscenda aliqua fortunia vel infortunia» umfaßt den Glauben an den «Angang» und an unheilkündende Zeichen; auch hier haben die Dämonen ihre Hand im Spiel.

Ausdrücklich von seiner Kritik des Aberglaubens nahm Thomas von Aquin jene Amulette aus, die etwa Texte aus der Heiligen Schrift oder das Zeichen des Kreuzes enthalten; es sei «nicht völlig unstatthaft, sich göttliche Worte um den Hals zu hängen, es sei denn, daß sie etwas Falsches oder Zweifelhaftes enthielten, obwohl es löblicher wäre, sich dessen zu enthalten». Tragen solche Umhängsel *(ligamenta)* jedoch unbekannte Namen oder Zeichen, sind sie als Zauberutensilien zur Anrufung der Dämonen anzusehen («ad invocationes daemonum pertinens»)[37].

Thomas von Aquin band seine Lehre über das Wesen der Superstition an die dämonologischen Theorien des Augustinus. Wie dieser begriff er den Aberglauben als ein Zeichensystem zur Kommunikation mit den Dämonen: Die prozessuale Magie besaß somit keine kausative, sondern eine semantische Funktion. In Anlehnung an die Sprachtheorie des Augustinus traf er nun eine folgenschwere Unterscheidung; das abergläubische Mittel setze die Übereinkunft stillschweigend voraus, solange sich der Handelnde jenes Signifikations- und Kommunikationspakts mit den Dämonen nicht bewußt werde *(pactum tacitum)*; bediene er sich aber bewußt der Kommunikationsmöglichkeiten mit Dämonen, dann liege ein ausgesprochenes Bündnis *(expressa)* zugrunde. Keine Superstition aber, seien die Dämonen nun durch eine «expressa invocatio» oder lediglich «absque expressa invocatione» zu ihrem Treiben veranlaßt worden, geschehe ohne ihr Zutun. Diese semasiologische und dämonologische Interpretation der *superstitio* und die Voraussetzung, daß die Dämonen auf alle Geschehnisse in der irdischen Welt Einfluß besäßen («Omnia, quae visibiliter fiunt in hoc mundo, possunt fieri per daemones»), machte den Aberglauben zu einer unheimlichen sozialen Bedrohung für den Menschen; die Schattenseite des Hexenwahns war eine der Folgen.

Astrologie. Eine Divinationskunst zwischen den Polen

Die Magie und mit ihr zahlreiche Divinationskünste waren, so die verbindliche Meinung der mittelalterlichen Theologen, des Teufels; ein Platz unter den Wissenschaften kam ihnen – wie auch der Technik – nicht zu[38]. Die Verdammung der einzelnen *genera divinationum* aber mußte Thomas von Aquin bei der Beurteilung der Astrologie, deren System in ursächlichem Zusammenhang mit dem abendländischen Magiekonzept steht, in Verlegenheit bringen. Tatsächlich sah er ihre zwei Seiten:

«Wenn also einer sich der Sternschau zum Vorauserkennen der künftigen zufälligen oder von ungefähr kommenden Ereignisse bedient oder auch, um mit Sicherheit die zukünftigen Werke der Menschen zu erkennen, so geht er von einer falschen und eitlen Meinung aus. Und dergestalt mischt sich eine Tätigkeit des Teufels ein. Weshalb das Wahrsagen abergläubisch und unerlaubt ist. – Bedient sich aber einer der Sternschau zum Vorauserkennen des Zukünftigen, das aus den Himmelskörpern her verursacht wird, zum Beispiel Trockenheiten und Regengüsse und sonst dergleichen, so ist die Weissagung nicht unerlaubt und nicht abergläubisch[39].»

Damit aber blieb der Magie im Mittelalter der winzige Spielraum der – präscientistischen – Naturwissenschaften, der *magia naturalis*. Sie verdankte ihn jenen drei chaldäischen *mágoi*, die durch ihre Kenntnisse in der Sterndeutung den Weg nach Bethlehem fanden und dort als Vertreter der heidnischen Welt den neugeborenen Christus anbeteten. Konnte dieses Wissen teuflischen Ursprungs sein? Albertus Magnus trennte daher im «Commentarium in Evangelium Matthaei» (II, 1) die Magier von den Zauberern und Wahrsagern, Wilhelm von Auvergne (vor 1190–1249) stellte in seinem Werk «De universo» (II, 2, 2 sq.) die *magia naturalis* neben die Medizin. Vorlesungen über die Astrologie waren an den mittelalterlichen Universitäten geläufig; so bestimmten 1405 die Statuten von Bologna, daß der Dozent für Astrologie jährlich zwei Disputationen zum Thema abzuhalten habe[40], und das Gutachten der Pariser Theologischen Fakultät über die Magie von 1398 hatte den Zauber mit Bildern sogar als «Irrtum gegen die wahre Astrologie» klassifiziert.

Dennoch blieben Schwierigkeiten bei der Auseinandersetzung mit der Astrologie. Sie beruhten auf der spätantiken Formulierung der Dämonensysteme und insbesondere auf der Zuordnung der Dämonen an einen Planetengott. Daß die Sterndeutung infolge ihrer Bedeutung innerhalb der spätantiken Gestirnreligion von den Kirchenvätern bekämpft wurde, liegt auf der Hand. Man ordnete sie den von Dämonen erfundenen Künsten zu, und noch Johannes von Damaskus (um 650 bis um 750) kategorisierte in seinem «Abriß über die Häresien» den astrologischen Aberglauben als Häresie der «Ethnophrones»[41]. Im Zuge der Ausrufung des Sol invictus als Reichsgott durch Kaiser Aurelian (270–275) gewann jedoch astrologisches Denken im frühen Christentum wiederum an Bedeutung; das Neue Testament erwähnte ja selbst mit dem Stern von Bethlehem und der Verfinsterung der Sonne beim Tod Christi zwei prodigiöse Himmelsphänomene. Zudem sicherten der Diskurs über die erlaubte *astrologia naturalis* und die verbotene *astrologia superstitiosa* in der Nachfolge Isidors von Sevilla, vor allem aber die Überzeugung vom Einfluß der Sterne auf das menschliche Leben und das irdische Geschick der Astrologie das Überleben als Wissenschaft. In seiner Schrift «Contra fatum» stellte Gregor(ios) von Nyssa (um 334–394) fest: «Wie ein Siegel dem Wachs sein Bildnis aufdrückt, so prägen die Strahlen der Gestirnstellung in der Stunde der Empfängnis dem Menschen sein Schicksal auf[42].» Da die mittelalterlichen Naturphilosophen die Theorie vom mechanischen und aus sich wirkenden Einfluß der Sterne auf den Geist des Menschen nicht akzeptieren wollten, führten sie den – vermittelnden – Begriff der «Inklination» ein: Die Sterne zwingen nicht, sondern bewirken bestenfalls ein «Inklinieren» der menschlichen Natur nach einer bestimmten Richtung; es bleibt allerdings dem Menschen selbst überlassen, inwieweit er in die angegebene Richtung zu gehen bereit ist, da er dagegen seine Vernunft einsetzen könne, schrieb Thomas von Aquin unter Berufung auf Aristoteles («contra inclinationem caelestium corporum homo potest per rationem operari»).

150 Jahre nach Thomas von Aquin versuchte sich Coluccio Salutatis an einem System des astrologischen Einflusses: Die «influentia

celestis» sei ein «agens naturale»; die günstige oder ungünstige «qualitas celi influentis» spiele eine besondere Rolle sowohl bei der Zeugung wie bei der Geburt; auch Pestepidemien besäßen möglicherweise ihre Ursache in einer «certa positio siderum».

Doch stets blieb ein Rest an Unsicherheit in einer durch die Magie verunsicherten Zeit. Die Gegner der Astrologie fanden eine Bestätigung bei Augustinus, der sich in seiner Schrift «De doctrina christiana» unter Hinweis auf das unterschiedliche Geschick der Zwillingsbrüder Esau und Jakob gegen die Astrologie gewandt hatte. Insgesamt aber blieb der Kampf gegen die Astrologiegläubigen ebenso erfolglos wie gegen die Astrologen, die «mathematici» oder Nativitätsschriftsteller («genethliaci»). Bereits im Mittelalter begann der Weg der Sterndeuterei in die Scharlatanerie.

Esdras' Weissagung. Prognostiken im Hoch- und Spätmittelalter

Ihrer relativen Ungefährlichkeit aber ist ein umfangreiches, nun auch volkssprachliches, inhaltlich häufig an Bauern- und Wetterregeln erinnerndes Schrifttum zu verdanken. Hierher gehören unter anderem die «Lunare». In einer Wiener Handschrift des 12. Jahrhunderts[43] werden genaue Anleitungen bei gewissen Gestirnkonstellationen gegeben, die sogar die Spendung der Sakramente betreffen; so sei bei «Luna Va.» das «sacramentum dare» nicht nur ungünstig, sondern sogar gefährlich, ein an diesem Termin geborener Knabe sterbe, ohne sich nützlich gemacht zu haben, nach sechs Jahren, und ein Mädchen treffe ein noch viel härteres Schicksal, da sie keinen guten Tod («bona morte») sterben, sondern zur Zauberin («malefica») und (Gift-)Kräuterkundigen («herbaria») heranwachsen werde; lediglich der Aderlaß («sanguinem minuere») verspreche Erfolg, wenn er vor der dritten Stunde vollzogen werde.

Auf eine ähnliche Vorlage gehen vielleicht die an der Wende vom 12. zum 13. Jahrhundert entstandenen «Tegernseer Prognostica» zurück; sie versprechen dem Ratsuchenden, daß etwa der 20. Mond «allen tach» gut sei; «si ist aber ze werche unnitze, daz geborn chint wirt charch. dev mait wirt sam. der sieche serwet lange. der trom wirt unniutze».

Eine eigene Gattung bilden die «Neujahrsprognosen», die für jeweils ein Jahr erstellt wurden und nicht nur den Stand der Gestirne, sondern auch das Wetter und vor allem jenen Wochentag berücksichtigten, auf den Neujahr fiel. Als Urheber solcher Vorhersagen betrachtete man meist Beda den Ehrwürdigen (Beda Venerabilis, gest. 735). Frühe Beispiele stammen aus England (1120), die älteste deutsche Version von 1321 ist in dem zu Speyer geschriebenen Heidelberger Cod. Pal. germ. 214 erhalten. Als das Weihnachtsfest neben dem Neujahrstag größere Bedeutung erlangte, was sich in Deutschland seit dem Ende des 14. Jahrhunderts abzeichnete, entstanden neben den Neujahrs- die Christtagsprognosen.

Eine der verbreitetsten Bearbeitungen ersetzte die – legendäre – Autorität Bedas durch die des biblischen Propheten Esdras; lateinische Texte finden sich seit dem Anfang des 14. Jahrhunderts in Deutschland und Frankreich, deutsche Bearbeitungen seit dem 15. Jahrhundert. «Esdras' Weissagung» zeigt, stellvertretend für Prognostiken wie denen des Kanonikus Michel de Nostre-Dame, genannt Nostradamus (1503–1566), die Umsetzung des erlaubten astrologisch-magischen Denkens in die Praxis des Alltags und zugleich jene Wünsche und Nöte, aus denen Magie ihren Nährboden bezieht: die Sorge um Ernte, Lebensunterhalt, Gesundheit und Krankheit, Tod, um politische Wirren und die Angst vor Kriegen, eben dann, wenn das Leben aus seinem ruhigen Kreislauf gerät:

«Merck daz hernach geschriben eben.

DJs siben tag merck sunderleich:

Ist daz der christ tag an ainem suntag ist, so wirt der wintter warm, der lencz feucht, der sumer vnd der augst windick. Gut korn wirt, vil vichs, honigs vil vnd weins vil. Die jungen lewt werden sterben in eczleichen landen, vnd gelust wirt zu vrleug vnder den fursten. Die chunig vnd die fursten werdent sich mit einander zwayen vnd uil streits wirt in eczleichen landen; vnd ettwas news wirt man horen von den chunigen vnd den fursten.

Ist der christ tag an einem montag, so wirt der wintter gemain, der lentz vnd der sumer drucken. Vnd vil vngemach wirt man haben vnd gelust wirt zu vrleugen. Die ritter werdent sich zwayen vnd / die fursten vnd die frawen werdent wetrubt, vnd die chunig werdent erschlagen jn eczleichen landen. Vnd groß sterben wirt vnter den leuten. Jn eczleichen lannden wirt weins wenig vnd ols vil.

Ist der christ tag an einem eritag, so wirt der wintter groß vnd schneibt, vnd flatig der lencz, vnd der sumer feucht, der augst trukken. Vnd daz chorn wirt lieb. Das vich stirbt. Honick wirt vil. Vnd vil prandes wird in eczleichen landen. Vnd vil vngewiters wirt. Kraut und garten frucht verdirbt. Ols wirt vil. Vnd ettwas betrubnuss geschicht den romern. Vnd die frawen sterben gern an den chinden, vnd die chunig sterben gern jn dem jar.

Ist der christ tag an der micken, so wirt der wintter warm vnd scharff, der lencz pös vnd feucht, der sumer gut vnd der augst mäsleich. Pös chorn wirt, weins vil vnd vil obs. Honigs wirt wenig, ols vil. Vnd die dieb werden in furchten. Die man werdent sterben vnd die frawen, vnd an maniger stat wirt hunger vnd in eczleichen landen wird es sterben.

Ist der christ tag an ainem pfintztag, so wirt der wintter gemain, der lentz windig, der sumer gut, der augst gut. Pös chorn wirt vnd vil obs wirt vnd wenig honigs wird. Vnd vil regens wirt vnd groß wasser wirt fliessen. Ols wirt vil vnd kraut wirt vil [...][44].»

6. Kapitel Teufelsphantasien. Das gefährdete Mittelalter

Le principe de la tragédie est le crime, et ce criminel fut, plus qu'un autre, peut-être que tout autre, un personnage de tragédie.

GEORGES BATAILLE, LE PROCÈS DE GILLES DE RAIS

«Höre, ich rufe dich, mächtiger Pan, starker Gott aller Weltenkräfte, der du in dir Himmel, Meer und Erde umschließt!

Zugleich Königin über alle Dinge!

Ewig brennendes Feuer, das alle deine Glieder und deinen Körper durchströmt!

Komm zu mir, guter Genius, Quelle der Bewegung, die dich herum treibt, während du selbst von einer leuchtenden Haut getragen wirst, die zwischen den Jahreszeiten ausgebreitet ist!

Ursprung aller Schöpfung ...!

Göttlich Entrückter!

Mittler, der die Seele erhitzt und ihr Leben verleiht!

Wohnend unter den Sternen regulierst du die Symphonie des Universums, die sich hören läßt in deinen melodischen Gesängen!

Du, der du mit den Träumen, Gesichten und plötzlichen Rätseln kommst, die die Sterblichen erfahren, du liebst es, in den Klippen, Quellen und Wiesen der Welt zu verweilen, völlig versunken in deine Betrachtungen!

Erforscher aller Dinge!

Du verweilst, um das Echo deiner ewigen Harmonie zu hören!

Gott, der du alles und alle Dinge während deiner Wanderung hervorbringst!

Du, den man mit vielen Namen nennt!

Herr und Souverain der Welt, der allen Dingen Wachstum, Fruchtbarkeit und Licht verleiht und der in den Klüften der Berge und im Innersten der Löcher lebt!

Schrecklich in deinem Zorn!
Wahrer Jupiter mit *doppeltem* Horn!
Du bist es, der die Erde geschaffen hat!
Wenn du deine Macht über das Meer ausstreckst, dann lauscht dir der Ozean, und wer deine Hoheit nicht anerkennt, lebt nicht – nicht einmal Feuer und Luft! – Alle Elemente folgen dem Weg, den du ihnen vorschreibst, trotz der Unständigkeit ihrer Natur, und die Menschen genießen die Nahrung, die sie benötigen.

Empfange, heilige Quelle, unser Anliegen, unsere Gebete, mit all den Räuchereien, und mache, daß wir unseren Lebenslauf glücklich beenden, und erhebe uns über das, was uns ansonsten erschrickt.»

Pan, Satan, Luzifer. Die Zeugung des abendländischen Teufels

Diese hymnische «Evokation» Satans, 1906 veröffentlicht[1], stammt aus einer Zeit, als der Zauber seine Unschuld wieder erlangt hatte. Der Satanist Ben Kadosh, nach eigener Aussage Student der kabbalistischen und hermetischen Künste, stellte sie seinem in Kopenhagen erschienenen Werk(chen) «Den Ny Morgens Gry. Lucifer Hiram» voran. Unerhörtes war nun möglich geworden, Luzifer selbst konnte ungestraft beschworen und zitiert werden; im Mittelalter wäre dies abergläubisch und daher lebensbedrohend gewesen.

Luzifer vereinige in sich, so sein Jünger Ben Kadosh, «die Potenz der Kräfte der lebenden Materie in individueller, personifizierter Form, die ‹Summe› der schaffenden Natur»[2]. Er geriet zum abendländischen Traum und zum gesellschaftlichen Trauma von den dualistischen Spekulationen der Gnosis bis hin zu den Dämonen der am 1. Juli 1976 an den Folgen eines kirchlich genehmigten Exorzismus gestorbenen Anneliese Michel, zum attraktiven Verführer der Hexen und zum abscheulichen Monstrum, das aus Altären und Freskenzyklen heraus das Kirchenvolk schrecken und erschrecken sollte, zum legitimen Widersacher Gottes, wie es eine Reihe von Sekten wollte, zum Gegner des Menschen, der im Auftrag und mit Erlaubnis Gottes handelte, um dessen Heilsplan auszuführen, wie es die offizielle, antidualistische Theologie und, weitgehend im Einklang mit dieser, die elitäre Magiologie sah. Luzifer nahm über

Jahrhunderte hinweg Gestalt an aus uralten Phantasien und jungen Träumen, Gott untergeordnet, doch dem zwischen Gut und Böse unentschlossenen Menschen ein faszinierender Begleiter. Er verlangte Kult und Verehrung, wie die Aberglaubenskritik feststellte, doch als Entgelt schenkte er dem Menschen den Zauber und die Macht; den Ungeduldigen versprach er Glück und Bequemlichkeit im Diesseits. Er projizierte Wünsche und Lüste auf das stets Erreichbare, nicht auf die Ferne der Belohnung im Jenseits; er rebellierte gegen Anstand und Wohlverhalten, Konformität und Schweigen, gegen Gott und gegen eine abendländische Gesellschaft, die aus der ruhigen Periodizität des Alltags ihre Stabilität schöpfte und zugleich gefährlich schwankend war.

Der christlichen Theologie, die von Beginn an den strengen Dualismus gnostischer Überzeugungen aufzubrechen und das Prinzip des Bösen dem Guten zu unterstellen versucht hatte, war in der Handhabung des mittelalterlichen Zauberwesens und der neuzeitlichen Hexenverfolgungen nie bewußt geworden, daß sie durch die Theorie des Teufelspaktes jenem dualen Verhältnis zwischen Gott und Teufel wieder Vorschub leistete und durch die Idee von der Entscheidungsfreiheit des Menschen den Teufel auf den Thron neben dem Schöpfer der Welt zu heben drohte.

Satan aber war nicht nur Meister der Vorgaukelung *(praestigium)*, er schuf auch Phantasien, die bis in die Gegenwart hinein lebendig und kreativ blieben. Die Aberglaubenskritik argwöhnte Götzenkult, den man seit dem Mittelalter in der Vorstellungsform von Teufelsanbetung und Schwarzer Messe mit dem banalen Ritual der Umdrehung konkretisierte: Nichts war mit den auf den Kopf gestellten Kruzifixen, schwarzen Kerzen, rückwärts gelesenen lateinischen Meßformeln, sexuellen Perversitäten und blutigen (Menschen-) Opfern so, wie es sein sollte.

Diese durchaus geläufigen Teufelsspekulationen haben viel mit der Überzeugung von der Absolutheit des Bösen zu tun, für die einmal mehr die Ursprünge – oder Vorbilder – in der Vielgestaltigkeit spätantiker Religion zu suchen sind. Doch zwischen den Lehren des Mani und den Kreuzzügen gegen die Katharer liegt nahezu ein Jahrtausend, eine unvorstellbar lange Zeitspanne, die zur Vorsicht bei der Rekonstruktion ungebrochener Kontinuitäten zwingt; hier gilt grundsätzlich zu bedenken, was Gershom Scholem zur Herkunft gnostischer Elemente in der Kabbala feststellte:

«On the other hand, certain arguments might be adduced to account for the presence of gnostic themes in Kabbalism, not so much by historical contact as by parallelism of psychological and structural development, which would seem more plausible in the twelfth and thirteenth centuries than direct historical influence. For even the catharist heretics were relatively free from the gnostic elements in Manichaeism and largely unfamiliar with them. In the light of prolonged investigations on the subject, I feel justified in saying that apart from certain basic features whose importance I do not wish to minimize the gnosis of the Kabbalah developed independently from within. There is no need to choose between a historical and a psychological explanation of the origin of the Kabbalah; both elements played a part[3].»

Übertragen auf die hochmittelalterliche Auseinandersetzung mit häretischen, «manichäistischen», Sekten bedeutet dies, nicht allein an historische Abfolgen zu denken, sondern auch an Projektionen; die Auseinandersetzung der frühchristlichen Apologeten mit gnostisch-manichäistischen Denksystemen war durch die Tradition der *auctoritates* lebendig geblieben, und der Idee vom Götzendienst und der Gemeinschaft des Menschen mit dem Teufel ließen sich daher unschwer dualistische Züge anheften. Es kam nicht von ungefähr, daß die Vernichtung sowohl der Katharer wie des Templer-Ordens in eine Zeit fiel, in der sich sowohl die Zauberprozesse wie die Zahl der Angeklagten zu häufen begannen; die Endzeitstimmung an der Wende vom 13. zum 14. Jahrhundert ergab sich auch aus dem Gefühl der Bedrohung durch eine satanische Gegenkirche. Zwar beruhten die gegen Katharer und die Angehörigen des Templer-Ordens geführten Prozesse nicht auf dem *crimen magiae;* doch sie zielten mit Vorwürfen wegen Teufelsverehrung und perverser Praktiken sowohl auf die Grundlagen der Magie und auf die Entstehung wie auf die Verbreitung spezifischer Teufelsbilder und damit auf Vorstellungen, die nicht zuletzt für den Hexenglauben von entscheidender Bedeutung wurden. Namen und Mythen, die im antiken Kulturraum Vorderasiens geboren worden waren, fanden nun ihre historische Verwirklichung; der Teufel wurde zur realen Verkörperung des Bösen, der «Bactrianisch König Zoroastres», so Jean Bodin (1529/30–1596), zum «ersten Teuffelsdiener [...] / so solches Gottloses geschäfft in Persien offentlich sich hat außthun dörffen»[4].

Gnostische Mythen und ihre Konsequenzen

Es lohnt sich, den Mythen nachzugehen, und dies nicht allein, um sie an der Verwirklichung satanologischer Ideen zu überprüfen, sondern auch deswegen, weil Augustinus mindestens acht Jahre in deren Bann gestanden hatte. Die Angst der mittelalterlichen Amtskirche vor gnostischen Häresien war lebendig geblieben, da die Kirchenväter einst den Manichäismus als stärksten Konkurrenten des Christentums betrachtet hatten. Daß sich der Gründer dieser Religion, Mani (216–277), als Apostel Jesu Christi bezeichnete, verstärkte die Ablehnung der Rechtgläubigen.

Mani, 216 bei Seleukia-Ktesiphon geboren, war 220 zusammen mit seinem Vater Pattikios in eine judenchristliche Täufersekte im Zweistromland eingetreten. Bereits in seiner frühen Jugend hatte er dort eigenartige Visionen: Pflanzen und Bäume sprachen zu ihm, und Gemüse schrie und blutete, als ein Täufer es mit der Sichel schneiden wollte. Dieses Erlebnis führte zu einem Grundsatz seiner Lehre, mit der er 241 an die Öffentlichkeit trat, sie bereits 242 auf einer Missionsreise in Indien verkündete und die unter starkem Einfluß des zervanitischen Systems und der Anschauungen der Mithrasmagier stand: In allen organischen Stoffen seien Elemente des Lichtreichs, die Lebendige Seele, eingeschlossen. Der Mensch habe diese in die Materie gefesselten Lichtteile in ihre ursprüngliche Heimat, das Lichtreich, zurückzusenden. Der persische Großkönig Schāpuhr I. (242–273) erlaubte ihm, seine Lehre im gesamten Reich zu verkünden. Daran hielt sich anfänglich auch sein Sohn und Nachfolger Bahrām I. (274–277), der ihn jedoch später infolge von Denunziationen der Magier und ihres Führers Kartēr ins Gefängnis von Belapat (Gundeschapuhr) werfen ließ. Dort starb Mani 277 an Entkräftung. Seine Anhänger werteten seinen Tod als Martyrium und verglichen ihn mit dem Kreuzestode Christi.

Mani stand in iranischen Traditionen, wie ein Vergleich zum Mandäismus zeigt. Der konsequente Dualismus wird in der Auffassung von den zwei Welten des Lichts und der Finsternis deutlich, die sich als feindliche Mächte gegenüberstehen und mit dem Geist und der Materie identisch sind. Im Lichtreich thront, umgeben von seinem Licht, seiner Kraft und seiner Weisheit, der gute Gott, die drei Eigenschaften vertreten seine drei verschiedenen Aspekte und bilden zusammen mit ihm eine Tetrade; auch das zervanitische Gottesbild war mit Zervan von einem viergestaltigen Gott ausgegangen[5].

Dem vollkommenen Frieden im Lichtreich steht die Unordnung im Reich der Finsternis entgegen. Die Bewohner der materiellen Welt jagen in wilder Raserei umher und gelangen in ihrer Wirbelbewegung einmal bis an die obere Grenze ihres Reichs, wo die Finsternis ans Licht stößt. Als aber Ahriman, der Fürst der Finsternis, und seine Anhänger die Lichtwelt erblickten, ergriff sie sehnsüchtiges Verlangen nach diesem herrlichen Reich, und sie brachen von unten ein. Da jedoch der Höchste Gott, Inbegriff von Friede und Güte, nicht selbst den Kampf aufnehmen konnte, «rief» (wörtlich: erschuf[6]) er die «Mutter des Lebens», die ihrerseits den «Urmenschen», den Ersten Menschen *(adam qadmon)* «rief». Das Wesen dieses Erlösergottes zeigt zwei Aspekte: Als ritterlicher Streiter nahm er den Kampf gegen die Mächte der Finsternis auf und sicherte dadurch den Sieg des Lichts, als leidender Erlöser aber errang er seinen Sieg erst nach einer scheinbaren Niederlage; von den bösen Mächten seiner Rüstung beraubt und vom Schlag betäubt lag er im Abgrund der Materie. Daher «rief» der Gute Gott, der «Vater der Größe», in einer zweiten Schöpfung drei Gestalten ins Leben, unter ihnen den «Lebendigen Geist». Diesem glückte es, sowohl den Urmenschen als auch die meisten Lichtelemente aus der Mischung mit der Finsternis erneut dem Lichtreich zuzuführen. Dieses Thema vom Leiden und der Erlösung des Urmenschen zog sich als Leitfaden durch die manichäische Lehre; der Erlöser bedurfte selbst der Erlösung, so das gnostische Dogma.

Da allerdings die Heerscharen der Finsternis noch immer eine Anzahl der Lichtpartikel in ihrer Gewalt hatten, entstand eine Mischung von Gut und Böse. Um sie zurückzugewinnen, besiegte und tötete der «Lebendige Geist» die dämonischen Fürsten und erschuf aus ihren Körpern Himmel und Erde. Die noch nicht beschmutzten Lichtpartikel läuterte er und machte sie zu Sonne und Mond, die nur gering beschmutzten Lichtelemente zu Sternen. Zur Rückgewinnung der durch die Berührung mit der Materie stärker beschmutzten Lichtelemente wurde eine sinnreiche Maschinerie erfunden: Ein Rad von kosmischen Ausmaßen, die *sphaira,* schöpfte wie ein Wasserrad unablässig die Lichtpartikel zum Mond und zur Sonne; in der ersten Hälfte eines Monats steigen die erretteten Lichtpartikel in einer Lichtsäule zum Mond empor, der – nun voller Lichtpartikel – zum Vollmond anschwillt. Während der zweiten Hälfte des Monats werden die Lichtpartikel zur Sonne weitergeführt und von dort zum Lichtparadies gebracht.

Stets kreisen die Kosmogonien um Licht und Finsternis. Iranisches Denken reflektiert der Mythos von der «Verführung der Archonten». Der zweigeschlechtliche «Dritte Gesandte», die wichtigste Gestalt in der neuen Emanation, fuhr in seinem Lichtschiff, dem Mond, über das Himmelsgewölbe und zeigte sich den durch den Lebendigen Geist gefesselten männlichen «Archonten» als Frau, vor den weiblichen Dämonen enthüllte er sein männliches Geschlechtsteil. Sie gerieten in sexuelle Erregung, und die männlichen Dämonen gaben ihre Lichtpartikel als Sperma ab, das zur Erde fiel und die Pflanzen zeugte. Die weiblichen Archonten hingegen, die aus ihrer eigenen Wesenheit heraus schwanger waren, gebaren ihre Leibesfrucht zur Unzeit. Diese Fehlgeburten fraßen die Knospen der Bäume und verleibten sich somit die darin vorhandenen Lichtpartikel ein.

Um jedoch die noch in der Finsternis verbliebenen Lichtpartikel daselbst festhalten zu können, erdachte die «Konkupiszenz», Āz, einen Plan. Mittels unterschiedlicher, auch kannibalischer und sexueller Praktiken sollte das Menschengeschlecht erschaffen werden, um in sich die gefangenen Lichtelemente festzuhalten. Durch die Fortpflanzung der Menschen würden sich die Lichtpartikel immer weiter verbreiten, dadurch allerdings an ihrer Rückkehr in die Heimat verhindert werden. Die Mächte der oberen Welt aber vereitelten diesen Plan, indem sie den Ersten Menschen über seine Herkunft und wahre Bestimmung aufklärten. Die Aufgabe übernahm eine Erscheinungsform des Dritten Gesandten, eine Inkarnation der erlösenden Intelligenz. Sie näherte sich dem im Todesschlaf schlummernden *adam qadmon,* rüttelte ihn wach und zeigte ihm seinen doppelten Ursprung; sein Körper entstamme der dämonischen Welt, sein Geist aber der himmlischen Lichtwelt. Dadurch wurde Adam die erlösende Kenntnis, die Gnosis, das Wissen von dem, was war, was ist und was sein wird, mitgeteilt.

Infolge dieses Wissens vermag die gerechte Seele zur Lichtwelt, ihrer wahren Heimat, zurückzukehren. Beim Aufstieg der Seele werden ihr die Symbole Lichtkleid, Thron, Kranz und Diadem überreicht. Doch das Erlösungswerk erreicht niemals in der Wiederversammlung *aller* Lichtpartikel in der Lichtwelt seine wirkliche Vollendung, da zuvor das durch eine Reihe schwerer Heimsuchungen angekündigte Weltende kommt. Schließlich aber findet der «Große Krieg», der Entscheidungskampf zwischen den guten und den bösen Mächten statt, der mit dem Triumph der Gerechten endet. Die zerstreute Gemeinde wird wiedervereinigt, der «Große König» kommen, die Herrschaft übernehmen und das Jüngste Gericht abhalten. Dann werden er und seine Auserwählten zusammen mit den Schutzgöttern des Kosmos die Welt verlassen und ins Lichtreich zurückkehren. Jene Lichtpartikel aber, für die es noch die Möglichkeit einer Rettung gibt, werden in einem letzten Prozeß geläutert und dabei zu einer «Statue» *(andrias),* die sich wie eine kosmische Lichtsäule zum Himmel erhebt, zusammengefügt werden. Erst jetzt folgt die Vernichtung der Erde, die Verdammten und die Dämonen, die Welt der Materie und der Finsternis werden zu einem gestaltlosen Haufen zusammengeworfen, der in einem Graben von kosmischen Ausmaßen versinkt und anschließend zugedeckt wird. Damit hat in der Lehre Manis die «Dritte Zeit» der Weltgeschichte ihren Abschluß gefunden.

Der Faszination des Manichäismus konnte sich nicht nur Augustinus nicht entziehen. Die Drei-Zeiten-Lehre, das Dogma von den entgegengesetzten Prinzipien Licht und Finsternis, Gut und Böse, Gott und Satan, Seele und Materie fanden Eingang sowohl in die neuplatonische Kosmologie wie auch ins Spätjudentum und ins Christentum. Die Spuren der Gnosis verliefen vielfältig und brachten zudem spätantike Gestirnreligionen, die jüdische Gemeinde der

Essener vom Toten Meer und das frühe Christentum in seiner theologischen Unsicherheit einander näher. Über den *adam qadmon* der Kabbala wird noch zu sprechen sein; er gehörte zu jenen Mythen, die lebendig blieben, da sie wie die Erzählung vom Endkampf zwischen Gut und Böse aktualisierbar waren. Die «Kriegsrolle» *(Milchama)* von Qumran, eine militärische Anleitungsschrift, gab sich den Titel «Krieg der Söhne des Lichts gegen die Söhne der Finsternis»; sie berichtet auch, wie Gott «den Menschen schuf, um über die Welt zu herrschen, und für ihn zwei Geister machte», die «Geister der Wahrheit und Verwirrung», die «Geister des Lichts und der Finsternis», den «Fürst des Lichts» und den «Engel der Finsternis». Sie sollten den Menschen begleiten bis zu der von Gott «vorbestimmten Zeit der Heimsuchung», an der er das Böse vernichten werde und den «Redlichen die Erkenntnis des Höchsten [...] und die Weisheit der Söhne des Himmels» begreifen lasse. Gnostisches in jüdischem Gewande macht die «Kriegsrolle» etwa auch in folgendem Abschnitt deutlich:

«Heute ist die bestimmte Zeit, den Fürsten des Reichs der Bosheit niederzuwerfen und zu Fall zu bringen, und er wird ewige Hilfe senden für den Losteil, den er erlöst hat durch die Gewalt des Engels, den er herrlich gemacht hat zur Herrschaft, Michael in ewigem Licht, um ganz Israel Licht in Freude zu geben, Frieden und Segen dem Losanteil Gottes, um unter den Göttern die Herrschaft Michaels zu erhöhen, und die Herrschaft Israels über alles Fleisch. Gerechtigkeit soll sich freuen an hohen Stätten, und alle Söhne seiner Wahrheit sollen fröhlich sein in ewiger Erkenntnis. Und ihr, Söhne seines Bundes, seid stark im Schmelztiegel Gottes, bis er mit seiner Hand winkt und seine Schmelztiegel mit seinen Geheimnissen füllt, daß ihr bestehen mögt[7].»

Vorstellungen von Endzeitschlachten wie zum Beispiel dem eschatologischen «Kampf am Birkenbaum», aus dem ein weißer Fürst als Sieger hervorgehen und eine neue Zeit unter einem neuen Kaiser anbrechen wird, lebten in der Tradition mittelalterlicher Kaiserprophetien fort; in ihnen fanden apokalyptische Zeitstimmungen, der Antichristglaube und politische Wirren ihren Ausdruck; so identifizierte Widukind in seinen «Res gesta Saxonia» (I, 19) die Kontrahenten der Schlacht mit historischen Völkern. Die

Überlieferungen führen einmal mehr zurück in biblische und damit gnostische Zeiten; bereits im Orakel von Gog und Magog (Ezechiel 38–39) und in der auf diese Stelle Bezug nehmenden Offenbarung des Johannes vom letzten Versuch Satans und seinem Sturz (Offenbarung 20, 7–10) war vom Endkampf die Rede gewesen.

In der hochmittelalterlichen Untergangsstimmung mußten solche Überzeugungen auf nachhaltigen Widerhall stoßen. Doch nun wurden die Katharer zu Opfern. Obwohl es Mani nicht gelungen war, seine Lehre im sassanidischen Persien zur Staatsreligion zu machen, wurde der Manichäismus durch seine Ausbreitung im Osten bis nach China und durch die Ausrufung als Staatsreligion im Uigurenreich an der nördlichen Seidenstraße (762–840) zur Weltreligion. Während gnostische Ideen anfänglich im Westen, wo Bischof Priscillianus von Avila (um 335/345–385) eine häretische, bis ins 7. Jahrhundert hinein aktive Bewegung ins Leben rief, kaum ins Gewicht fielen, entstand im 7. Jahrhundert in Armenien die erstmals auf der Synode von Dowin 719 bezeugte Sekte der Paulizianer, die sich bis zu ihrer Verfolgung im 8. Jahrhundert vor allem in der Osttürkei, in Phrygien, Thrakien und Persien ausbreitete. Im Osten aber lagen auch die Wurzeln der Bogomilen, mit denen der historische Anschluß an die mittelalterlichen «Katharer» gelingt. Wahrscheinlich aus dem kleinasiatischen Raum kommend, tauchte die – nach dem Priester Bogomil – genannte Gruppe während der Regierung des Zaren Peter (927–969) in Bulgarien auf, gelangte bald über Byzanz nach Serbien und Bosnien und konnte, trotz heftiger Bekämpfung insbesondere durch die Kaiser Alexios I. Komnenos (1081–1118) und Manuel I. Komnenos (1143–1180) in Dalmatien, Oberitalien, Süd- und Nordfrankreich sowie am Rhein Gemeinden und Kirchenorganisationen einrichten.

Damit wurde die lateinische Kirche erneut mit gnostisch-dualistischen Spekulationen konfrontiert. Die Vorwürfe der Theologen und Richter an die Häretiker aber sollten sowohl das Teufelsbild wie das Verständnis von der rituellen Magie kausal beeinflussen und neue Mythen hervorbringen, die bis heute auf beinahe makabre Weise lebendig geblieben sind.

Die Häresie der «guten Christen»

Die Jahrhundertwende war für Bischöfe und Inquisitoren eine geschäftige Zeit. 1312 wurde der Templerorden aufgelöst, zwischen 1318 und 1325 stand das südfranzösische Dorf Montaillou vor dem Inquisitor Jacques Fournier, Bischof der Diözese von Pamiers und späterem Papst Benedikt XII. (1334–1342). Man hatte die Bewohner verdächtigt, sich einige Glaubensvorstellungen der «guten Christen» *(boni christiani)* angeeignet zu haben. Die «Reinen», die «Katharer», hatten längst das Schlagwort für die Verfolgung Andersgläubiger, der «Ketzer», zur Verfügung gestellt.

Emmanuel Le Roy Ladurie, dem wir die Auswertung der Inquisitionsprotokolle verdanken, gelang die Feststellung, daß in Montaillou wie im Sabarthès generell gerade die katharische Lehre von der Schlechtigkeit und Verwerflichkeit der Welt die einfachen Menschen fasziniert hatte. Der Glaube, daß Gott die guten Geister und der Teufel die Welt des sündigen und sterblichen Fleisches geschaffen habe, war in seiner simplen Rigorosität für die Un- und Halbgebildeten fernab der komplizierten gnostischen Äonen-, Emanations- und Demiurgenlehren, aber auch der offiziellen kirchlichen Theologie, leichter nachzuvollziehen. In Montaillou entstanden aus alten neue Legenden, die mit dem Sündenfall begannen, neue Mythen:

«Es gelang dem Teufel, ein paar von den guten Geistern, die beim guten Gott im Himmel waren, zu verführen. Die stürzten dann aus dem Himmel und wurden hier unten von ihrem Verführer in Gefäße aus Erde, Leiber von Fleisch, eingekerkert, dem Ton des Vergessens eingebildet (‹Et tunc fecit eis tunicas, id est corpora de terra oblivionis [...]›). Diese gefallenen Seelen waren dauernd von einem sterblichen Leichnam in den anderen unterwegs, mußten ohne Rast und Ruh aus einem zerbrechlichen Gefäß ins andere fahren, in tierische Leiber erst, in Menschenleiber dann, bis, wie Pierre Maury sagte [...], ‹die Seele in einen Leib gelangt, aus dem sie erlöst wird, da sie, endlich häretiziert, in den Stand der Gerechtigkeit und Wahrheit versetzt wird. Wenn sie dann ihr letztes Gewand verläßt, kehrt die fragliche Seele in den Himmel zurück. Doch bis sie häretiziert werden, müssen die Geister von einem Gewand zum anderen wandern›[8].»

Erinnerungen an den manichäistisch-gnostischen Mythos von der mühevollen Wanderung der Lichtpartikel werden hier wach, und obwohl die Bewohner von Montaillou den scharfen Dualismus, etwa in der Klassifikation der Tiere, der eigenen Verständniswelt anpaßten, so beeinflußte die Lehre von der Schlechtigkeit der Welt sowohl das Denken wie auch den Alltag jener Leute, welche die Katharer als die einzig wahren Christen betrachteten.

Diese aber hatten an der Doktrin vom Teufel als Weltschöpfer (Demiurg) und vom alle Modifizierungen ausschließenden Gegensatz von Gut und Böse als zwei gleichstarken und gleichrangigen Prinzipien festgehalten. Bereits die ersten Bogomilen sahen nicht in Gott, sondern in dessen Widersacher, dem Satan, den Schöpfer der Körperwelt, hatten ihn jedoch als abgefallenen Engel noch zum Untertanen Gottes gemacht; wie Christus war er Sohn Gottes. Die späteren, radikaldualistischen Bogomilen gingen hingegen einen entscheidenden Schritt weiter: Der satanische Demiurg war nicht mehr nur Rebell gegen Gott, sondern ein eigenes, diesem entgegengesetztes Prinzip. Dennoch ist Vorsicht bei Verallgemeinerungen angebracht. Vor 1140 war den abendländischen Ketzern die Ausschließlichkeit von Satans Herrschermacht noch ungeläufig, und auch den gemäßigten Katharern galt Satan als abgefallener Engel, während die Radikalen ihm den Rang eines selbständigen Gottes zubilligten. Seit dem Beginn des 13. Jahrhunderts führte die Lehre von der immerwährenden Gegnerschaft des guten und bösen Reichs mit gleichen Rechten zur Idee einer eigenen höllischen Trinität: Satan blieb nicht mehr der teuflische Gott selbst, sondern wurde zu dessen Sohn; wie sein direkter Widersacher, Christus, als der Sohn Gottes in die irdische – materielle – Welt kam, so stieg Satan als der Sohn des höllischen Gottes zur gleichen Stunde in das Reich des himmlischen Feindes auf. Die radikalen Katharer suchten nun beim Sohn des höllischen Gottes etwas Gutes; gemäß einer Erzählung sei der Sohn des bösen Gottes in den Himmel aufgestiegen und habe die Gattin des guten Gottes verführt; dieser Verbindung sei Christus entsprungen. Wie uneinheitlich die katharischen Überzeugungen waren, zeigt die vorwiegend in Spanien und in Italien verbreitete Doktrin, die den bösen Gott durch die Natur und ihre Notwendigkeit ersetzte, aus dem Seelenverderber aber eine physikalische

Macht schuf. In Südfrankreich hingegen lehrte 1326 einer der letzten Katharer, die Natur selbst sei der gute Gott, und die jungfräulichen Elemente Erde, Wasser und Wind bildeten die Dreifaltigkeit.

Vor allem in Okzitanien vertraten zahlreiche Katharer die radikaldualistische Anschauung, die nicht nur zur Ablehnung des Alten Testaments und zur Gleichsetzung aller Patriarchen von Moses bis David als Teufelsdiener, sondern auch zur Ablehnung der Schöpfung und ihres Schöpfers und damit zum Widerspruch mit der offiziellen Lehre und Schriftexegese führen und die Inquisitoren auf den Plan rufen mußte. Der zwanzigjährige Kreuzzug gegen die Albigenser, der, oft grausam geführt, 1229 durch den Frieden von Meaux beendet wurde und zur Annektion des Languedoc an Frankreich führte, kostete tausenden von Ketzern das Leben.

Wenn man den Mythos als eine Ätiologie begreift, die erzählerisch die Realität des Mysteriums ins Gegenteil verkehrt, dann trifft dies auf *die* Form des Teufelskults schlechthin zu, nämlich auf die Schwarze Messe. Die Selbstverständlichkeit, mit der man die Katharer der abscheulich-obszönen Satansverehrung bezichtigte, entsprang einem Bündel längst wirksamer magiologischer und dämonologischer Vorurteile. Die Häretiker wurden zu Opfern der *fremden,* nicht der eigenen Teufelsphantasien.

Denn nichts steht so sehr in Widerspruch zueinander wie die Wirklichkeit katharischer Ethik, die jede Sexualität ebenso strikt ablehnte wie das Tragen von Waffen, durch die getötet werden konnte[9], und die Inhalte mittelalterlicher Kampfschriften gegen jene gerade in Frankreich stark angewachsene Sekte. Die Bewegung, die um 1019 nach Orléans kam, erfaßte die Adels- und Bildungsschicht, Kleriker, ja sogar die direkte Umgebung des reformfreudigen Königs Robert (996–1031). Sie gehörten zu den ersten Opfern des Kampfs gegen die Ketzer im Abendland, nachdem der offenkundig ahnungslose König Robert die Sekte mit Hilfe von Spionen entdeckt hatte. Vertraut man den Quellen, dann zogen ihre Mitglieder am 28. Dezember 1022 lachend zur Hinrichtung durch Verbrennung[10].

Der Abschnitt «Adversus novos Manichaeos» der Synode von Orléans 1022 schilderte den vermeintlichen Satanskult der Katharer minutiös:

«Sie versammelten sich nämlich in gewissen Nächten in dem genannten Hause, wobei alle Laternen in den Händen hielten, ebenso wie sie die Anrufungen der Dämonen-Litanei hersagten, bis sie plötzlich einen Dämon in Gestalt irgendeines Tieres unter sich herabsteigen sahen. Sogleich riß jeder – nachdem alle Lichter gelöscht waren, damit jene Vision allgemein sichtbar wurde – eine Frau, die ihm unter die Hände kam, zum Mißbrauch an sich; ohne Rücksicht auf Sünde, und ob Mutter oder Schwester oder Nonne besessen wurde, die Begattung wurde von ihnen als etwas für sie Heiliges und Religiöses geschätzt; wenn in dieser schmutzigen Begattung ein Kind gezeugt worden war, wurde es am achten Tage in ihrer zahlreich versammelten Mitte bei angezündetem Feuer durch das Feuer nach Sitte der alten Heiden geprüft und so im Feuer verbrannt. Seine Asche wurde mit so großer Verehrung gesammelt und aufbewahrt, wie die christliche Frömmigkeit den Leib Christi aufzubewahren pflegt, um ihn den Kranken, die aus dieser Welt gehen, zur Wegzehrung zu geben. Es wohnte nämlich eine solche Kraft teuflischen Betrugs dieser Asche inne, daß jeder, der von der besagten Häresie angesteckt war und dem von dieser Asche, wenn er auch noch so wenig genommen hatte, vorgesetzt worden war, kaum jemals später den Schritt des Geistes von dieser Häresie weg zum Weg der Wahrheit zu lenken vermochte[11].»

Daß hemmungslose sexuelle Promiskuität sowie Mord und Kannibalismus in Anwesenheit des Dämons in absurdem Gegensatz zu den katharischen Lebensidealen stand, hinderte die Rechtgläubigen nicht daran, fiktionale Anschuldigungen zur dogmatischen überlieferten Lehrmeinung zu machen.

Wie bereits bei den südfranzösischen Zauberprozessen ermüden auch hier die Nachrichten über angebliche katharische Exzesse durch ihre Gleichartigkeit, die hin und wieder durch die ausschmückende Schilderung besonders perverser Details aufgebrochen wird. Von geheimen Zusammenkünften und sexueller Promiskuität berichtete etwa Guibert von Nogent (1053–1124) in seiner Autobiographie und von einem Brauch, der in den frühneuzeitlichen Phantasien vom Hexensabbat wieder auftauchen sollte: Hexen steckten sich Kerzen in den Hintern; hier aber brächten die Katharer bei ihren Versammlungen einer Dirne mit entblößtem Gesäß von hinten Kerzenopfer dar. Ferner schilderte er ausführlich die rituelle Tötung der Kinder:

«Ein großes Feuer wird entzündet, ein Kind wird von denen, die um das Feuer herumsitzen, von Hand zu Hand durch die Flammen geworfen, bis es [das Feuer] ausgelöscht ist. Darauf wird das Kind zu Asche gemacht, aus der Asche Brot zubereitet; wem [davon] ein Teil als Eucharistie ausgeteilt wird, der kommt nach solchem Genuß fast niemals mehr von dieser Häresie weg[12].»

Die direkte Abhängigkeit dieses Zeugnisses von den «Gesta Synodi Aurelianensis» ist unverkennbar; die Mythenbildung hatte ihre Verschriftlichung gefunden.

Der bespuckte Christus oder: Das Ende des Templerordens

Die Anklagen gegen ideologische und politische Gegner aber glichen sich mehr und mehr. Macht, Reichtum und Einfluß besaß die 1119 von Hugo von Payens zum Schutz der Jerusalempilger gegründete «Arme Ritterschaft Christi vom Salomonischen Tempel», die nach der Rückeroberung des Heiligen Landes 1291 durch den Islam ihre Aktivitäten auf Europa konzentrierte und dort nicht zuletzt durch ihren in zwei Jahrhunderten erworbenen Grundbesitz zum Staat im Staat zu werden drohte. So verwundert es nicht, daß Philipp der Schöne 1307 die Templer in seinem Herrschaftsbereich verhaften und vor Gericht stellen ließ. Auf sein Drängen hin hob Papst Clemens V. 1312 den Orden auf, mit der Verbrennung des letzten Großmeisters, Jacques de Molay, des Präzeptors der Normandie, Geoffray de Charnays, und anderer Ritter am 18. März 1314 endete die *mittelalterliche* Geschichte der Vereinigung. Erneut verbanden sich die stereotypen Vorwürfe der Häresie und (homo)sexueller Normverfehlungen zu Anklagen, aus denen die Nachwelt durchaus Muster für satanistische Kulte abzuleiten bereit war. So ergab das Verhör des Huguet de Bure vom 24. April 1310 folgende Angaben zum – vermeintlichen – Aufnahmeritual in den Orden: Er habe sich bis auf Hemd und Hose ausziehen müssen, dann den Zeugen seiner Aufnahme geküßt, «erstens auf den Mund, zweitens auf den Nabel, drittens auf das Rückgrat, oberhalb der Stelle, wo der Gürtel getragen wird, und er sagte, der gleiche Bruder P. habe demselben

Zeugen die Kleider vorn und hinten emporgehoben, als er ihn, wie gesagt, auf den Nabel und auf das Rückgrat geküßt habe». Anschließend sei er veranlaßt worden, ein herbeigebrachtes Kreuz zu bespucken, es mit den Füßen zu treten und dreimal Jesus mit den Worten «Ich widersage Gott» abzuschwören.

Gilles de Rais

In der Forschung herrscht erhebliche Uneinigkeit darüber, ob die Mitglieder des Templer-Ordens tatsächlich häretischen, manichäistisch-gnostischen oder esoterischen Lehren anhingen. Doch spätestens mit dem 17. Jahrhundert, als die beiden französischen Hofhistoriker Pierre und Jacques Dupuy Zugang zur Königlichen Bibliothek und den dort verwahrten Prozeßakten erhielten[13], wurden aus den inquisitorischen, aus Ängsten und nüchtern kalkulierender Machtpolitik gespeisten Spekulationen Mysterien, die spätestens im 18. Jahrhundert zu einer Wiederentdeckung und -erweckung des Ordens durch die Freimaurerei führten. So soll gemäß der Ordenslegende des Hochgradsystems der «Schwedischen Lehrart» Jacques de Molay kurz vor der Hinrichtung seinen Neffen, den Grafen von Beaujeu, in die Geheimnisse der Tempelherren eingeweiht haben; auch andere Logen wie die Berliner Großloge «Zu den drei Weltkugeln» bezogen sich auf den mittelalterlichen Ritterorden. Gleiches gilt für die Berufung neognostischer Bewegungen wie der des Jules-Stanislas Doinel (gest. 1902), der am 21. September 1890 die «Eglise Gnostique Universelle» gründete, auf die Katharer.

Während hier mittelalterliche Häresievorwürfe durch esoterische Bewegungen der Moderne wörtlich genommen und aufgegriffen wurden, verlief im Falle des Gilles de Rais die Entwicklung in anderer Richtung: Der Inbegriff des mittelalterlichen Satanisten schlechthin geriet zum eher verharmlosenden Vorbild der Blaubart-Figur.

Gilles de Rais, 1404 geboren, ein tragischer Krimineller, «un Faust enfantin»[14], ein Psychopath? Den bis heute unbeantworteten Fragen stehen handfeste Fakten gegenüber: einer der reichsten Männer Frankreichs, Begleiter der Jeanne d'Arc und Marschall von Frankreich. Schuld an seiner Verdammung trugen sicherlich seine

Bildung, sein Interesse für Alchemie, seine Unzufriedenheit mit den engen Grenzen des mittelalterlichen Erkenntnisbedarfs und seine Lebensführung. Doch längst war es unvorstellbar geworden, daß sein Zauber ohne Komplizen ausgekommen sei; 1440 erhob man Anklage gegen ihn und seine Helfer, die vom 13. Oktober 1440 datierten Anklageakten waren nicht nur umfangreich und in ihren Vorwürfen spektakulär, sie verbanden nun auch Teufelsverehrung mit ritueller Magie. Artikel XV warf ihm und seinen Komplizen Gilles de Sillé, Roger de Briqueville, Henriet Griart, Étienne Corrillaut (genannt Poitou), André Buchet, Jean Rossignol, Robin Romulart, einem gewissen Spadine und Hicquet de Brémont vor, Kinder entführt, gefangengehalten, auf unmenschliche Art und Weise gewürgt, getötet, dann zerstückelt, verbrannt und die Leichen den bösen Geistern geopfert und sich zuvor, sowohl bei Lebzeiten wie auch an den Leichen sexuell vergangen zu haben, «wobei er bei den Mädchen die natürliche Leibesöffnung verschmähte»[15].

Vage und zugleich recht detaillierte Angaben zu Zauberritualen enthält Artikel XVI. Im unteren Saal von Schloß Tiffauges (Diözese Maillezais) habe er von «gewissen Meistern wie François Prelati, italienischer Herkunft, der sich als bewandert in der verbotenen Kunst der Geomantie ausgab, mehrere Zeichen und Figuren» anbringen und in einem Wald in der Nachbarschaft von Schloß Tiffauges die gleichen Zeichen von Jean de La Rivière, dem Lombarden Antoine de Palerne sowie einem gewissen Louis und anderen Magiern und Teufelsbeschwörern auf die Erde malen lassen und sie gebeten, «daß sie Beschwörungen und Divinationen durchführten». Er «beschwor und ließ beschwören böse Geister, die auf die Namen Barron, Oriens, Belzébuth und Bélial hörten, unter Zuhilfenahme von Feuer, Myrrhe, Aloe, Weihrauch und anderen Aromaten, wobei die Fenster und Luken des besagten unteren Saales weit geöffnet waren, während sie niederknieten, um von diesen bösen Geistern Antwort zu erhalten, und sie waren bereit, ihnen Opfer darzubringen und sie anzubeten; und besagter Angeklagter Gilles wollte mit ihnen einen Pakt schließen, um Wissen, Macht und Reichtum mit Hilfe der bösen Geister zu erhalten und wiederzubekommen»[16].

Auch auf andere Zauberversuche nahm die Anklageschrift Bezug, so etwa auf Beschwörungen, unter anderem mit Hilfe eines magischen Kreises; Gilles de Rais habe sogar «mit eigener Hand Schuldverschreibungen» verfaßt, «um einen ausführlich aufgesetzten Pakt mit dem oben genannten bösen Geist Barron zu schließen»[17], diesen Akt sogar sehr systematisch vorbereitet, indem er seinen Helfer Gilles de Sillé in den unterschiedlichsten Teilen der Welt auf die Suche nach Wahrsagern, Wahrsagerinnen und Beschwörern gesandt habe; sie sollten «ihm zu Geld verhelfen, ihm versteckte Schätze enthüllen und entdecken, ihn in die anderen magischen Künste einführen, ihm große Ehren verschaffen und es ihm ermöglichen», auch «Schlösser und Städte zu bekommen und zu halten»[18].

Zu den Helfern am Hof Gilles de Rais' gehörte der Italiener François (Francesco) Prelati, aus Montecatini im Nivole-Tal bei Pistoia, Diözese Lucca, gebürtig und nach eigener Angabe Priester. Er schilderte in seinem Geständnis vom 16. Oktober 1440 das Ritual der Dämonenbeschwörung recht präzise, wobei sich einzelne Elemente später in den «Faustischen Höllenzwängen» wiederfinden lassen:

«Also nahmen der oben genannte Gilles und der Zeuge in einer bestimmten Nacht nach dem Abendessen Kerzen und andere Dinge mit, darunter das fragliche Buch, das der Zeuge, wie schon gesagt, mitgebracht hatte, und zeichneten im großen unteren Saal des Schlosses Tiffauges mit einer Degenspitze mehrere Kreise auf den Boden, die Buchstaben und Zeichen in der Art von Wappen enthielten und bei deren Zeichnung die oben genannten Gilles de Sillé, Henriet und Poitou alias Étienne Corrillaut sowie Messire Eustache Blanchet ihnen halfen. Nachdem besagte Kreise und Buchstaben aufgezeichnet und das Feuer entzündet war, verließen alle oben Genannten außer Messire Gilles de Rais und dem Zeugen auf Befehl von Gilles besagten Saal, während Gilles und der Zeuge sich mitten in die Kreise stellten. In einem bestimmten Winkel an der Mauer, an die der Zeuge ein anderes Zeichen malte, befanden sich in einem Topf mit Erde glühende Kohlen, auf die sie magnetisches Pulver streuten, das gewöhnlich ‹Aimant› genannt wurde, sowie Weihrauch, Myrrhe und Aloe, von denen ein wohlriechender Rauch aufstieg. Und daselbst blieben sie bald aufrecht, bald sitzend, bald kniend, um den Dämonen zu huldigen und ihnen Opfer zu bringen, fast zwei Stunden lang und riefen die Dämonen an und bemühten sich, sie wirksam zu beschwören, wobei der oben genannte Gilles und der Zeuge in der Erwartung, daß der angerufene Geist erscheinen würde, abwechselnd die Rollen in dem oben genannten Buche lasen; aber, wie der Zeuge bestätigt, zeigte sich dieses Mal kein Geist.»

Schließlich teilte Prelati die Beschwörungsformel mit:

«‹Ich schwöre euch, Barron, Satan, Belial, Belzebuth im Namen des Vaters, des Sohnes und des Heiligen Geistes, der Jungfrau Maria und aller Heiligen, hier persönlich zu erscheinen, um mit uns zu sprechen und um unseren Willen zu tun.› Auf die Frage, ob sie dem Dämon, falls er daselbst erschienen wäre, ein Geschenk oder Angebot gemacht hätten, antwortete der Zeuge mit Ja: einen lebendigen Hahn, eine lebendige Haustaube oder eine lebendige Turteltaube, um ihn zu verpflichten, ihnen nicht zu schaden, während sie ihn beschworen, und damit er ihnen die erbetenen Dinge um so eher gewähre.»

Wie bereits in den Prozessen gegen die Katharer und Templer tauchte auch hier der Vorwurf sexueller Abartigkeit auf; Gilles de Rais habe sich Kinder, Knaben ebenso wie Mädchen, beschafft und an ihnen, lebend oder tot, sexuelle Handlungen ausgeführt. Zur Steigerung seiner Potenz habe er «köstliche Speisen» gegessen und «schwere Weine wie Würzwein, Bleichert und andere Arten» getrunken, «um sich zu der besagten Sünde der Sodomie anzustacheln und sie wider die Natur mit den besagten Knaben und Mädchen noch ausschweifender, leichter und ergötzlicher, immer in einer maßlosen und ungebräuchlichen Manier zu begehen»[19].

Die Zerstückelung der Leichen aber deutete Artikel XXXI der Anklageschrift als Verbrechen mit magisch-rituellen Absichten:

«Item, daß besagter Angeklagter Gilles in seinem Zimmer auf Schloß Tiffauges die Hand, die Augen und das Herz eines der besagten Kinder zusammen mit dem Blut desselben in ein Glas tat, um sie als Zeichen der Ehrfurcht und als Tribut dem Barron genannten Dämon anzubieten, und daß er diese Opferung in seinem Namen von besagtem François Prelati vornehmen ließ; wobei der nämliche François dazu bestimmt war und behauptete, sich darauf zu verstehen[20].»

Ferner unterstellte die Anklage,

«daß seit etwa fünf Jahren, oder mehr oder weniger, besagter Gilles de Rais zu mehreren hohen Festtagen und besonders zu letzten Allerheiligen eine bestimmte Feier zelebrieren ließ, die zu Ehren der bösen Geister gedacht war, übereinstimmend mit dem zwischen ihm und besagten Geistern, wie oben beschrieben, geschlossenen Pakt; während welcher Feste er mehreren Armen aufgrund des oben genannten Paktes im Namen dieser nämlichen bösen Geister und zu ihrer Erhöhung Almosen gab und geben ließ»[21].

Die Protokolle aber lassen auch erkennen, daß Gilles de Rais Unbehagen an seinen Taten empfand; wegen seines «heimlichen Glaubensabfalls» und der «abscheulichen Delikte und Verbrechen» habe er vor Gott und den Heiligen einen Schwur geleistet, «fürderhin niemals mehr ähnliche verabscheuenswerte und abartige Dinge zu begehen, und daß er sich ihrer auf der Stelle und vollkommen enthalten wolle»; deswegen habe er sich vorgenommen, «zu einer Pilgerfahrt nach Jerusalem aufzubrechen, um dort das Heilige Grab des Herrn aufzusuchen»[22].

Die Reue – und wohl auch sein hoher gesellschaftlicher Stand – brachten Gilles de Rais immerhin nach seiner Hinrichtung durch den Strang am 26. Oktober 1440 in Nantes die Bestattung in der geweihten Erde der dortigen Kirche Notre-Dame-du-Carmel ein. Insgesamt aber hatte es das Gericht als erwiesen betrachtet, daß er

«mit Wahrsagern und Ketzern in Beziehung stand; daß er mehrere Male um ihre Hilfe für seine Vorhaben bat; daß er mit ihnen kommunizierte und zusammenarbeitete, daß er ihre Dogmen annahm und daß er die Bücher über die verbotenen Künste las und studierte; daß er sein Augenmerk, seine Hoffnung und seinen Geist auf diese leidigen Dogmen richtete, um die rechten Wege und Weisen zur Beschwörung der bösen Geister zu erkennen; und daß er sich ein Dogma aus den Konklusionen und Irrtümern der Wahrsager und Beschwörer machte»[23],

ferner, daß er

«etwa vierzehn Jahre die Beschwörer böser Geister oft aufsuchte, ebenso die Wahrsager und Zauberer, daß er sie empfing, sie begünstigte und sie schützte; daß er ihnen glaubte; daß er die durch göttliches, kanonisches und ziviles Recht verbotenen Künste der Geomantie und Nekromantie erlernte, ausübte und als Dogma betrachtete»[24].

Die Gerichtsakten machen es nicht eben einfach, zwischen Dichtung und Wahrheit, zwischen angstvollen Vorstellungen, Abscheu, magiologischen Wissensschablonen und realen Vorfällen zu trennen. Mit Jeanne d'Arc, an deren Seite er gegen die Engländer gekämpft hatte, verband ihn die Hinrichtung; doch während die Geschichte sie zur Heiligen machte, geriet er zum Teufelsbündner und Satanisten. Daß er alchemistische Experimente unternahm, daß er versuchte, die Grenzen der dogmatisierten Wissenschaft durch die Empirie in Frage zu stellen, verdeutlichen die Aussagen seines Mittäters François Prelati. Er wurde letztendlich zum Opfer jener gefährlichen Gratwanderung zwischen der Utopie der *magia daemoniaca* und der Gegenwart der *magia naturalis*.

Die Folgen: Kabbalistische Theorien, Geheimbünde und Jesusmythen

Ob Gilles de Rais tatsächlich über Kontakte zu *satanistischen* Zirkeln verfügte, wie Hans Biedermann vermutete[25], muß angesichts der Aktenlage und den sich zum Zirkelschluß wiederholenden elitären Vorstellungen von der Abschwörung Gottes und der Verehrung des Teufels offen bleiben. Als gesichert hingegen kann gelten, daß im hochmittelalterlichen Frankreich jene Bilder vorskizziert wurden, die sich in der Folgezeit unschwer reproduzieren ließen. Die häretische Gnosis der Katharer, die Angst vor zauberischen Anschlägen, sexuelle Normverstöße und kirchliche Aberglaubenstheorie waren inzwischen zu einem komplexen Magieverständnis verschmolzen.

Arno Borst schrieb den Ideen der Katharer auf das Mittelalter nur eine geringe Bedeutung zu, doch in der Neuzeit

«haben die Erben des christlichen Mittelalters dem Katharismus ein gespenstisches Nachleben bereitet; die Hüter der dogmatischen Tradition haben sie noch einmal verdammt; die Freunde des lebendigen Treibens nahmen sie in Schutz. Auch ihr Nachleben trägt noch den Fluch der Zwiespältigkeit»[26].

Die Auswirkungen katharischer Gnosis stellen dort, wo sie als Endzeitsehnsüchte und Antichristängste in das populäre Bewußtsein eindrangen, das Ergebnis elitärer Wissensvermittlung dar. Gnostische Spekulationen blieben etwa in der *adam qadmon*-Diskussion der Kabbala lebendig; Anklänge an den manichäistischen Mythos vom Urmenschen sind nicht zu übersehen. Zwischen dem 3. Jahrhundert n. Chr. und dem Hochmittelalter standen Augustinus und die theologische Handbuchtradition, gnostische Sekten und die jüdische Mystik als Verbindungsglieder. Doch aus den Mythen entwickelten sich esoterische Mysterien, die immer wieder auf den Geschmack der breiten Öffentlichkeit des späten 19. und des 20. Jahrhunderts zielten. Roger Lhomoy (1904–1976), Kastellan von Gisors, nahm die Legenden von den Schätzen der Templer wörtlich, grub in der von ihm betreuten Burg und entdeckte – nach eigenen Aussagen – eine mit Statuen, Sarkophagen und dreißig riesigen Kisten angefüllte romanische Krypta. Die Behörden glaubten ihm nicht und schütteten den Schacht wieder zu. Die in den Jahren 1963 und 1964 durchgeführten Grabungen blieben, vom Fund einer mit Münzen gefüllten Bronzekiste aus dem 12. Jahrhundert abgesehen, erfolglos, was dennoch den Journalisten Gérard de Sède nicht daran hinderte, sich auf die Jagd nach den geheimnisvollen Archiven und Schätzen der Templer zu begeben[27]. Wie diese aber mußten auch die Katharer für die Gralssuche herhalten. Otto Rahn (1904–1939) identifizierte die Gralsburg Munsalvaesche des Wolfram von Eschenbach mit der Festung Montségur in den französischen Ostpyrenäen; dort hätten die Katharer den «Stein des Lichts» gehütet und aus ihm ihre Kraft geschöpft, ja die von Papst Innozenz III. ausgerufenen Kriege gegen die Albigenser (1209–1229) seien in Wirklichkeit Kreuzzüge gegen den Gral gewesen[28].

Doch damit nicht genug: Mit immer neuen Argumenten, zuletzt mit den von der Tagespresse begeistert aufgegriffenen Vorwürfen an die katholische Kirche, sie hielte die ausschlaggebenden Qumrantexte über die Person des Jesus von Nazareth unter Verschluß, da sie der offiziellen Lehre widersprächen, ließ sich in einer Zeit der naturwissenschaftlichen Skepsis über die Auferstehung von den Toten mutmaßen, Jesus habe die Kreuzigung überlebt, Maria Magdalena geheiratet und Kinder gezeugt, von denen sich, so Michael Baigent, Richard Leigh und Henry Lincoln, das Königsgeschlecht der Merowinger herleite. Nachfahren der Dynastie seien heute noch in einer Geheimgesellschaft organisiert, um in Europa das «Königreich Jesu» vorzubereiten[29]. Einmal mehr enden die detektivisch-esoterischen Fährten im gnostischen Paradies von Gralshütern, Templern und Katharern. Die Entstehung neuer Mythen aber hat sehr viel mit den Strukturen der Magie zu tun, da sie einen Freiraum für kreative Phantasie schafft.

Blutrünstige Riten, geheimnisvolle Schätze und der rätselhafte Tod des Jesus von Nazareth in Südfrankreich stellen eine unterhaltsamere Lektüre dar als die Beschreibung der kargen, historisch nachweisbaren Spuren. Die Feststellung, daß die Produzenten von Horrorfilmen in Hollywood wie in Europa dann, wenn sie die Templer mit Vampiren, Zombies und Anbetern des Teufels Baphomet gleichsetzen, zumindest den Inquisitionsprotokollen eher gerecht werden als die aus der Luft gegriffenen Grals- und Jesusspekulationen der Bestsellerautoren, mag ironisch klingen. Dennoch wurde über das Mittelalter hinaus die Fiktion von Satanskult, Schwarzer Messe und Teufelsbuhlschaft in der Verbindung mit sozialen Normenkatalogen geschichtsträchtig.

Die Utopien: Totbeten und Schwarze Messen

Doch gibt es Hinweise, daß die Vorwürfe der Inquisitoren an die Katharer, die Templer und schließlich an Gilles de Rais mehr waren als nur Hirngespinste?

Die Königliche Bibliothek Kopenhagen bewahrt einen eigenartigen, zwischen 1475 und 1500 entstandenen Text auf; er füllt jene Grauzone zwischen Zauber und frommem Gebet, in der die Halb- und Ungebildeten der vorreformatorischen Zeit die kirchliche Liturgie als sehr reales, gegenständliches Hilfsmittel und die Priester als Verwalter und Vermittler übernatürlicher Kräfte betrachteten. Die Grenzen zwischen dem Meßritual und konkretem Zauber lösten sich auf; was der Verehrung Gottes und dem Seelenheil förderlich war, sollte auch dem irdischen Wohlbefinden nützen. Eine Messe diente als Beschwörung gegen Ratten und Mäuse, die eigenartige, im Spätmittelalter äußerst beliebte heilige Kakukilla (auch Kakubilia, Cacucabilla, Cacucilla, Cucacilla) als Helferin, hinter der sich niemand anders als der Exorzist und Schutzpatron bei Feuer und Gewitter, der irische Heilige Kolumkille, verbarg, besser bekannt unter dem Namen Kolumban. Die Anleitung zur Durchführung der Messe erinnert an die Travestie der Schwarzen Messen, und dennoch verharrt das Ritual zum Schutz gegen Schädlinge auf der Ebene der Alltagsmagie, die aus der kirchlichen – und damit legitimen – Segens- und Gebetspraxis entstand. Der Zauber beruhte lediglich auf der aus der konkreten Weltsicht der einfachen Leute verständlichen Potenzierung: Man solle so viele Namen auf einen oder mehrere Bögen Papier niederschreiben, wie sich Ungeziefer in den Häusern des Hofes aufhält, den Zettel unter das Korporale legen, auf dem der Altarkelch steht, dann die Beschwörung an die heilige Kakokilla, die «Braut Christi» *(sponsa Christi)*, richten und an drei aufeinander folgenden Tagen drei Messen lesen lassen, deren unorthodoxe Liturgie exakt vorgeschrieben ist, nicht als satanistische Verkehrung, wohl aber in einer außergewöhnlichen Form:

«Scriff sa manghe naffn paa eth arck papijr eller meræ, som ther er hyrnæ i hwsenæ paa tvn gaard, och swebæ thet saa firækant thil hobæ oc leg thet vnder corporaleth, som kalken skal staa paa. Oc swo er the naffen:

Sancta Kacochilla.

Och skalt thy ladhe syæ hennæ thre messer i thre samfelde daghe, som her effter følger:

Introitus: Dilexisti. *Collecta:* Piorum corda fidelium Deus miserator exaudi et beate Kacochille martiris tue et vidue precibus gloriosis! Fac nos a pravis animalibus et nociuis separari et prospera mundi despicere et coelesti semper consolatione gaudere per dominum. *Epistola:* Baptisma vincit maliciam. [...]: Diffusa est gratia, alleluja! Egregia sponsa Christi Kacochilla, intercede pro nobis ad dominum, ut mereamur a nociuis animalibus separari: *Euangelium:* Simile est regnum coelorum thesauro. *Offertorium:* Offerentur. *Secreta in communi de vna virgine. Communio:* Diffusa. *Complenda de vna virgine.*

Oc schyl siidhen huert naffn fran andhet oc sæt i hwart hyrnæ, som thu wilth them haffwæ, oc thette er wissesth[30].»

Pervertierungen des Meßrituals, nicht formal, wohl aber intentional, sind durchaus belegt; so wandte sich eine Predigt des Geofroy

Babion von Auxerre, nach anderer Auslegung eine Synodalrede des Bischofs Marbod von Rennes, gegen Priester, die während der Messe Beschwörungen zitierten, um sich Frauen sexuell hörig zu machen:

«Solent quidam sacerdotes, sicut ad nos delatum est, quasdam coniurationes diabolicas facere, ut mentes muliercularum ad amorem suum perverterent, vel pretio conducti a mulieribus animos hominum ad amorem earum inflammarent. Isti non sunt sacerdotes Domini, sed Baalis, sed diaboli, sed Iovis. Vertunt enim laetanias sanctorum in invocationes daemonum; cum debent Christum vocare, vocant diabolum vel Iovem vel Apollinem. Quid ergo restat quin sint Iovani vel Apollinarii, non christiani, hariologi, magi, non presbyteri. Praetera etiam dicitur quod sacramenta ecclesiae venerabilia, quae non debent tractare indignae manus, in indigna opera illius sacrilegae artis vertunt; baptizare enim feruntur imagines cereas vel obolos argenteos ad homines torquendos, vexandos, vel quando puer baptizatur, ponuntur in aqua sacramenti. Quid est hoc nisi haeresis? Corpus etiam Dominicum, proh nefandum! tradere dicuntur meretricibus, ut cum illo amicos suos deosculentur. O rem execrabilem! ipsum Christum ad negotium immundum portant. [...] Audivimus etiam dicere quod nescio quae verba sacrilegia inter mysteria missae proferunt[31].»

Makabrer noch war der Brauch des Totbetens, wie ihn etwa die Predigten Bertholds von Regensburg bezeugen[32], sowie das Zelebrieren des Requiems für eine (noch) lebende Person. Diese häufig verbotene Handhabung zeigt, wie wörtlich der mittelalterliche Mensch die abstrakten Geheimnisse der Liturgie nahm und wie eng Priester und Magier zusammenrücken konnten. Den ältesten Beleg für Totenmessen, die für Lebende gefeiert wurden, lieferte 694 die 17. Synode von Toledo:

«Nam missam pro requie defunctorum promulgatam fallaci voto pro vivis student celebrare hominibus, non ob aliud, nisi ut is, pro quo idipsum offertur sacrificium, ipsius sacrosancti libaminis interventu, mortis ac perditionis incurrat periculum: et quod cunctis datum est in salutis remedium, illi hoc perverso instinctu quibusdam esse expetunt in interitum. Obinde nostrae elegit unanimitatis conventus, ut si quis sacerdotum deinceps talia perpetrasse fuerit detectus, a proprio deponatur gradu: et tam ipse sacerdos, quam etiam ille qui ad talia peragenda incitasse, perpenditur, exilii perpetuo ergastulo relegati, excepto in supremo vitae curriculo, cunctis vitae suae diebus sacrae communionis ei denegetur perceptio, quam Deo se crediderunt fraudulento delibasse studio[33].»

Ähnlich wie das IV. Lateranische Konzil von 1215 mußte auch die Synode von Trier 1227 ein einschlägiges Verbot erlassen: Taufwasser, Chrisma und Öl sollten gut unter Verschluß gehalten werden, um die Verwendung für magische Handlungen zu verhindern. Totenmessen für Lebende, damit sie schneller stürben («ut citius moriantur»), dürften nicht gelesen werden[34]. Aus dem 12. Jahrhundert ist der Fall eines Mönches aus Corvey überliefert, der die tägliche Messe las, um seinem Abt Wibald von Stablo zu schaden, wie er überhaupt in magischen Künsten sehr erfahren gewesen sei, Amulette besessen und sie zu teuflischen Beschwörungen verwandt, ja in dieser Kunst sogar die heidnischen Gelehrten überragt habe («Diceris etiam quosdam caracteres habere et illos ad quaedam praestigia et diabolicas incantationes atque usus improbos conscribere, quibus ne gentilium quidem ullus doctus et honestus fidem accommodare voluit»)[35]. Noch im Jahr 1589 sollte König Heinrich III. durch vierzig Messen ins Jenseits befördert werden[36].

Doch von den eigentlichen Schwarzen Messen ist die Anwendung der Meßliturgie zu magischen, simplen Abwehr- und Schutzzauber ebenso wie Schaden- und Todeszauber betreffenden Zwekken weit entfernt. Bis zum 19. Jahrhundert, bis zum Beginn eines satanistischen Okkultismus schweigen die Quellen oder beschränken sich, wie zum Beispiel bei Joris-Karl Huysmans (1848–1907)[37] oder dem praktizierenden rosenkreuzerischen Satanisten Stanislas de Guaita (1861–1897) auf belletristische Phantasien[38], die ihr Repertoire aus den Vorstellungen vom Dämonenkult und den Ritualen des Hexensabbats, aber auch aus exzessiven Lüsten schöpften.

Eigenartiger- oder, besser: verständlicherweise begegnen Schilderungen der Schwarzen Messe bei Angehörigen einer Berufsgruppe, die unter gewöhnlichen Umständen mit der Zelebration in der adäquaten Form betraut ist, nämlich den Priestern. Man mag es daher als bezeichnend betrachten, daß der Verfasser des Standardwerks «La messe noire», Jean Bricaud (gest. 1934), ein ehemaliger

Priester war[39], und ausgerechnet in Hexenprozessen des frühen 17. Jahrhunderts gegen Geistliche taucht immer wieder die Anklage auf, daß der Verdächtigte sich des Vergehens einer Teufelsmesse schuldig gemacht habe. Die Mechanismen der Kommunikation sind leicht durchschaubar: Denunziationen vergrößerten nicht nur die Zahl der Inquisiten, sondern multiplizierten auch das Motiv der Schwarzen Messe.

Dies war etwa bei einer Prozeßwelle gegen Würzburger Geistliche der Fall. Der aus Kürnach stammende Vikar am Stift Haug, Melchior Hammelmann, der am 23. Dezember 1595 die Tonsur, am 16. Juni 1601 die Subdiakonats-, am 29. März 1603 die Diakonats- und schließlich am 3. April 1604 die Priesterweihe in Würzburg erhalten hatte, war in den Verdacht der Hexerei geraten. Im Verhör am 4. Oktober 1628 beschuldigte er den Kanoniker im «Neuen Münster» (Neumünster), Nikodemus Hirsch (hingerichtet am 20. Oktober 1628), daß dieser mit zwei Frauen als Ministrant (inn)en (!) die Messe folgendermaßen zelebrierte; er habe

«ein schwarzes Meßgewandt vnd andere schwarze paramenta gehabt, weisße brauch[en] sie nit. Die hostien so d[er] hirsch consecrirt hetten sie verspottet vnd daruf getretten vnd gespien[40].»

Befragt, ob er sich selbst ähnlicher Blasphemie schuldig gemacht habe, gab der durch das Verhör geschwächte Hammelmann zu, daß auch er in schwarzen, auf dem Tanzplatz bereits vorhandenen Paramenten die Teufelsmesse gefeiert habe. Der Meßkelch sei eine Bocksklaue gewesen, und anstelle eines Kreuzes sei Satan höchstpersönlich in Bocksgestalt auf dem Altar gestanden. Über die am Ort bereits vorhandenen Hostien habe er «die formam gesprochen aber sine intentione consecrandi. [...] Seine ministranten weren Teüfel in weibsgestalt geweßen, Kein Missal sey vorhand[en] geweßen. Man halte Keine andere Ceremonias alß eleuationem vnd offertorium, dazu die andere hexen gehen tanq[uam], ad offert[orium], vnd verspeyen die hostien [...] Nach der Meß nehmen die ministri die hostien tragen sie vfm danzblatz, tretten und speyen darauff[41].» Anschließend sei der Bock vom Altar heruntergestiegen, um sich von seinen Jüngern den Hintern küssen zu lassen. Bei der Konzelebration habe sich im Kelch Urin statt Wein befunden, «darüber er die formam gesprochen, solches trinckhen hernacher die hexen auß beuor aber speyen sie darein, oder schüttens aus vnd danzen daruf»[42].

Der von Hammelmann stark belastete Nicodemus Hirsch bestätigte seinerseits nicht nur die Anklage wegen Hexerei, sondern auch wegen der Zelebration von Teufelsmessen, die er einmal «vfm Rennweg», ein andermal «beim Creitz» zelebriert habe:

«[. . .] hab von schwarzem zeug selzames Meßgewandt angehabt, der H. Wasser vnd Stauber hetten ministrirt in ihren ordinari Kleidern [. . .] vf beed[en] seiten des altars sein lichter, in mitten aber ein bockh gestanden, an statt des Kelchs hab er ein Irdenes geschür [Geschirr], aber doch ein rechtes hostiam, so der Wasser herbej bracht, gehabt, halt dauor sei consecrirt geweßen, die Meßß fange an In no[m]i[ne] D[omi]ni stramen Lectio Ep[isto]lae Ap[osto]li F[rat]res estote fortes in u[est]ris conuersationib[us]. et implemini q[ui]d nobis dictu[m] e[st] a Rege n[ost]ro Ministri Fiant. sey ein zettlein vfm altar gelegen, darauf die Wort geschriben geweßen. Nach dißen worten wendet sich der celebrans vmb vnd sagt haec fiant nobis. Ministri. Ei ita, vnd knauckh[en] mit dem Kopf. Hernacher sprech der celebrans vber die Hostien hoc e[st] corp[us] meum hab auch aliquam intentionem [con]secrandi coactum q[uid]em et absq[ue] affectu animi gehabt. Alßdan schutte er den wein auß den urceolis in den Kelch od[er] was es geweßen vnd spreche die forma hic calix p. wie vber die Hostien, mit eben solcher intention, hab also die Hostien mit der linckhen hand eleuirt die ministrij ihme den Arm gehalten, das Volckh aber hette ein grosßes geschray gehabt, deßgleichen sey auch mit dem Kelch geschehen. Post Elevationem sprech der celebrans haec oblatio fiat tibi Beeltzebub. Ad agnus Dei gehn sie alle herbei und küsßen dem bockh im hindern. Nach der meß hab er die Hostien hinder sich vber den Kopf hinaus geworffen die sie veruhnert alle nacheinander beuor aber der Prister od[er] celebrans darauf gesesßen, den Kelch hete er ausgeschütt, darauf sie die andern getrett[en] vnd gedanzt[43].»

Die Vorwürfe zogen immer weitere Kreise. Unter anderem von Hammelmann in die Untersuchung eingebracht, gestanden mehr und mehr Würzburger Geistliche, unter ihnen der Vikar des Stifts Neumünster, Heinrich Betz (hingerichtet 10. November 1628), das Motiv der teuflischen Zelebration. Er selbst teilte nach 129 Hieben mit Weidenruten am 27. Oktober 1628 den Inquisitoren genau das mit, was diese hören wollten, da sie es bereits von anderen gehört hatten: Ihn habe der zuvor hingerichtete Vikar Johann Christoph Rüger dazu verleitet, sich zusammen mit ihm zum Hexensabbat zu begeben, wo er Friedrich Wasser eine Teufelsmesse, bekleidet mit «ein scheckhertes Meßgewandt», zelebrieren gesehen habe:

«der altar sey geweßen wie ein Disch vnd 2. od[er] 3. lichter darauff, inmitten aber an des Crucifixes statt ein weibsbildt gestand[en], der Waßer hab ein buch vnd eines rechten Kelchs vnd hostien gestalt vor sich gehabt, die er mit einer handt eleuirt, die circumstantes aber hetten gemurret [...]. den Kelch hab der celebrans ausgetrunckhen vnd alß dan lehr stehn laßen. Der Rüger hab hostias hinaus gebracht, vnd dem celebranten geben, die sie veruhnert mit füßen getretten, zerrisßen[44].»

Die Struktur dieser Fälle, Aussagen und Vorstellungsmuster ist durchsichtig: Priester mißbrauchen ihre Weihe zur Huldigung Satans; sie travestieren die kirchliche Liturgie auf dem Tanzplatz des Teufels: Statt mit beiden Händen heben sie die Hostie nur mit einer Hand hoch, statt Männern ministrieren Frauen, statt Wein konsekrieren sie Urin. Die Schmähung der Eucharistie klingt bekannt; im Mittelalter waren die Juden Opfer ähnlicher Vorurteile geworden, indem man ihnen mit der Hostienschändung antichristliche Rituale unterstellte. Nicht von ungefähr kam daher, daß man nun den Begriff der «Synagoge» als Schlagwort für die teuflische Gegenkirche verwandte; in der frühen Neuzeit verschärfte sich die Dichotomie von Synagoge und Ecclesia weiter.

Der physische Hintergrund solcher Phantasien aber liegt auf der Hand; daß Körper und Geist der Verdächtigten an der Folter zerbrachen, wird jedem verständlich, der die von Benedikt Carpzov 1635 verfaßte Schilderung der einzelnen Folterstufen liest:

«Beim untersten Grade der Tortur werden die Glieder an der Hand mit Stricken fest bis auf die Knochen zusammengeschnürt. Die Folgen davon sind unerträgliche Schmerzen, so daß dieser Grad rücksichtlich der Qual und des Schmerzes dem zweiten Grad ziemlich gleich steht. Denn die Henker sagen, wenn der Delinquent dieses Schnüren überstehe, könne er leicht auch den Schmerzen der härteren Tortur Widerstand leisten.

Der zweite, schon stärkere Grad gilt dann als angewendet, wenn der Inquisit auf die Leiter gezogen und durch gewaltsame Ausspannung oder Dehnung die Gelenke aller Glieder auseinandergezogen und zerrissen werden. Diese Art der Tortur ist die gewöhnlichste und wird verstanden, wenn man von Tortur einfachhin spricht.

Die dritte und höchste Grad bestand darin, daß die Henker nach der Ausspannung auf der Leiter noch härtere Martern anwenden und mit brennenden Spänen oder mit Schwefel und Feuer die Haut versengen, oder unter die Fingernägel Keile aus Fichtenholz stekken, diese dann anzünden und so die Fingerspitzen der Wirkung des Feuers aussetzen. Oder sie legen den Angeklagten auf einen Stier oder Esel von Metall, der durch Feuer im Inneren allmählich beginnt glühend zu werden.

Diese und andere Torturen sind den Henkern ganz vertraut[45].»

7. Kapitel Die Hexe, der Inquisitor, der Nachbar

Zu Zeiten wie diesen, sagte er sich sarkastisch, wäre es einfacher, wenn man an das Okkulte glaubte.

GRAHAM WATKINS, NACHT DER SCHLANGE

Der Blick des Verfolgers: Zauberpraktiken

Unter den Ratsakten des Stadtarchivs Kelheim befindet sich eine spätmittelalterliche Handschrift mit der Überschrift «Absoluta generalia circa Confessionem veneficarum. Fragstuckh auf alle Articul, in welchen die Hexen vnd vnholden auf das allerbequemist möge Examinirt werden». Der in die Forschung als «Kelheimer Hexenhammer» eingegangene Text umfaßt zwölf Kapitel mit insgesamt 97 Fragen, in denen das elitäre Wissen um Zauberpraktiken und die Mechanik der Magie gebündelt vorliegen. Die kompakte Frageliste diente einst den Inquisitoren als mnemotechnische Hilfe bei der Untersuchung der des *crimen magiae* Verdächtigten, hier möge sie als Zauberkatalog und als Quelle für Ursachen, Formen und Wirkungen operativer Magie stehen.

Die «Absoluta generalia circa Confessionem» (Allgemeines Bekenntnis und Grundsätzliches) hatten unter anderem zu klären, «Wie lang es dann herr sey, das sie in dieses hochverdambte Laster der Hexerey geraten?» (I, 2), «In was gestalten anfangs der leidige Teifel zu ihr khumen war, Item zu Morgen, Mitags, abents oder nachts?» (I, 4), «Ob sie schreiben vnd lesen kindhe, Vnd ob sie sich dem Teifel verschrieben habe, mit wehme? vnd ob er mit die Hand gefireth und welche?» (I, 9), «Was sie geschrieben vnd was die Dinten für ein Farb gehabt, wo sie solche genommen, vnd wer die Handschrifft habe?» (I, 10), «Ob er [der Teufel; Anm. des Verf.] sie anderst gedaufft vnd wer sonsten darbey gewesen, wie sie ihren pueldeifel vnd herentgegen sie gehaissen habe?» (I, 11) und schließlich «Ob er ihr nit an der Stürrn vmbgangen, vnd sich erzaigt, alß ob er ihr waß wollte außkhrazen?» (I, 13).

Hinsichtlich der zauberischen Untaten («Circa punctum malefactorum») war festzustellen, ob die Hexe mit «ihren Teiflischen Pulver vnd Salben [...] leith vnd vieh vmbgebracht, wie lang diß her seye vnd warumben sie es gethan?» (II, 1) und «Waß leithen vnd vieh für krankheiten zuegefiegt, wo, wie lang es sey, warumben vnd wer darzu geholfen?» (II, 4).

Rechtgläubigkeit und Verstöße gegen den wahren Glauben («Circa Sacrilegia») waren im folgenden zu erfragen, ob sie etwa «allezeit communicirt vnd in welcher khürchen?» (III, 2) oder ob sie zu zauberischen Zwecken der konsekrierten Hostie «vnehr angethann vnd wie offt dieselben aus dem Mund genommen?» (III, 3), «Wohin sie diese getragen, wie vnd wo sie solche entvnehret vnd was dariber ervolgt, ob si auch nit erschrockhen vnd wo ihr pueldeifel inzwischen gewesen sey?» (III, 4), «Wohin sie solche heilige Hostien gelegt, gethann, geworfen oder sonsten vertragen habe?» (III, 5), «Was sie vnserem lieben Herrn, der heiligen hochgelobten Jungfrauen Maria vnd andern Heiligen Gottes für spötische nachnamen geben, vnd aus was vrsachen?» (III, 6) und «Was sie anstatt des Gebetes für gewise wort gepeppert?» (III, 7).

Detailliert waren die Fragen zum «Ausfahren» und zum Hexensabbat. «Wie offt sie ausgefahren» sei (IV, 1), war zu eruieren, und «Vf wenn, vnd durch was sie hinauskhommen?» (IV, 2), «Zue was Zeiten, Item obs sie vorn oder hinden gesessen?» (IV, 3), «Was sie vor dem ausfahren für wort gesprochen?» (IV, 4), «An welche örther sie khommen, wie sie haissen?» (IV, 7), «Was für speisen vor der handt gewesen?» (IV, 9), «Was sie zu trinkhen gehabt, vnd auß wem sie getrunkhen vnd in weme man es herfihre?» (IV, 11), «Waß sie vnder der Malzeiten mit einander geredt vnd wie man beisammensitze vnd für Rath Schlag mache, wer draußen am besen daran?» (IV, 12), «Was sie für leichter [Leuchter] gehabt, vnd ob nit etliche vf eine sonderbahre Manier leichten miessen, ob sie auch geleicht?» (IV, 13), «Wie lang die Malzeit wehre vnd wie vil leith vorhanden seyn, sonderlich bei einer großen Zusammenkhunft?» (IV, 14), «Was man nach der Malzeit thue vnd ‹ob sie viel golten›?» (IV, 15), «Wenn ein Tanz gewesen, was sie für spilleith gehabt?» (IV, 16), «Ob nit bißweillen baar vnd par vf die seithen wischen vnd was sie bisweillen zu thuen pflegen?» (IV, 18), «Ob nit ainer vor der handt seye, deme man ehrerbiettung erweisen miesse, vnd was gestalten? Item ob er sitze oder stehe, vnd wie er beklaidt, auch wer er seye?» (IV, 20) und schließlich «Wie Sie die sachen angangen, daß ihr ehemann inzwischen nicht erwacht ist?» (IV, 24).

Als 1572 im oberpfälzischen Treffelstein-Schneeberg Katharina Strelsin der Prozeß gemacht wurde, folgte ihre Aussage einem dem «Kelheimer Hexenhammer» ähnlichen Schema. Auch sie war zu den Techniken der «Ausfahrt» befragt worden und hatte hierzu sogar ein – pharmakologisch recht unsinniges – Rezept mitgeteilt:

«Bekhennt man mach die Salb zum ausfaren wie volgt. Nemxlich man nemb Khüe, Seü und leütkhot, auch abtritt vom Altar und der Kirch, ungenüzte Saiffen, un das. So als obsert der teüfel farn laßt, Durcheinander gesotten 3 stundt ins teüfels namen, muß nit im Hauß sondern aufn felde geschehen, thet sonst schaden[1].»

Dann folgten im Kelheimer «Hexenhammer» Angaben «Circa puncta: Keller, Cammer vnd stell [Ställe] fahren»: «Wie offt sie in die kheller gefahren vnd weme solche kheller zugehört haben: Item obs wein, pier oder Methkeller gewesen, wie lang es das erstemal her sey?» (V, 1), «Ob man auß allen Vässern Trinckhen khonde vnd warumben nit?» (V, 4), «Wo entzwischen Ir pueldeifel gewesen, oder ob er auch mit getrunkhen habe?» (V, 5), «Wann sie einander eins zugebracht, was sie für Worth geredet haben?» (V, 6), «Ob nit die Ungebühr im Keller vorgeloffen, vnd wie offt?» (V, 7) und «Wie oft sie in die Cämmer gefahren, vnd was sie für Personen gedruckht, vnd wie sie dieses truckhen angestellt habe?» (V, 8).

Einen zentralen Bestandteil hexerischer (Al)Chemie behandelt der «Punctum: khinder ausgraben», da Kinderleichen zu den wichtigsten Ingredienzien für Zaubersalben, sei es zur Hexenfahrt, sei es zum Liebeszauber, gehörten: «Wie offt sie zur nachts vnd auf was freithofen khumen vnd khinder ausgraben helfen?» (VI, 1), «Was sie mit diesem khindt gethan, ob sie es kocht, was gestalten, gesoten oder gebraten, vnd wo sie es verzährt haben, wer den verzehren beigewohnt, ob es ihnen wohlgeschmeckht habe?» (VI, 4), «Was sie mit dem vberbliebenen fleisch und painern angefangen oder darauß gemacht haben?» (VI, 5) und «Zue wehme sie darauß gemachte Materialia gebraucht vnd verwendt haben?» (VI, 6).

Einen weiteren wichtigen Punkt des Verhörs bildeten Angaben

zum «wetter, reiffen, vnd Nebel machen»: «Wie viel sie wether gemacht, wo sie es gemacht, vnd wehr darzue geholfen?» (VII, 1), «Was sie darzu gebraucht, vnd vber was sie gemacht haben?» (VII, 2), «Ob balt dergleichen weter ervolgt vnd was für schäden ervolgt seyen? Item warumben sie es gemacht vnd gestifft?» (VII, 3) und «Ingleichen, wieviel sie Reifen und nebel gemacht, was sie darzu gebraucht vnd was schaden ervolgt seye?» (VII, 4).

Die Hexe verfüge, so glaubten die Untersuchungsrichter, über Kontakte auch außerhalb des Sabbats, um die «Adoratio Diaboli» (Teufelsanbetung) zu vollziehen: «Wie oft der Teifel ausser den Hexen-Tänzen dahaimb oder anderer orthen zu ihr khommen?» (IX, 1), «Um welche Zeit im Jahre?» (IX, 2), «Ob er gesessen oder gestanden, wie sie den Teifel angebetet vnd wie sie ihn erkhennt?» (IX, 3), «Ob sie ihne für ihren Gott angebetet, vnd wann sie sonsten gebetet, weme sie solches Gebet zuegeeignet?» (IX, 4) und «Ob sie mit ihme damahlen vnfug getrieben vnd aber solche nach oder vor dem Gebeth sey fürvbergangen» (IX, 5).

Dabei komme es zur «mixtura carnalis», dem Geschlechtsverkehr mit dem Dämon: «Wie oft der Teifel im Jahr ausser den hexen Tänzen mit ihr vnzucht getrieben, an welchem Orth, im Haus oder sonssten?» (X, 1), «Ob zur nachts oder beim Tag geschehen?» (X, 2), «Wie sie ihne empfunden [...]» (X, 3), «Ob er stüll oder lauth geredt?» (X, 4), «Wie sie ihne erkhandt?» (X, 5) und «Wie er claidt oder wie er sonsten ausgesehen?» (X, 6).

Schließlich aber waren weitere schadenzauberische Praktiken wie die Anhexung von unheilbaren Krankheiten («morbi incurabiles») und die Stiftung von Zwietracht unter Eheleuten («discordia inter conjuges») zu erheben: «Wie sie leithen Krankheiten zugesiegt, das sie nit wiederumben gesund sondern noch Krankher vnd ihnen nimand helfen khönde?» (XI) und «in wieviel eheleithen sie vnainigkheit gemacht, das sie einander gerauft vnd geschlagen oder gar nit mehr beysammen bleiben khonden?» (XII).

Der Blick des Neugierigen: Hexengeschichten

Die Anlage privater Chroniken und Nachrichtensammlungen zu außergewöhnlichen Vorfällen der Zeitgeschichte gehörte zu den gelehrten Moden des 16. Jahrhunderts. Die Informationen flossen zügiger und effektiver, als wir es heute vermuten würden. Einer dieser neugierigen, *curiosen* Chronisten war der Zürcher Theologe und Chorherr am Großmünster Johann Jakob Wick (1522–1588), dessen Kompilation aus Exzerpten, Notizen, Briefen, Flugblättern und Illustrationen bei seinem Tode auf 24 Bände mit insgesamt über 14 000 Seiten und mehr als 1000 Bildern angewachsen war. Unter den Eintragungen befinden sich auch Berichte über Zauberei, Hexen, Prozesse und Hinrichtungen, aufschlußreich einerseits, da sie ein an den geschilderten Ereignissen und Verfahren weitgehend Unbeteiligter zu Papier brachte, ermüdend andererseits, da sie längst Bekanntes mit nur wenigen Varianten mitteilen.

1570 gab es in Savoyen

«[...] vil häxen und häxenmeyster, deren vil von den herren von Bern und Gänff gricht sind und nach [noch] täglich gricht werdent. Die all bekennend gmeinlich uff dise form. Das innen der böss geyst mertheils in mans gstalt erschyne. So sy nun mitt im pactierend und sich in sinen dienst ergäbend, erforderet er von innen, ‹das sy sich dess herren Christi, dess heyligen tauffs, dess theils so sy habend an dem paradyss verzyhind [verzichten], Gott verlaugning, im sampt sinen englen fluochind›. Demnach zeichnet er einen yeden mit dem byss oder klawen, den an arm, den anderen am ruggen, ettlich an der zungen, am gsäss, an gmächten [Genitalien] etc. gar unglych. Dise NOTA oder zeichen an innen ist gar unempfindlich, und so sy in der gfenknuss sind und man sy mitt einer nadlen oder pfriend [Pfriem] darin sticht, so empfinden sy es nütt. [...]

Noch söllichem müssend sy im das homagium [Huldigungseid] thuon, oder wie man seyt, reverenz anthuon. Und dem tüfel den hinderen küssen, der auch, so er in mans gestalt erschynt, die hosen abhin lasst und innen den hinderen bütet; da die armen lüth bekennend, das es seer kalt uund wie ein yss [Eis] zuo küssen sye. Uff söllichs gibt er einem yeden zwo büchsen mit pulver, da er mit dem einen die lüth krank machen und töden, mit dem anderen aber hälffen und wider heylen möge.

So aber die büchsen von den gfangnen erforderet werdent, findt man die selbigen lär und one bulver. Welche nun in diser gselschafft sind, müssend zuosamen in irr synagog, und ärlich irr tributum dem tüfel gäben, der ein huon, der ein hund, der ander ein fuoss, oder sunst öttwas anders von einem thier. In diser synagog werdent gstrafft, die nütt fast [eifrig] irr pulver brucht und den lüthen vil schaden gethon hand.

Sölliche synagog beschicht offt alleyn, als man achtet, in phantasia, und ist ein whon und btrug [Betrug] dess tüfels.

Dan unlang hatt es sich begäben, das ein eeman zuo nacht sin hussfrauwen hatt wöllen weken, do hatt er mit keinem rüffen, rupfen, stossen sy erweken mögen. Do hatt er ein ruoten oder stäken genommen, und sy seer übel geschlagen; hatt aber alles nütt gehulffen, sonder ist glägen, als ob sy tod wer, alleyn [nur] ist iren der athem gangen. Darum ist er in argwon gfallen, sy sye ein häx und sye in der synagog. Als nun söllichen argwon er ettlichen anzeigt und die sach lutprecht [ruchbar] worden, hatt die oberkeyt zuo der selbigen frauwen gryffen, sy gfenklich angenommen; die hatt bekent, das sy ein häx, und dozemal [damals] in der synagog gewäsen. Und ist druff verbrent worden. [...]

Das sy aber auch liblich zuosamen in irr synagog kömend, nimpt man darby ab. Es ist ein erlicher burger zuo Gänff, Turranus genant, diser hatt einen knächt gehept. Als der selbig eines tags mit einem wagen durch einen wald daselbs gefaren, hatt er die synagog im wald gesähen und ist hinzuo gangen. Do hatt er gsähen einen langen schwarzen man mit einem langen rok sizen uff einem hohen sässel uss schlangen gefochten [geflochten], diser ist der oberist in der synagog gsin. Er hatt aber under dem rok ghan fürgan [hervorkommen] einen langen wadel, damit er gwädlet, wie die hund und ettliche thier thuond. Umb in sind vil kleiner tüflen xin auch vil andere in ansichtigen [ansehnlichen] kleideren, vil wyb und man, die im wol bekant xin. By disem knächt ist ein tüfel xin, der sin lerer und meyster war, Moreth genampt (dan ein yeder oder yede häx hatt ein eignen tüfel zuo dem meyster, der auch sinen besonderen namen hatt).

Diser Moreth hätt disen knächt zuo dem grosen tüfel uff dem sässel gefürt; dem hatt er noch gwonlichen bruch ghorsame gethon, und zwo büchsen von im empfangen. Als sich aber dise action lang verzogen, mer dan uff ein stund, und der knächt siner rossen und wagens halb angsthafftig war, seyte zuo im Moreth, er habe diewyl der rossen sorg ghept, zeigt im auch an, wo er ross und wagen finden werde, by einer myl wägs von dem walde. Also hatt er es funden. Es habend aber vil lüth gsähen die ross, sampt wagen, on den knächt dahar faren, in gar böser straass, der nütt fälen [verfehlen] noch umbwerffen kont; habend auch den knächt lang hernach gsähen nahin kommen und sinen wagen suochen, und in auch darum beschulten und tröuwt [gedroht], sinem meyster anzuzeigen.

Diser knächt hatt hernach dem meyster zwey kind und ein magt getödt. Und als er einer anderen magt in dem huss hold war, sy aber nütt wolt sines willens pflägen [sexuell verkehren], hatt er iren von disem pulver gäben, darab sy unsinnig worden. Wie er sy nun uff ein zyt uss gheiss dess meysters hatt söllen vergaumen [hüten], und sy öttwas wider zuo irr vernunfft kommen, hatt er gsprochen, so sy im wölle zuo willen werden, wölle er iren hälffen; die magt hatt im geantwortet, so er iren helffe, wölle sy im gfölgig sin. Also hatt er sy angriffen, iren öttwas yngäben und sy gsund gmachet. Sy aber hatt sich uff dissmal ussgerett, von im hinweg gethon und die sach der oberkeyt angezeigt, die hatt zuo disem bösswicht griffen, und in, als er dise sachen bekent, mit dem fhür lassen richten. Diser hatt vil angäben, so er im wald gsähen, deren mer dan XXX gricht, vil aber entrunnen sind[2].»

Bis in hohe kirchliche Kreise erstreckte sich ein Zürcher Fall im Jahre 1546, der mit der – ungewöhnlichen – Ertränkung der Angeklagten endete:

«Anno 1546 am 27 Hornungs [...] ward Agatha Stuodlerin zuo Zürich ertrenckt. Ist xin enes chorherren tochter von Embrach, der Stuodler genampt; und als sy sich in das huorenläben begäben, ist sy von einer sünd in die ander gefallen, namlich das sy sich an tüfel ergäben, vil zaubery und häxery getriben, also das sy vil lüth mit gifft hingericht und vil erlämpt hatt. Der apt uss der Rychenauw, einer von Stadian, hatt lange zyt um sy gebuolet, iren ein behusung zuo Costenz yngäben. Und als zur selbigen zyt der puren krieg an allen orthen tütscher nation regiert, hatt der apt gross guott an gält und kleinott gen Costenz hinder dise sin metz geflöchnet, by welchem guott sy sich gewermet, ist sy gen Zürich kommen, gross guott mit irr dahar gebracht, hatt irr selbs vil lybding [zur Nutznießung auf Lebenszeit überlassenes Gut] gemacht, insonders uff der statt Winterthur und Überlingen. Hatt zuo Zürich einen eemann überkommen [bekommen], der hiess Adam Fry, was ein hüpsche person, den hatt sy under dem gürtel gar erlämpt [impotent gemacht], ist nach langer zyt von iren gescheiden worden, doch hatt sy im ein gross lybding gäben müssen, und wie wol sy in gfenknuss kommen, diewyl sy aber vil guotter günneren [Gönner] im rhat ghan, ist sy on engeltnuss usskommen. Nahin nam sy ein iunger xell zur ee, Heyn: Grebel genampt. Als sy nun irr häxery lange zyt triben und vilen erenlüthen und sunst vergäben [durch Zauberei Schaden zugefügt, vergiftet], die man in irer vergycht [öffentlich bekanntgemachtes Geständnis] offentlich nütt vorgeläsen von wegen deren, denen die iren geschediget, ist sy zuoletst, uff Jacoben Müllers dess pfisters zum Ochsen siner hussfrauwen (die sy beyde erlämpt) ernstlich anhalten [ernsthaftes Bitten] an min herren, gfenklich angenommen, mitt dem geding [Bedingung], das dise zwey eemenschen sich enbotten, gegen iren gfe[n]knuss zestellen und sich an der marter noch aller noturfft zbruchen zelan [wenn nötig brauchen zu lassen], da sy wol wüssens syend, das sy ein häx sye. Als sy nun in dess thurnhüters huss gfenklich geleyt, iren ver[XX]nende, is sy zenacht zur beyen [Fensterluke] hinuss in das u[XX]gefallen, also das sy ein beyn geschediget und nütt wyter hatt mögen kommen. Dise that hat mine herren verursachet, mit gröserem ernst die warheyt hinder iren zesuochen, und als sy in Wellenberg [Gefängnisturm in der Limmat] gefürt, hatt sy an der marter und sunst irr missethat bekent und der gnaden begärt, alleyn sy nütt mit dem fhür zerichten; also ist man iren zewillen worden, und sy ertrenckt[3].»

Die Nachrichtenkanäle reichten weit über die Schweiz hinaus. So berichtete Wick von einer «erschrokenliche[n] geschicht, so zuo Derneburg in der grafftschaft Rhynstein, am Harz gelägen, von dryen zauberern und zweyen mannen im Octobre anno 1555 ergangen» sei:

«Uff den Dinstag noch Michaelis, den ersten Octob:, sind zwo häxen oder unhold verbrent, die ein Gröbesche, die ander Gisslersche genant. Und hatt die Gröbersche bekent, das sy XI iar mit dem tüfel gebuolet hab. Und wie man sy zuo der fhürstatt gebracht und an die sul [Säule] mitt kettinen geschlagen, das fhür angezünt, ist irr buol, der sathan, kommen und sy in lüfften sichtiklich [sichtbar] vor yederman hinweg gefürt. Am Donstag darnoch [nachdem] als sy gricht sind worden, das ist den 3. Octob:, sind dise beyd frauwen uff den abent in der Gisslerschen huss kommen, und der Gisslerschen man zur thür hinuss gestossen, das er nidergfallen und gestorben, welches ein nachtpur [Nachbar] gegen über gehört und zuo geloffen ist, durch die thür gesähen, das zwey wyber, beyde ytel fhürige [eitel feuerig], umb das fhür getanzet, der Gisslerschen man aber [ergänzt: lag vor der Tür und war tot].

Am sonabent nach Dionysij, das ist der XII Octobr:, ist der Gröbeschen man gerichtet worden, umb der ursach willen, das er sines wybs schwester geschlafen hatt, welche er zuo vor zum wyb gehapt und darnoch die Gröbeschen genommen.

Dess montags darnoch, das ist der 14 Octobris, ist ein wyb, die Serckschen genant, auch verbrent worden, der ursach, das sy dess herren Achazius von Veldheym, dess stiffts Halberstatt hauptmans wyb vergäben [vergiftet, durch Zauberei Schaden zugefügt] hatt, und einem man zuo Derneburg ein krotten under die schwöllen gegraben, darvon der man erlamet, und im das vech umbkommen ist[4].»

Der Fall der in St. Gallen geborenen Barbara Schatzman[n], der «sich diser zyt im Julio zuogetragen zuo Lucern», mag hier stellvertretend für das Schicksal einer besonders gefährdeten Berufsgruppe stehen:

«Zuo Lucern ist ein hebamm gewäsen, die ist in öttwas argwon kommen, als ob sy ein häx sy, desshalb die herren zuo irr gryffen und sy gfenklich angenommen. In der gfenknuss hatt sy bkent, wie sy vil kind an der purt [Geburt] ermürdt, mitt einer nadlen oder gufen innen die hirnschalen verlezt. Und als die herren verhofft, öttwas wyters in der gfenknuss von irr zebringen [aus ihr herauszubringen], desshalb nütt mitt iren geylt [beeilt], iren irr recht anzethuon [das Urteil fällen]; und als die verordneten herren uff ein bstimpten tag widerum zuo irr wellen und sy examinieren, haben sy nütt da gfunden, dan alleyn die hutt [Haut] von iren, die ist zerblanet [aufgeblasen] gewäsen als ein grose blateren; sunst habend sy weder fleisch noch beyn gsähen, das also der tüfel sy gschunden und wie man einen hasen entbest [enthäutet] und sy mitt lyb und seel dahin genommen.

Ettlich sagend, das der böss fyend [böser Feind, Teufel] iren in der gfenknuss vil übertrangs [Bedrängnis] angethon, also das man sy nacht und tag vergaumen [bewachen] müssen, und uff ein zyt, als die hütter sich am minsten versähen [es am wenigsten erwarteten], haben sy gsähen einen schwarzen vogel umb sy fliegen, und sye sy tod da glägen; habind augenschinlich die gryff an irem lyb gesähen, die der tüfel noch iren thon. Die vorig meynung aber hatt der brobst zuo Lucern hie zum Rüden ob einem tisch in by sin viler herren erzelt. Der allmechtig Gott wölle uns alle in sinen gnaden erhalten und sin hand nütt von uns abthuon[5].»

Ein wichtiges Mittel der gegenseitigen Information bildete die Korrespondenz. In einem Brief «An herren [Josias] Simmler 1571, 26. Meyen» berichtete Wick über Fälle von Hexerei in Genf:

«Ess ist ein ungleubliche antzal hexen by unss funden, darby wir sehend, dass der zorn Gottes billich über unss erbrunnen ist die vergangenen iar, das er unss durch dise hellische [höllische] plag gezüchtiget hatt; wir wüssend, dass wir mitt der pestilentz umb unserer sünden willen gstrafft sind, aber ietz hand wir verstandenn wiss [Weise] und maass, wie söliche straff volfürt ist. In disem Maien hatt man 19 hexen lebendig verbrent, die gross übel und missethat veriähen [gestanden], auch ir sünd bekantt mitt rüw und leid und Gott umb gnad angerüfft. Darnach hatt man zwo ander verbrent, die bekent und widerrüfft und aber überzüget [wieder überführt] sind viler missethaten. Ess ist noch ein grosse anzal gfangen dises unratss, die zuosamen geschworen, dise statt zuo verderben (wie sy handlind, achten ich, sy euch nitt unbekant). So sy sich dem bösen find [Feind, Teufel] ergebend und Gott verlaugnend, gibt er inen zwo büchsen, in der einen eine feiste [Salbe], in der anderen pulver. Die feiste strychend sy an die hüser, wend, kleider, an wib und man, knaben und töchteren. Dass pulfer thuond sy in dass trank und besprengend etwa ein glid dess libs und tödten also in kürzer yl [Eile, Zeit] lüt und vech[6].»

1571 wurde in Zürich eine Hexe hingerichtet:

«Am 10 Sep: ward Verena Kerezin, Ruodolff Müllers zuo Meylen eeliche hussfrauw, verbrent, von wägen das sy sich Gottes dess allmechtigen verlaugnet und sich an den tüfel ergen [ergeben], uss nyd und hass ettlichen iren nachpuren zuo Meylen das veech erlämpt und getödt, noch luth irer vergycht [laut ihrem Geständnis].

Verena Keretzin von Meilen (so hie gegenwärtig stet) hat bekennt und verichen [gestanden]. Als sy ettwas zyts grosse armuot, hunger und mangel erlitten, were vor drigen [drei] iaren ungfar der böss geist, der tüfel, inn eines wolhabenden mans gestalt zuo ire kommen, ire ir ellend, armuot und arbeitseligkeit [Mühsal] fürgebildet [vor Augen gehalten]. Dartzuo ire verheissen unnd versprochen, so sy sich ime ergeben ouch ime volgen unnd das thuon, was er sy heisse, welle er iren gnuog unnd sovil geben, das sy dhein [kein] Mangel mer haben, unnd niemandem dhein beschwerd noch überburde [Last] syn müsse, unnd sy hiemit beredt, das sy sich dess einigen almechtigen Gotts ires schöpfers gantz und gar verleugnet, unnd sich selbs ime, dem bösen geist, ergeben. Daruff er sy umbfangenn, inn den rechten arm gebissen, sich gegen iren, das er meister Hämerli heisse, genempt, unnd mit ire synen willen volbracht [sexuell verkehrt], dess sy ime gestattnet.

Demnach als sy zuo Hanns Erben von Meylen nyd und hass gehept, habe sy uss anstifftung dess bösen figenndes [böser Feind, Teufel] desselben kuo mit einer ruoten, die iren genempt und zeiget, geschlagen, das sy ettwas zyts dhein [keine] milch geben, doch were dise kuo nit gestorben.

Dessglychen nachdem sy Ruodolffen Tolders von Meilen eefrowen auch figennt unnd ungünstig gewesen, hette sy uss dess tüfels gheiss desselben kuo auch mit einer ruoten, so er iren inn einem hag getzeiget, geschlagen unnd sy hierdurch umb die milch gebracht.

Glycher gestalt habe sy Heiniman Widmern zuo Herliberg, dessglychen Heinrich Wunderlichen zuo Meilen iedem ein kuo, unnd Cuonraten Scherer von Meilen auch ein kuo unnd dartzuo ein schwyn, uss figentschafft ouch anstifftung unnd im nammen dess bösen mit einer ruoten geschlagen. Das disere drig kü hierdurch nit allein die milch verloren, sonders werent mitsampt dem schwyn verdorben; und were der tüfel volgentz uff dem grab, daryn dess Scherrers kuo geworffen worden, in irer gestalt (wie er ire antzeigt) gewesen, also das ettlich personen inne für sy angesehen habint.

Item als sy Hansen Pürli zuo Meilen ettliche maal umb des almuosen gepätten unnd er ire nützin [nichts] mitheilen wellen, hette sy sölliches dem bösen geist angetzeigt, daruf er ire ettwas, so zenemmen nit von nöthen, gegeben, der meinung, das sy dem Pürli damit inn busen gryffen, welliches sy gethon, uff sölliches er kranck worden, aber nit lang gelegen, sonnders widerumb ufkommen.

Sodenne nachdem Hanns Pur zuo Meilen gegen ire ouch unthrüw unnd gytig gewesen unnd ire dhein [keine] hilff noch handreichung thuon wellen, hette sy inn inn des tüfels nammen angrürt, das er auch mit einer kranckheit beladen, aber volgendz wider geartznet und gsund worden. Und nachdem Jacob Pur von Meilen ire irs vermeinens figent unnd abhold gewesen, unnd der böss geist ire etwas salbs zuogestellt, hette sy ime dasselbig (wie sy mit ime inn die kilchen gangen) hinnden an ruggen an synen rock gestrichen, darab er auch ein kranckheit überkommen, das er vast achtzehen wuchen lang gelegen und aber dess nit gestorben.

Und für letst sige der tüfel inn nechst verschinen monat Meigen [Mai] abermals zuo iren am morgen komen, iren vil verheissungen, wie er iren dheinen mangel lassen und vil geben welte, gethon, unnd damit sy dess ein gwüss zeichen habe, sölle sy nach dem imbiss für das huss usshin gon unnd ein stuck, so er iren genempt, inn synem nammen gegen den himel ufwerffen, unnd werde sy uff dem abent ein zeichen sechen [sehen]. Und als sy sölliches noch synem willen volbracht, were daruf ein schwerer hagel kommen, der grossen schaden gethon hette.

Unnd diewyl sy denn von ietz ertzelts ires verruochten gottlosen, unchristenlichen unnd schanntlichen läbens wegen, als sy nit allein mitt hilff dess bösen lüth und vech erlämbt und umbracht, sonnders sich ouch Gott dess almechtigen vertzigen [sich losgesagt] unnd sich an den bösen ergäben, wol ein herten und schweren tod verdienet, so ist doch uss gnaden uff ir rüwen [Reue] und bekeren, zuo iren also gricht. Das sy dem nachrichter [Henker] bevolchen werden, der sölle iro ire hend binden unnd sy hinuss zuo der Sil uff das grien [Kies] füren. Daselbst uff ein hurd [Reisighaufen] setzen unnd an ein stud [Pfosten] hefften, unnd also uff der hurd an der stud verbrennen. Inmassen ir fleisch und bein zuo äschen werde unnd sy damit dem rechten gebüsst haben sölle.

Unnd ob iemands wer, der were [wehre] söllichen iren thod, anndete [räche] oder äferte [eiferte, tadelte] mit worten oder werchen, heimlich oder offentlich, das der und dieselben inn den schulden unnd banden ston söllent [stehen sollen], darinn dise Keretzin gegenwürtig ston[7].»

Zwischen Umwelt und Idee oder: Wie man eine Hexe wird

Nicht nur «Kleider», sondern auch Ideen «machen Leute». Die zum Zauberkatalog verkürzte Frageliste des Kelheimer «Hexenhammers» erhielt weitgehend ihre Antworten aus den von einem Zeitzeugen geschilderten Schweizer Fällen, ohne daß zwischen beiden eine nachweisbare Verbindung bestünde. Die Zauberei des Mittelalters verband mit der Hexerei der frühen Neuzeit die Internationalität der untereinander meist lateinisch kommunizierenden Gelehrten.

Doch zwischen der Zweigeschlechtlichkeit des mittelalterlichen *magus* und der Eingeschlechtlichkeit der nachmittelalterlichen *saga* liegt andererseits eine rasante geistige und mentale Entwicklung. Während das Zauberwissen intellektueller Besitz der Elite blieb, veränderten sich die sozialen Projektionen, ohne daß die Quellen den exakten Nachweis einer populären *dämonischen* Magie gestatteten. Die Inhalte des hochmittelalterlichen Zaubereivorwurfs waren geblieben, doch der Zauberer begann sozial mehr und mehr abzusteigen. Natürlich verschonte der neuzeitliche Hexenwahn weder Angehörige der Kirche – die Prozeßwelle gegen Würzburger Geistliche hat dies bereits gezeigt – noch des Adels und vermögender Schichten, weder Männer noch Frauen, doch das Spektrum verlagerte sich nun auf unterschichtliche und randständische Gruppen, denen vor allem eines fehlte: die Macht der Sprache, der Schrift und der Bildung, die zur Verteidigung erforderlich gewesen wäre.

Der Kelheimer «Hexenhammer» zeigt stellvertretend die Ursache der Schematisierung, die in Wicks Nachrichten ihre konkrete Geschichtlichkeit erfuhr. Grundmuster kristallisieren sich heraus. Es fällt auf, daß Wick seine Nachrichten durchwegs systematisch dafür in Anspruch nahm, um grundsätzliche Aspekte der Zaubertheorie beispielhaft an jeweils einem Fall zu dokumentieren, wo sie für alle geschilderten Vorkommnisse gültig und wiederholbar wären. Im Fall der 1570 in Genf hingerichteten Hexen und Hexenmeister erläuterte er das System, die Voraussetzung sowohl für die *Vorwürfe* wegen vermeintlicher Hexerei als auch für die *Physik* der Magie selbst: Teufelspakt und Abschwörung Gottes, Hexenmal und Hexensabbat, sexueller Verkehr mit dem Teufel, der Flug zum «Blocksberg» oder «Tanzplatz» und schließlich die der Hexe vom Teufel überlassenen zauberischen Mittel zur Schädigung der Umwelt. Der Brief vom 26. Mai 1571 an Josias Simmler belegt den ursächlichen Zusammenhang zwischen der Angst vor Behexung und endzeitlichem Denken, das bereits die Zeit Papst Johannes XXII. geprägt hatte: Die Hexerei ist eine die Welt heimsuchende Strafe Gottes, eine «pestilentz», eine um sich greifende ansteckende Epidemie, vor der letztlich niemand und keinesfalls die (schwache) Frau gefeit ist. Daß man im 17. Jahrhundert tatsächlich Furcht vor körperlicher Infizierung durch Hexerei hatte, bezeugt die akademische Diskussion um die Gefährdung jenes Personenkreises, der direkten körperlichen Kontakt mit den Verdächtigen besaß, Juristen also und Theologen, Gefängnispersonal und Scharfrichter; die vorbeugende Therapie dagegen, selbst zum Hexer zu werden, bestünde, so die gängige Meinung, in Gottesfürchtigkeit und Ehrbarkeit. Mit der frühneuzeitlichen Theorie vom epidemischen Charakter der Hexerei aber erhielt die theologische Doktrin vom Sektenunwesen der Ketzer eine naturwissenschaftliche Erhärtung.

In dem wenig bekannten «Enchiridion exorcisticvm» des Italieners Gervasio Pizzurni steht näher ausgeführt, wie sich der Mensch durch moralische Disposition sowohl vor dem Laster der Hexerei wie vor der Behexung schützen könne; unter gewöhnlichen Umständen erlaube es Gott dem Dämon, eher auf die Schlechten als auf die Guten Macht auszuüben:

«Deus ordinariè permittit daemoni maiorem potestatem in malos, quàm in bonos, quia illi meruerunt peccatis suis subiici daemoni, à quo enim quis superatus est, huius & seruus est[8].»

Er verteidige die guten Menschen und seine Freunde vor den Dämonen entweder mit seiner Gnade oder durch Schutzengel:

«Deus autem bonos & amicos suos à daemonibus defendit vel interiùs per gratiam, vel exterius per custodiam Angelorum, & dat vim potius eos conculcandi; & si quid mali permittit, id amoris virtute agit, ad eos exercendos; & ad eis maiora praemia largiendum[9].»

Die von Wick mitgeteilten Fälle aber zeigen zudem, daß neben Frauen immer noch Männer, und neben Angehörigen der Unterschicht auch Vertreter einflußreicher Gesellschaftsschichten vom Vorwurf der Hexerei betroffen waren. Dennoch wird eine Fokussierung sichtbar, indem etwa mit den Hebammen ein besonders bedrohter Berufsstand angesprochen ist; Barbara Schatzmann soll gar elf Kinder ermordet haben. Die zahllosen Fälle, in denen Hebammen in Verfahren wegen eines Zaubereidelikts verwickelt waren, machen eine Bündelung von Schablonen sichtbar: Totgeburten und hohe Säuglingssterblichkeit, insgesamt eine eher selbstverständliche, da zyklische Erfahrung, verloren in dem Augenblick, in dem sie als Folgen zauberischer Anschläge gedeutet werden konnten, ihre Normalität. Durch den Ausschluß des flachen Landes vom offiziellen, städtischen, System der medikalen Versorgung konnten zudem Frauen, die – aus Not – als Geburtshelferinnen und Heilkundige tätig waren, sozial stigmatisiert werden. Schließlich aber verfügte man über einen auch von Juristen akzeptierten magischen Leitfaden; Kinderleichen seien als Bestandteil der Hexensalbe, die unter anderem zum «Ausfahren» verhelfe, unabdingbar, und wer verfüge hierzu über einen besseren Zugang als die Hebammen, die Kinder noch im Mutterleib mit Nadeln töteten oder sie sofort nach der Geburt erstickten?

Kollektive Ängste entstanden folglich durch gelehrte Zaubertheorien, die der Hexe ihre Aufgaben zuwiesen. Nicht wegen jedes Wettereinbruchs, nicht wegen jeder Erkrankung von Mensch und Vieh wurden Verfahren eingeleitet, sondern bestenfalls dann, wenn ihre Unvorhersehbarkeit und Plötzlichkeit den gewohnten Ablauf des Alltags unterbrachen. Die Vielzahl der Prozesse wie die Vielzahl der Verdächtigten aber beruhte auf *der* Grundforderung an die Prozeßführung schlechthin, nicht nur die Verursacherin (oder den Verursacher) des Übels ausfindig zu machen, sondern auch dessen Komplizen. Danach fragte der Kelheimer «Hexenhammer» sowohl in den jeweiligen Untersuchungsschritten wie in einer eigenen Rubrik «Circa complices»: Welche Leute die Hexe «bei solchen Teiflischen Zusammenkhünfften gesechen, wie sie heißen?» (VIII, 1), «Wie offt sie es gesechen vnd an welchen orthen?» (VIII, 2) und «Waß diese Persohnen darausen gethonn vnd verybet haben?»

(VIII, 5). Ein angesichts der Folter winziges Regulativ gegen mögliche «Falschaussagen» bauten die Inquisitoren dennoch ein: «Ob sie ihr darauf alß einer rechten wahrheit getraue zue leben vnd zue sterben?» (VIII, 8), «Ob sie ein solches, wann es vonnöthen wehre, diesen Persohnen wollte in das Gesicht sagen?» (VIII, 9) und «Ob sie darauf beichten vnd das hochwürdige Sakrament empfangen wölle, daß sie ihr vnd diesen Personen nit unrecht gethan habe?» (VIII, 10).

Die Wirklichkeit sah 1631 im Fall der Lisa Tutke aus Siddinghausen im Südwesten des Fürstbistums Paderborn folgendermaßen aus: Sie wurde am Freitag, 21. März 1631, «wegen Zauberey inhaftirt und mit Hönekes Stina und der Ricuske confrontirt, darauf torquirt». Sie sagte aus, daß ihr Vater Engelbert, «welcher wegen Zauberey tot allhir were gepeiniget worden», sie «in ihrer Jugend in seinem Haus gelehrt» habe, daß sie

«3 Fueß zurückgehen und Gott versagen müssen, welches sie gethan, were ihr aber leid. Darauf ein Jung in schwartzen Kleidern zu ihr kommen, einen Rthr. [Reichstaler] geben, den sie in Beutel gesteckt, aber zu Pferttreck worden. Hette mit ihr in ihres Vaters Hof puelirt, were kalt Werk gewesen. Hieße Hans Federwisch [...].

Denuncyrt:

Sydinghusen	Barkhusen
Appelsoppische Gert[rud]	Christianuske
Spanische Trüs	Schnitgerske[10].»

Auch die Mitteilung der Komplizenschaft war theoretisch längst abgesichert, gehörten die Hexen doch der teuflischen Gegenkirche an, und Luzifer benötigte seinen Hofstaat.

Es fällt nicht schwer, sich die Ängste in den überschaubaren Lebenswelten eines kleinen Dorfes vorzustellen, wenn jemand in den Verdacht der teuflischen Magie geriet; wen anders sollte er denn den Untersuchungsbehörden nennen als seinen Nachbarn? Bot der Hexenglaube nicht auch die Möglichkeit, Konflikte auszutragen, sich seines Gegners zu entledigen oder sich materiell zu bereichern?

Für den sich im Spätmittelalter abzeichnenden, im 16. Jahrhundert dann zum Ausbruch gekommenen Hexenwahn zeichnen sich viele Ursachen ab. Sie alle verbindet – aus der Sicht des Jägers – die konservative Absicht, die Gesellschaft durch soziale Disziplinierung in der bestehenden Form aufrecht zu erhalten. Es war nicht schwer, wie der von Wick berichtete Fall zu Derneburg 1555 zeigt, gegen herrschende Normen und Werte zu verstoßen; dazu genügten Unzucht, die Ehe mit der Schwägerin oder Leichtlebigkeit. Der wegen Hexerei hingerichtete Nicodemus Hirsch zum Beispiel, seit dem 17. Mai 1601 Kanonikus am Würzburger Stift Neumünster[11], wurde seinen geistlichen Vorgesetzten ständig auffällig, so daß sie ihn unter anderem am 6. April 1601 ermahnen mußten, er möge «ins künfftig ein bessers Leben [...] anstelen, daß Jme rümblich erscheinen möchte»[12]. Er befand sich ständig in finanziellen Schwierigkeiten, machte Schulden, und obwohl er am 9. Juni 1618 zum Priester geweiht und anschließend als Vikar in Heidingsfeld tätig wurde, schwängerte er seine Magd, was mit dem 19. Februar 1622 zu seiner vorläufigen Suspendierung führte:

«Herr Nicodemus Hirsch Canon. Cap[itu]laris, vnd der zeitt mittag prediger zu heydingsfeldtt p. ist per vota Dominorum, ob perpetratum delictum carnale, in schwängerung seiner Magdt per trimestre a consessu capitulari excludirt, vnd zugleich a fructibus suae praebendae suspendirt worden[13].»

Doch die Anklage wegen des *crimen magiae* ließ sich – ohne ausreichende Gründe – auch gegen Andersgläubige erheben. Fragen des Kelheimer «Hexenhammers» wie zum Beispiel «Ob sie glaubt, daß die hl. Himmelskönigin vnd Junckhfrau Maria auch andere auserwälte Gottes für sie bitten vnd fürsprecher sein khönden?» (III, 8) oder «Ob sie glaubt, wann der priester in dem Ambt der heiligen Meß die hl. hostien vnd den Kelch vfhebt, das es der wahre Leib vnd das Blut Jesu Christi sey?» (III, 10), mögen begründen helfen, warum der Schwerpunkt der Hexenverfolgungen in das Zeitalter der konfessionellen Auseinandersetzung fiel, in dem es nicht nur um die wahre Religion, sondern auch um handfeste Machtpolitik und um Besitzansprüche ging. Den besten Schutz vor dem Hexereivorwurf bot die Flucht in die Unsichtbarkeit der Konformität.

Hexerische Metamorphosen. Anmerkungen zur Forschungsgeschichte

Das Verbrechen der Hexe bestand darin, daß sie sich einer Kraft bediente, die man ihr nicht zustand, und daß sie Macht ausübte, die ihr nicht zukam. Die Geschichtsschreibung des neuzeitlichen Hexenwahns, der mit der Aufklärung im 18. Jahrhundert endete, ist zugleich ein Versuch, die Strukturen sozialer Disziplinierungsmaßnahmen aufzuzeigen. Als die Gebildeten die *magia daemoniaca* zum Massendelikt erklärten, begann die Verzweiflung des unterschichtlichen und randständischen Alltagslebens, da die Umsetzung einer Idee zur flächendeckenden Vernichtungsaktion führte. Der Zauber stand im Mittelpunkt der Ängste, Lüste und Phantasien von Hexenjägern ebenso wie er heute im Blick der modernen Historiographen des zum Hexen*un*wesen umdeklarierten Hexenwesens steht, doch niemandem gelang es, ihn so recht ausfindig zu machen: Die Theologen und Juristen des 16. und 17. Jahrhunderts begnügten sich mit dem überlieferten Wissen der lateinischen Traktate und den unter der Folter erpreßten Geständnissen, die Historiker vertrauen bis heute den – unsinnigen – folkloristischen Ideen des 19. Jahrhunderts. Obwohl dieses Buch weder als eine Untersuchung zur Geschichte der neuzeitlichen Hexe noch zur Wissenschaftsgeschichte der Hexenforschung konzipiert ist, sind dennoch einige wenige Anmerkungen erforderlich, um die Konturen des «populären» Zaubers zu präzisieren und zugleich die wissenschaftliche Analyse des Hexenwesens als geistiges Nierentischchen zu erweisen, das eher in die Wohn-Zeit des Forschers als in die der Hexe gehört.

Vergleiche greifen nicht, verstellen eher den Blick, da sie die sehr subjektiven Nöte des Verfassers, nicht die der Hexe dokumentieren. Das Rätsel der Hexenverfolgung ergibt sich vor allem aus der Distanz der Zeit und der abgeklärten Bürgerlichkeit des Forschers, der sich mit dem Problem konfrontiert sieht, daß «Kultur» stets zwei Seiten besitzt: die schöpferische und die vernichtende. Die Lösung reduziert sich auf die Anwendung: Mit Pulver werden Feuerwerke als grandiose Volksbelustigungen inszeniert, aber auch Menschen getötet. Jedes Individuum und jede Gesellschaft vereint in sich einträchtig die Macht, Leben zu zeugen und zu vernichten. Das Entsetzen über die Folgen der Zaubertheorie, nämlich die systematische Verfolgung, entstammt der Hochanständigkeit des unter anderen Wertmustern lebenden modernen Gelehrten, der hermeneutisch unfähig zur Wahrnehmung der Schattenseite ist. Analogisierungen mit anderen, zeitverschobenen historischen und kulturellen Phänomenen entschuldigen lediglich, aber sie klären nicht, verstellen eher den Blick.

So greift die Gleichsetzung von Massenverfolgung, Judenvernichtung und Hexenwahn nur insofern, als sich aus der Umsetzung von Ideologien in Mentalitäten schließlich der grauenhafte Tötungsantrieb ergab. Die heute kaum mehr überschaubare Flut einschlägiger Literatur erbrachte eine ebenso unübersehbare Zahl von Deutungen mit sich, die das Motiv, die Vernichtung vor allem von Frauen, zu ergründen suchten: Man verwies etwa auf Veränderungen in der Einstellung zur Sexualität und zur Verdrängung des Geschlechtlichen seit dem Spätmittelalter. Tatsächlich aber sei wiederholt nachgewiesen worden, so Jos Van Ussel, «daß Einstellung und Lebensart im 15. und 16. Jahrhundert nicht sexualfeindlich waren»[14], und – so Robert Muchembled – «weder Stadt- noch Landbewohner» hätten «unter Schuld- und Schamgefühlen gelitten, was die Funktionen ihres Unterleibs betraf»; vielmehr habe die sexuelle Unterdrückung erst um 1500 begonnen und sich vor allem zwischen 1550 und 1700 verschärft[15]. Zu diesem Zeitpunkt aber war die Kohärenz von Magie, Teufelsverehrung und sexuellem Normverstoß längst verbindlich formuliert gewesen.

Man sah in der Hexenverfolgung eine sich verstärkende aggressive Haltung gegenüber Minderheiten, die Unterdrückung von archaischen Kulten und uraltem Heilwissen, die Hexen als Opfer patriarchalischer Sozialängste, bedrohter Kirchenmacht, absolutistischer Staatsgewalt oder schlichtweg einer Massenhysterie. Den ausschließlichen Zusammenhang zwischen Hexenprozessen und Konfessionskonflikten stritt Alan Macfarlane ab:

«The theories about ‹montain origin› of witchcraft of the coincidence of religious war and witchcraft prosecutions are impossible to prove or disprove, for they assume that we know much more than we really do about the geographical and temporal distribution of witchcraft prosecutions in Europe. It is naturally impossible when undertaking such a vast survey actually to do any research on primary sources, on the actual records of witchcraft trials[16].»

Die engstirnige monokausale Argumentation erinnert dann, wenn sie sich in die Nähe der kämpferischen Intoleranz begibt, an die von protestantischen Gelehrten dominierte Hexenforschung des

19. Jahrhunderts, die zutiefst antikatholisch war. Die Gefahren, die akademisches Tendenzschrifttum mit sich bringen kann, zeigt eine im Wojewodschaftsarchiv Poznán befindliche Hexenprozeßsammlung: Heinrich Himmler hatte 1935 ein Hexensonderkommando beim SD eingerichtet; es arbeitete bis zum Frühjahr 1944 in Berlin und blieb, trotz Einleibungsversuchen des «Ahnenerbes», im Reichssicherheitsamt in der Berliner Wilhelmstraße (Nr. 102). Dann wurde das Material samt Dienstbibliothek nach Slawa, nördlich von Glogów, ausgelagert; von dort gelangten 1946 die Bücher in die Universitätsbibliothek, die Karteien in das Wojewodschaftsarchiv Poznán. Himmler hatte mit dieser «Forschungs»- und Erfassungsaktion die Absicht verfolgt, zum einen den germanischen Ursprung der Magie nachzuweisen, zum anderen auf dieser Grundlage gegen die Kirche, ihre Beeinflussung der Volksmassen und nicht zuletzt gegen Volksheiler und als Hexen verdächtigte Personen vorzugehen[17].

Ähnlich wie sich die elitäre Dämonologie und Magiologie im Hexenwesen in ein weitreichendes Denunziations- und Diffamierungssystem umsetzen ließen, so konnte folglich auch die «Erforschung» der Hexenprozesse ideologisch mißbraucht werden. Nach 1945 stand die geschichts- und kulturwissenschaftliche Hexenforschung vor einem Trümmerhaufen von Anklagen und Halbwahrheiten, unsinnigen Hochrechnungen und Verallgemeinerungen. Der Ruf nach präzisen regionalen und lokalen Studien wurde laut; sie führten zuerst einmal zum Ergebnis, daß es weder *den* Hexenwahn noch *die* mehrhundertjährige Hexenverfolgung schlechthin gegeben habe. G. L. Burrs bereits 1890 getroffene Feststellung, daß Hexenprozesse die Domäne von Scharlatanen seien[18], nahm die von Homer Charles Erik Midelfort 1968 vertretene Meinung vorweg, daß in der Hexenforschung mehr Unsinn seinen literarischen Niederschlag gefunden habe als in jedem anderen Gebiet der Geschichte[19].

Wenn auch die moderne Hexenforschung noch weit von endgültigen Aussagen und Zahlen entfernt ist, so vermag sie dennoch die Entwicklungen inzwischen sehr viel präziser einzugrenzen. Der Zeitraum zwischen 1435 und 1500 mit einer auffallenden Häufung der Prozesse um 1440, 1450 und 1480 wurde zur entscheidenden Vorstufe für die frühneuzeitliche Hexenverfolgung; der «Hexenhammer» reagierte bereits auf Geschehnisse um 1480 in Oberdeutschland[20]. Ausgangspunkt waren die Ketzerjagden in Frankreich gewesen, mit der zweiten Hälfte des 15. Jahrhunderts nahm die Zahl der Hinrichtungen in den Schweizer Kantonen Tessin, Uri, Bern und Luzern, vielleicht auch in Solothurn, auffallend zu. Damit drangen die Verfolgungen in den deutschen Sprachraum ein, 1446/47 und 1475 kam es im kurpfälzischen Heidelberg zu ersten spektakulären Prozessen. In Westeuropa stieg die Zahl der Hexenprozesse seit etwa 1560 rasch an, erreichte zwischen 1590 und 1630 ihren Höhepunkt und ging danach wieder zurück. Diese Eckwerte erfordern allerdings eine Binnendifferenzierung; so überrollte im letzten Jahrzehnt des 16. Jahrhunderts vor dem Hintergrund der zwei großen Pestepidemien von 1585 bis 1588 und 1592/93, die eine schwere Agrarkrise nach sich zogen, eine Hexenprozeßwelle viele Länder Europas, unter anderem die meisten Teile Deutschlands sowie Teile Frankreichs und Schottlands. In Deutschland selbst konzentrierte sich die größte und sicherlich beispielgebende Verfolgung zwischen 1585 und 1593 auf das Erzstift Trier, im zweiten Jahrzehnt des 17. Jahrhunderts lagen die Schwerpunkte in den Mainlanden und ihrem Umkreis, in Franken, Thüringen, Hessen und Nordwürttemberg. In den fränkischen Hochstiften fand dann zwischen 1626 bis 1630 die größte deutsche, wenn nicht sogar europäische Hexenverfolgung überhaupt statt, in der sich der von 1610 bis 1630 als Weihbischof in Bamberg wirkende Dämonologe Friedrich Förner (um 1570–1630) einen unrühmlichen Namen schuf. Während jedoch einzelne Territorien – in unterschiedlichen Wellen – von Verfolgungen heimgesucht wurden, blieben andere Gebiete ausgespart; so sind für die in Kulmbach für die Markgrafschaft Ansbach-Bayreuth geführten Strafverfahren nach Aussage der den Zeitraum von 1593 bis 1797 recht vollständig erfassenden Ratsprotokolle keine Zauberei- und Hexenprozesse nachweisbar[21]. Dies mahnt zur Vorsicht bei der geographischen Einteilung in Kern- und Randzonen[22]: Auf einen relativ geringen Anteil an Hexenprozessen brachten es das Niederrheingebiet, die nord- und ostdeutschen Tiefebenen (mit Ausnahme Mecklenburgs) sowie Bayern, ein Raum der sich politisch mit den Territorien Jülich-Kleve-Berg, den welfischen Fürstentümern, Kurbrandenburg, Kursachsen und Bayern deckt. Die

Kernzone hingegen bildeten Lothringen, Kurtrier, das Herzogtum Westfalen, Minden, Schaumburg, die Harzgegend bis zu den anhaltischen Fürstentümern, die sächsischen Herzogtümer und die Bistümer Bamberg, Eichstätt und Augsburg.

Im europäischen Vergleich: Der Einflußbereich der griechisch-orthodoxen Kirche blieb von Hexenprozessen ähnlich verschont wie – innerhalb der lateinischen Kirchen – die spanische Halbinsel (mit Ausnahme der Pyrenäenregion) und Süditalien. Es scheint zudem, als habe es in Irland, England, Skandinavien, Polen, Böhmen und Ungarn zumindest weniger Opfer gegeben als in den Kernländern der Hexenprozesse, nämlich in Frankreich, Norditalien, den Alpenländern, Deutschland, den Beneluxländern und Schottland. In den Vereinigten Niederlanden fanden die Prozesse bereits recht früh, nämlich kurz nach 1600, in Frankreich um die Mitte des 17. Jahrhunderts ihr Ende. In Deutschland hörten die *Massen-*, nicht jedoch die *Hexen*prozesse um 1680 auf, während Verfahren gegen mehrere Personen nun eigenartigerweise in Polen, Böhmen und Ungarn auch noch nach 1700 stattfanden. Deutschland hält trotzdem einen traurigen Rekord; denn einer der letzten Hexenprozesse wurde 1749 unter der Regierung des Fürstbischofs Anselm Franz Graf von Ingelheim (1746–1749) in Würzburg betrieben, der Hexerei angeklagt war Maria Renata Singer von Mossau, Nonne und Subpriorin des Klosters Unterzell.

Zwischen den Vorformen der Hexenprozesse im 15. Jahrhundert, den zeitlich und territorial in versetzten Schüben verlaufenen Verfahrens- und Hinrichtungswellen im 16. und 17. Jahrhundert und dem Ende der Prozesse im 18. Jahrhundert liegt mit drei Jahrhunderten ein Zeitraum, der es unmöglich erscheinen läßt, monokausale Ursachen für den Hexenwahn namhaft zu machen. Ein Forschungsdilemma lag und liegt in der Verwendung des psychologischen Schlagworts «Wahn» und damit in der Identifizierung mit einer geistigen Erkrankung, die es aus der «Normalität» des Forschers heraus zu begründen gilt. Doch was spätestens mit dem 19. Jahrhundert als kollektive psychische Degenerierung betrachtet wurde, bildete – so schwer verständlich dies heute klingen mag – die dogmatisierte Überzeugung einer keineswegs (oder nur teilweise) psychotischen Elite wie der indoktrinierten analphabetischen

Unterschichten; operative Magie und Kritik an der Existenz des Zauberwesens vereinigten sich im Ergebnis, der Lebensgefährlichkeit.

Exogene und endogene Faktoren aber ergeben in ihrer Summe noch kein Gerüst, das die Entstehung und den Verlauf der Prozeßwellen mit mathematischer Genauigkeit zu erklären vermag. Hier ist stets ein Netz von Möglichkeiten in Betracht zu ziehen, das gleichermaßen großflächige Verläufe, kleinräumige Eigenarten wie auch den Mikrokosmos der der Hexerei angeklagten Menschen zu berücksichtigen hat. Herbert Pohl nannte unter Berufung auf Midelfort eine Reihe von Konstitutiven wie «soziale Konflikte allgemein, soziale Disziplinierung der Bevölkerung durch Kriminalisierung volkstümlich-magischer Praktiken, Herausbilden und Werden der Territorialstaaten, Hunger- und Seuchenperioden»[23]; für sich allein kann *keine* die Folgen des Hexenglaubens erklären.

Hartmut Lehmann führte als eine der Voraussetzungen für die Welle von Hexenprozessen das Ende einer seit dem ausgehenden 15. Jahrhundert ganz Europa umfassenden Konjunktur in den Jahrzehnten zwischen 1580 und 1620 und den Beginn einer ebenso langen depressiven Phase an[24]. Sie habe sich im 16. Jahrhundert keinesfalls auf die Wirtschaft und das ökonomische Wachstum beschränkt, sondern sei mit einer Bevölkerungsexplosion, mit der rapiden europäischen Expansion in Übersee, einem hohen Selbstwertgefühl der europäischen Nationen und einer enormen kulturellen Blüte einhergegangen, trotz kriegerischer Konflikte und der Spaltung der lateinischen Christenheit durch die Reformation. Der Ursprung der Krise aber reiche bereits in die Zeit um 1560 zurück, als der Lebensstandard jener Teile der ländlichen Bevölkerung, die kein Land besaßen, deutlich zu sinken begann und um 1580 Mißernten, Hungersnöte und Seuchen, um 1600 eine schwere Agrardepression folgten, die wirtschaftliche Entwicklung stagnierte, und die politischen Spannungen in zahlreichen europäischen Ländern wuchsen. Als nach 1620 der böhmische Konflikt zum ganz Mitteleuropa erfassenden Dreißigjährigen Krieg (1618–1648) eskalierte, war die Krisensituation perfekt. Daraus ergaben sich, so Lehmann, mehrere sozialpsychologische Reaktionen: a) Die von der katholischen wie von der protestantischen Theologie in Anspruch genommene «Theologie der Not», der durch Himmelszeichen wie Kometen und Prodigien angekündigten Strafe Gottes; b) ein gesteigertes eschatologisches Bewußtsein innerhalb der protestantischen Theologie nach 1600, das die allgemeine Not als heilsgeschichtlich notwendige Endphase vor der glorreichen Wiederkunft Christi deutete; c) die Gleichsetzung dieser Not der Endzeit mit dem Werk des Teufels, der als Antichrist zum Entscheidungskampf gegen Gott angetreten sei und sich Männer, Frauen und Kinder durch einen Pakt zu Helfern und Helfershelfern verpflichtet habe, und d) der auffallende Anstieg der Literatur über den Teufel zwischen 1580 und 1620 sowie eine Verschärfung des Antijudaismus.

Die Umbruchstimmung verlieh den alten Legenden vom Antichristen neue Macht; er sei, so Adso von Montier-en Ders (gest. 992) in seiner Schrift «Libellus de ortu et de tempore Antichristi», geboren in Babylon, ein Abkömmling des jüdischen Stammes Dan, und an seiner Zeugung habe sich der Teufel als Inkubus beteiligt[25]. In den Juden fand man neben den Hexen die eigentlichen Schuldigen an den Wirren und Nöten der Zeit.

Der Hexenglaube aber besaß, so Lehmann, einen entscheidenden Vorteil. Im Gegensatz zum Glauben an die göttliche Vorhersehung bot der Glaube an das Hexenwerk eine konkrete Erklärung für das Unglück der Welt und des Alltags an. Die Zauberer konnten als Sündenböcke gejagt werden, während man den eigenen Lebensstil nicht zu ändern brauchte.

Dennoch ginge es zu weit, für das Zeitalter der Hexenprozesse das Bild einer ausschließlich im Konflikt stehenden Gesellschaft und der Widerständigkeit von Machtblöcken und Ideen zu zeichnen. Dies erspart keinesfalls die Feststellung, daß die elitäre Hexentheorie weniger eine Konfliktlösung, etwa bei der Bewältigung von Endzeitängsten oder bei der Beibehaltung einer bequem-konformen, rechtgläubigen Lebenshaltung bot, sondern eher zur Verschärfung der Konflikte beitrug. Wo die dumpfe Überzeugung von der zauberischen Macht des gesprochenen Wortes und der Gebärde geistiges Allgemeingut bildete, konnte sie Gewalt legitimieren und zur – zynischen – Konfliktbereinigung ausarten. Für den Engländer Keith Thomas ist die «typische Hexe» eine in der Dorfgemeinschaft am Rande des Existenzminimums lebende, um Nahrung bettelnde

Frau, die, in ihrem Anliegen abgewiesen, beim Verlassen des Hauses ihre Unzufriedenheit zur Schau stellt oder leichtfertig eine Verwünschung ausstößt; tritt kurz später ein unverhofftes Unglück ein, fällt auf sie der Vorwurf der Zauberei[26]. Dies hat viel mit dem dörflichen Pauperismus zu tun, mit der Entstehung unterbäuerlicher Schichten seit dem 16. Jahrhundert und mit Konflikten zwischen alteingesessenen (Groß-)Bauern und der Entwicklung bäuerlicher Kleinstellen. Armut und der sich daraus ergebende Zündstoff prädestinierten zum *crimen magiae* innerhalb der frühkapitalistischen Gesellschaft mit einer doppelten Moral der Armut, die sie als ebenso gottgewollt wie als menschenverschuldet betrachtete. Schormann verweist auf einen Fall, auf den dieses Muster paßt: 1629 beschuldigte am Gericht der Herrschaft Büren der Bauer Georg Risse die Grete von Ettlen des erfolgreichen zauberischen Mordanschlags auf seinen 17jährigen Sohn; die Häuslerin hatte kurz zuvor dem Jungen vorgehalten, daß sein Vater einen anderen Mann als Ziegenhirten verdingt habe und «daß ihr Mann auch die Ziegen woll hette huden könnt»[27]. Der betroffene Vater vermutete nun einen Racheakt der Frau, die zum (Über-)Leben dringend auf Einkommen dieser Art angewiesen war.

Doch solche sozialen Konstellationen *allein* begründen nicht, warum der Hexen«wahn» die Epoche zwischen dem späten 15. und dem frühen 18. Jahrhundert zur Ära des Zaubers machte.

Das Zeitalter der Systematisierung: «Hexenbulle» und «Hexenhammer»

Halten wir noch einmal fest: Der Hexenglaube schien die bequemste Erklärung für die Verschlechterung der Lebens- und Umweltbedingungen, die Hexenverfolgung der einfachste Weg zur Beseitigung des Übels gewesen zu sein. Für sich genommen wäre diese Deutung für das systematische Vorgehen gegen Malefizpersonen allerdings zu oberflächlich. Denn noch zu Beginn des 15. Jahrhunderts hatte man durchaus nicht den zwingenden, letztendlich tödlichen Schluß zwischen dem Zaubereivergehen und der Hexerei gezogen. Am 24. August 1421, so das die Jahre von 1414 bis 1444 umfassende Bamberger «Echtbuch» (Achtbuch), mußte Jacob Vogler vom

Pleydenstein (Pleystein, Lkr. Vohenstrauß?) einen Eid leisten, zehn Jahre lang den Umkreis von zehn Meilen um die Stadt Bamberg nicht mehr zu betreten; er hatte den Leuten wahrsagen wollen, wer ihnen ihre Pferde gestohlen habe[28]. Noch wollte man sich solches Gesindel vom Hals halten, mehr nicht.

Die radikale Änderung der Einstellung zur Zauberei aber beruhte auf einer intellektuellen, im Spätmittelalter einsetzenden Entwicklung, die im Humanismus ihren ersten vorläufigen Höhepunkt erreichte: Die Gelehrten strebten nach Systematisierung des mehr und mehr angewachsenen Wissens, was keinesfalls nur die Dämonologie und Magiologie, sondern die *scientiae* insgesamt betraf. Dagegen mag man einwenden, daß bereits Thomas von Aquin mit seiner Aberglaubenstheorie den Versuch einer verbindlichen Zusammenfassung unternommen habe; doch ihm ging es zuvorderst um die theologische und philosophische Abgrenzung der *vera religio* von der *superstitio,* nicht um soziale Einflußnahme. Dies blieb einschlägigen Erlassen und Traktaten vorbehalten, die seit dem späten 15. Jahrhundert entstanden; sie referierten zum einen, wissenschaftsmethodisch korrekt, den erreichten Wissensstand, zum anderen verfolgten sie praktische Absichten. Es fällt auf, daß nun recht häufig volkssprachliche Versionen (nicht nur) dämonologischer und magiologischer Kompendien auf den Buchmarkt kamen und dadurch die Exklusivität eines elitären, sich in lateinischer Sprache äußernden Wissenschaftsbetriebs aufgebrochen wurde. Der Wunsch nach einer in die Praxis übertragbaren Systematisierung aber traf auch auf zwei folgenschwere Dokumente zu, die in enger Verbindung zueinander standen, nämlich die am 5. Dezember 1484, *de facto* mit seinem Amtsantritt, von Papst Innozenz VIII. (1484–1492) erlassene Bulle «Summis desiderantes», die als «Hexenbulle» in die Geschichte eingehen sollte, und, wenige Jahre später, der «Malleus maleficarum», der «Hexenhammer».

Die «Hexenbulle», als deren Vollstrecker der Papst Albert von Bayern, den Bischof von Straßburg, einsetzte, stellte weder eine Glaubensdefinition noch eine juristische Umschreibung der Hexerei dar, sondern beabsichtigte die Aufstellung gerichtlicher Verwaltungsmaßregeln, die Rechtfertigung der kirchlichen Inquisition und die eindringliche Aufforderung zur Mithilfe an die weltliche Justiz.

Ihre Verbreitung – und einseitige Auslegung – fand sie jedoch dadurch, daß sie dem «Hexenhammer» von 1487, der bis 1669 mindestens 29 Auflagen erlebte, als Vorwort vorangestellt wurde.

Der unter den Namen der beiden Dominikaner Heinrich Institoris (um 1430–1505) und Jakob Sprenger (um 1436–1495) zusammengestellte «Malleus maleficarum» schrieb unzweifelhaft die Diskriminierung und Stigmatisierung der Frau als Hexe fest und wurde deswegen nicht nur zum «unheilvollsten Buch der Weltliteratur»[29], sondern auch zu einer der von der Forschung am meisten diskriminierten Editionen. Tatsächlich handelte es sich bei diesem Werk um nicht mehr und nicht weniger als eine, so Dieter Harmening, «spätscholastische ‹Summe› des ‹Wissens› über Hexen»[30], um eine durch zahllose *auctoritates* abgesicherte Kompilation und Systematisierung literarisch vermittelter Vorstellungen zur Magie und zur Person des Zauberers, um einen – wäre es dabei geblieben – letztendlich recht harmlosen Aufguß längst festgeschriebener Magietheorie.

Da der 1479 zum Inquisitor für Oberdeutschland ernannte Dominikaner Heinrich Institoris bei seinen Versuchen, Hexenprozesse zu führen, auf erhebliche Schwierigkeiten gestoßen war, verfaßte er, wahrscheinlich allein, den «Malleus maleficarum» mit der Absicht, die Obrigkeiten nachdrücklich zur Durchführung von Verfahren gegen Magier, Ketzer und Häretiker zu veranlassen. Nicht die Inhalte, sondern diese Intention verschufen dem «Hexenhammer» die unheilvolle Wirkungsgeschichte. Um zusätzlich dem (Mach-)Werk Nachdruck zu verleihen, gab er seinen angesehenen Ordensbruder und Professor an der Universität Köln, Jakob Sprenger, unrichtigerweise als Hauptverfasser an. Zudem stellte er ein – wahrscheinlich gefälschtes – Gutachten der Kölner Theologischen Fakultät sowie den Wortlaut der Hexenbulle «Summis desiderantes affectibus» Papst Innozenz' VIII. dem Buch als Vorwort voran. Seine Hexenlehre besteht aus drei Teilen; der erste geht systematisch auf Zauberei und die Rolle von Teufel und Hexe ein, der zweite listet die von Hexen verübten Fälle von Schadenszauber auf, und der dritte behandelt die Prozeßführung. Der entscheidende Abschnitt der *quaestio,* «Ob es Zauberei gebe», sei hier in voller Länge wiedergegeben, da er mit scholastisch durchaus legitimen Disputationstechniken jegliche intellektuelle Kritik am Hexen- und Zauberwesen mundtot machte: Die Frage, «Ob die Behauptung, es gebe Hexen, so gut katholisch sei, daß die hartnäckige Verteidigung des Gegenteils durchaus für ketzerisch gelten müsse?», sollte später entschiedene Gegner des Hexenglaubens wie Johannes Weier (1515–1588) in ständige Lebensgefahr bringen:

«Aus allen Prämissen ist zu schließen, daß die Behauptung gut katholisch und sehr wahr ist, daß es Hexen gibt, welche mit Hilfe der Dämonen, kraft ihres mit diesen geschlossenen Paktes, mit Zulassung Gottes wirkliche Hexenkünste vollbringen können, ohne auszuschließen, daß sie auch Gaukeleien und Phantasiestückchen durch Gaukelkünste zu vollbringen imstande sind. Aber weil die gegenwärtige Untersuchung sich auf die wahren Hexenkünste erstreckt, die sich von den andern sehr bedeutend unterscheiden, so gehört das nicht zur Sache; denn solche Leute nennt man besser Weissager und Zauberer als Hexen.

Endlich, weil sie den Urgrund für ihren Irrtum in den Worten des Canon suchen, besonders die beiden letzten Irrlehren, zu geschweigen von der ersten, die sich selbst verurteilt, da sie ja gegen die Wahrheiten der Schrift verstößt, daher muß man auf den gesunden Sinn des Canons zurückgehen. Zuerst gegen den ersten Irrtum, wo es heißt, das Mittel sei Phantasiegebilde, das Äußere (die Wirkung) sei wirklich.

Hier ist zu bemerken, daß es vierzehn Hauptarten des Aberglaubens gibt, die anzuführen die Kürze der Zeit nicht erlaubt. Sie sind genau angegeben bei Isidor, Etym. 8, und bei Thomas II, 2, 92 [...].

Die Art, unter die solche Weiber fallen, heißt die der Pythonen, durch welche der Dämon redet oder Wundertaten vollbringt; sie ist oft die erste der Reihe nach. Die Art aber, unter welche die Hexen gehören, heißt die Art der Hexer (malefici); und weil sie untereinander sehr verschieden sind und es nicht nötig ist, daß, wer zu der einen Art gehörig wirkt, auch zu der andern gerechnet werde, deshalb – wie der Canon nur jene Weibsstücke erwähnt und nicht die Hexer – versteht der den Canon falsch, der derartige eingebildete Herleitungen von Körpern auf das ganze Geschlecht des Aberglaubens durch all seine Arten hindurch zurückführen will, so daß, wie jene Weiber nur in der Vorstellung, auch alle Hexen so ausfahren;

und noch mehr fälscht den Canon, der daraus folgern wollte, nur in der Vorstellung wirkten sie mit bei der Anhexung von Übelbefinden oder Krankheit.

Außerdem werden die also Irrenden noch mehr getadelt werden müssen, wenn sie das Äußerliche als wirklich zugeben, nämlich einen wirkenden Dämon und eine wirkliche Erregung von Krankheit, wenn sie dagegen behaupten, das vermittelnde Werkzeug, nämlich die Person der Hexe, wirke nur in der Phantasie, während doch das Mittel immer Teil hat an der Natur des Äußern.

Es gilt auch nichts, wenn gesagt wird, daß auch die Phantasie etwas Wirkliches sei, weil, wie die Phantasie als solche nichts erreichen noch bei der Handlung des Dämonen mitwirken kann außer durch einen mit dem Dämon eingegangenen Pakt, in welchem Pakt die Hexe sich ganz, wahr und wahrhaftig preisgab und verpflichtete, und nicht bloß in der Phantasie und Vorstellung: es so auch nötig ist, daß sie mit dem Teufel wirklich körperlich mitarbeitet. Denn auch dazu sind alle Werke der Hexer da, wo immer sie ihre Hexenkünste vollbringen, durch den (bloßen) Blick oder Worte oder mit Hilfe irgendeines Hexenwerkzeuges, welches unter die Schwelle des Hauses gelegt ist; wie in der folgenden Frage sich zeigen wird.

Außerdem, wenn jemand die Worte des Canons aufmerksam durchsieht, wird er vielerlei bemerken, was Prediger und Priester in den ihnen anvertrauten Kirchen mit aller Eindringlichkeit dem Volke predigen sollen; erstens, daß niemand glauben möge, es gebe außer dem einen Gotte noch ein höchstes und göttliches Wesen; zweitens, daß mit der Diana oder der Herodias reiten weiter nichts ist als mit dem Teufel fahren, der sich nur so umgestaltet und so nennt; drittens, daß ein solcher Ritt dann ein phantastischer ist, wenn der Teufel den ihm durch Unglauben unterworfenen Sinn so beherrscht, daß das, was nur im Geiste geschehen kann, körperlich zu geschehen scheint; viertens, daß sie einem solchen Dämon in allem zu gehorchen haben. Daher ist es absurd, jene Worte auf die Hexentaten auszudehnen, da es verschiedene Arten sind.

Ob aber die Hexer auch örtlich in ihrer Art des Aberglaubens ausfahren können oder nur in der Vorstellung wie die Pythonen, darüber wird gehandelt werden im zweiten Teile, im dritten Kapitel: daß sie es können auf beide Arten. Und so wird die zweite Irrlehre samt der ersten beseitigt, bezüglich ihres Untergrundes und der gesunden Auffassung des Canons.

Auch die dritte, welche auf Grund der Worte des Canons behauptet, die Hexenwerke seien nur Phantasiegebilde, wird durch die Worte des Canons beseitigt. Denn es da heißt: wer da glaubt, daß es möglich sei, daß ein Wesen in einen besseren oder schlechteren Zustand versetzt oder in eine andere Gestalt und in anderes Bildnis umgewandelt werden könne, außer dem Allschöpfer allein, der steht unter den Heiden und Ungläubigen, dann sind diese drei Punkte, wenn man sie an sich betrachtet, gegen den Sinn der Heiligen Schrift und die Bestimmungen der Gelehrten. Denn daß von den Hexen Geschöpfe gemacht werden können, unvollkommene Tiere, darüber sehe man nach den *Canon nec mirum,* nach dem angeführten *Canon Episcopi;* des *Augustinus* Erklärung von den Zauberern Pharaos, welche ihre Stäbe in Schlangen verwandelten; siehe in der *Glosse* über *Exod. 7:* ‹Pharao rief die Weisen›; ferner *glossa Strabi,* daß die Dämonen durch die Welt eilten, so oft die Hexen durch Beschwörung etwas durch sie zu bewirken wünschen, und verschiedene Samen sammeln; und durch deren Anwendung können verschiedene Arten entstehen. Siehe auch *Albertus de animalibus;* ferner S. *Thomas* 1, 114, 4. Ihre Aussagen lassen wir der Kürze halber weg; nur das ist noch zu bemerken, daß hier unter dem ‹fieri› *geschaffen* werden (procreari) gemeint ist. Zweitens möge man auch einsehen, daß etwas in einen besseren oder schlechtern Zustand einzig und allein von Gott, kraft seiner Macht, verwandelt werden könne, und zwar zur Besserung oder auch zur Strafe; öfters geschieht dies durch die vermittelnde Kraft der Dämonen; und wie es vom ersten heißt, Gott heilt und schlägt, und ‹Ich werde töten und ich werde lebendig machen›, so heißt es vom zweiten, ‹Sendung durch böse Engel›, wie es oben berührt ist. Im vorerwähnten *c. nec mirum* sehe man die Worte des *Augustinus,* wo es heißt, Hexen und alle ihre Werke bringen den Menschen bisweilen nicht nur Krankheiten, sondern auch den Tod.

Drittens frommte es wohl, einzusehen, daß die jetzigen Hexen durch die Macht der Dämonen öfters in Wölfe und andere Bestien verwandelt werden. Aber der Canon spricht von wirklicher und eigentlicher Verwandlung, nicht von einer gedachten, die oft eintritt, worüber auch *Augustinus, de civ. dei* 18, 17, vielerlei berichtet wie über die vielberufene Zauberin Circe und über die Genossen des Diomedes und über den Vater des Prästantius. Über diesen Stoff wird in einigen Kapiteln des zweiten Teiles gehandelt werden, auch ob die Hexen immer zugegen oder abwesend seien und ob der Teufel jenes Form annimmt oder der Mensch selbst für sich so erscheint [...][31].»

Verweltlichung. Die rechtliche Säkularisierung der Hexenprozesse

Die Frage, wie sich Hexen- und Zauberglauben entwickelt hätten, wäre der «Hexenhammer» ein Vertreter der spätmittelalterlichen Summenliteratur und eine Zusammenfassung des dämonologischen und magiologischen Wissens für den Handapparat in den Gelehrtenbibliotheken geblieben, erübrigt sich. Denn mit der Appellation an die weltliche Gerichtsbarkeit war der Scheitelpunkt erreicht; die Hexe bildete nun nicht mehr nur eine kirchliche, sondern explizit auch eine gesellschaftliche Gefahr. Johann Hartlieb schrieb sein «Buch aller verbotenen Künste» keinesfalls als Zauberanleitung und nicht (ausschließlich) als *curieusen* Lesestoff für Markgraf Johann von Brandenburg-Kulmbach (1403–1464), sondern als ernste Warnung vor Teufelswerk und Aberglauben, nicht zuletzt aber als Aufforderung zur gnadenlosen Ausrottung der Hexen und Zauberer durch die Territorialherren:

«O Fürst, von diesen Leuten gibt es allzu viele in den deutschen Ländern! Wenn Ihr, Fürstliche Gnaden, in deren Bestrafung vorangehen würdet, dann könntet Ihr auf viele zählen, die Euch Hilfe und Beistand leisten würden. Es will aber leider niemand damit beginnen, denn solche bösen, nichtswürdigen, abergläubischen Leute werden meistens von den Fürsten beschirmt. O Jesus, erbarme dich der armen, irregeleiteten Menschen und erwecke einen rechtgläubigen Fürsten, der solche Zauberei haßt und hilft, sie zu vernichten[32].»

Letztendlich brachte also der «Hexenhammer» nichts Neues, sondern reagierte bestenfalls auf die Stimmung der Zeit. Der Teufelsglaube hatte das Gebäude der theologischen Diskussion und Argumentation verlassen. Hinter der enormen Zahl der Hexenprozesse in den Jahrzehnten um 1600 wurde der Einfluß sichtbar, den die weltlichen Obrigkeiten im Laufe des 16. Jahrhunderts bei der Regelung ursprünglich religiöser Fragen gewonnen hatten. Brisant aber wurde die Situation dann, wenn innerhalb einer einzigen Person theologische Theorie und juristische Praxis zusammentrafen.

Dies war etwa bei Jean Bodin (1529/30–1596), vor allem aber bei dem späteren Jesuiten Martin Delrio (1551–1608) der Fall, dem mit den erstmals 1599/1600 in Löwen erschienenen, vielfach aufgelegten «Disquisitionum magicarum libri sex» ein von beiden Konfessionen gleichermaßen anerkanntes und benutztes Standardwerk zu verdanken ist. Delrio, am 17. Mai 1551 in Antwerpen geboren, an mehreren Universitäten ausgebildet, wurde bereits als 24jähriger, ein Jahr nach seiner Promotion, nachdem König Philipp II. von Spanien für den spanisch beherrschten Teil der Niederlande einen Rechtsberater suchte, in den höchsten Rat von Brabant berufen und stieg 1578 zum Vizekanzler von Brabant auf. 1580 bat er jedoch um Entpflichtung von seinen politischen Ämtern und trat am 9. Mai in Valladolid in den Jesuitenorden ein. Delrio starb am 19. Oktober 1608 in Löwen[33].

Delrio war als Magietheoretiker wie als Jurist bereits zu Lebzeiten konservativ. So wandte er sich gegen den italienischen Rechtsgelehrten Andreas Alcatius (1492–1550), der die Realität der Luftfahrt und des Hexentanzes abgestritten, damit vor allem in Frankreich viele Anhänger gefunden und gegen den sich 1580 auch der französische Staatsrechtler und Philosoph Jean Bodin in seinem «Traité de la démonomanie» ausgesprochen hatte. Den Arzt Johann Weier bekämpfte er entschieden, während er sich anderseits auf die Seite Peter Binsfelds (um 1540–1598) schlug, laut Kurt Baschwitz eines «Hexenjägers der erbarmungslosesten Sorte»[34] und Verfassers des «Tractatus de confessionibus maleficarum et sagarum» von 1598.

Delrio setzte sich in den «Disquisitionum magicarum libri sex» mit der Magie allgemein wie auch mit der *magia naturalis*, der *magia daemoniaca (& eius efficitate)*, den Observationen, der Prophetie, Divination und Konjektation sowie mit den erlaubten und verbotenen Heilmitteln deswegen so ausführlich auseinander, da er die Befürchtung hegte, daß die Zauberei inzwischen überhand genommen habe; sie sei eine Folge des herrschenden Unglaubens, der Trägheit der Christen und der Mißachtung der katholischen Religion, sie folge der Ketzerei wie ein Schatten, sei – unter Berufung auf seinen Lehrer, den Jesuiten Johannes Maldonatus – gleichbedeutend mit der Ketzerei: In seinen Pariser Vorlesungen habe Maldonatus über das Dämonenwesen ausgeführt: «prima causa est, quod daemones in haereticis, vt olim in idolis, habeant domicilium.»

Obwohl der Hexenglaube konfessionsüberschreitend war, stand die Durchführung der Hexenprozesse sicherlich unter dem Einfluß der Wirren der Konfessionsbildung. Der Magievorwurf erhielt jetzt eine neue Dimension als Kampf für und gegen die Rechtgläubigkeit, gegen die jeweils Andersdenkenden, auch die Anhänger von Reformation und Gegenreformation. Diese Beobachtung aber hilft, die Ursachen für die Schübe der Hexenverfolgungen noch weiter zu präzisieren.

Denn trotz aller verbindlichen gesellschaftlichen und ideologischen Grundmuster dürfen individuelle Voraussetzungen und Steuerungen nicht übersehen werden. Ob neue Hexenverfolgungen durchgeführt oder Untersuchungen schlichtweg abgebrochen wurden, hing nur zu oft von der Einstellung des jeweiligen Landesherrn ab. So verbot Fürstbischof Johann Philipp I. von Schönborn (1642–1673) kurzerhand in Würzburg alle weiteren Hexenprozesse, während Johann Christoph von Westerstetten (1612–1637) sie ins Bistum Eichstätt mitbrachte, nachdem er in seiner Funktion als Fürstpropst in Ellwangen bereits an zahlreichen Urteilen mitgewirkt hatte. Die Hexenverfolgungen von Ellwangen (1611–1618) und Eichstätt (bis 1630) zählten zu den schlimmsten ihrer Zeit.

Der Kreis zwischen elitärer Theorie und der Durchführung von Prozessen aber führte gerade dort zu extremen Folgen, wo politische Einflußmöglichkeit und dämonologisches Wissen in einer Person vereint waren. Die Kurtrierer Verfolgungen von 1585 bis 1593 hatten für Deutschland durch die Hinrichtung mehrerer hundert Malefizpersonen neue Maßstäbe gesetzt, der von Delrio hochgeschätzte Trierer Weihbischof Peter Binsfeld hatte sie 1589 mit seinem «Tractatus de confessionibus maleficarum et sagarum» gerechtfertigt, sich mit dieser Schrift gegen den zeitweiligen Rektor der Universität, Stadtschultheißen und Präsidenten des Hochgerichts in Trier,

Dietrich Flade (Vlaet), und dessen liberale Haltung – ihm war es gelungen, Trier für längere Zeit vor Hexenprozessen zu bewahren – gewandt und schlichtweg dazu aufgefordert, mit dem Hexen- und Zauberergesindel kurzen Prozeß zu machen. Auch hinter der Bamberger Verfolgungswelle zwischen 1626 und 1630 stand mit dem Weihbischof Friedrich Förner ein kirchlicher Würdenträger, der sein Vorgehen in einer 1626 erschienenen Predigtsammlung zu rechtfertigen versuchte und sie bezeichnenderweise dem Eichstätter Bischof Johann Christoph von Westerstetten widmete; sie sah für jede Woche des Jahres eine eigene Hexenpredigt vor[35]. Mit der Warnung an das Kirchenvolk vor teuflischem Tun ging die Verbreitung gelehrten magiologischen Wissens an die breite Volksmasse einher.

Von Wahn mag man dann sprechen, wenn sich die Handlungen ihrer ursprünglichen theoretischen Begründung nicht mehr bewußt sind oder sich weit von ihr entfernt haben. Vertreter des Hexen-«wahns» wie Delrio, Binsfeld oder Förner hatten nur mehr die Bestrafung, nicht mehr jedoch den eigentlichen Ausgangs- und Anklagepunkt, den Zauber, im Blick. Bei Binsfeld zum Beispiel genügte der lapidare Hinweis auf den Teufel und den Dämonenpakt:

«Alle Werck der Zauberer haben jhre Krafft vnd Wuerckung / auß dem außtruecklichen oder stillschweigenden Versprechen mit dem laidigen Teuffel / daß der Zauberer allzeit / wann er etwas wuercken oder thun / den Teuffel außtruecklich oder stillschweigend zu huelff anruffe / daß er jhme zu solchem seinem Versprechen verholffen sey[36].»

Steht diese Vereinfachung aber inzwischen nicht weit hinter dem neuzeitlichen Anspruch an die naturwissenschaftliche Systematisierung und Interpretation des überlieferten Wissens zurück?

8. *Kapitel*

Die Frau, der Zauber und die Naturwissenschaft

Der eine bezieht seine Weisheit aus der Sonne, der andere aus dem Mond, ein dritter aus den Sternen, ein vierter von einem bösen Geist, ein fünfter von einem leichtfertigen Weib. ABRAHAM VON WORMS, DAS BUCH DER WAHREN PRAKTIK IN DER GÖTTLICHEN MAGIE

Ein griechischer Zauberpapyrus[1] aus dem 4. Jahrhundert n. Chr. enthält folgendes Ritual zur Empfängnisverhütung:

«Mittel gegen Empfängnis, das einzige (mit Wirkung) in der Welt. Nimm Kichererbsen, beliebig viele, entsprechend der Anzahl der Jahre, damit du solang unempfänglich bleibst, feuchte sie an im Monatsfluß des menstruierenden Weibes; feuchte sie an in ihrer Scham. Und nimm einen lebenden Frosch, tu ihm die Erbsen ins Maul, damit er sie verschluckt, und laß den Frosch lebendig dahin weg, woher du ihn nahmst. Dann nimm Bilsenkrautsamen, feuchte ihn an mit Stutenmilch, nimm Schleim einer Kuh, tu ihn mit Gerste in Hirschhaut und bind es von außen her mit Eselshaut, und häng es um, wenn der Mond abnehmend in einem weiblichen Zeichen steht, am Tage des Kronos oder Hermês. Menge zu den Gerstenkörnern auch Schmutz vom Ohr einer Mauleselin[2].»

Der «Sanguis Menstruus unbefleckter Jungfern», so Kristian Frantz Paul(l)ini 1734 in seiner «Heylsamen Dreck-Apothecke»,

«solle nach vieler Medicorum Bericht schön zu machen eine besondere Krafft haben. Kornthauer schreibet, man solle ein leinen Tuch darinne netzen und aufftrocknen, solches in warm Wasser legen, daß es sich färbe, mit diesem rothen Wasser den Kupffer-Handel drey Tage nacheinander waschen, und das Wasser von sich selbst lassen eintrocknen, dadurch werde nicht allein solche Unreinigkeit weggebracht, sondern auch das Angesicht gar schön weiß und sauber werden[3].»

Hundert Jahre nach dem «Hexenhammer» ließ der Trierer Weihbischof Peter Binsfeld bereits im Titel seines «Tractatus de confessionibus maleficiorum et sagarum» von 1589 nicht mehr den geringsten Zweifel daran, von wem zauberische Gefahr zu erwarten sei: von der *saga,* der «Unholdin», der «Drutt» («Trutt»), von der Frau mithin. Männer hatten ihre Rolle als Zauberer – weitgehend – ausgespielt.

Für die Fokussierung des Zaubereivorwurfs auf die Frau zieht man nach wie vor den/die Verfasser des «Hexenhammers» von 1487 zur Verantwortung. Dies trifft nur bedingt zu, da der «Malleus Maleficarum», wie bereits ausgeführt, den Versuch einer Zusammenfassung und Standardisierung des im Spätmittelalter verfügbaren Wissens repräsentiert und daher zahllose geistige Väter besitzt. Theologische und philosophische Aussagen zur Frau, wie sie für das Mittelalter ebenso gängig wie verbindlich waren, hätten für sich *allein* jedoch den nachmittelalterlichen Hexenglauben und seine Folgen nicht begründen können, da sie den immer stärker in den Vordergrund getretenen naturwissenschaftlichen Ansprüchen der frühen Neuzeit nicht mehr entsprachen. Wie die Magie generell verlangte auch die Theorie von der Frau als Zauberin nun eine zusätzliche anthropologische Bestätigung, die es dem in mittelalterlichen Denkkategorien verhafteten, frauenunfreundlichen, wenn nicht sogar -feindlichen «Hexenhammer» gestatteten, weiterhin ernst genommen zu werden.

Diesen Aspekt des geistigen Traditionswandels und der mehr und mehr an Gewicht gewinnenden physikalischen Vernunft übersah die Hexenforschung bislang nahezu völlig oder verfolgte richtige Wege nicht konsequent bis zum Ende. Denn den neuen naturwissenschaftlichen Theorien ist nicht nur die Ätiologie einer der gängigsten Zaubervorstellungen zu verdanken, sondern auch eine bis weit in die sechziger Jahre des 20. Jahrhunderts wirksam gebliebene Idee, die bisherige Feststellungen zur Genese und Entwicklung des Hexenwesens auf den Kopf zu stellen scheint: Die Hexenverfolgungen waren nicht Ausdruck und Folge einer sexuellen Unterdrükkung, auch kein Versuch, aus bevölkerungspolitischen Absichten die Praxis der Geburtenkontrolle durch Hebammen zu unterbinden[4], sondern schufen in Verbindung mit einer verbindlichen physiologischen und psychologischen Rechtfertigung die Voraussetzung für die Sexualrepression bis in die Gegenwart hinein. Dadurch blieb ein letzter, kulturell kreativer Rest des Hexen«wahns» am Leben; die Rede ist vom Laster der Onanie und vom Menstruationsblut als wirksamem Zauberrequisit.

Vom Zauber der Onanie

Über die Onanie, die man noch im 20. Jahrhundert als Krankheit betrachtete und durch Kuren und Diäten zu heilen versuchte, schrieb 1851 ein um sexuelle Aufklärung bemühter Autor:

«Unter Onanie oder Selbstbefleckung versteht man die Art und Weise, auf welche man den menschlichen Samen gewaltsam und widernatürlich aus dem Körper entfernt, welcher nur bei natürlicher Begattung beider Geschlechter abgehen soll, und bei dessen zwangsmäßiger Entfernung große Zerrüttung des ganz [sic!] leiblichen und geistigen Organismus des Menschen herbeigeführt wird, eine Zerrüttung, die sich anfangs gleich mit den scheußlichsten Leiden verbindet, welche in den häufigsten Fällen nur mit dem Tode endigen. [...] Dieses schauderhafte Laster ist bei dem weiblichen Geschlechte eben so häufig zu finden wie bei dem männlichen und erzeugt bei jenem wie bei diesem schwere Leibeskrankheiten, vollständige Erschlaffung des körperlichen und geistigen Lebens und endlich den Tod; aber nur die Art und Weise, wie sie bei den Geschlechtern bewerkstelligt wird, ist eine verschiedene. [...] Fühlen junge Mädchen, von dem Ausbunde ihres Geschlechtes verführt, zu diesen naturwidrigen Erregungen der Wollust einmal besondern Reiz, so wiederholen sie diese Wollusterregungen nach und nach mehrere Mal des Tages, nicht wissend, daß sie mit jedem Tage die Blüthen ihrer Jugend immer schneller abstreifen und so mit Riesenschritten dem Grabe zu eilen[5].»

Diese heute kurios anmutende Warnung ließ sich sogar medizinisch begründen:

«Denn nichts nimmt mehr die Kräfte weg als der zu häufige Verlust jenes geistigen Bestandtheils, der, wie auf die Reproduction eines neuen Menschen, so auch auf die Reproduction der Lebenskräfte des schon gebildeten fortwirkt. [...] So wie aber auch der übermäßige Verlust dieses Saftes [Sperma; Anm. d. Verf.] alle übrige Theile des Körpers dadurch nicht allein entnervt, daß sie diesen Zufluß nicht wieder erhalten, sondern auch dadurch sie schwächt, daß andere ihnen nöthige Säfte ihnen entzogen und zum Ersatz dieses Saftes angewendet werden, so kann hingegen eine zu große Enthaltsamkeit in der Erfüllung des Vermehrungstriebes auch schädliche Folgen hervorbringen und dem Menschen und seinem Systeme eine Kränklichkeit zuwege bringen[6].»

Dahinter verbirgt sich eine Körpertheorie, die – stellvertretend für zahllose Autoren – ein gewisser Dr. Becker aus Leipzig 1816 folgendermaßen skizzierte:

«Unter den verschiedenen Säften, welche im menschlichen Körper enthalten sind, giebt es zwar keinen, der nicht für die Wohlfahrt, für die Gesundheit von Wichtigkeit wäre. Von der gemeinschaftlichen Quelle, aus der sie alle entspringen, dem Blute, bis zu dem auf das künstlichste daraus bereiteten Saamen [sic!], sind sie alle mehr oder weniger unentbehrlicher, für die Gesundheit wichtig. Entzieht man sie dem Körper, so wird dieser letztere an der erstern mehr oder weniger Einschränkung, Beeinträchtigung erfahren, je nachdem nämlich die Beschaffenheit des Saftes ist, den er verliert, und je nachdem die Art ist, auf welche er ihn verliert[7].»

In dieser Einstellung zur Masturbation verbinden sich traditionelle Sexualethik mit der klassischen medizinischen Lehre vom Gleichgewicht der Säfte als der Grundvoraussetzung für einen gesunden Körper. Sie wurde von Galenos (129–199 n. Chr.) entwikkelt und besaß bis weit in die Neuzeit, ja in den Ausführungen über die Gefährlichkeit der Onanie bis weit ins 20. Jahrhundert hinein Gültigkeit. Galens Doktrin, die auf der Lehre des Empedokles (490–424 v. Chr.) von den vier Elementen Luft, Feuer, Erde und Wasser aufbaute, ging von vier Körperflüssigkeiten aus, die warm, kalt, feucht und trocken seien. Gerate das System der Säfte aus dem Gleichgewicht, hatte der Arzt es wieder herzustellen. Auf dieser Grundlage definierte Galen die Temperamentenlehre: Bei Übergewicht des Bluts *(sanguis)* war der betroffene Mensch ein Sanguiniker, dominierte die gelbe Galle *(xanthé cholé)*, handelte es sich um einen Choleriker, bei schwarzer Galle *(melaina cholé)*, um einen Melancholiker, bei Schleim *(phlegma)* um einen Phlegmatiker.

Moralisch verwerflich und zudem gesundheitsschädlich war es, wenn man mit der Onanie die Balance der Säfte in Unordnung brachte. Die Frau aber war ohne ihr Zutun durch die Menstruation allmonatlich von einer erheblichen physischen Schwächung betroffen. Als die Theologie nicht mehr genügte, die Laster des Weibes wie «Geschwätzigkeit», «Leichtgläubigkeit» oder leichtere «sexuelle Erregbarkeit» zu begründen, trat die Medizin helfend zur Seite, um in der Neuzeit die Frau endgültig zur Hexe verkommen zu lassen.

Heilige und Hexe

Eine Jungfrau gebar Christus, der sich während seines irdischen Lebens mit einer Reihe von Frauen umgab; Frauen standen ihm in der Todesstunde bei. Doch durch eine Frau namens Eva, die den verlokkenden Einflüsterungen Satans nachgegeben hatte, war alles Unheil in die Welt gekommen; eine Frau wiederum sollte der Schlange den Kopf zertreten. In der Spannung zwischen diesen Extremen entwikkelte sich das christlich-abendländische Bild von der Frau: Jungfrau und Hure, Heilige und Hexe, Angepaßte und Außenseiterin. Maria repräsentierte, so Augustinus, die Kirche in ihrer Person («ecclesiae persona erat in una femina»)[8]. Die christliche Gnosis machte Maria Magdalena zur Trägerin einer Geheimüberlieferung.

Obwohl im Frühchristentum die Frau gleichberechtigt im kirchlichen Leben neben dem Mann stand, sie unter anderem die eucharistischen Gebete sprach, mit missionarischen, katechetischen und karitativen Aufgaben betraut und auch innerhalb der Liturgie tätig war – so assistierte sie als Diakonissin bei Taufe und Firmung oder brachte die Eucharistie zu Kranken –, setzte sehr bald die Gegenbewegung ein: Unter Berufung auf das Verdikt des Paulus, daß das Weib in der Kirche zu schweigen habe («mulier taceat in ecclesia»; 1. Tim. 2, 12), wurde die Diakonissin aus dem Gemeindeleben in die Klöster verbannt. Die wachsende Geringschätzung der Frau nahm erste dämonologische Züge an, als Tertullianus (um 160 bis nach 220) sie nicht nur als Verführerin des Mannes, sondern auch der Engel bezeichnete[9].

Diese Entwicklung fand im Mittelalter ihre Fortsetzung. Thomas von Aquins Einstellung zur Frau war noch gespalten. Die Frage, ob

1 Pazuzu. Dämonenstatue, neuassyrisch, 1. Hälfte 1. Jahrtausend v. Chr. Pazuzu lieferte das Vorbild für die Dämonengestalt in William Friedkins Film «The Exorcist» (1974).

2 Akephalos. Zeichnung aus dem griechischen Zauberpapyrus Berlin P 5026, 4. Jh. n. Chr.

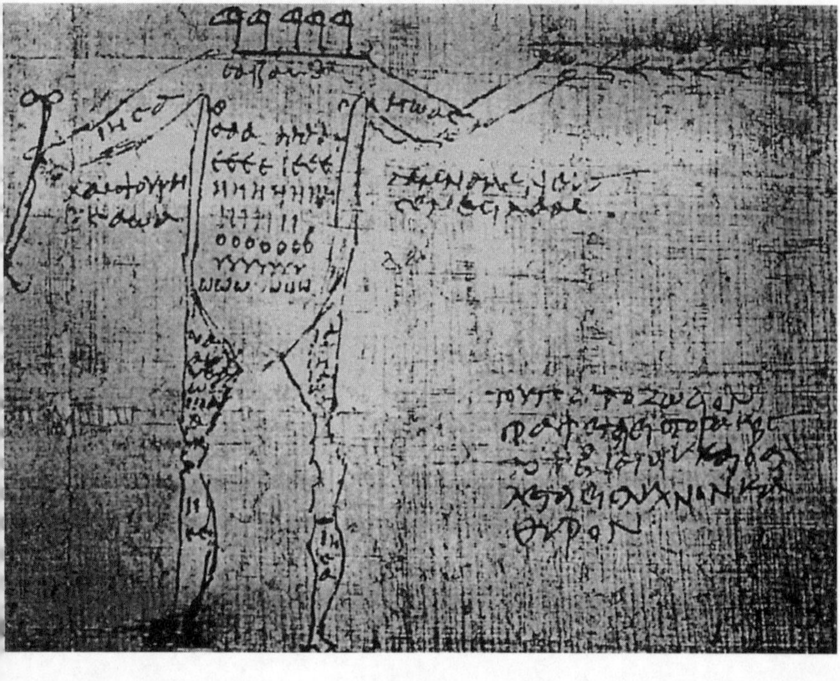

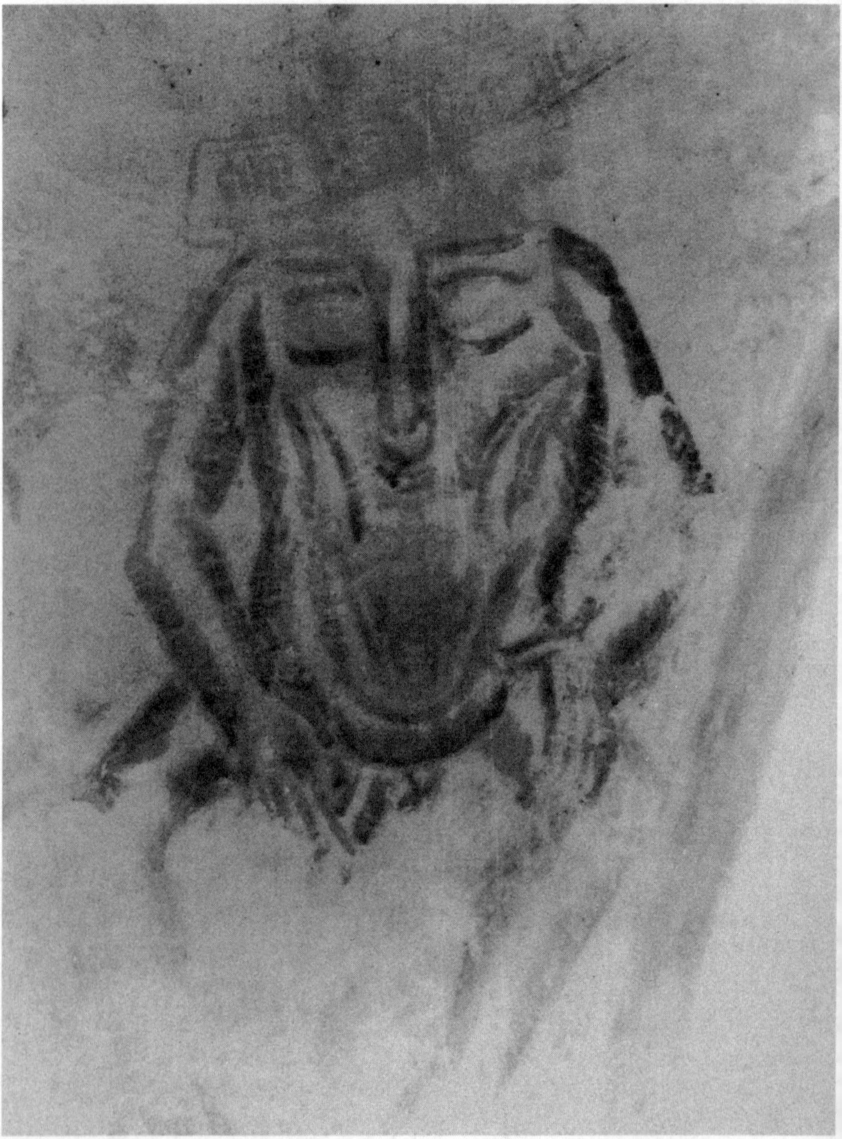

3 Kopfloser Dämon (Akephalos) beim Urinieren oder Onanieren. Fresko in der Kirche von Kundby (Dänemark), um 1520.

4 Antichrist (?). Kolorierter Holzschnitt, Dänemark, um 1700 (Sammlung V. E. Clausen).

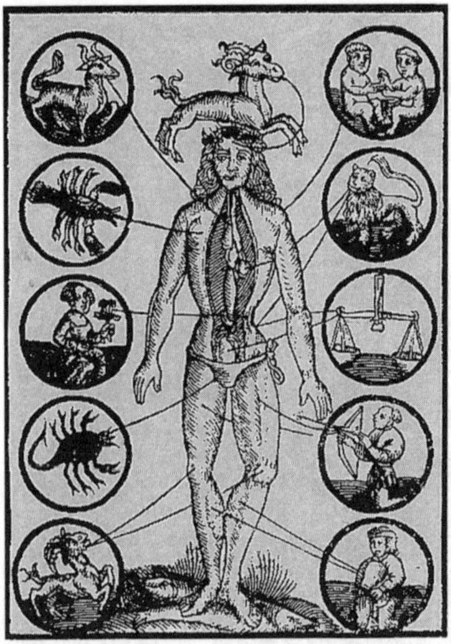

5 Verbundenheit von Mikro- und Makrokosmos, Mensch und Gestirnen. Aderlaßtafel; kolorierter Holzschnitt aus Johann Küngsperger (Müller, genannt Regiomontanus), Kalendarius teütsch, Augsburg 1512.

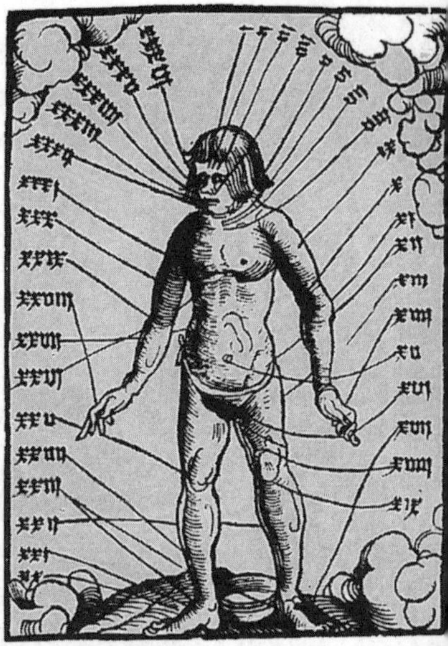

6 Aderlaßtafel. Holzschnitt aus: Der schapherders Kalender, Rostock 1523.

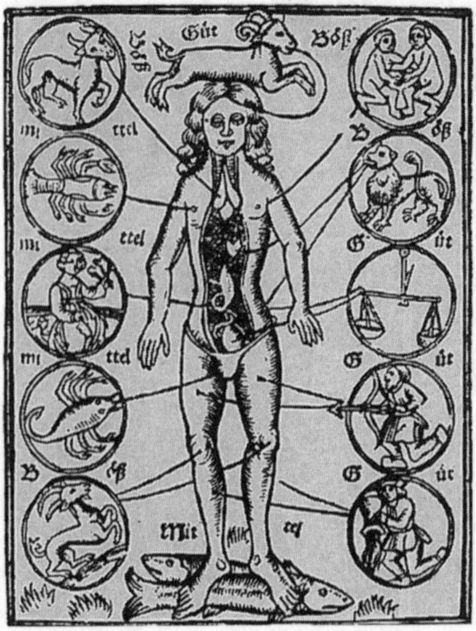

7 Aderlaßtafel. Holzschnitt aus einem Erfurter Kalender von 1529.

Vom Aderlassen und Schröpfen.

Ob man schröpfen solle, und wann die rechte Zeit sei, kann ein Jeder selbst so leicht erachten, als man es ihm sagen kann. Nämlich, wann es in der Haut jucket oder beisset, sonderlich wann nassende Blätterchen kommen, woraus gemeiniglich die bekannte Krätze folget. Wann man schröpfet, soll die Stube wohl warm sein, denn wenn die Haut bloß, darzu noch Löcher drein gehauen sind, und schlägt die Kälte drein, so wirds eben so leicht schlimmer als besser; will es das erstemal nicht weichen, so kann mans zum zweiten oder drittenmal wiederholen.

Aderlassen ist nützlich in Vollblütigkeit, Erstarrungen, Blutspeien, Stickflüssen, etc. Da siehet man weder auf Zeichen, noch Zeit oder Stunde. Die sich an's Aderlassen gewöhnen und von Natur viel Blut haben, lassen am füglichsten im abnehmenden Licht, wenn Tag und Nacht gleich, oder im Maien, auch wann die Rosen blühen. Man lässet nicht im Mangel des Bluts, nicht in bösen Fiebern, oder Ohnmachten, nicht den Aufgedunsenen, auch nicht schwachen alten Leuten, nicht zu viel den Schwangern, noch in langwierigen Krankheiten; nicht viel wenn das Blut hellroth ist.

gut böß böß mit. böß mit. gut mit mit böß gut mit

Der Widder regieret das Haupt, darinnen ist gut Aderlassen, aber nicht am Haupt.

Stier den Hals und Gurgel.

Zwillinge, die Schultern, Arme und Hände.

Krebs, die Lunge, Milz und Magen.

Löwe, das Herz und Rücken.

Jungfrau, den Bauch und Gedärme.

Waage, die Nieren und Blase.

Scorpion, die Scham.

Schütze, die Hüften.

Steinbock, die Knie.

Wassermann, die Waden und Schienbeine.

Fische, die Füße.

Die Planeten beherrschen:

Saturnus, das rechte Ohr, Brüste und Warzen.

Jupiter, das linke Ohr, Herz, Leber und Rippen.

Mars, das ganze Haupt, Galle.

Sonne, das Angesicht, vornehmlich die Augen und Zähne, Herz, Seiten und Schenkel.

Venus, Nieren und Geburtsglied an Mann und Frauen.

Merkurius, das Gedächtniß, Sinnen, Gehirn, Zunge und Schienbeine.

Der Mond, Geburtsglied an Mann und Frau, Gehirn, Kehle, Magen, Bauch, Eingeweide, auch (neben Jupiter) Leber, und (neben Sonne) Angesicht und Augen.

Ueber das ist zu erinnern, daß wer Aderlassen will, es sei auf dem Arm, auf einer Hand oder Fuß, so muß das ganze Glied unfehlbar warm sein; ist es aber kalt, so muß dasjenige, so Aderlassen will, durch Arbeit, starkes Gehen oder durch heißes Trinken das Geblüt erst erwärmen, sonst läuft das Blut gar nicht, oder nur das dünneste, und eine solche Aderlässe ist oft mehr schädlich als nützlich.

Was vom Blut nach dem Aderlassen zu muthmaßen ist.

1] Schön roth Blut mit Wasser oben bedeckt, bedeutet gute Gesundheit. 2] Roth und schaumigt, viel Geblüt. 3] Roth mit einem schwarzen Ring, Gicht. 4] Schwarz, schaumig oder eiterich, böse Feichtigkeit und kalte Flüsse. 5] Weiß Blut ist eine Anzeigung zäher, feuchter Verschleimungen. 6] Blau, Milzweh oder Melancholie. 7] Grün Blut, Herzweh oder hitzige Galle. 8] Gelb Blut, Weh an der Leber und Galle. 9] Wässericht, bedeutet eine schwache Leber, oder überschwemmten Magen. 10] Dick, hart und zähes Blut, ist ein Zeichen der Verstopfung, oder Melancholie.

Vom Holzfällen.

Gut Bauholz fällen ist, wann der Mond abnimmt und unter der Erde ist, im Stier, Jungfrau oder Steinbock; am besten aber wann der Saft aus dem Holz ist, das ist im Dezember. Wer Bäume todt hauen will, kann solche im Frühjahr, ehe der Saft aufsteigt, nur durch die Schale hauen, daß der Saft nicht aufsteigen kann; wer aber wartet, bis der Saft aufgestiegen ist, der muß hernach ganz durch den Spind hauen.

Vom Aderlassen und Schröpfen. Anleitungen und Aderlaßmännchen, Holzschnitt, aus: Neuer Gemeinnütziger Pennsylvanischer Calender Auf das Jahr unseres Heilandes esu Christi 1904. Lancaster, Pa., hg. von Johann Bär's Söhnen, 1904.

9 Hexen bereiten die Zaubersalbe. Holzschnitt aus: Ulrich Molitor, De lamijs et phitonicis mulieribus. Köln 1489.

10 Teufelsbuhlschaft. Holzschnitt aus: Ulrich Molitor, De lamijs et phitonicis mulieribus. Köln 1489.

11 Taufe durch den ▷ Teufel. Holzschnitt aus: Francesco Maria Guazzo (Guaccius), Compendium maleficarvm. Mailand 1609.

12 Der Teufel unterrichtet seine Anhänger Holzschnitt aus: Francesco Maria Guazzo (Guaccius), Compendium maleficarvm. Mailand 1609.

COMPENDII MALEFICARVM

LIBER SECVNDVS.

In quo agitur de diuerſis generibus Maleficiorum, & de quibuſdam alijs ſcitu dignis.

De Maleficio Somnifico. Cap. I.

Doctrina!

Onſueuere Sagæ, & Malefici, alios potione, malo carmine, & certis ritibus ſoporare, vt interea illis venenum infundant, vel infantulos rapiant, aut necent, vel furto quid ſubtrahant, vel ſtupro, adulterioue contaminent, & hoc fieri poteſt naturalibus venenis ſoporiferis, vt erit videre per exempla. Et hæc non ſunt fabulæ, quia ſi multa ſunt, quæ naturaliter, vel infuſa, vel admota, non ſomnium aut ſoporem tantùm, ſed etiam ſtuporem

rem

13 Hexenschlaf. Titelillustration von Francesco Maria Guazzo (Guaccius), Compendii maleficarvm liber secundus. Mailand 1609.

14 Die Hexe küßt den Hintern Satans. Holzschnitt aus: Francesco Maria Guazzo (Guaccius), Compendium maleficarvm. Mailand 1609.

15 Verbrennung der Hexen von Derneburg im Oktober 1555. Kolorierte Zeichnung nach einem Nürnberger Einblattdruck in Johann Jakob Wicks Nachrichtensammlung.

18 Hexensabbat in Genf 1570. Kolorierte Zeichnung in Johann Jakob Wicks Nachrichtensammlung.

19 Verbrennung von 19 Hexen im Mai 1571. Kolorierte Zeichnung in Johann Jakob Wicks Nachrichtensammlung.

◁
16 Eine Mutter verheiratet ihre Tochter mit dem Satan und wird deswegen 1568 in Bern hingerichtet. Kolorierte Zeichnung in Johann Jakob Wicks Nachrichtensammlung.

17 Der Teufel holt 1570 in Luzern die der Hexerei angeklagte Hebamme Barbara Schatzman(n) aus dem Gefängnis und läßt nur die Haut zurück. Kolorierte Zeichnung in Johann Jakob Wicks Nachrichtensammlung.

20 Hexenverbrennung.
Nürnberger Flugblatt, kolorierter Holzschnitt, 1555.

21 Hexensabbat auf dem Blocksberg.
Illustration aus: Johannes Praetorius, Blockes
Berges Verrichtung. Leipzig 1669.

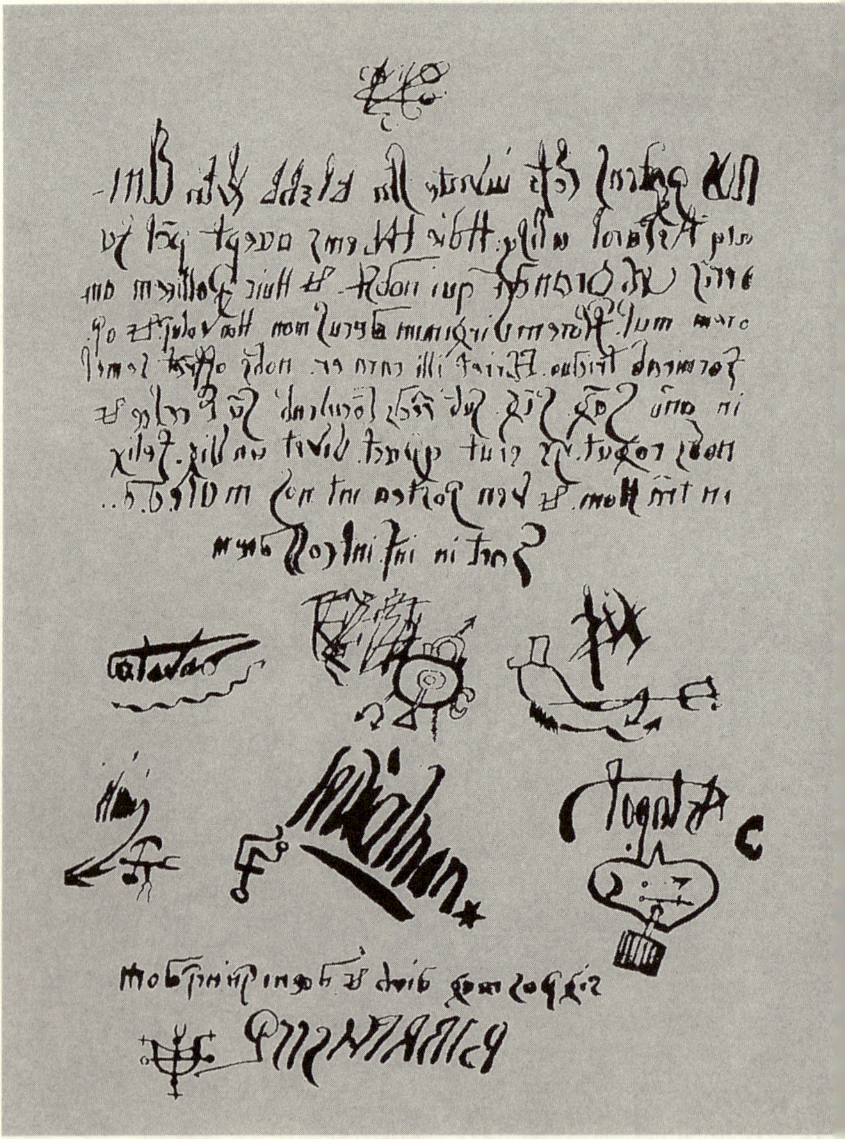

22 Angeblicher Pakt des Urbain Grandier (hingerichtet 1634) mit dem Satan (Ausschnitt).

23 Hexensabbat. Kupferstich aus: Pierre de Lancre, Tableau de l'inconstance des mauvais Anges et démons, où il est amplement traité des Sorciers et de la Sorcellerie, avec les procédures faites contr'eux et la figure du Sabbat. Paris 1612/13. ▷

24 Attila und die Zauberin. Titelkupfer aus: Valentin Alberti (Präses), Christian Stridtbeckh (Autor), De Sagis. Leipzig 1714.

25 Die Allgegenwart des Teufels.
Ein weiblicher Dämon packt Graf Struense.
Holzschnitt, Kopenhagen 1772
(Sammlung V. E. Clausen).

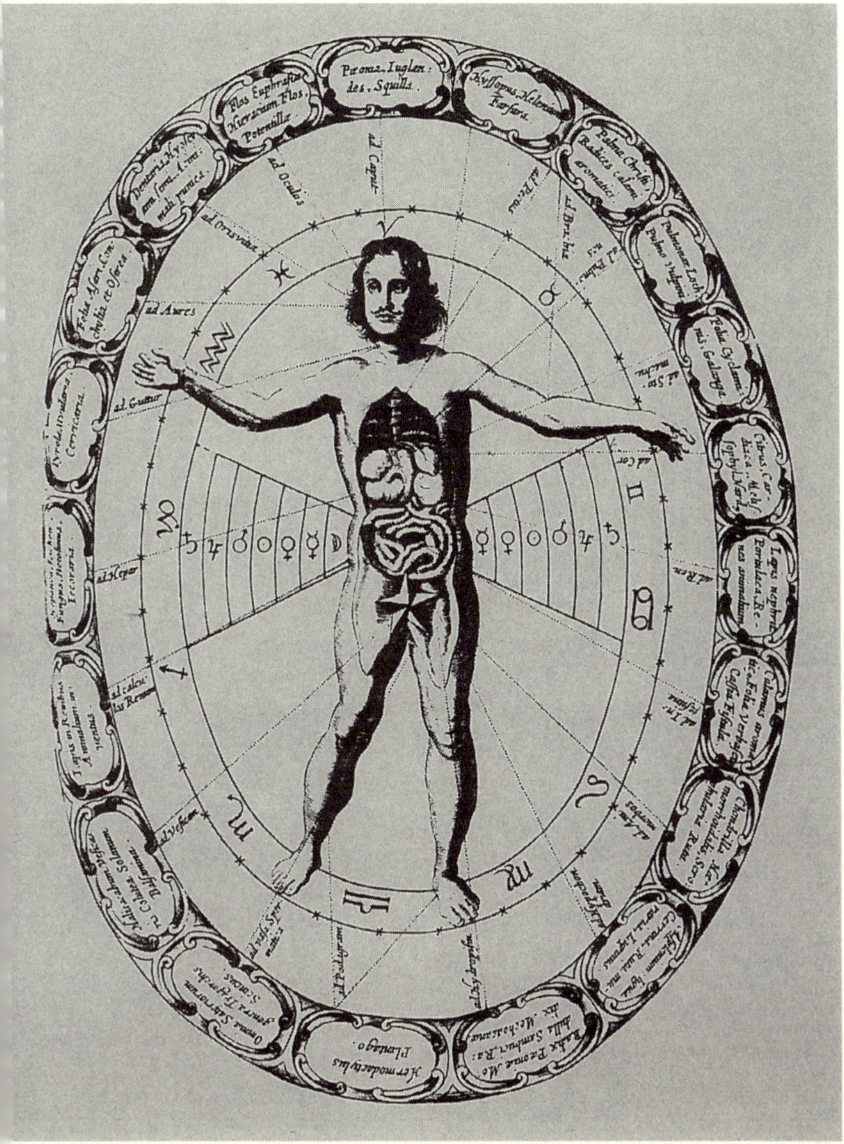

26 Die Verbindung von Makrokosmos und Mikrokosmos. Kupferstich aus: Athanasius Kircher, Mundus subterraneus, Bd. II. Amsterdam 1665.

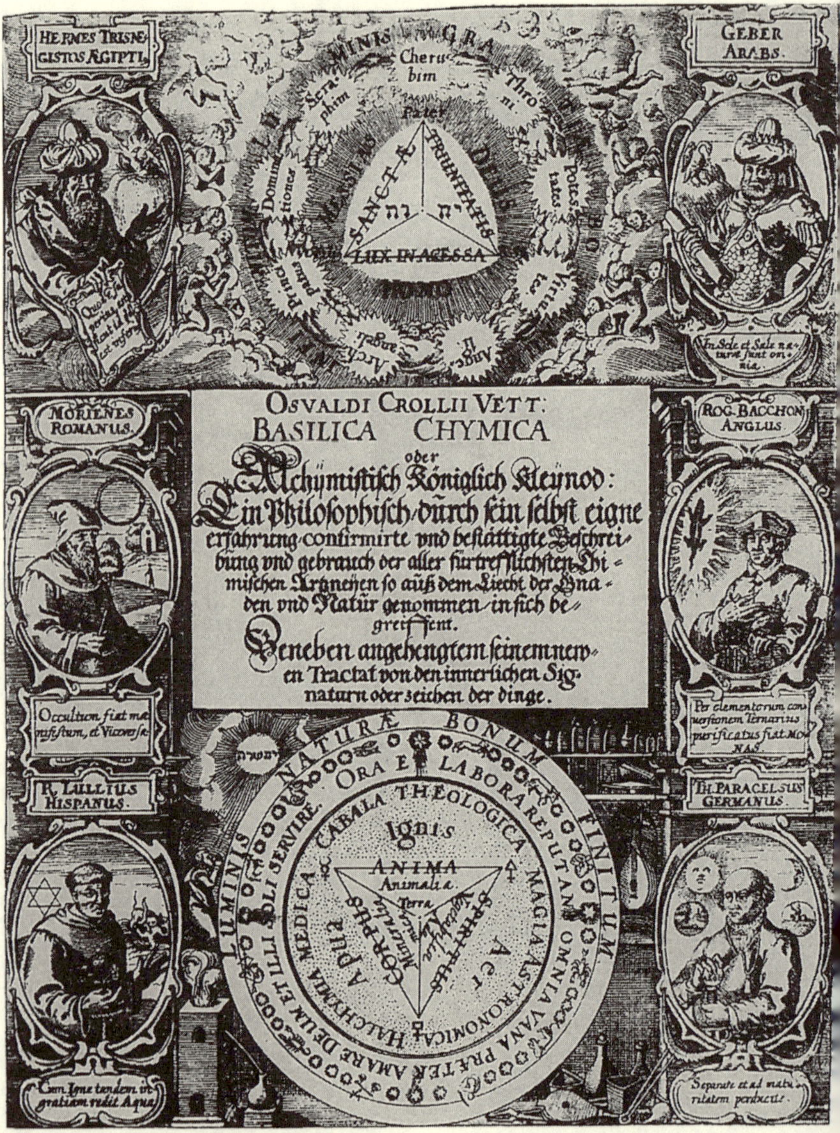

27 Die Vertreter der *Magia naturalis*: Die «Zauberer» Hermes Trismegisthos, Geber, Raimundus Lullus, Paracelsus u. a.; Titelemblem aus: Oswald Croll, Basilica Chymica oder Alchymistisch Königlich Kleynod. Frankfurt a. M. 1629.

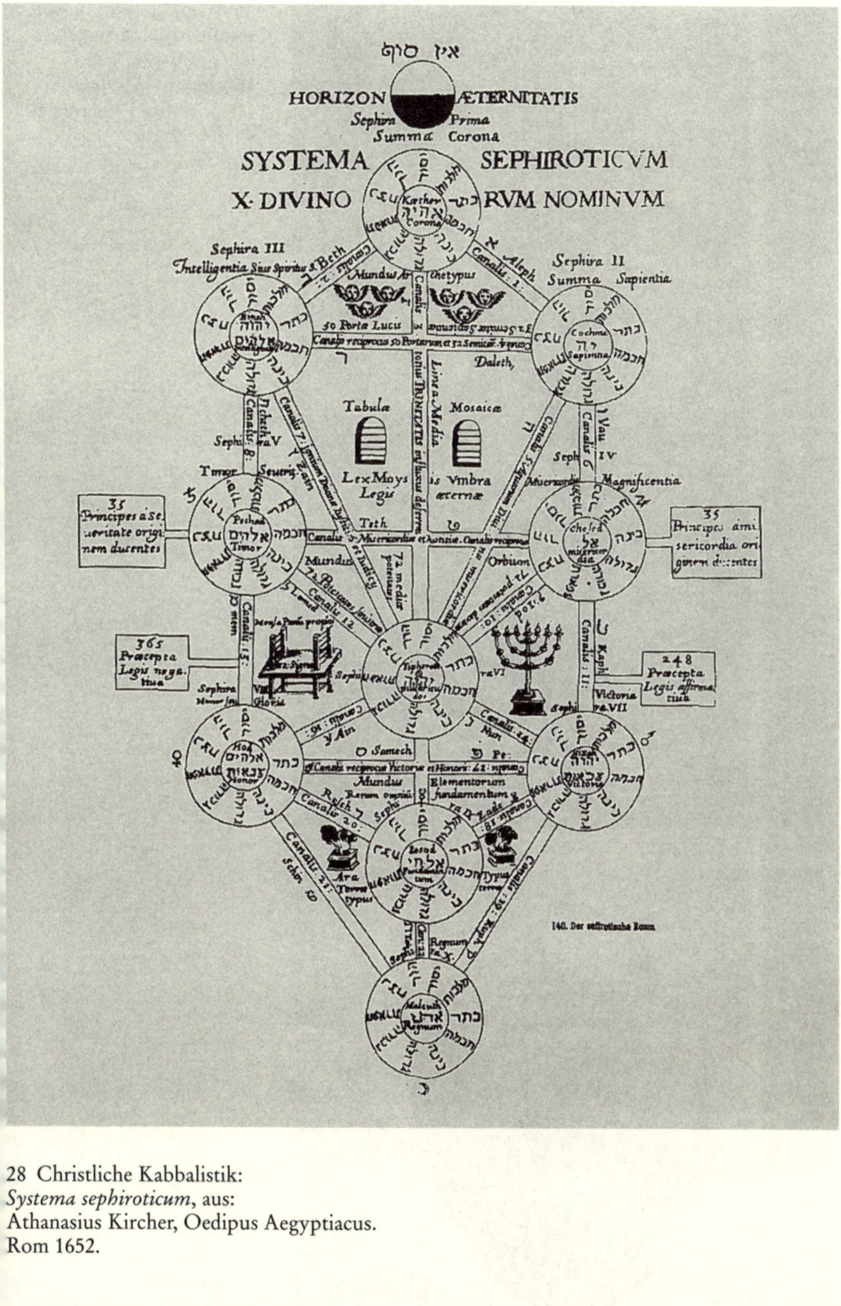

28 Christliche Kabbalistik:
Systema sephiroticum, aus:
Athanasius Kircher, Oedipus Aegyptiacus.
Rom 1652.

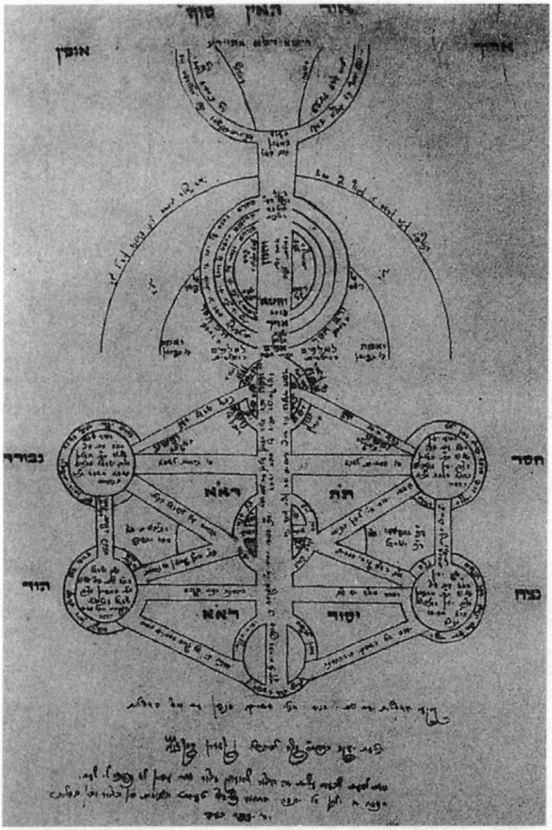

29 *Systema sephiroticum*. Kabbalistisches Wochenbettamulett für eine Wöchnerin (Mutter von Jakob Stern); Papierzettel, 20. Jh.

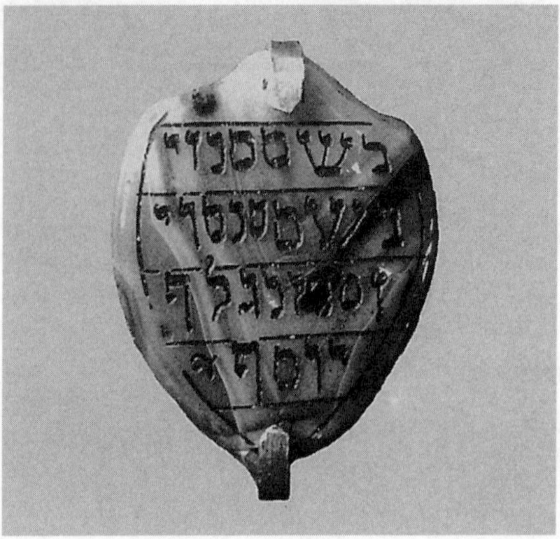

30 Kabbalistisches Kindbettamulett mit den Engelnamen Senoi, Sansenoi und Samangelof; Halbedelstein, geschnitten, 20. Jh.

31 Vinculum Regis Salomonis. Kabbalistisches Faltamulett, handschriftlich, koloriert, spätes 18. Jh. (Privatbesitz).

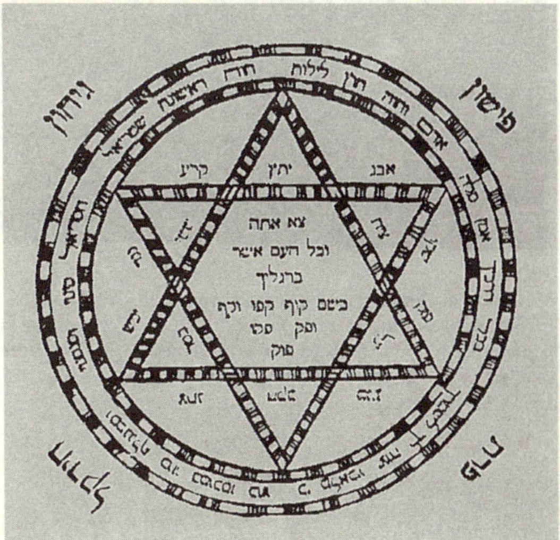

32 Kabbalistisches Kindbett-amulett mit Engelnamen, Psalm 91, 11 und Exodus 11, 8; aus: Sefer Raziel, 1701, S. 43a.

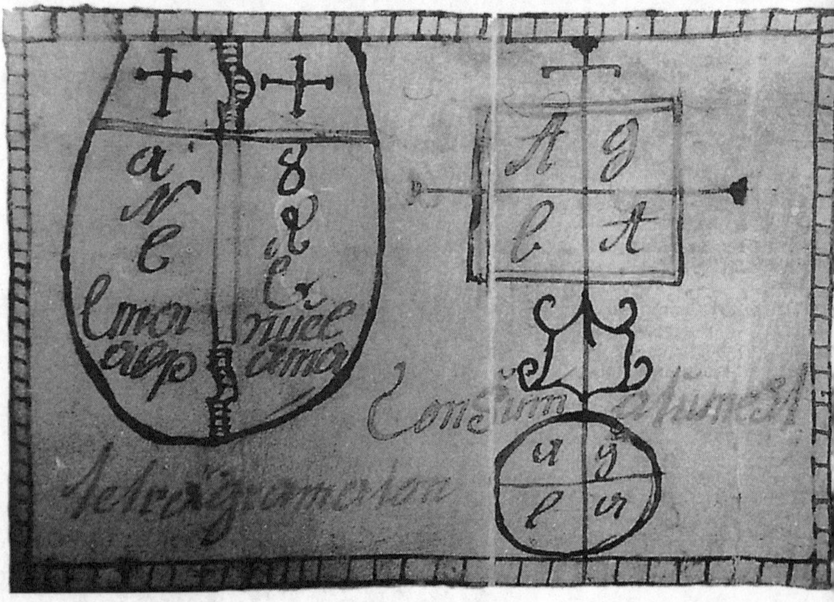

33 Dr. Faust Vierfacher HÖLenzwang. Handschrift mit kolorierten Federzeichnungen, 19. Jh.; das Manuskript datiert sich auf eine – legendäre – Ausgabe Rom 1501 (^{2}1680) zurück.

34 Tafel mit Zauberzeichen zum Schatzgraben; Pergament, 18./19. Jh.; Graz, Joanneum, Volkskundemuseum.

35 Curieuse und gantz neue Art zu Punctiren. Leipzig 1743 (Titelblatt). Punktierkünste zählten zu den beliebtesten divinatorischen Spielereien des 17. und 18. Jahrhunderts.

Cyprianus,

indeholdende den fuldstændigste og paalideligste

Drømme- og Spaabog

med Anvisning til at spaa i Kort, Kaffe og Æggehvide, og derved erholde Vished om sin egen og Andres Skæbne i Alt, samt

Planetbog,

hvorved man bliver i Stand til, paa en sikker og bekvem Maade at bestemme en Persons Karakter og Skæbne. Med Fortegnelse over

Tycho Brahes Dage,

deri Underretning om, hvad man skal vogte sig for og hvad man tør gøre uden Risiko osv. osv.

Samlet efter de berømte Sandsigersker Sibylle og Lenormand, der forudsagde Napoleon hans Skæbne som den indtraf, samt efter den arabiske Dervisch Shahab-Eddins hemmelige Optegnelser.

Pris: 35 Øre.

København.

Jul. Strandbergs Forlagsboghandel, Vingaardstræde 18.

Trykt hos Bernh. Wennstrøm.

◁
36 Traumbuch des Cyprianus. Kopenhagen o. J. (letztes Drittel 19. Jh.); Titelblatt einer populären Billigausgabe zur Deutung von Träumen und Vorzeichen.

37 Dr. Faust Haandbog. Kopenhagen 1918, Titelblatt.

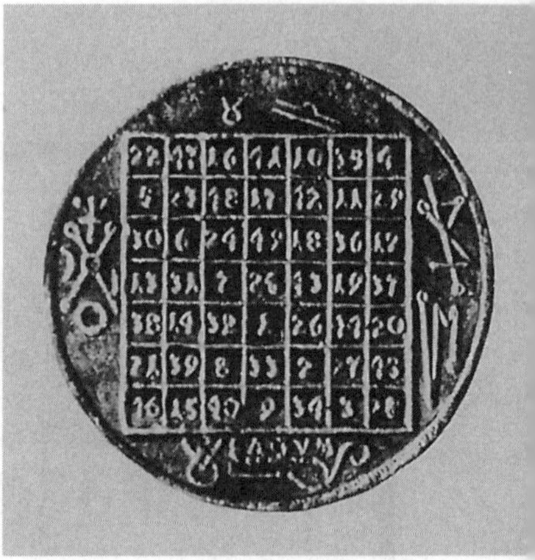

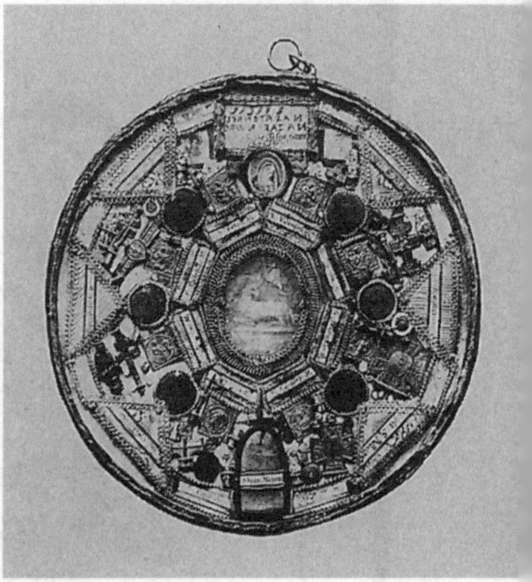

38 Alraune mit bearbeitetem Kopf und Stoffmäntelchen in Behältnis, 18. Jh.

39 Venussiegel; Rückseite mit magischem Zahlenquadrat; Blei.

40 Wettersegen. Altbayern, 18. Jahrhundert (Rückseite).

41 Stoffkissen mit unterschiedlichen Amuletten, Heiligenbildern, Knochensplittern und Flüssigkeiten; rechts: Rückseite mit dem von «Professor Jesus» verfaßten Gebet zur Verstärkung der Wirkung der Amulette und Talismane; Peru, 1991 (Privatbesitz).

42 Gedruckter Neujahrs- und Haussegen, Bamberg, mit wahrscheinlich fingierter Jahreszahl 1698.

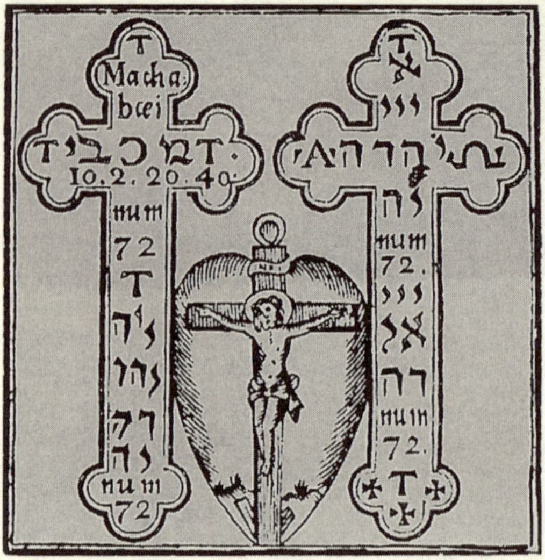

43 Namen-Gottes-Kreuze aus dem «Andächtigen Haus- und Feldsegen»; gedruckt bei Lutzenberger, Burghausen, 2. H. 19. Jh.; die hebräischen Buchstaben sind zu unverstandenen Zeichen verkommen, was dennoch die Überzeugung von der Wirksamkeit nicht beeinträchtigen konnte.

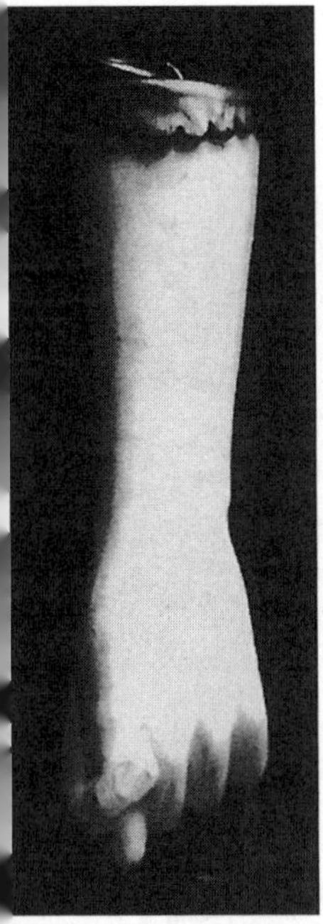

44 *Fica* als Anhänger; Plastik mit Metallfassung, modern (Privatbesitz).

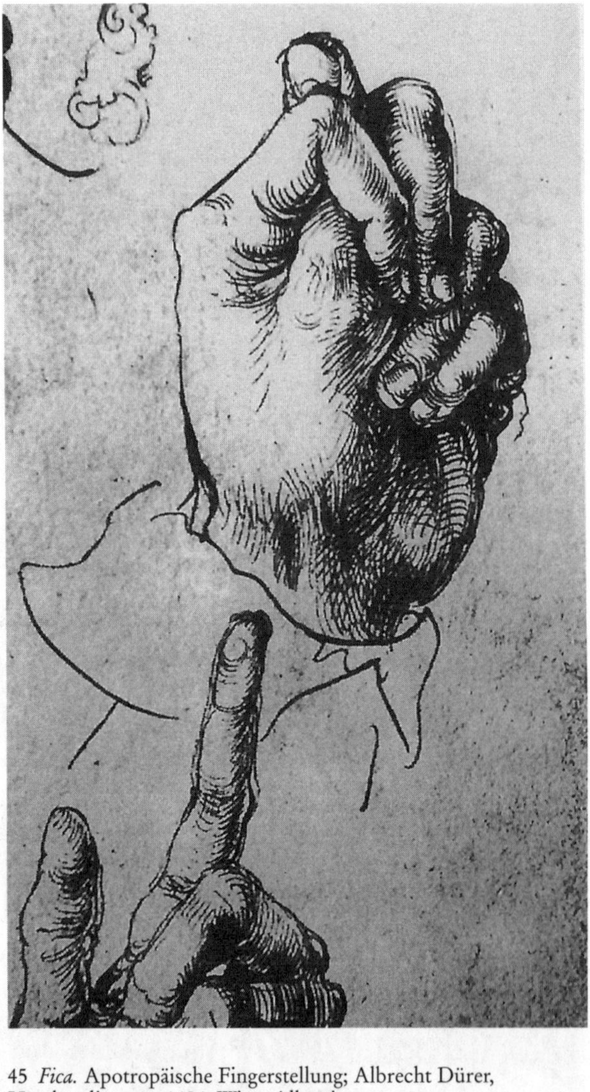

45 *Fica.* Apotropäische Fingerstellung; Albrecht Dürer, Handstudien von 1494; Wien, Albertina.

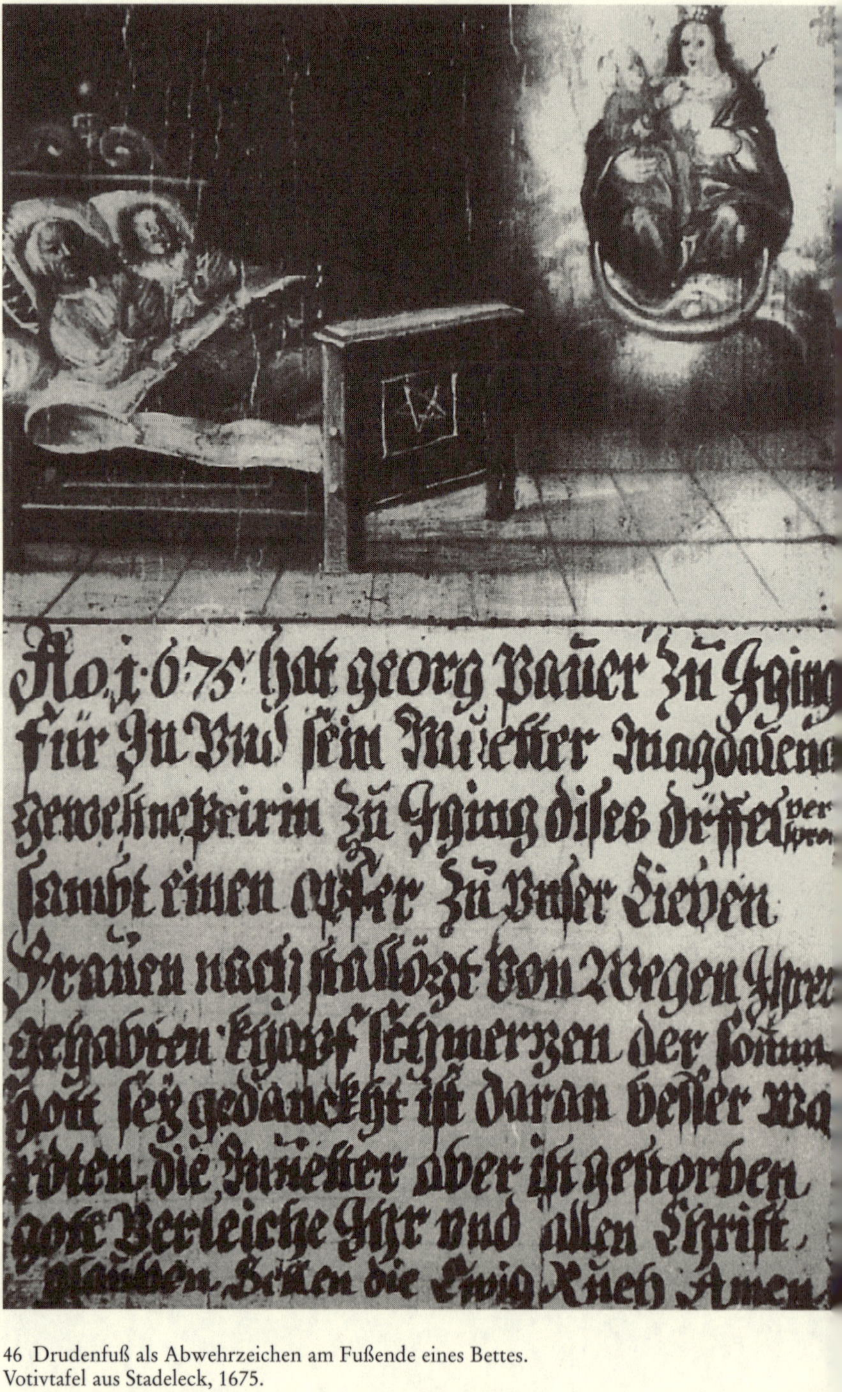

46 Drudenfuß als Abwehrzeichen am Fußende eines Bettes.
Votivtafel aus Stadeleck, 1675.

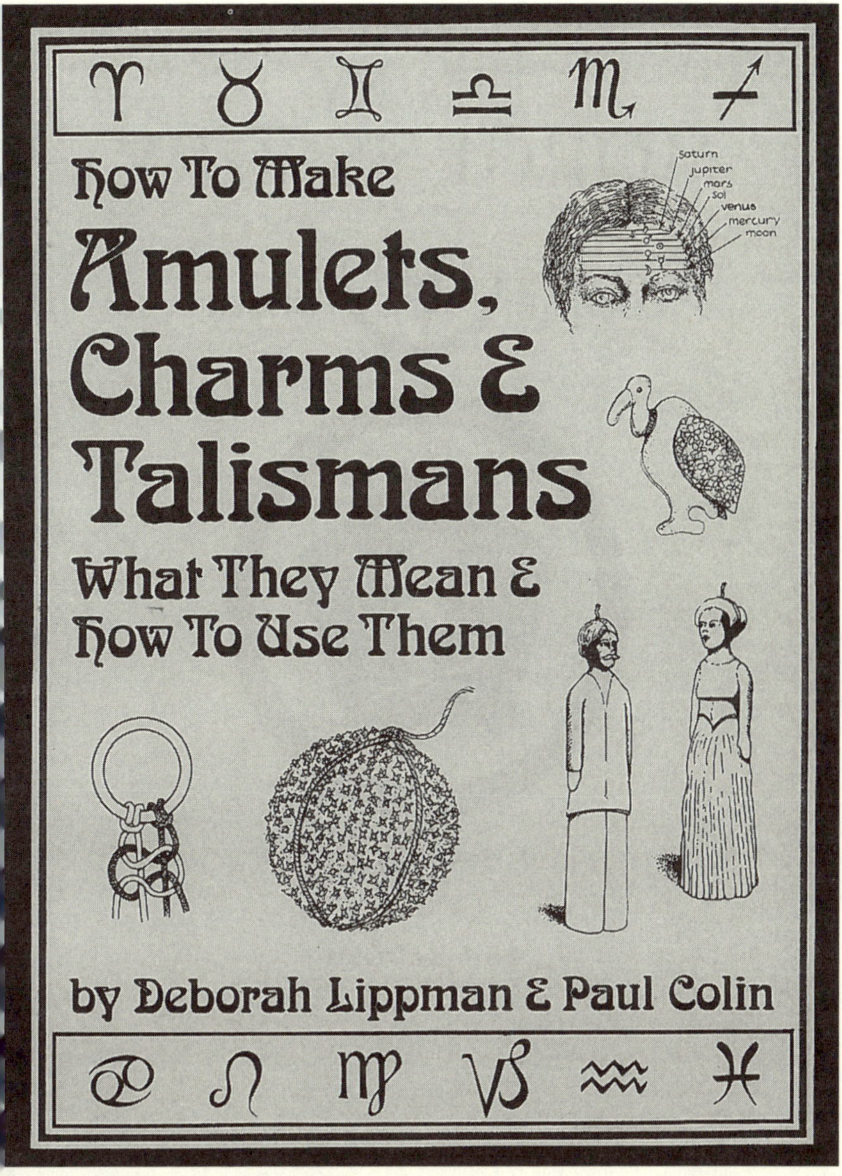

47 Herstellung von Amuletten und Zaubergegenständen in häuslicher Bastelarbeit. Titelblatt einer «okkultistischen» Anleitungsschrift von 1974.

DEN NY
MORGENS GRY

LUCIFER HIRAM

VERDENSBYGMESTERENS GENKOMST

AF

BEN KADOSH

STUD. ART. CABBALISTIC. & HERMETICARUM
SUPR. D. D. L. O. M. etc.

HAFNIA 1906

48 Den Ny Morgens Gry. Titelblatt eines satanistischen Traktats, Kopenhagen 1906 (Privatbesitz).

«das Weib von der Mannrippe gebildet» werden mußte, beantwortete er mit dem durchaus positiven Bezug auf die Sakramentenlehre:

«Es war angemessen, daß das Weib aus der Mannrippe gestaltet wurde zum Zeichen sowohl dafür, daß zwischen Mann und Weib eine Gesellverbindung sein soll, als auch für den Ausfluß der Sakramente aus der Seite des am Kreuz hinscheidenden Christus[10].»

Zugleich sah er in der Frau ein Wesen, das «aliquid deficiens et occasionatum», also fehlerhaft, daher dem Mann untergeordnet und zur Ausübung eines kirchlichen Amtes, vor allem aber zum Empfang der kirchlichen Weihe ungeeignet sei.

Diese Dichotomie ergab sich aus der Beziehung zwischen Vorbild und Abbild, aus der Hochschätzung der Jungfräulichkeit und der Geringschätzung des weltlichen Lebens. Zwischen Maria und der Hure, zwischen der jungfräulich-klösterlichen Lebensform und der Ehe lagen Welten, obwohl weder die fromme Introvertiertheit der Klöster Schutz vor dem Satan bot noch die Ehefrau und Mutter durch ihren Status *per se* zur Verdammnis verurteilt war. Der Teufel machte weder Halt vor den Nonnen im französischen Kloster Loudon noch vor dem Kloster Unterzell bei Würzburg, das mit seiner Subpriorin Maria Renata Singer von Mossau (1679–1749) eine der letzten Hexen stellen sollte, noch hielt der Ehestand Frauen wie Elisabeth von Thüringen davon ab, ein gottgewolltes, über das Mittelmaß hinaus reichendes Leben zu führen. Die Reduktion der Zaubertheorie auf die Frau mußte sich daher auch aus anderen Überzeugungen rekrutieren, um unbeschadet die Jahrhunderte zwischen dem Hochmittelalter und der Aufklärung überstehen zu können.

Hinweise auf die Gleichsetzung von Zaubervermögen und Frau finden sich bereits bei Thomas von Aquin, der in der 118. Untersuchung seiner «Summa theologiae» den psychologischen Ursachen der Verhexung *(fascinatio)* nachging:

«Die Ursache der Behexung mißt Avicenna dem Umstand bei, daß der körperliche Wesungsstoff naturgegeben einem geistigen Wesen eher gehorcht als dem, was in der Natur gerade entgegengesetzt handelt. Wann [sic!] daher die Seele in ihrer Einbildung stark ist, stellt sich der körperliche Wesungsstoff nach ihr um. Darein legt er die Ursache des bösen Blicks *[oculi fascinantis]*. – Es ist aber vorhin [110, 2] dargetan worden, daß der körperliche Wesungsstoff einer geistigen Substanz nicht auf den Wink gehorcht, außer dem Schöpfer allein. Darum heißt es besser, daß aus einer starken Einbildung der Seele heraus sich die Geister des Körpers im Verbund umstellen. Eben nun diese Veränderung der Geister findet am meisten in den Augen statt, zu denen die feineren Geister hingelangen. Die Augen aber stecken die auf bezirkten Raum hin ununterbrochene Luft an: in einer Weise, in der auch Spiegel, die neu und rein sind, aus der Einschau einer weiblichen Person in ihrer Monatszeit eine gewisse Trübung sich zuziehen, wie Aristoteles im Buche De Somn. et Vig. [De Insomniis 2] sagt.

Wenn also, wie es am ehesten bei Altweibern eintritt, eine Seele sich heftig von Bosheit erregt, wird ihr Blick giftig und schädlich: besonders für Kinder, ihr Körper ist ja zart und leicht eindrucksempfänglich. – Möglich ist auch, daß aus Gottes Zulassung oder auch aus einem verborgenen Tatbestand die Böswilligkeit der Dämonen dazu mitwirkt, womit die wahrsagenden Altweiber irgendein Bündnis haben[11].»

Diese Begründung legt die Einseitigkeit der modernen Forschung bloß, die eigene Lüste auf die christliche Sexualfeindlichkeit projizierte. So sah Alfonso di Nola in der Sexualität ein bestimmendes Thema in der theologischen Hexenliteratur; die mittelalterlichen und nachmittelalterlichen Verfasser seien davon ausgegangen, «daß am Anfang der Beziehung eine sexuelle Sünde oder das Bedürfnis der Frau nach zügellosem Geschlechtsverkehr steht und daß dieses sie dazu treibt, die Vereinigung mit dem Teufel zu suchen oder seinem Liebeswerben nachzugeben und damit der ewigen Verdammnis anheimzufallen»[12]. Daher scheine es nur konsequent zu sein, die «sexuellen Fragen», die zum «zentralen Argument in den theologischen Traktaten» geworden seien, «als wesentliche körperliche Aspekte der bäuerlichen Welt, in der das Problem der Hexerei sehr häufig auftaucht» zu begreifen[13]; doch damit nicht genug: Die gelehrten Verfasser der theologischen und juristischen Zauberei- und Hexenliteratur hätten «durchaus ihr Vergnügen an dem Thema» gehabt[14].

Das Märchen von den zölibatären Lustmolchen, die ihre Frustration über sexuell Entgangenes in gelehrte Schriften hineinschreien, erweist sich weitgehend als moderne Fiktion, die einen neuen und nicht eben geringen Beitrag zur weiteren Diskriminierung der Frau leistet. Tatsächlich sind die Begründungen in sehr viel tiefer liegenden Schichten zu suchen; sie verblüffen heute weniger durch ihre Inhalte als durch ihre zähe Langlebigkeit weit über die Epoche der Hexenprozesse hinaus.

Von den Lastern der Frau zur Krankheit der Hexe

Es heißt, sich noch einmal die Grundformel des abendländischen Magieverständnisses zu vergegenwärtigen: Der Mensch ist aufgrund seiner Veranlagung unfähig, den Erfolg einer magischen Handlung zu bewirken; er kann sie wünschen, doch für die effiziente Durchführung bedarf es des medialen Helfers, eines Dämons, eines Teufels. Satan besitzt eine dem Menschen überlegene, zugleich aber in den göttlichen Heilsplan integrierte Macht als die personifizierte Versuchung zum Bösen.

Der «Malleus Maleficarum» trug eine Vielzahl von – teilweise nachweislich gefälschten – Begründungen aus den *auctoritates*, aus dem Alten und Neuen Testament, den antiken Schriftstellern, Kirchenvätern und den hochmittelalterlichen Theologen zusammen, um zu erklären, «warum in dem so gebrechlichen Geschlechte der Weiber eine größere Menge Hexen sich befinden als unter den Männern»[15]. Zwar gäbe es auch «gute Weiber»[16], wie die alttestamentarischen Frauen Judith und Esther oder die Maria des Neuen Testaments; insgesamt aber überwiege die von der Frau ausgehende Gefahr. Von später als Stereotypen gehandelten Charakterisierungen wie Geschwätzigkeit, dem Hang zur üblen Nachrede, Habsucht, Eitelkeit und ungehemmter Verführungssucht sei hier nicht die Rede, weil sie bestenfalls als Beiwerk der Argumentation gegen die Frau dienen sollten. Wichtig sind vielmehr zwei Auslassungen der Inquisitoren, die bei aller Absurdität für das moderne Verständnis dem wissenschaftlichen Erkenntnishorizont ihrer Zeit entsprachen. Die erste Begründung für das Laster, eine Frau zu sein, ergab sich aus dem zur Einleitung des Diskurses erforderlichen Verfahren der *etymologia* (Etymologie), die im Mittelalter auf der Voraussetzung eines kausalen Zusammenhangs zwischen der äußeren Worthülse und dem von ihr bezeichneten Wesen und dessen Entität steht. Dadurch ließ sich aus dem Begriff «femina» die mangelnde Religiosität ableiten:

«Es erhellt auch bezüglich des ersten Weibes, daß sie [die Frauen; Anm. des Verf.] von Natur geringeren Glauben haben; denn sie sagte der Schlange auf ihre Frage, warum sie nicht von jedem Baume des Paradieses äßen? ‹Wir essen von jedem, nur nicht etc., damit wir nicht etwa sterben›, wobei sie zeigt, daß sie zweifle und keinen Glauben habe an die Worte Gottes, was alles auch die Etymologie des Wortes sagt: das Wort *femina* nämlich kommt von *fe* und *minus* (fe = fides, Glaube, minus = weniger, also femina = die weniger Glauben hat), weil sie immer geringeren Glauben hat und bewahrt, und zwar aus ihrer natürlichen Anlage zur Leichtgläubigkeit, mag auch infolge der Gnade zugleich und der Natur, der Glaube in der hochgebenedeiten Jungfrau niemals gewankt haben, während er doch in allen Männern zur Zeit des Leidens Christi gewankt hatte.

Also schlecht ist das Weib von Natur, da es schneller am Glauben zweifelt, auch schneller den Glauben ableugnet, was die Grundlage für die Hexerei ist[17].»

Folglich stand die wesenhafte Veranlagung der Frau zur *superstitio* und damit zur bewußten und willentlichen Abkehr von Gott fest.

Doch Hexerei beruht auf der Versuchung Satans, Gott abzuschwören. Die dem Aberglauben sehr eng verbundene Leichtgläubigkeit des weiblichen Geschlechts allein konnte nicht – mehr – erklären, warum die Frau – und nicht etwa der Mann – so mühelos den teuflischen Anfechtungen erläge. Hier führte der «Hexenhammer» eine entscheidende anthropologische Begründung an, die so lange jeglicher Kritik standhielt, wie die Säftelehre der antiken Medizin und die Theorie vom Gleichgewicht der Körperflüssigkeiten Gültigkeit besitzen sollten:

«Der zweite Grund ist, weil sie von Natur wegen der Flüssigkeit ihrer Komplexion leichter zu beeinflussen sind zur Aufnahme von Eingebungen durch den Eindruck gesonderter Geister; infolge dieser Komplexion sind viele, wenn sie sie gut anwenden, gut; wenn schlecht, um so schlechter[18].»

Die Behauptung von der körperlichen «Debilität» der Frau bestritten weder Befürworter noch Gegner des Hexenglaubens. Martin Luther (1483–1546) stellte in einer Auslegung des 1. Petrusbriefs lapidar fest:

«Gemeyniglich ist das der weyber natur / das sie sich fur allem ding schewen und furchten, darumb sie so viel / zewberey und aberglauben treyben, da die eyne die ander leret, das nicht zu / zelen ist[19].»

Zu den entschiedensten Kritikern des Hexenwahns hingegen zählte der aus Nordbrabant stammende Johann Weier (auch: Weyer, Wier, Wyer, W/Vierus, 1515/16–1588), der nach dem Medizinstudium in Paris und Orléans den größeren Teil seines Lebens von 1550 bis 1578 als Leibarzt des Herzogs von Kleve-Jülich-Berg in Düsseldorf verbrachte. Dort verfaßte er sein Werk «De praestigiis daemonum et incantatoribus ac veneficis», das erstmals 1563 in Basel erschien und später auch ins Deutsche und Französische übersetzt wurde. Darin bestritt er weder die Macht des Teufels noch die Existenz von Hexen, wohl aber die Wirklichkeit ihrer Aussagen, die auf Einbildung, auf Blendwerken der Dämonen beruhten. Hexen seien keine Ketzerinnen, sondern unwissende, melancholische, vom Teufel getäuschte und verführte Frauen, die eigentlich Verhexten, die unter Folter jene Untaten gestünden, die der Teufel vollbracht habe. Daher sollten die Gerichte kein Urteil auf ein Geständnis allein hin fällen, sondern entweder eine kriminelle Tat nachweisen oder die Gefangenen freilassen.

Die «Melancholie» der verdächtigten Frau zeigt die Verbindlichkeit der naturwissenschaftlichen Lehrmeinung auch für Kritiker wie Weier, obwohl er auf der Grundlage der spätmittelalterlichen und frühneuzeitlichen Körperlehre die Hexerei in Frage stellen konnte, ganz im Stil des «Hexenhammers» zwar, aber ohne an den Prämissen etwas ändern zu müssen. Auch er bediente sich des uns heute so widersinnig erscheinenden Verfahrens der Etymologie, für das er gewichtige Autoritäten wie Lactantius und Augustinus zitieren konnte; sie hätten «das Weib Mulier von dem wort Mollis / so weich / zart / vnd leißgebachen bedeutet / genen[n]t [...]»[20]. Folgerichtig widmete er den «leichtglaubigen vnd schwachheit deß Weiblichen geschlechts» ein eigenes Kapitel:

«Vnd wiewol der alte listige Bößwicht der Sathan / an alle Menschen / wo er jrgendt anlaß / sie seyn was geschlechts / alters / standts / &c. sie jmmer wöllen / sich setzt / vn[d] wo er jrgend einen hinder diese kunst bringen möge / sein heyl versucht: So gereth es jhm doch mehrertheils am Weiblichen geschlecht / welches denn von Natur vnnd seines Temperaments halben wankelmütig / vnbestendig / leichtgläubig / boßhafftig / seiner selbst nie mächtig / auch von seiner starcken anfechtungen wegen / so es schwerlich im zaum mag halten / mehrtheils Melancholisch befunden wirt. In sonderheit aber setzt er an die alten / vnverstendigen / kindlichen Vetteln[21].»

Ähnlich wie der «Hexenhammer» suchte auch Weier die Schuld für das in die Welt gekommene Übel und für die Schwachheit der Frau bei Eva, der Urmutter aller Menschen: «Vn[d] eben auß der vrsach / hat er [der Teufel; Anm. des Verf.] gleich anfangs da noch nicht mehr denn ein einig par Menschen vff Erden waren / nicht an Adam / sondern an Euam / als die der füglicher Werckzeug zu seim fürnehmen / sich gesetzt / welche er auch mit wenig worten / vnd gleicher disputation vberwunden hat[22].»

Die «Melancholie» aber, an der vor allem alte Frauen litten, bezeichnete nicht nur eine psychische Stimmung, sondern vielmehr ein Übergewicht des diese hervorrufenden Körpersafts, der «schwarzen Galle», eine Störung der Körperfunktionen und dadurch eine *somatische* Voraussetzung für die gesteigerte Verletzlichkeit und die erhöhte Empfänglichkeit der Frau für Vorgaukelungen *(praestigia)* der Dämonen.

Kinder als Hexen

An der Wende vom 16. zum 17. Jahrhundert befand sich die Frau in einer verzweifelten Situation. Ihre Bestimmung als Zauberin war theologisch wie medizinisch abgesichert, ihre *debilitas* aber machte sie auch zum leichten Opfer der Bezauberung. In seinem «Enchiridion Exorcisticvm» führte Gervasio Pizzurni 1668 eine umfangreiche Liste von Indikationen auf, warum der Dämon ausgerechnet mit den Melancholikern so leichtes Spiel hätte; der «humor melancholicus» besitze eine Wesensverwandtschaft mit dem Teufel, durchdringe die Membrane des Gehirns, rufe nicht nur Traurigkeit, sondern mit der Raserei und der Unordnung auch Eigenschaften hervor, hinter denen sich der Dämon verberge, und er verdunkele den Intellekt und das Erinnerungsvermögen des Menschen[23].

Doch die Theorie von der körperlichen und mentalen Schwachheit der Frau erfuhr nun im 17. Jahrhundert eine wesentliche Ausweitung und zugleich altersspezifische Differenzierung: Nicht mehr nur die Frauen pauschal, sondern insbesondere die *alten Weiber* täten sich als Hexen hervor. Daß diese Überzeugung noch im 18. Jahrhundert ihre Anhänger fand, erklärt unter anderem der Umstand, daß eine am 6. Dezember 1690 unter dem Präsidium Valentin Albertis von dem Augsburger Christian Stridtbeck in Leipzig verfaßte und verteidigte lateinische Dissertation unter dem Titel «Academische Abhandlung von den Hexen und dem Bündniß So sie mit dem Teuffel haben» 1723 eine volkssprachliche Ausgabe erfuhr[24]. Daran, daß die «Hexe [...] ein Frauenzimmer» sei, «die entweder noch unverheyrathet / oder schon verheyrathet / oder von dem ehelichen Bunde schon wieder befreyet ist», ließ Alberti keinen Zweifel[25], auch daran nicht,

«daß dieser böse Feind / und höllische Räuber der Teuffel / mehr das weibliche Geschlecht in seine Gesellschafft zu bringen sich befleißige. [...]. Denn das weibliche Geschlecht ist von Natur aus etwas schwächer und einfältiger / und kan sich entweder weniger vor denen Nachstellungen in acht nehmen / noch die listigen Anschläge mercken / noch dem Antrieb wiederstehen / noch das Vergangene verschweigen[26].»

Betroffen seien vor allem alte Frauen, Witwen etwa oder Hebammen, was mit dem von Herbert Pohl erhobenen Befund[27] übereinstimmt:

«Denn die Armuth / die Einsamkeit / die Geilheit / und andere Gefehrten des Wittwen-Standes, reitzen die Gemüther solcher Weiber an / daß sie / nachdem sie die göttliche Ehrerbietung hintenan gesetzt / sich um dieses Teufflische Bündniß bewerben / welcher höllische Fürst der Finsterniß / auch so dann gleich da ist / und sie mit unendlichen Versprechungen zu diesem Studio, und Dienst antreibt / durch welchen sie alsdenn auch überwunden und verderbet werden[28].»

Eine gesellschaftliche Notsituation zwinge also alte, alleinstehende Frauen zum Laster der Zauberei. Zu dieser Schicht gehörten auch Ammen, Hebammen und «alte abgelebte Mägde / die die Kinder warten sollen»[29]. Eine

«alte Auffwärterin und Nehterin einer alten Familie von Adel / mit Nahmen Maria Sprawelin, welche der Teuffel dahin vermocht, daß sie im Jahre 1650. den 11. Septemb. auf einen Dorffe eines Edelmanns / mit Nahmen Plosheim, nicht unweit von Straßburg gelegen / ein adeliches und frommes Fräulein / in den zehenden Jahre ihres Alters / elende bezaubert hat. Denn sie hat diesem Fräulein eine vergifftete Nuß / so sie von ihren Höllischen Buhler bekommen / gegeben / und sie auf vielerley Art und Weise überredet / daß sie dieselbe essen möchte. So bald als sie aber einen Theil von der Nuß gegessen / hat sie den andern von sich geworffen / und alsbald den grausamsten Schmertzen empfunden / der hernach auch zugenommen / und das fromme Fräulein elendiglich gemartert. Die Haare stehen mir zu Berge / wenn ich diese weitläufftige Erzehlung dieses grossen Theologi bey mir erwege / wodurch er denn das deutlichste Zeugniß beybringet / daß der Teuffel viel grosse und böse Dinge durch diese seine Werckzeuge ausführen könne[30].»

Kinder aber waren schon seit langem, so wollte es zumindest die Zaubertheorie, als Objekte gefährdet gewesen, da Hexen ihre Körperteile als Hilfsmittel für Verwandlungen («instrumenta suis transmutationibus») benötigten, sie kochten, um die Knochen vom Fleisch zu trennen, und daraus die meisten Arten der Hexensalbe zubereiteten («plurima vnguenta pro vnctione maleficorum & maleficiandorum componunt»). Dies sei, so Pizzurni, unsinnig und völlig vergeblich; die Salben besäßen keine Kraft, da der Dämon lediglich Illusionen erzeuge («suggessione [sic!] daemonis»)[31].

Daß Kinder infolge ihrer Schwachheit den Nachstellungen des Teufels wehrlos ausgeliefert waren, stellte eine allgemeine Überzeugung dar; so führte Martin Luther in seinem zweiten Galaterkommentar von 1535 aus: Der Teufel

«kann also durch seine Hexen Kindern Schaden zufügen, entweder durch Herzbeklemmung *[angustia cordis]*, oder sie blenden oder stehlen oder überhaupt ein Kind wegnehmen und sich selbst an Stelle des Kindes in die Wiege legen. Ich habe gehört, daß es ein solches Kind in Sachsen gegeben hat, das fünf Frauen ausgesaugt hat und dennoch nicht gesättigt werden konnte. Und es gibt viele solcher Beispiele. Es ist also ein Faszinum nicht anderes als ein Treiben und eine Illusion des Teufels, ob er nun ein Glied raubt oder einen Körper angeht oder ihn ganz entfernt. Dies kann er auch vorzüglich bei Alten. So ist es kein Wunder, daß er Kinder derart verzaubert [...][32].»

Luther nannte für diesen Zustand noch keine physiologischen Begründungen; sie blieben vorwiegend dem 17. Jahrhundert vorbehalten. Betroffen seien, so Tobias Tandler in seiner 1606 in Wittenberg erschienenen «Dissertatio de fascino», neben Menschen, die mit Schönheit begabt sind, da sie Neid und Nachstellung auf sich ziehen[33], vor allem Frauen wegen ihrer Furchtsamkeit und Leichtgläubigkeit:

«Meticulosos etiam & cumprimis foeminas citius incantatione corripi, largiter annuimus, & propter imaginationis languorem, quod hic vires quoque corporis enervet; & propter incredulitatem, cuius illi poenam sibi accersunt[34].»

Kinder aber seien wegen der Weichheit und Anfälligkeit des Körpers sowie der Dünnheit und mangelnden Widerstandskraft des Blutes besonders von der Bezauberung gefährdet:

«Infantes & pueros incantamentis facilius oblaedi, constat, & inprimis venustiores. Illos quidem cum propter corporis molliciem & imbecillitatem, quae citò virus imbibu[n]t: tum propter sanguinis tenuitatem & levitatem, qui minus restitit. Tardius enim sanguis craßior & melancholicus impreßiones admittit[35].»

Wer aber hätte innerhalb einer Gesellschaft, der die Ursachen für Totgeburten, Säuglingssterblichkeit und den Tod im Wochenbett unbekannt waren, einen leichteren Zugang zu den erforderlichen Zauberutensilien gehabt als die Ammen und Hebammen?

«Was vor eine grosse Anzahl Hebammen sind nicht schon / wegen des grausamen Kinder-Mords / in die Hölle gefahren ! und gewiß / so ein weiblicher Stand dem Teuffel zu dienen angenehm ist / so ist es vornehmlich der Hebammen-Stand: Denn dieselben können auf mancherley und unzähliche Weise dem menschlichen Geschlechte zuwider seyn / und die Kinder entweder in der Geburth / oder nach der Geburth / ohne daß es jemand mercket / umbringen. Wir können hier viele vor wenig Jahren verbrannte Hebammen zum

Exempel anführen, die durch die Einstechung kleiner Nadeln / durch Erstickung / oder auf andere Art und Weise / die Kinder um Gut und Blut gebracht haben[36].»

Nun aber gerieten Kinder infolge medizinischer Lehrmeinungen, die man bislang ausschließlich mit Frauen in Verbindung gebracht hatte, selbst auch zu Hexern[37]. Vor diesem Schicksal bewahre sie, so Pizzurni, bestenfalls noch die Taufe:

«Si autem sint Baptizati beati moriuntur; si non Baptizati, grauius sic offenditur ab illis maleficis Deus, & Daemoni magis arridetur[38].»

Die Verwissenschaftlichung der Zaubertheorie und die Ausweitung der *debilitas*-Doktrin auf die Kinder entspricht dem historischen Befund: Die Idee bestimmte das Vorgehen der Obrigkeiten. Nachrichten über Hexenprozesse gegen Kinder fehlen für das 16., nicht jedoch für das 17. Jahrhundert. Zwar hatte schon Johann Jakob Wick berichtet, daß am 3. September 1568 in Bern «ein muotter irr tochter dem sathan verhürat» hätte; allerdings lamentierten einschlägige Schriften, so der 1630 in Aschaffenburg gedruckte «Newe Tractat von der Verführten Kinder Zauberey», erst im 17. Jahrhundert, daß «viel Jungen, Vnmannbar oder auch vnmündige Kinder [...] mit solchem Zauberey Laster beschmeißt / vnd vergifftet seyen», und machten damit eine neue Dimension des Schreckens sichtbar. Zum Zeitpunkt ihrer Hinrichtung in Dieburg war Anna Masins gerade acht Jahre alt gewesen[39].

Gift und Heilmittel. Die Menstruation und der Urgrund der weiblichen Zauberei

Die im «Hexenhammer» wie bei Weier insgesamt noch relativ vage formulierte Theorie von der Schwachheit des weiblichen Geschlechts fand ihre naturwissenschaftliche Präzisierung in der *magia naturalis* des Philippus Theophrastus (Bombastus) von Hohenheim, genannt Paracelsus (um 1493–1541), und seines geistigen Umfelds. Die ihm zugeschriebene, aller Wahrscheinlichkeit nach jedoch nicht von ihm stammende Schrift «De pestilitate» vertrat die bereits bekannten und gängigen Lehrmeinungen: die Frau sei einfältig, von ihrer Vernunftbegabung dem Mann unterlegen und hänge daher der Zauberei stärker an als dieser. «Denn der mille artifex kann sie zu solchen Dingen schneller überwinden und überreden als den Mann[40].» Das Beispiel der Pest bestätige diese Überlegung:

«Eine schwangere Frau stirbt in solcher Zeit der Pestilenz viel eher als ein ander Mensch, deswegen weil das Gift und die Bosheit solcher Krankheit contagiosisch ist und weil sie auch die Frucht im Leibe hat, da wird dann oft die Frucht mitsamt der Mutter inficiert[41].»

Der Pseudo-Paracelsus aber schloß definitiv den Kreis zwischen der Anfälligkeit und Verletzlichkeit der Frau und dem Ungleichgewicht der Körpersäfte durch den Hinweis auf die Menstruation, die durch den Blutverlust das labile Gleichgewicht zerstört. Eben dieses Blut wurde zu einem der wirkungsvollsten Zaubermittel. Heinrich Cornelius Agrippa von Nettesheim führte sogar 1533 in seiner für die Magiediskussion der frühen Neuzeit maßgeblichen Schrift «De occulta philosophia sive de magia libri tres» den Reigen der Zaubermittel mit dem Menstruationsblut an, wobei er sich etwa auf Plinius beziehen konnte: Der neue Most werde sauer, der Weinstock für immer geschädigt, das Getreide taub, wenn es mit dem *sanguis menstruus* in Berührung käme. Die schädliche Substanz mache vor nichts halt:

«Der Glanz der Spiegel wird selbst durch den Blick einer Menstruierenden matt; die Schärfe der Rasiermesser wird abgestumpft; das polierte Elfenbein verliert sein schönes Aussehen; das Eisen wird schnell vom Rost verzehrt; auch das damit in Berührung gekommene Messing wird mit einem scharfen Gift von abscheulichem Geruche und mit Grünspan bedeckt; durch seinen Genuß werden die Hunde toll und der von ihnen Gebissene mit einem unheilbaren Gifte angesteckt; die Bienenstöcke sterben aus, und bei einer Berührung ihrer Körbe entfliehen die Bienen; Leinwand, damit gekocht, wird schwarz; trächtige Stuten abortieren infolge seiner Berührung; die Eselinnen werden so viele Jahre nicht trächtig, als sie mit diesem Blute benetzte Gerstenkörner gefressen haben; wenn man die Asche von Tüchern, die mit solchem Blute benetzt sind, auf Kleider, die gewaschen werden, streut, so verändert sie den Purpur derselben, und den Blumen nimmt sie ihre Farbe[42].»

Doch es findet auch zu nützlichen, heilenden und apotropäischen Zwecken Anwendung:

«Mit Wolle von einem schwarzen Widder in eine silberne Armspange eingeschlossen, soll das Blut von der monatlichen Reinigung das drei- und viertägige Fieber vertreiben. Ebenfalls ein höchst merkwürdiges Mittel gegen das drei- und viertägige Fieber soll es sein, wenn man die Fußsohlen des Kranken damit bestreicht, und noch weit wirksamer, wenn es von der Menstruierenden selbst geschieht, ohne daß der Kranke darum weiß. Auf solche Weise soll auch die fallende Sucht geheilt werden können. Eine allgemein bekannte Sache ist es, daß, wenn jemand infolge eines Hundebisses vor Wasser oder sonstigen Getränken sich fürchtet, ein unter den Becher gelegter, mit dem Monatlichen benetzter Lappen eine solche Scheu sogleich beseitigt. Ferner sollen die Menstruierenden, wenn sie um ein Saatfeld herumgehen, die Raupen, Würmer, Käfer und anderes schädliche Getier töten können. Dabei ist aber zu beachten, daß sie dies nicht bei Sonnenaufgang tun, weil sonst die Saat verdorren würde. Daß Hagel und Sturm dadurch vertrieben werden und daß es ein Mittel gegen den Blitz sei, darüber führt sogar Plinius mehreres an[43].»

Wichtig für die zauberische Wirkung des Menstruationsbluts ist sein Bezug zu den einzelnen Mondphasen:

«Als ein größeres Gift wirkt dieses Blut beim abnehmenden Monde, noch stärker ist seine Kraft beim Neumonde, am stärksten aber ist es bei einer Mond- oder Sonnenfinsternis, weil alsdann kein Gegenmittel hilft. Von der größten Wirksamkeit ist namentlich die Reinigung in den ersten Jahren und im zarten Jungfrauenalter. Wenn man mit solchem Blut die Türpfosten eines Hauses berührt, so wird jede Zauberei darin vereitelt. Ferner soll ein damit berührtes Kleid nicht vom Feuer verzehrt werden, und wenn man es bei einem Brande ins Feuer wirft, soll dieses sich nicht weiter verbreiten. Es heißt auch, daß, wenn man die Wurzel der Gichtrose mit Bibergeil und dem Blute von dem Hemde einer Menstruierenden einem Epileptischen eingebe, so werde er dadurch von seinem Übel geheilt. Wenn man einen Hirschmagen verbrennt oder bratet und Räucherungen mit Leinwand, die mit dem Monatlichen befleckt ist, hinzunimmt, so kann man dadurch den Jägern den Schuß verderben. Haare von einem menstruierenden Frauenzimmer, unter den Mist gelegt, erzeugen Schlangen, verbrennt man sie aber, so werden durch ihren Geruch die Schlangen vertrieben; eine solche Kraft wohnt diesem Mittel inne, daß es auch für die giftigen Tiere ein Gift ist[44].»

Einen ähnlichen Zusammenhang konstruierte die pseudoparacelsische Schrift «De pestilitate»: Es geschehe «natürlich [...]», daß

«eine schwangere Frau zur Zeit, wenn sie menstruosisch ist, den Spiegel befleckt und durch ihr Hineinsehen verderbt, denn zu solcher Zeit ist sie giftig und hat Basiliskenaugen ex causa menstrui et venenosi sanguinis, wegen ihres menstruosischen und giftigen Blutes, welches verborgen in dem Leib der Frau liegt, und dies nirgend stärker als in den Augen, denn da steht der siderische Geist des befleckten Leibes dem siderischen Magneten offen und bloß. Quia ex menstruo et venenoso sanguine mulieris causatur et nascitur basiliscus, ita luna in coelo est oculus basilisci coeli, wie aus dem menstruosischen und vergifteten Blute des Weibes der Basilisk verursacht und geboren wird, so ist der Mond im Himmel das Auge des himmlischen Basilisken. Und wie der Spiegel von der Frau befleckt wird, so auch werden durch den Mond wiederum die Augen und der siderische Geist und Leib des Menschen befleckt. Und das deshalb: daß zu solcher Zeit des furchtsamen imaginierenden Menschen Augen schwach und blöde sind und der siderische Geist und Leib ziehen aus dem Spiegel des Monden, in den du gesehen hast, das Gift an sich. Und nicht, daß ein Mensch allein die Gewalt hat, den Mond mit dem Ansehen zu vergiften, nein; ich sage, daß zumeist die menstruosischen Frauen den Mond und die Sterne viel eher und auch mehr vergiften als alle Männer, und das gar leicht. Denn wie ihr seht, daß sie den leiblichen metallischen, und das noch mehr ist, den gläsernen Spiegel vergiften und beflecken, noch viel mehr und eher verunreinigen sie zu solcher Zeit den Mond und die Sterne. Und wenn nur der Mond zu solcher Zeit ins Wasser scheint, und die Frau das Wasser ansieht, so ist der Mond schon vergiftet. Und noch auf viel Wegen mehr, was nicht gut wäre, alles klar zu eröffnen. Und solche Vergiftung des Mondes geschieht darum: er ist auch das bloße Auge des Geistes und siderischen Leibes und wird, wie ihr seht, oft neu und jung. Drum, wie ein junges Kind, wenn das in den Spiegel sieht, in den zuvor eine menstruosische Frau gesehen, wird es übersichtig und schielend, und werden ihm auch seine Augen vergiftet, befleckt und verderbt; wie der Spiegel von der menstruosischen Frau befleckt worden ist, so wird auch der Mensch vergiftet[45].»

Geht eine menstruierende Frau in den Weinkeller, so «zieht die mummia vini und magnes vini das venenum menstrui an sich, und verdirbt»[46]; kurzum: Ein nicht geringer Teil des zauberischen Übels nimmt vom *sanguis menstruus* seinen Ausgang:

«Darum erkläre ich euch das menstruosische Gift des Weibes mit solcher Weitläufigkeit und scharfer philosophia, auf daß ihr erfahrene physici werdet oder sein mögt. Denn sobald eine Frau im neuen Monden bei der Nacht ihr Hemd in den Mondschein legt und auch bei Tage in die Sonne, – jetzt erhebt sich das basiliskische Gift in der Sonne und der magnes solis zieht an sich. So werden die Menschen auf gar mancherlei Weise vergiftet, daß sie nicht allein pestem bekommen, sondern gar viel und mancherlei Krankheiten. [...].

So werdet ihr auch leicht verstehen können, warum die Weiber ihr menstruum so sehr in Acht nehmen, auch warum sie zur Zeit der Infection pestis so schnell sterben, und auch, wenn sie altershalben ihr menstruum verloren haben, so leicht einen andern Menschen oder Vieh, unwissend, bezaubern, berufen und Leid antun[47].»

Damit aber sind wir am Schnittpunkt von medizinischer Begründung der weiblichen *debilitas* und (para)physikalischer Wirkkraft des Menstruationsblutes als Zaubermittel angelangt. Frauen *und* Hexen – so die Unterscheidung des Pseudo-Paracelsus – verleihen der Mischung aus dem *sanguis menstruus* und Spinnengift eine verheerende, nicht zu bändigende Wirkung. Beim Zauber mit Bildern binden sie einen mit Menstruationsblut getränkten Fetzen und die abgestorbene *mummia* von einem an Geschwüren verstorbenen Aas um einen *homunculum cereum*. «Und wenn das alles geschehen ist, so binden sie das Maß, das sie an des homunculi Leibes Gliedern gemessen haben, über den Fetzen und menstrualisch Hemd, so erstirbt dem selbigen Menschen, dem es zugedacht, alles Geblüt im Leibe und er wird voller Geschwüre. So muß der selbige Mensch hernach auch sterben[48].»

Die Kreise der Zaubertheorie schließen sich. Die Hexen nehmen, so Pseudo-Paracelsus, einen in Holz gefaßten Spiegel, legen über ihn ein zu einem Kranz geflochtenes, mit Menstruationsblut getränktes

Hemd, lassen es auf dem Wasser schwimmen und vergiften dadurch den Mond. Mit dieser – zugegebenermaßen umständlichen – Methode nehmen sie Einfluß auf die Menschen, die nachts in den Mond zu blicken pflegen[49]. Solcher Spiegelzauber, von dem etwa das Grimmsche Märchen «Schneewittchen» lebt, kann den Menschen «an seinen Augen vergiften»; die Hexe blickt zuerst in den verzauberten Spiegel und anschließend die zu bezaubernde Person an. Um nun aber nicht selbst an den Augen zu erkranken, kuriert sie sich

«mit dem menstruosischen Fetzen, von dem der menstruosische Kranz gemacht ist. Denn sie nimmt und macht ein Feuer und sieht stetig ins Feuer, bindet den mit dem menstruo befleckten menstruosischen Fetzen um einen Stein und wirft ihn ins Feuer; darnach nimmt sie ihren eigenen Harn und löscht das Feuer damit aus; jetzt ist sie kuriert. Daraus folgt, wenn dem bezauberten Patienten geholfen werden soll, muß es gleich dem und nicht anders geschehen und zugehen; darum ist die Kur solcher Krankheit so wie oben gemeldet und ist probatum.

Rec. panni menstruosi,
lapidis ignis,
procede ut supra[50].»

Ursachen und Wirkungen erscheinen zu komplex, um sie allein auf die zauberische Musterformel des «similia similibus» zu verkürzen. Im nahezu magischen Kreis der weiblichen Debilität stand die Menstruation nicht nur in ursprünglichem Zusammenhang mit der Geburt der *saga*, sondern auch der Produktion des Menstruationsbluts als Zauberutensil und als Gift. Die innere Logik der operativen Magie beruhte auf den stets gleichen Eckpunkten: dem Spiegel, dem Mond, dem Auge und der Gefahr. Bereits Aristoteles hatte die Anwesenheit der Menstruierenden dafür verantwortlich gemacht, daß sich der Spiegel trübe, eine Verbindung zwischen dem Bösen Blick und der Menstruation sah zum Beispiel Albertus Magnus. Die Zaubertheorie gewann an intellektueller Konsequenz, nachdem schon Johannes von Ketham in seinem «Fasciculus Medicinae» von 1491 eine naturwissenschaftliche Antwort auf die Frage gesucht hatte, warum der Blick der menstruierenden Frau den Spiegel beschädige: Die giftigen Menstruationsdämpfe stiegen in den Kopf und suchten dort einen Ausgang durch die Augen[51]. Kaum eine Abhandlung über Gifte unterließ den Hinweis auf die alle anderen Gifte überragende Gefährlichkeit des Menstruationsbluts; zu den unseligen Begründungen der Frau als Hexe trat als weitere Nuance die Gleichsetzung mit der Giftmischerin, wie sie etwa Petrus Andreas Matthiolus (1500–1577) zog («maleficae veneficaeque mulieres»)[52]. Toxikologie und Dämonologie aber verbanden vor allem die «Liebestränke» *(philtra)*[53], zu deren wirksamsten Bestandteilen wiederum Menstruationsblut gehörte; die Wirkung sei, so Christian Gottfried Stentzel, nur zu oft verheerend, die Heilung schwierig: Der Körper eines Mannes, der unwissentlich einen aus *sanguis menstruus* hergestellten Liebestrank eingenommen habe, sei innerhalb von drei Tagen immens aufgeschwollen, die Therapie nur durch eine Droge möglich gewesen, die das teure Mittel Theriak enthielt[54].

Der Vergleich trifft zu: Was in der frühen Neuzeit der Theriak für die Heilkunde bedeutete, das war das Menstruationsblut für den Zauber, nämlich ein universell sowohl zu schadenden und abwehrenden wie zu nützlichen Zwecken einzusetzendes Mittel, in dem Tabu und leichte Verfügbarkeit zusammentrafen. Glaubt man einer von Johann Staricius in seinem erstmals 1616 in Frankfurt a. M. erschienenen «Geheimnisvollen Helden-Schatz» mitgeteilten Geschichte, so verschaffte sein Besitz sogar Glück im Spiel:

«Ich meines theils / hab auff ein Zeit gesehen, daß einer de sanguine menstruo virginis primo, in einem leinen Tüchlein auffgefangen / in ein newes foemoral oder Niderkleidt / so eine Jungfraw genehet hat / einwickelte / vnd zu nachermeltem End vnder den rechten Arm auff blosser Haut band / alß er desselben Tags zu Roß stach / vnd der ander gegen jhm etlich sechtzig Ritt außgestanden / derselbe dennoch endlich herunder gestossen ward vnd fallen muste. Was geschah mehr? Noch desselben Tages zu Abendszeit / alß er neben andern vmb einen silberen Tolch spielete / gewann er solchen vor jhrer zwey vnd funfftzig Personen / nicht aber nur allein prima instantia, sondern auch in secunda et tertia, alß er mit denjenigen / so auch viel Augen (weil man mit Würffeln spielete) geworffen / darüber gestochen[55].»

Der Mond oder: Zur Genese populärer Ängste

«Als den[n] von dem Monaten der Weiber / vorab wenn sie zornmütig vnnd zänckisch sind / kundbar ist / darauß ein trunck zugericht / die so es trincken / dermassen vergifftet vnd verblendet / daß es sie monsüchtig vnd vnsin[n]ig machet[56].»

Die Aufklärung des 18. Jahrhunderts gab dem Kritiker Johann Weier recht, zerschlug den magischen Ring des Zauberglaubens und verbannte wissenschaftliche Begründungen in die Dämmerzone eines neuen Aberglaubens. Doch die Ideen, die einst den Basilisken, den Spiegel, das Auge, den tötenden Blick, die Menstruation und die Hexe zusammengeführt hatten, überlebten als Ängste bis in die Gegenwart hinein. Die Dämonisierung des Mondes ist bis heute als irrationaler Rest wirksam geblieben. Er steht für Kälte und für die unheimliche Nacht, für Angst und Unheil. Daß ein Horrorroman des amerikanischen Autors Dean R. Koontz das Grauen ausgerechnet in «Moonlight Cove» ausbrechen läßt[57], schürt beim Leser keine *neuen* Ängste, sondern baut auf *alten* auf. Die Zeit der Hexen mag der Vergangenheit angehören, die der magischen Faszination sicherlich nicht.

9. *Kapitel* **Der Januskopf des Zauberers. Die magia naturalis**

Der Rebbe hat Anteil an Gott. Seine Anhänger wollen Anteil haben an ihm. So greifen sie leidenschaftlich nach den Resten seiner Speisen. So verfolgen sie in Ekstase seine kleinsten Bewegungen, suchen ihn in seinem Tanze zu beobachten und tanzen mit ihm.

PAULINE WENGEROFF, MEMOIREN EINER GROSSMUTTER

«Die magische Wissenschaft», so Heinrich Cornelius Agrippa von Nettesheim,

«der so viele Kräfte zu Gebot stehen und die eine Fülle der erhabensten Mysterien besitzt, umfaßt die tiefste Betrachtung der verborgensten Dinge, das Wesen, die Macht, die Beschaffenheit, den Stoff, die Kraft und die Kenntnis der ganzen Natur. Sie lehrt uns die Verschiedenheit und die Übereinstimmung der Dinge kennen. Daraus folgen ihre wunderbaren Wirkungen; indem sie die verschiedenen Kräfte miteinander vereinigt und überall das entsprechende Untere mit den Gaben und Kräften des Oberen verbindet und vermählt. Die Wissenschaft ist daher die vollkommenste und höchste, sie ist eine erhabene und heilige Philosophie, ja sie ist die absolute Vollendung der edelsten Philosophie. Jede regelmäßige Philosophie wird in Physik, Mathematik und Theologie geteilt. Die Physik lehrt die Natur dessen, was in der Welt ist: sie erforscht und betrachtet die Ursachen, die Wirkungen, die Zeit, den Ort, die Art, die Erscheinungen, das Ganze und die Teile[1].»

Noch wäre es verfrüht, der Magie einen Platz unter den *artes technicae* zuzuweisen; doch die rebellische Vernunft der frühen Neuzeit versuchte, mit Hilfe der *magia naturalis* die Grenzen der erlaubten Erkenntnisfähigkeit durchlässiger zu machen. Magie, so mag man den Nettesheimer lesen, besaß nicht nur eine Chance als Universalwissenschaft, sondern sie bändigte auch die Absolutheit der Theologie, indem sie ihr die Naturwissenschaften zur Seite stellte:

«Es sind also [...] die Physik, die Mathematik und die Theologie die drei mächtigsten Zweige der Gelehrsamkeit, welche die Magie umfaßt, miteinander verbindet und in Ausübung bringt, weshalb dieselbe von den Alten mit Recht für die höchste und heiligste Wissenschaft gehalten wurde[2].»

Kurzum: Die «Magie vollbringt nichts, und es gibt kein wahrhaft magisches Werk, das mit den drei genannten Wissenschaften nicht in Verbindung stände[3].»

Astrologie und Amulette. Die species der magia naturalis

Mit diesem Konstrukt verliehen sich die neuzeitlichen Magietheoretiker Schutz, da sie um den Januskopf des Zaubers wußten; die *magia daemoniaca* führte in den Abgrund und riß dabei nur zu oft jene Intellektuellen mit, die in der *magia naturalis* einen Freiraum sahen, der die Natur jenseits der Heiligen Schrift und der *mater scientiarum*, der Theologie, duldete. Doch die Denkkategorien waren nicht neu; sie konnten an alten, allerdings vom Zauber- und Hexenglauben weitgehend überdeckten Traditionen anknüpfen.

Das Mittelalter hatte sich das Bewußtsein um den doppelten Charakter der Magie als dämonischer und als technischer Kunst, als legitimer und als illegitimer Praktik bewahrt. Was aber unterschied die Magier des Neuen Testaments und *ihre* Kunst der Sterndeutung von den diskriminierten Weissagern, was die Sonnenfinsternis beim Tode Christi von dämonischen Imaginationen und Prästigien? Welche Kriterien trennten das *praestigium* vom *prodigium*, den dämonischen Effekt vom göttlichen Fingerzeig? Und bezweckte die Magie eines Agrippa von Nettesheim nicht die Beherrschung Gottes und des von ihm geschaffenen Kosmos?

Diese Probleme können eher auf theoretischer Ebene als in ihren sozialen Folgen gelöst werden. Der Grad zwischen *magia daemoniaca* und *magia naturalis* war unvorstellbar schmal. Wer sich der Naturmystik und der Naturphilosophie verschrieb, schwebte nur zu oft am Abgrund der *magia illicita;* aus anderer Sicht: Die Entscheidung über die Grenzen zwischen der natürlichen Magie und den zauberischen Manipulationen mit Hilfe der Dämonen ergab sich häufig aus dem subjektiven wie kollektiven, geistigen oder konfessionellen Standpunkt des Richtenden.

Am 27. Januar 1648 unterstrich Heinrich Solter in seiner unter dem Präsidium Johann Sperlings verteidigten Wittenberger Dissertation, daß die Beschäftigung mit der Magie zum einen Aufgabe der Physik[4], zum anderen, daß nicht jede Form der Magie unerlaubt, *illicita*, sei: Wo der Mißbrauch beseitigt werde, bliebe der Nutzen («Tollatur abusus, ut maneat usus»)[5]. Denn jegliche Magie, die ihre Grundlage in der Natur besäße und ohne Aberglauben betrieben werde, sei nicht nur erlaubt, sondern sogar ehrfürchtig zu betrachten[6].

Sechs Bereiche zeichnen, so Solter, die *magia naturalis* aus. Die erste *species* enthält die Deutung außernatürlicher Zeichen, die in einem natürlichen Körper erscheinen, dennoch von Gott mit besonderen Kräften ausgestattet wurden; hierzu gehört in erster Linie die Sterndeutung *(astrologia)*. Die zweite *species* umfaßt die Verwandlung der Körper *(transformatio corporum)*. Wie die Hexen der *magia daemoniaca* Tiergestalt annehmen können und Menschen zu Werwölfen werden, so ist diese *ars magica naturalis* in der Verklärung Christi präfiguriert. Die dritte *species* lehrt jene Wörter zu schaffen und anzuwenden *(verba facere)*, die Macht besitzen, die vierte *species* bezieht sich auf Bilder und Skulpturen *(imagines et sculpturae)*, denen durch Charaktere und Figuren die Kräfte des Himmels eingeprägt sind. Die fünfte *species* beruht auf der Kraft von Bildern aus Wachs und anderen Materien, die gegen den blind, krank oder unfruchtbar machenden Schadenzauber gemäß des Prinzips «Alteram in alteram» wirken. Die sechste und letzte *species* aber entspricht der *ars Cabalistica*, womit nicht die von Johannes Reuchlin (1455–1522) «symbolische Theologie» genannte Kabbala der Alten, sondern die Anwendung gewisser Buchstaben, Wörter, Zeichen, *sigilla* und Figuren gemeint ist, denen eine wunderbare Kraft innewohnt[7].

Dieses kurze, hier noch einmal verkürzte System der *magia naturalis* verdeutlicht die Nähe von verbotener und erlaubter Magie. Neu – und folgenschwer – für die Entwicklung des naturwissenschaftlichen Denkens ist nun die Berücksichtigung der Natur als Erklärungsmodell für Wirkungen, die dem Gegenstand, von dem sie ausgehen, nicht zukommen. Solter griff hier auf einen recht einleuchtenden Vergleich zurück: Der Schlüssel vermag ohne den Menschen, der ihn führt, das Schloß nicht zu öffnen, das Schwert nicht zu verletzen; ähnlich verhält es sich mit natürlichen Objekten wie Bildern, die ohne die coelestischen Influenzen wirkungslos blieben. Als Begründung trat jetzt mit solchen Deutungen die Natur der *occulta qualitas* neben die Macht des Bösen. Der Erforschung der Natur aber stand zumindest in den von der Theologie zugelassenen, sich zwangsweise aber mehr und mehr ausdehnenden Grenzen nichts mehr im Wege.

Andererseits erweisen die von Solter angeführten *species* die Spiegelbildlichkeit der Magie; kein Bereich der *magia naturalis,* der in der *magia daemoniaca* nicht seine – wenn auch physikalisch unterschiedlich begründete Entsprechung findet. Der erlaubten Deutung aus den Sternen, denen Gott im Schöpfungsakt ein für den Menschen auf *natürliche* Weise entzifferbares Zeichensystem von *vis* und *signum* einprägte, entspricht die verbotene Wissensvermittlung durch den beschworenen Dämon, etwa bei der Nekromantie, der Katzengestalt der Hexe die Transformation des irdischen zum verklärten Leib Christi, den magischen Zeichen, die mit den Einflüssen der Gestirne korrespondieren, jenes Zeichenrepertoire, das Mensch und Dämon zur gegenseitigen Verständigung vereinbart haben.

Allerdings rücken nicht nur die Verursachung, sondern auch die mit der Magie verbundene ethische Absicht die dämonische und die natürliche Magie eng zusammen: Heilen und Schaden, Nutzen und Mißbrauch liegen eng beieinander, die Entscheidung, ob es sich bei einem Heilbrauch, beim Sprechen eines Gebets oder bei der Verwendung eines Amuletts um Teufelswerk oder um eine Praktik der *magia naturalis* handelte, blieb dem Ermessensspielraum des Jägers und Richters überlassen. Eben jene aus elitärem Wissen und kirchlicher Anwendung abgesunkenen «zauberischen» Praktiken aber prägten die volkstümliche Magie. Doch nirgendwo sonst kamen sich die zu unverstandenen und unverständlichen Ritualhülsen umgebildeten populären «magischen» Maßnahmen gegen Krankheit, Not und Zauber einerseits, abstrakte gelehrte Zaubertheorie andererseits so nahe wie in der *magia naturalis*, und trotzdem vertraten der «Zauber» der vom Hexenwahn als Opfer betroffenen Unterschichten und die Naturmystik der Elite zwei völlig unterschiedliche geistige Welten.

Die magische Wirkung. Zur Philosophie und Psychologie der zauberischen Tat

Die Tradition, die Marsilio Ficino (1433–1499), einer der profiliertesten Vertreter des Florentiner Neuplatonismus, hinterließ, betonte das duale Wesen der Magie: Die natürliche, spirituelle Magie, vertreten durch seine «De vita coelitùs comparanda libri tres» von 1489, besaß ihren Platz neben der aus seinen Schriften nur indirekt erschließbaren dämonischen Magie. Während letztere Agrippa von Nettesheim und Paracelsus beeinflußte, fand seine *magia naturalis* Eingang in so unterschiedliche Bereiche wie die Musik- und Poesietheorie eines Guy Lefèvre de la Boderie, in die Vorstellungen vom rechtgläubigen Christentum eines Veneto Giorgi oder in die Überlegungen zum unorthodoxen Christentum eines Antonio Persio; am Ende des 16. Jahrhunderts kamen beide Stränge im Planetenoratorium des Fabio Paolini und in der Magielehre des Dominikaners Tommaso Campanella (1568–1639) wieder zusammen. Die natürliche Magie war im Gegensatz zum teuflischen Zauber integrationsfähig und hatte es daher nicht allzu schwer, einen gewichtigen Beitrag zur Kunstästhetik, zur Religion und zur Entwicklung der Psychologie zu leisten, ja zum synonymen Begriff für die «philosophia naturalis» zu werden.

Man kann die Theorie der *magia naturalis* – im Vorgriff auf den Florentiner Neuplatonismus – in ihrer Bedeutung für die Genese der modernen Wissenschaften folgendermaßen zu skizzieren versuchen[8]. Die Planeten beeinflussen die Einbildungskraft *(vis imaginativa)* des Handelnden direkt oder indirekt durch einzelne oder aber durch die Gesamtheit der Kräfte. Die Wirkungen *(effectus)* werden entweder durch eine dieser Kräfte oder durch eine Kombination der «vis» erzielt. Während die «vis imaginativa» als fundamentale, zentrale Kraft immer präsent ist, stellen die anderen *vis* (Kräfte) lediglich mediale Einheiten dar. Die Vermittlung und Kommunikation geschieht durch den kosmischen und den menschlichen Geist, die Wirkungen betreffen entweder ein beseeltes Lebewesen, ein unbeseeltes Objekt oder direkt den Körper. Kommt die Kraft einem beseelten Wesen zu, kann sie *subjektiv* bei der Person des Operierenden verbleiben oder *transivitiv* an andere Wesen weitergeleitet werden. Die Effekte sind entweder rein psychischer Natur, da sie in der Vorstellungskraft *(imaginatio)* oder in der Seele verharren, oder aber psychosomatisch, indem sie sich durch Einbildungskraft auf den Körper auswirken.

Hier aber vollzog sich ein aufregender Um-Bruch innerhalb des abendländischen Magieverständnisses: Magie geriet zum Aspekt der psychologischen Affektenlehre; sie ereignet sich im Kopf, und – noch aufregender: Die *magia naturalis* baute mit ihrer Theorie der vermittelnden Instanzen auf ähnlichen kausalen Prämissen auf wie die *magia daemoniaca.* Unpersönliche, spirituelle Planeteneinflüsse ersetzten Engel und Dämonen. Die Gestirne beeinflussen den Geist, das Medium der Imagination. Dem dämonischen, angelologischen oder göttlichen *agens* aber blieben die unbeseelten Körper vorbehalten. Die Vertreter der *magia naturalis* beschränkten die paranormalen Effekte weitgehend auf den psychologischen und, bei außergewöhnlichen Phänomenen wie etwa den Stigmatisationen oder den Nervenkrankheiten, auf den psychosomatischen Bereich.

Die «vires imaginum, verborum, musices, rerum» sind universell und erzeugen sowohl magische wie nichtmagische Effekte. Doch sie enthalten auch Kräfte, die sowohl zu erlaubten wie zu verbotenen magischen Zwecken angewandt werden. So rufen die *vires imaginum, musices* und *verborum* ästhetische, affektive oder intellektuelle Wirkungen, zum Beispiel beim Betrachten einer Malerei, beim Hören von Musik oder von Gedichten hervor, die *vires rerum* beziehen sich auf den Körper durch die den Dingen verbundenen Qualitäten der Elemente, wie dies beim Kochen oder bei der nichtastrologischen Medizin der Fall ist. Sobald man diese Kräfte jedoch in Verbindung mit den planetarischen Influenzen benutzt, erhalten sie magischen Charakter.

Allerdings erhalten die *vires rerum* ihre Wirkung *(virtus)* auch durch die *occulta qualitas* der Dinge, mithin durch Kräfte anderer Natur, als sie aus ihren Elementen abzuleiten wären. Diese *qualitates* sind durch die Planeten verursacht und korrespondieren daher mit deren jeweiligem Charakter. Dennoch handelt man nicht ursächlich magisch, wenn man sich diese Kräfte zunutze macht: Astrologisch hergestellte Medizinen, aber auch Amulette wirken ausschließlich auf den Körper, so wie etwa der Magnet Metall aus einer Wunde zieht. Die *imaginatio* war nie mit letzter Sicherheit auszuschließen; die den Dingen innewohnenden Kräfte gerieten nämlich dann in den Bannkreis der Magie, wenn zum Beispiel die auf die Planeten Venus oder Jupiter bezogenen Pflanzen, Nahrungsmittel oder Tiere zusammen mit Planetenmusik und Talismanen Anwendung fanden.

Die *vis imaginum* bedingen gleichermaßen die Wirkkraft von Gegenständen wie Talismanen und die Ausstrahlung eines Bildes durch die Proportion zu seiner erfolgreichen, schönen Repräsentation oder dem Ausdruck seines Subjekts, auch wenn dieses astrologisch ist und magischen Absichten dient[9]. Der *magische* Aspekt der *vis imaginum*, für deren Wirksamkeit das Gleichgewicht von Schönheit der – äußeren – Form oder Häßlichkeit und ungekonnter Ausführung keine Rolle spielt, wird, wenn man so will, zur psychologischen *vis imaginativa*. Man hat die Arie des Tamino in Wolfgang Amadeus Mozarts Oper «Die Zauberflöte» vom Bildnis, das «bezaubernd schön» sei, gerne als bühnenwirksame Erinnerung an alte Vorstellungen vom Zauber mit Bildern gesehen, ohne in Betracht zu ziehen, daß hier die von der natürlichen Magie entwickelte Theorie der ästhetischen *fascinatio* ihren Ausdruck fand. Neben dem platten Dämonismus des «Hexenhammers» hatte ein ebenso komplexes wie feinnerviges System zur Erklärung der psychischen und ästhetischen Wirkung Bestand.

Da aber Talismane gewöhnlich Worte, Buchstaben oder Charaktere tragen, verbinden sie sich mit der *vis verborum* und gelangen dadurch gefährlich nahe an den Rand der dämonischen Magie. Denn solche Zeichen, solange sie sich nicht unzweifelhaft mit einem Planeten in Verbindung bringen lassen, können nur durch das Medium eines intelligenten, die Zeichensprache verstehenden Wesens, also eines Menschen, eines Planetendämonen oder eines teuflischen Wesens, wirksam werden. Um sich hier von der *magia daemoniaca* abzugrenzen, beschränkte die *magia naturalis* die Effekte auf die Kommunikationsebene zwischen Magier und Patienten: Beide sähen und verstünden die Zeichen des Talismans und ließen sie kraft ihrer eigenen Intelligenz wirksam werden. Damit schloß man paranormale Beeinflussung unbelebter Dinge, des Körpers wie auch Fernzauber aus. Eine zweite Möglichkeit, sich vor dem Vorwurf des *crimen magiae* zu schützen, sah man in einer Ausweitung der – Augustinischen – Kommunikationstheorie: Zwischen den Begriffen und dem, was sie bezeichneten, existiere eine reale, nicht nur eine konventionelle Beziehung. Das Wort repräsentiere nicht allein die *qualitas* des bezeichneten Gegenstands, sondern auch dessen Essenz oder Substanz. Die Folge ist die Wortmagie: Anstatt Gruppen planetarischer Objekte zusammenzustellen, wird es nun möglich, durch die korrekte Kenntnis der alten, realen Namen größere himmlische Kraft zu erlangen; nicht nur wegen dieser Technik aber sollten sich die Vertreter der *magia naturalis* so sehr für die Spekulationen der Kabbala begeistern können, und wiederum zeigte die Magie ihren Januskopf: Ein Gedicht kann sowohl durch seine Sprachkunst bezaubern als auch zur Beschwörung degenerieren. Nutzen und Mißbrauch liegen in der Magie eng beieinander.

Von den Kräften der Verzauberung führt ein Weg auch in die Musiktheorie. Die *vires musices* setzen eine mathematische oder numerische Beziehung zwischen den Bewegungen, Entfernungen und Konstellationen der Himmelskörper sowie den Verhältnissen der konsonanten Intervalle der Musik voraus. Die physikalische Sichtbarkeit dieses Verhältnisses fand in der Analogie der sympathetischen Wirkung der Flügel eine Erklärung, die wiederum Teil einer sehr viel umfassenderen kosmologischen Theorie war; sie ging davon aus, daß das gesamte Universum auf musikalischen Proportionen beruhe, die auch den Ausgangspunkt der sympathetischen Magie bildeten. Wo aber Zauberpraktiken sich der Musik bedienten, bedurften die *vires musices*, so Marsilio Ficino, der *vis verborum* in Form eines Liedtextes.

Die Verbindung von Musik und natürlicher Magie als Erklärungsversuch von Ursache und Wirkung spielte eine wichtige Rolle in musiktheoretischen und -ästhetischen Traktaten des 17. Jahrhunderts. In seiner «Musurgia universalis» setzte der Jesuit Athanasius Kircher (1601–1680) diese Lehre in die Praxis um, indem er unter anderem die magischen Effekte der Musik zu deuten versuchte, die «sona prodigiosa» etwa, zu denen das dämonenbannende Läuten der Glocken gehöre oder die Tanzwut («Tarantismus») und die magische Heilkraft der Musik[10]. Ausgangspunkt seiner Überlegungen, die er auch in der «Neuen Hall- vnd Thon-Kunst» von 1684 anstellte, war nicht zuletzt neben der «wundersamen Krafft und Würckung etlicher Thon und Stimmen» auch die therapeutische Kraft der Musik gewesen[11]. Hier aber konnte er sich auf einen – autoritativen – Fall beziehen, der eine zentrale Rolle innerhalb der zeitgenössischen Diskussion um die magische Medizin spielte, nämlich die alttestamentarische Erzählung von David, der mit seiner Harfenmusik den von einem bösen Geist besessenen König Saul geheilt hatte (1 Könige 16, 23); Saul sei, so referierte Kircher die uns inzwischen hinlänglich bekannte Theorie, Melancholiker gewesen:

«Dannenher setzen wir all solche Meynungen beyseit / und sagen: daß David den Saul von seiner melancholischen Wuth und Unruh / darvon er gute und genaue Wissenschafft hatte / und auch nachgehends von dem bösen Geist befreyet habe / nicht mit Kräutern / Geträcnk / Säfften / Pillulen / oder andern melancholivertreibenden Artzneyen; sondern bloß und allein durch die musicalische Krafft und Würckung; Und darmit wir die Sach desto besser und bälder erweisen; so ist wol zu mercken / daß die jenige Sachen die Wuth und Gemüths-Unruh am besten curiren / welche die Lufft-Löcher aufthun / die Dämpffe vertreuben / die Verstopffung auflösen / das Hertz erfrischen / und dergleichen Krafft und Tugenden haben; Nun aber kan die Music und harmonische Zusammen-Stimmung dieses zuwegen bringen; Dann weilen die Music auß dem Thon bestehet / so durch Bewegung der Lufft geschiehet / und man diejenige Thon und Stimmen gebrauchet / so deß unruhigen Geistes lufftiges Wesen beweget / so werden diese Lebens-Geister / so durch die Bewegung nach dem dritten Vorsatz hitziger und schneller gemachet werden / auch endlichen allen melancholischen und unruhigen humor und Sinn verjagen und austreiben[12].»

Doch Kircher wußte um das doppelte Wesen der Magie, als er die Frage stellte, ob der Klang eines Musikinstruments Menschen nicht nur *ver*zaubern, sondern sie sogar zur Willenlosigkeit *be*zaubern könne und ob sich dahinter nicht Kräfte dämonischen Ursprungs verbärgen. Hierzu griff er ein Ereignis auf, dem er durch seine Analyse erst zur Berühmtheit und Volksläufigkeit verhalf, den

«Exodus Hamelensis», den Auszug der Kinder aus Hameln, die den Pfeifentönen eines *magus* folgten[13]. Die Töne, die der später als «Rattenfänger von Hameln» weltweit bekannt gewordene Unhold seinem Instrument entlockt hatte, dürften, so Kircher, nicht mit den Wirkungen der *magia naturalis* erklärt werden, da die Absicht, das Verschwinden der bezauberten Opfer, verwerflich gewesen sei. Diese Argumentation belegt einmal mehr die neue, durch die natürliche Magie sehr viel differenziertere Einstellung zum Zauber: An die Seite der linearen Ablehnung magischer Effekte als *magia daemoniaca* war nun auch die ethische Kategorie vom Nutzen *(usus)* und Mißbrauch *(abusus)* getreten. So verdammte Kircher nicht die *Zauberflöte* des Hamelner Kinderentführers, sondern die *Absicht*, mit der sie verwendet wurde; keinesfalls aber hinderte ihn diese Ambiguität daran, selbst in einer «Kurtzen Widerholung der natürlichen Geheimkunst / oder Magiae Naturalis» einen Konstruktionsvorschlag für ein Zauberkunststück vorzulegen, wie «man ein Bild könne verfertigen / in freyer Lufft hangend / so da mancherley Stimm und Thon / als auch Gespräch und Wörter von sich hören lasse»[14]. Seine Begründungen faßte der fromme Jesuit folgendermaßen zusammen:

«Ein solche Kunst ist die Zusammenfügungs- und Vereinigungs-Kunst / durch welche allein alle Geheimnuß der Welt entdecket werden / auch was in allen Künsten und Wissen-schafften [sic!] verborgen und verwunderlich ist / geoffenbahret wird; welche Kunst / so jemand recht fasset und begreiffet / wird gewißlich nichts in allen verborgen Gehaimnussen und Heimlichkeiten finden / so er nicht verstehen / auß dem Grund wissen / und in mancherley Kunst-Wercken nutzlichen anbringen köndte. Sintemahlen alle Natur-gehaimnussen bestehen in einer gewisen application, anbring- oder Zusammenfügung / und sind darunter verborgen; gleich wie die heimliche und verborgene Meinung und Verstand / under gewissen Wörtern und Namen verborgen ligen; Welches alles / so iemand Scharffsinnig und wohl zu untersuchen und zu finden weiß: von dem kan man gewißlich gar recht den Spruch Phocylidis sagen und gebrauchen: Er sey den Göttern nah; das ist voll erleüchteten übermenschlichen Verstandes und Lichtes[15].»

Hier aber läßt sich die zentrale Frage der *magia naturalis* nach der Ursache magischer Effekte neu stellen. Marsilio Ficino definierte sie mit der *vis imaginativa* auf der Grundlage der *vires imaginum, verborum, musices* und *rerum;* sie seien psychologischer und subjektiver Natur, was sowohl für die spirituelle wie für die dämonische Magie gelte. Die Kategorie «subjektiv» aber bezieht sich auf diejenigen Effekte, die beim Handelnden bleiben oder individuell- oder kollektiv-subjektiv an der Operation teilhaben. Die Trennung von den transitiven Operationen, bei denen der Magier Macht auf eine andere Person ausübt, ist in zweifacher Hinsicht von Bedeutung: Sind die Wirkungen subjektiver Natur, verringert sich die Gefahr, daß die Magie zur dämonischen Kunst gerät. Zum anderen kommt nur den transitiven Operationen eine soziale Bedeutung zu. Subjektive Magie mag moralisch und religiös annehmbar oder verdammenswert erscheinen; da sie jedoch keinen anderen Menschen erreicht, fällt sie als Machtinstrument aus. Die transitive Magie richtet sich hingegen direkt an beseelte Wesen, da sie die praktische Psychologie einbezieht; sie beabsichtigt, Kontrolle über die Emotionen anderer Menschen zu gewinnen, was aus dem erheblichen Übergewicht magischer Techniken im Bereich der Sexualität und des sexuellen Fühlens ersichtlich wird.

Am Ende dieser Theorie aber steht die Verbindung von Magie und Religion. Die Erzeugung von magischen Effekten mittels der angewandten Psychologie unterscheidet sich von zahlreichen religiösen Praktiken lediglich durch das Fehlen einer göttlichen Verursachung. Damit nahm die *magia naturalis* für sich in Anspruch, ohne ein übernatürliches *agens* wie Gott oder den Dämon identische Wirkungen hervorbringen zu können. Die letzte logische Konsequenz war folglich der Atheismus oder der Deismus. Die Verbindung und zugleich der Kontrast von Religion und Magie schufen jedoch ein Dilemma, das sich in erster Linie aus dem exemplarischen Charakter der Heiligen Schrift mit ihrer Flut wunderbarer Effekte und Ereignisse ergab: War das Christentum entweder eine weitgehend magische Religion mit der Existenz von Wundern oder aber eine rein psychologogische Religion ohne Gott? Pietro Pomponazzi (1462–1525) leitete alle religiösen Effekte einschließlich der Wunder als psychologisch und astrologisch verursacht aus der *magia naturalis* ab.

Die Nähe und zugleich die Entferntheit von Religion und natürlicher Magie stand dennoch als theoretisches Konstrukt in seinen möglichen Folgen sehr viel absoluter da, als es die historische Wirklichkeit zuließ. Kaum einer der Gelehrten der Renaissance hätte es gewagt, mit der *magia naturalis* den Atheismus, eine Welt ohne Gott, philosophisch zu begründen. Doch sie lehrte und ermöglichte leise, manchmal zögerliche Kritik an überlieferten Prämissen, zwang zu vorsichtigen Fragen an die Heilige Schrift, an die bisherigen Methoden der Bibelexegese und an den Wunderglauben. Ihre Geschichte hat vieles mit der Entmythologisierung des Kosmos und der Entdeckung der naturwissenschaftlichen Vernunft zu tun. Wenn man so will, wurde sie auch zum Mörder der Magie.

Die Reise in die Tiefe der Bedeutung. Der Florentiner Neuplatonismus

Das theoretische Gerüst, aber auch die Vielseitigkeit der *magia naturalis* steht in engem, ja ursächlichem Zusammenhang mit dem Florentiner (Neu-)Platonismus. Noch brach dessen Magielehre die Verbindung von Kosmos, Mensch und Natur nicht völlig auf; weiterhin lenkten die Sterne den Menschen und Gott die Sterne («astra regunt homines, sed regit astra deus»), weiterhin blieb der astrologische Determinismus, der Glaube an die Unausweichlichkeit magisch-astrologischer Kausalitäten gültig.

1503 erschien in Venedig ein von Marsilio Ficino (1433–1499) bearbeiteter Sammelband neuplatonischer Schriften, der unter anderem die uns längst bekannten Abhandlungen «De mysteriis Aegyptiorum» des Jamblichos, «De anima et daemone» des Proklos und «De daemonibus» des Psellos enthielt. Ihren emanistischen Lehren von den Ausstrahlungen von oben nach unten war Ficino verpflichtet, und dennoch räumte er in seinem Traktat «De triplici vita» über das System der Astrologie dem Menschen die Möglichkeit ein, sich durch die eigene Willensfreiheit dem Diktat des astrologischen Einflusses, der Herrschaft seines Geburtsplaneten zu entziehen; ihm stünde es frei, unter den Möglichkeiten und Kräften, welche die Sphäre des Planeten umfasse, auszuwählen und sich in diesem Rahmen frei zu entfalten und zu vollenden.

Die Kritik an der Lehre von der astrologischen Prädestination setzte Giovanni Pico della Mirandola (1463–1494) fort. Im ersten Buch seiner Dissertationen gegen die divinatorische Astrologie unterrichtete er davon den Leser:

«Primum omnium scire lectorem volo, non hoc nostrum inventum audaciamque fuisse, reiciendi confutandique astrologiam, sed a prima antiquitate bonis ita iudiciis semper visum non esse professionem, quae tot homini incommoda, tot insanias undique sub praetextu scientiae et utilitatis inveheret[16].»

Im Gegensatz zu Ficinos Lehre vom astrologischen Determinismus und der menschlichen Willens- und Entscheidungsfreiheit begriff er die Natur und die sich in ihr äußernden Wirkungen aus ihren nächsten Ursachen *(ex propriis principiis)*. Allerdings brauche man diese nächste Ursache für das, was der Himmel an realen Wirkungen in sich berge, nicht im entfernten Raum zu suchen, da sie sich aus wahrnehmbaren Phänomenen wie den Kräften des Lichts und der Wärme zusammensetze.

Trotzdem, Pico della Mirandola war sich auch der älteren und weiterhin gültigen Bedeutung von Magie als einer Wissenschaft zwischen Gott, Natur und Verderbnis, zwischen Ansporn des menschlichen Denkens und dämonischem Ausgeliefertsein bewußt. Dies geht aus der «Oratio de dignitate hominis» hervor, die er 1486, im Alter von noch nicht ganz 24 Jahren, verfaßte:

«Ich habe ferner magische Theoreme zur Diskussion gestellt, wobei ich deutlich gemacht habe, daß es zweierlei Magie gibt: Die eine beruht ganz und gar auf dem Werk und Einfluß böser Geister, ein – beim lebendigen Gott! – fluchwürdiges und widernatürliches Treiben. Die andere ist, recht verstanden, nichts anderes als die letzte Vollendung der Naturphilosophie. Die Griechen bezeichnen, wenn beides thematisch wird, die eine als *goeteía,* der sie die Bezeichnung Magie überhaupt nicht zuerkennen, die andere als *mageía* im eigentlichen Sinn, nämlich als Vollendung und Gipfel der Wissenschaft. So ist auch, nach Porphyrios, das persische Wort für Magier als Mittler und Verwalter des Göttlichen zu übersetzen.

Die beiden Künste, ehrwürdige Väter, sind gar nicht miteinander zu vergleichen, ja sie sind einander so unähnlich als irgend denkbar. Die erste wird nicht nur von der christlichen Religion, sondern von allen Gesetzen, von jedem zivilisierten Staat verurteilt und verdammt. Die zweite wird von allen Gelehrten und von allen Völkern, denen an den himmlischen und göttlichen Dingen gelegen ist, gutgeheißen und anerkannt. Jene ist einziger Betrug, diese wohlbegründet, wahr und unumstößlich. Jene hat noch jeder, der sie trieb, im Geheimen betrieben, da er sonst nur Schmach und Schande geerntet hätte; von dieser hat man sich seit alters und beinah allezeit höchsten wissenschaftlichen Glanz und Ruhm versprochen. Um jene hat sich kein Philosoph, kein Jünger der freien Künste je gekümmert; diese zu erlernen, sind Pythagoras, Empedokles, Demokrit und Platon über See gefahren, diese haben sie nach ihrer Rückkunft gepriesen und als die erste unter den Geheimwissenschaften angesehen. Jene empfiehlt sich weder durch Vernunftgründe noch durch verlässige Autoren; diese dagegen ist sozusagen schon ausgezeichnet durch ihre Eltern: Ihre zwei Urheber sind nämlich vor allem Zalmoxis, in dessen Spuren dann Abaris der Hyperboreer trat, und Zoroaster – nicht der, den ihr vielleicht meint, sondern der Sohn des Oromazos.

Bei Platon können wir uns über das Wesen der von diesen beiden betriebenen Magie informieren. Im *Alkibiades:* Die Magie Zoroasters sei nichts anderes als die Wissenschaft von den göttlichen Dingen, in der die Perserkönige ihre Söhne zu unterweisen pflegten, damit sie lernten, ihren eigenen Staat nach dem Muster der Weltenrepublik zu regieren. Und im *Charmides:* Die Magie des Zalmoxis sei Seelenheilkunde, insofern sie nämlich, so wie die Medizin dem Körper Gesundheit verschafft, dem Geist zu rechtem innerem Maß verhelfe. Damit waren die Bahnen vorgezeichnet. An sie hielten sich dann Karondas, Damigeron, Apollonius, Hostanes und Dardanus. Aber auch Homer; ich hoffe, in einer ‹Theologia poetica› nachzuweisen, daß er wie alle anderen Wissenschaften, so auch diese Magie in seinen Irrfahrten des Odysseus versteckt untergebracht hat. Ferner Eudoxus und Hermippus. Ferner fast alle Kenner der pythagoreischen und platonischen Mysterien. Unter den jüngeren Autoren finde ich drei, die eine Witterung davon bekommen haben: den Araber Alkindi, Roger Bacon und Wilhelm von Paris. Auch Plotin erwähnt sie an einer Stelle, wo er nachweist, daß der Magier ein Diener der Natur, nicht ihr Meister ist. Er, der große Weise, heißt mit allem Nachdruck diese Magie gut, während er die andere derart verabscheute, daß er auf eine Einladung zu einem Kult für böse Dämonen erwiderte, es sei noch besser, wenn diese ihn heimsuchten, als wenn er zu ihnen käme. Womit er völlig recht hat.

Jene nämlich macht den Menschen zum willfährigen Sklaven böser Mächte, diese aber zu ihrem Herrn und Meister. Jene darf sich nicht einmal die Bezeichnung ‹Kunst› oder ‹Wissenschaft› zulegen; diese dagegen faßt in der Fülle ihrer Mysterien die tiefsinnigste Kontemplation verborgener Dinge und schließlich die Erkenntnis der gesamten Natur. Sie läßt sozusagen einzelne der von Gottes Güte als Samen in die Welt gestreuten Kräfte aus dem Verborgenen ans Licht treten, und insofern wirkt sie nicht selber Wunder, sondern will der wirkenden Natur voll Eifer dienstbar sein. Sie dringt vor zum innersten Grund jenes universalen Zusammenhangs, den die Griechen treffender mit dem Ausdruck *sympátheia* belegen, sie verschafft sich Einsicht in die Interdependenz der Erkenntnisse über die verschiedenen Naturen, so daß sie die jedem Ding von Natur eigenen Zaubermittel, die die *iygges* der Magier heißen, anwenden kann. Und das setzt sie in die Lage, die in den Welttiefen, im Schoß der Natur, in Gottes geheimen Tresoren latent vorhandenen Wunder, als wäre sie selbst ihre Urheberin, vor aller Augen sichtbar werden zu lassen. Und wie der Bauer die Ulme mit den Reben verbindet, so der Magier die Erde mit dem Himmel, will heißen: die untere Welt mit den Gaben und Kräften der höheren[17].

Vom unbekannten Namen Gottes. Kabbala und Kabbalistik

Den folgenden Abschnitt seiner Rede widmete Pico della Mirandola der Kabbala. Der Florentiner Philosoph stand nicht nur dafür, daß er die neuplatonischen Sympathiereihen und die magisch-astrologischen Ketten des «Picatrix» zur Forderung umformulierte, den steten Übergang der einen Wirkung in die andere sichtbar zu machen und somit eine kausale Verbindung nachzuweisen, sondern auch für den Beginn der christlichen Kabbalistik. In einem Brief an ihn bedauerte Elia del Medigo, er habe sich «in isto benedicto Chabala» verloren[18], und der Taufjude Flavio Mitridate hatte ihn mit kabbalistischen Texten vertraut gemacht. Die Rede über die «Würde des

Menschen» von 1486 stand bereits unter dem Einfluß dieser Begeisterung:

«Der kosmische Mensch des hermetischen *Asclepius*, das *magnum miraculum*, zu dem der Adam in der *Oratio* wird, ist zugleich der Magier, ‹Zwischenstück von Zeit und Ewigkeit› («orizon temporis et aeternitatis»), es ist der Kabbalist, denn ohne die Kabbala kann kein magisches Werk entstehen[19].»

Die Astrologie lehrt in den Büchern Gottes zu lesen, die Kabbala *(cabala)* im Buch des Gesetzes: Die Faszination des Pico della Mirandola beruhte keinesfalls auf einer nur sekundären Kenntnis kabbalistischer Schriften, er verfügte selbst in seiner Bibliothek über die älteste Handschrift eines der zentralen Werke der Kabbala, des «Sefer ha-Bahir» von 1298[20].

Die Behauptung wäre anmaßend, auf wenigen Seiten dem Wesen der – *jüdischen* – Kabbala auch nur im geringsten gerecht werden zu wollen, da die Beschäftigung mit ihr mehrere Lebenszeiten und nicht nur die kurze Zeitspanne eines Lebens erfordert. Doch es geht hier nur insofern um einige wenige Grundprinzipien, als sie helfen, die Motive und die Folgen insbesondere für die Zaubertheorie zu präzisieren. Da sah Pico della Mirandola zum einen in ihr die philosophische Grundlage für eine Aussöhnung von Christentum und Judentum, da führte zum anderen die Rezeption der Kabbala in der *christlichen* Kabbalistik zu begeistert begrüßten neuen Ansätzen für naturphilosophische und -esoterische Überlegungen, auch zu gangbaren Wegen der Gotterkenntnis, und schließlich fanden magisch anwendbare Theorien im populären Abwehrzauber einen zwar bis zur Unkenntlichkeit des Ursprungs verstellten, dafür allerdings unübersehbaren Niederschlag.

Literatur, die sich selbst als «magisch» anpreist oder der das gefälschte Etikett des «Magischen» angeheftet wird, datiert sich grundsätzlich in alte und älteste Zeitschichten zurück, um sich dadurch Autorität und Glaubwürdigkeit zu sichern. Auf alte Ursprünge führten sich auch die kabbalistischen Schriften zurück, obwohl erst in der zweiten Hälfte des 12. Jahrhunderts in Südfrankreich eine mystische Strömung entstand, die eine neue Religiosität anstrebte, deren Lehren rasche Verbreitung, im 13. Jahrhundert im spanischen Gerona ein geistiges Zentrum und nach der Vertreibung der Juden aus Spanien 1492 im galiläischen Safed eine neue Heimat fanden.

Obwohl das Wort «Kabbala» in seiner späteren Bedeutung bereits bei Salomo ben Juda ibn Gabirol (um 1020–1058) nachgewiesen werden kann, wurde es erst im 14. Jahrhundert als Dachbegriff für eine Vielzahl von Schriften vom «Sefer ha-Sohar» («Das Buch des Glanzes», Ende 13. Jahrhundert), als dessen Verfasser Moses ben Schemtow de Leon (um 1250–1305) angesehen wird, bis hin zu den Werken des Isaak Luria (1534–1572), dem «Ez chajim» und den Werken späterer Autoren gebräuchlich. Zwar stellt die Selbstangabe der Lehren, sie stammten von Adam, Set, Noah oder Abraham, einen frommen Betrug dar, dennoch sind spätantike Traditionen wie ein ausgeprägter ethischer Dualismus, eine Reihe von Engelsnamen oder Anklänge an die babylonisch-chaldäische Astrologie unverkennbar. Die Lehre vom *Adam Qadmon* lehnt sich an manichäistisch-gnostisches Gedankengut, die Theorie der Emanation an neuplatonische Kosmosspekulationen, die Zahlenmystik an neupythagoreische Modelle an. Die kabbalistischen Traktate enthielten somit alles, wofür sich die Florentiner Neuplatoniker begeistern konnten. Gershom (Gerhard) Scholem versuchte sich an einer historischen Abfolge dieser Einflüsse: In der älteren Mystik sah er Nachwirkungen der Apokalyptik und des Hellenismus, in einer eher mythologisierenden «prähistorischen» Kabbala den Fortbestand gnostischer Lehren, und in der eigentlichen systematischen Kabbala eine mittelalterliche Schöpfung, die von der Provence ihren Ausgang nahm. Zu den frühesten Systematisierungen zählen die Bücher «Jezira» und «Bahir», in denen die Lehre von den vier Welten und den *sefirot,* hier namentlich im «Massechet azilut», Gestalt anzunehmen begann.

Stark vergröbernd läßt sich die Kabbala in zwei Hauptrichtungen einteilen, in die «theoretische» oder «spekulative Kabbala» (קפלה עיונית *Kabbala 'ijjunit*), und in die «praktische Kabbala» (קפלה מעשׂית *Kabbala ma'assit*), die mit Anleitungen etwa zur Beschwörung von Engeln und Dämonen sowie zur Buchstabenmagie zauberische Züge annehmen konnte und in der populären Umsetzung der erheblich von gnostischen Ideen abhängigen lurianischen Mystik auch Praktiken wie die Anfertigung von Amuletten oder das

Loswerfen einbezog. Ihr eigentliches Ziel war dennoch die messianische Welterlösung, die durch strengste sittliche Läuterung des einzelnen Menschen und durch Konzentration beim Gebet und bei jeder religiösen Handlung beschleunigt werden sollte.

Im Brennpunkt jüdischer Spekulation und christlicher Faszination sowohl als religiös-theosophisches Erkenntnissystem wie als Schlüssel zur Kosmosdeutung stand die Lehre von den *sefirot,* wie sie unter anderem im «Sefer ha-Sohar» festgelegt ist und christliche Theologen immer wieder von neuem beschäftigte. Unter ihnen befand sich der Jesuit Athanasius Kircher. Er war davon überzeugt, daß die kabbalistischen Doktrinen ägyptischen Ursprungs seien: Moses habe sie in Ägypten erlernt und den Israeliten weitergegeben. Daher befindet sich sein die weitere christliche Rezeption maßgeblich bestimmendes «Systema Sephiroticum» in einem seiner Hauptwerke, dem «Oedipus Aegyptiacus» von 1658[21]. Entsprechend der Anzahl der hebräischen Buchstaben verbinden 22 Wege die zehn *sefirot* untereinander, jede *sefira* bildet wiederum für sich einen Mikrokosmos, der sämtliche neun anderen Potenzen in sich trägt. Die sieben unteren Sphären entsprechen auf kosmischer Ebene den Planeten, die oberen drei dem Fixsternhimmel, dem ersten, unbewegten Beweger und dem höchsten Licht-Feuerhimmel. Ihnen zugeordnet sind die zehn Namen Gottes, zehn Erzengel sowie die neun Engelgruppen mit den menschlichen Seelen. Die *sefirot*-Lehre aber führt ihre Wurzeln auf die spätantiken Emanationstheorien zurück[22].

Der verborgene Gott, das *En-Sof,* das «Unendliche», das innerste Selbst der Gottheit, besitzt, so das «Sefer ha-Sohar», weder Bestimmungen noch Attribute. Wo aber dieses verborgene Selbst / Gott / im Weltprozeß wirkend hervortritt, kommen ihm positive Attribute zu; sie sind tiefe Realitäten des göttlichen Lebens, Stufen göttlichen Seins und göttlicher Manifestationen, in die sich sein verborgenes Leben ausströmt. Der «Sohar» spricht von zwei Welten, die aber beide Gott sind: Niemand schaut die erste Welt des *En-Sof,* das Verborgenste, und niemand kennt sie außer ihm selbst, der in ihr verborgen ist. Mit ihr ist jedoch eine zweite Welt, die Welt der Attribute, verbunden; aus ihr heraus kann Gott erkannt werden. Beide Welten bilden eine dynamische Einheit wie Kohle und Flamme: Die

Kohle besteht auch ohne Flamme, aber ihr geheimes Leben offenbart sich erst dann, wenn es sich in der Flamme verströmt. Die mystischen Attribute Gottes äußern sich in solchen Lichtwelten, in denen sich das dunkle Wesen des *En-Sof* manifestiert.

Die Kabbalisten nehmen nun zehn fundamentale Attribute Gottes an, die zugleich jene zehn Stufen bilden, in denen das Leben Gottes als Bewegung aus ihm selbst und zu ihm selbst hin- und herströmt. Bei den *sefirot* aber handelt es sich um keine zwischen Gott und der Welt stehenden Mittelwesen. Hier hat vielmehr die kabbalistische Emanationslehre neuplatonische Ansätze weitergedacht. Denn die Emanation der *sefirot* bildet einen Vorgang *in* Gott, der dem Menschen die Möglichkeit gewährt, ihn zu erreichen. In der Emanation der *sefirot* bricht etwas durch die verschlossene Schale seines verborgenen göttlichen Wesens, nämlich seine Schöpferkraft. Das *En-Sof* erscheint unter zehn verschiedenen, in sich unendlich viele Abstufungen tragenden Aspekten oder Manifestationen, die je nach der Art, in der sie wirken, mit einem eigenen symbolischen Namen bezeichnet werden. Fast jedes Wort der Bibel korrespondiert mit einer dieser *sefirot.* Damit erhalten die Kabbalisten die Möglichkeit, die Heilige Schrift zweifach zu lesen: als Bericht über ein Geschehen innerhalb der historischen Menschenwelt und des kreatürlichen Bereichs einerseits, als einen von diesen Symbolen angedeuteten geheimen Vorgang in Gott selbst andererseits.

Die Erkenntnis des zweifachen Wortsinns aber mußte die hermetische Philosophie der frühen Neuzeit und insbesondere Pico della Mirandola in ihren Bann ziehen. Daher sei die Bedeutung der zehn *sefirot,* der *lógoi,* dem Exemplar des «Sefer ha-Bahir» entnommen, das sich ursprünglich in seinem Besitz befand, obwohl es sich in einzelnen Punkten teilweise erheblich von anderen *Sefira*tafeln unterscheidet:

«Erstens: [die] ‹höchste Krone› [...] – den Einen unter allen Einen zu erkennen und zu wissen, der Einer [sic!] ist in allen seinen Namen.

Zweitens: ‹Weisheit›, von der es heißt: ‹Gott erschuf mich als Anfang seines Weges›, Anfang aber bedeutet Weisheit, denn es heißt: ‹Anfang ist Weisheit›.

Drittens: Der Bruchort der Tora, das Schatzhaus der ‹Weisheit›, der Bruchort des Geistes, der Geist Gottes. Das lehrt, daß Gott alle Buchstaben der Tora [dort] brach, und sie eingrub in den Geist, und seine Formen darin hervorbrachte [...].

Viertens: Die Wohltaten Gottes, seine Belohnungen und Gnaden, [die er] an aller Welt [tut], und das ist ‹Gottes Rechte›.

Fünftens: Gottes großes Feuer, von dem es heißt [...]: ‹Dieses große Feuer will ich nicht mehr schauen, damit ich nicht sterbe.› Und das ist ‹Gottes Linke›. Und was ist das? Das sind die heiligen Chajjoth und die heiligen Seraphim, die zur Rechten und Linken stehen [...].

Sechstens: Der Thron der Herrlichkeit, der gekrönt ist, eingefaßt, gepriesen [und] verherrlicht. Er ist das Haus der kommenden Welt und sein Ort ist eingegraben in [die Sphäre der] ‹Weisheit› [...][23].

Siebentens der ‹Araboth-Himmel›. Und warum heißt er ‹Himmel›? Weil er kreisförmig wie ein Kopf ist, und das lehrt, daß Wasser zu seiner Rechten und Feuer zu seiner Linken sind, und er in der Mitte, und das [bedeutet das Wort für Himmel:] *Schamajim:* aus Feuer, *'esch,* und Wasser: *majim.* Und er bringt Frieden unter ihnen hervor. Das Feuer kam und fand bei seiner Seite das Prinzip des Feuers, das Wasser kam und fand bei seiner Seite das Prinzip des Wassers [...][24].

Was ist der Achte? Einen ‹Gerechten› hat Gott in seiner Welt und er liebt ihn, weil er die ganze Welt erhält und ihr Fundament ist. Er unterhält ihn und läßt ihn wachsen und zieht ihn auf und macht ihm Freude, beliebt und angesehen oben, beliebt und angesehen unten, gefürchtet und erhaben oben, gefürchtet und erhaben unten, schön und angenehm oben, schön und angenehm unten, und er ist das Fundament aller Seelen [...][25].

Was ist der Neunte? Er sagte zu ihm: Der neunte und der zehnte gehören zusammen, einer zum andern, und der eine ist fünfhundert Jahre höher als der andere, und sie sind wie [zwei] Räder, das eine neigt nach Norden, und das andere neigt nach Westen, und sie reichen bis zur untersten Erde. Was bedeutet unterste? Die letzte von den sieben Erden unten und das Ende von Gottes Schechina unter seinen Füßen [...]. Was bedeutet *lenezach nezachim?* Das ist ein *Nezach.* Und welches ist das? Das ist [jenes], das nach Westen neigt, und das zweite dazu [gehörige] ist [jenes], das nach Norden neigt, und das dritte ist das von unten. Ein drittes? Und du sprachst doch von zwei Rädern der Merkhaba? Verstehe [das] vielmehr [so:] Auch das Ende der Schechina heißt *‹Nezach›*, und das bedeutet *‹lenezach nezachim›*, *nezach* ist eines, *nezachim* sind zwei, so sind es [zusammen] drei[26].

Er hat gelehrt: Es gibt zehn Sphären und es gibt zehn Logoi, und jede Sphäre hat ihren Logos, nicht [in dem Sinne], daß er sie umgibt, sondern daß er ihre Ursache ist [...][27].»

Häufiger aber erscheinen die zehn *sefirot* in der Reihenfolge *Kether Eljon* («höchste Krone» der Gottheit), *chochma* («Weisheit» oder Uridee Gottes), *bina* (die sich entfaltende «Intelligenz» Gottes), *chessed* («Liebe» oder «Gnade» Gottes), *gebura* oder *din* (strafende Macht und richtende Gewalt Gottes), *rachamim* («Barmherzigkeit» Gottes), *nezach* («Beständige Dauer» Gottes), *hod* («Majestät» Gottes), *jessod* (der «Grund» aller wirkenden und zeugenden Kräfte Gottes) und *malchuth* («Reich» Gottes, auch als *kenesseth Jisrael*, das mystische Urbild der Gemeinde Israel, oder als *schechina* bezeichnet).

In diesen zehn Sphären der Manifestationen tritt Gott aus seiner Verborgenheit hervor. Sie bilden gemeinsam das «in Eins gesetzte Universum» des göttlichen Lebens, die «Welt der Einheit». Die *sefirot* sind die «mystischen Kronen des heiligen Königs», «Er ist sie und sie sind Er», sie sind die zehn Namen, mit denen Gott vornehmlich genannt wird, und bilden zusammen seinen großen Namen, sie sind die «Gesichter des Königs», unter denen er erscheint, die zehn Stufen des Alls, in denen Gott von der tiefsten Verborgenheit bis zur Offenbarung in der *schechina* hinabsteigt, die Gewänder der Gottheit, aber auch die Lichter, die aus ihr strahlen. In ihnen repräsentieren sich der URMENSCH oder Makro-Anthropos, aber auch die mystischen Urtage aller Schöpfung, aus denen die Zeit der realen Schöpfung hervorquillt.

Man hat den Urmenschen in Form der *sefirot* dargestellt, doch geläufiger wurde das Bild vom mystischen Baum Gottes: jede *sefira* stellt einen Ast dar, deren gemeinsame Wurzel man weder kennt noch erkennen kann. Das *En-Sof* aber ist nicht nur die verborgene Wurzel aller Wurzeln, sondern auch der Saft des Baums, der in allen Ästen treibt. Jeder Teil des Baums lebt also nicht aus sich allein, sondern aus dem Leben des *En-Sof,* des verborgenen Gottes. Dieser Baum Gottes ist zugleich die Struktur aller Welten.

In enger Verbindung zur Lehre von den *sefirot* steht die vom *'Adam qadmon,* dem Urmenschen. Daß der Mensch im biblischen Wortsinn als Ebenbild Gottes erschaffen worden war, bedeutete für die Kabbalisten zum einen, daß die Kräfte der *sefirot* auch in ihm leben, zum anderen, daß die Welt der *sefirot* zugleich als die Welt des in seiner Gestalt als Schöpfer erscheinenden Gottes unter dem Bild des Menschen beschrieben werden darf: Die Glieder des Menschen sind Abbilder eines innerlichen, spirituellen Seins, das in der symbolischen Figur des *'Adam qadmon* erscheint.

Im «systema sephiroticum» aber vereinigten sich der Mystiker, der Magier und der Theurge. Dem Mystiker bot es einen Fingerzeig zur kontemplativen Erkenntnis Gottes, dem Magier die Aussicht auf schöpferische und vernichtende, in jedem Falle göttliche Macht, dem Theurgen die Entzifferung des alles bewirkenden geheimen Namen Gottes.

Buchstabenmystik und Wortmagie

Wie sich aber der unfaßbare Gott in den *sefirot* zu erkennen gibt, so liegt für die Vertreter der prophetischen Kabbala hinter dem geoffenbarten Wort Gottes eine zweite Wirklichkeit, die es zu dechiffrieren gilt. In den siebziger Jahren des 13. Jahrhunderts begann der um 1240 in Saragossa geborene Abraham ben Samuel Abulafia das Buch Jezira mit zwölf philosophischen und kabbalistischen Kommentaren zu studieren. Dabei scheint er mit einer Gruppe bekannt geworden zu sein, deren Mitglieder «auf den drei Wegen der Kabbala, durch Gematria, Notarikon und Temura» besonders tief in die Geheimnisse der mystischen Kosmologie und Theologie einzudringen hofften. Abulafia bezeichnete ausdrücklich den Vorbeter Rabbi Baruch Togarmi als seinen Lehrer, dem er das wahre Verständnis für das Buch Jezira zu verdanken habe.

Zum besseren Verständnis der kabbalistischen Exegesetechniken, die den verborgenen Wortsinn entschlüsseln können, bedarf es einer grundsätzlichen Vorbemerkung zu den hebräischen Buchstaben: Bei ihnen handelt es sich ausschließlich um Konsonanten (und Halbkonsonanten als Substitute für bestimmte Vokale). Die gleichen Buchstabenzeichen aber sind mit einer Zahl identisch. Buchstabenkombinationen geben daher sowohl ein Wort wie eine Zahlenfolge wider. Durch unterschiedliche Zusammenstellungen werden nun neue Begriffe erschlossen und okkulte Sinn- und Bedeutungszusammenhänge erkannt.

Mit der *Gematria* errechnet man den Zahlenwert eines oder mehrerer hebräischer Wörter und sucht nach Beziehungen zu anderen Worten oder Sätzen mit dem gleichen Zahlenwert. Zwei Beispiele mögen dieses Verfahren verdeutlichen: Hebräisches רְוּחַ אֱלֹהִים *ruach 'elohim* («Geist Gottes») ergibt die Summe von 300. Den gleichen Zahlenwert vertritt der Buchstabe ש (sh), mit dem das Gottesepitheton *shadday* (שַׁדַּי) beginnt und der in dieser Bedeutung als einziger Buchstabe auf der Mesusa sichtbar ist; er wird damit zum Symbol für den «Geist Gottes». Der Engel *Metatron* (מטטרון), der die Kinder Israels durch die Wildnis führte und von dem Gott sagte, sein Name sei in ihm, besitzt mit 314 den gleichen Zahlenwert wie das – voll ausgeschriebene – Gottesepitheton *shadday* (שַׁדַּי); hinter dem Engelsnamen verbirgt sich somit ein weiterer symbolischer Ausdruck Gottes.

Das *Notarikon* betrachtet hingegen die Buchstaben eines Wortes als Abkürzung eines Satzes, wofür zwei Möglichkeiten der Schriftdeutung zur Verfügung stehen: Die Buchstaben eines Wortes sind jeweils die Anfangsbuchstaben eines Satzes; so ergibt sich etwa aus den Buchstaben des ersten Wortes des Alten Testaments, «Am Anfang» (*B'rashit;* Gen. 1,1), der Satz «Am Anfang sah Gott, daß Israel das Gesetz annehmen würde»; die zweite Methode verfährt genau umgekehrt: Man nimmt die Anfangs-, Mittel- oder Endbuchstaben eines Satzes, um ein anderes Wort oder andere Wortfolgen zu bilden. Die *Kabbala* als «geheime Weisheit» wird damit zum Begriff «Gnade».

Die komplizierteste und vielfältigste Systematik der Wort- und Schriftdeutung enthält die *Temura,* bei der nach festgelegten Regeln Buchstaben gegen andere vertauscht werden. Die Auswechslung erfolgt mit einem vorhergehenden oder folgenden Buchstaben im Alphabet, wodurch ein Wort mit völlig anderer Orthographie entsteht. Teilt man die 22 Buchstaben des hebräischen Alphabets in zwei Reihen, entsteht die sogenannte «Tafel der Kombinationen des *Tziruph*». Eine der daraus zu ziehenden Kombinationen nennt sich *Albath:*

11	10	9	8	7	6	5	4	3	2	1
כ	י	ט	ח	ז	ו	ה	ד	ג	ב	א
K	I	T	CH	Z	V	H	D	G	B	A
מ	נ	ס	ע	פ	ץ	ק	ר	ש	ת	ל
M	N	S	O	P	TZ	Q	R	SH	TH	L

Mit ihrer Hilfe kann etwa aus dem Begriff *ruach* («Geist, Odem, Seele») *detzau* gebildet werden.

Am Ende dieser Techniken aber steht das Schöpfungswort, der *Schem ha-mephorasch,* jene 72 Buchstaben, deren Kenntnis den Mystiker zum Magier und zum gottgleichen Schöpfer des *Golem,* dem Kabbalisten jedoch nach der Lektüre des 2. Buchs Moses (14, 19–21) die 72 geheimen Engelnamen zugänglich machen. Das «Sefer ha-Bahir» ließ Rabbi Ahilaj über ihn nachdenken:

«Was bedeutet: ‹Gott ist König, Gott war König, Gott wird König sein für und für›? Das ist der Schem ha-mephorasch, der permutiert und ausgesprochen werden darf [...]. Dies ist seine Vokalisierung: Japha'al, Japho'el, Jiph'ol. Jeder, der ihn in Reinheit bewahrt und in Heiligkeit und Reinheit ausspricht, dessen Gebete werden alle angenommen, und nicht nur dies, sondern er ist beliebt oben und beliebt unten, angenehm oben und angenehm unten, und ihm wird sogleich Erhörung und Hilfe[28].

Dies ist der Schem ha-mephorasch, der auf dem Stirnblech Arons geschrieben war, und im Schem ha-mephorasch von 72 Buchstaben, die zwölf Worte sind, welche Gott dem Masmarja überliefert hat, der vor dem Vorhang steht, und er überlieferte sie dem Elia am Berge Karmel, und durch sie stieg er [zum Himmel] auf und schmeckte den Geschmack des Todes nicht, und dies sind die kostbaren und ausdrücklichen und herrlichen Namen, die zwölf sind, nach der Zahl der Stämme Israels: AHZJZJRON, ABROḤJHRON; WShBUBṬMḲRON, DMURṬRON, ZFZFShJTRON, JHUDMJRON, WḤJJHRON, BRḲJHJAON, 'aRSJHGAON, KSAJHMNGMHON, HWHWJHHJWJHJHWAHAHWH, DMHRJRON. Und sie alle sind enthalten im ‹Herzen des Himmels› und teilen sich in je vier Namen, und in ihnen ist Männliches und Weibliches enthalten und die ‹Aufseher› am *Teli,* an der Himmelsphäre und am Herzen, und sie sind die ‹Quellen der Weisheit›[29].»

Diese eher oberflächlichen Anmerkungen zur Kabbala sollen zumindest dazu beitragen, die Folgen schärfer wahrnehmen zu können. Denn von der jüdischen Mystik führten zwei Wege in die Geistes- wie auch in die Sozialgeschichte des Abendlandes, die sich vielfach verschlangen und dennoch immer wieder auseinandergingen. Der eine endete in der Theosophie und in einer esoterischen Naturphilosophie, die auch die *magia naturalis* einbezog. Die Gelehrten der Renaissance, für die hier stellvertretend Pico della Mirandola stand, waren nicht nur an den klassischen Sprachen und damit am Hebräischen als der Mutter und der Heiligsten aller Sprachen interessiert gewesen; dies hätte sie nicht sehr viel weiter als ihre mittelalterlichen Kollegen gebracht. Für sie bedeuteten die mystisch-esoterischen Spekulationen über die Philologie hinaus ein auch für Christen nachvollziehbares Modell sowohl der Gottes- wie der Naturerkenntnis. Es bot ihnen zwei Möglichkeiten: die mystische Kontemplation und den wissenschaftlichen Nervenkitzel, den die tiefere Bedeutung hinter der Oberfläche von Buchstaben bot. Dieser Faszination konnte sich nicht einmal Jean Bodin (1529/30–1596), einer der fanatischsten Vertreter des Hexenglaubens, entziehen. Zwar beschuldigte er – zu Unrecht – den «Prinz von Miranda» [i. e. Pico della Mirandola], er habe aus der «Cabala eine schädliche Magi» gemacht[30], doch andererseits sprach er von ihr voller Hochachtung als der gerechten

«Außlegung des Gesatzes Gottes / so vnter den Buchstaben verborgen liget / oder der Buchstaben andeutet vn[d] bescheinet. Vnnd nicht desto weniger ist sein vorhaben / Wunderzeiche[n] durch krafft der Buchstaben vn[d] Charactern zuwürcke[n][31].»

Zusammenfassend stellte er sogar fest:

«Vnnd also wöllen wir hiemit schliessen / daß die Cabala / das ist / Die Weißheit von Gott gebillicht / vnd durch Mittel der Engel vnd Propheten Mündlich bey den Nachkommenen behalten vnd verbliben / nichtlig an den Buchstaben / Characteren oder Figuren: Welches sonst die vrsach gewesen / deßhalbe[n] viel dise Cabalische

Weißheit gescholten haben: wie dann allen guten Sachen von wegen des mißbrauchs pfleget zugeschehen: Sondern ahn dem geheymen Verstand vnd Erkantnuß der Wunderthaten Gottes / welche durch die gantz Schrifft mit Allegorien / Zugleichnussen vnd Bedeutungen bedeckt vnnd verborgen ligen. Denn es ist darin[n]en kaum ein Gebott oder Red / die nit zwifachen / ja bißweilen Treyfache[n] Sinn vnd verstand auff jm trage[32].»

Johannes Reuchlin (1455–1522) verfaßte 1517 sein Werk «De arte cabalistica», bereits 1587 konnte Johannes Pistorius (1546–1608) ein umfangreiches Verzeichnis kabbalistischer Autoren anfertigen[33], und 1677 sowie 1684 legte Christian Knorr von Rosenroth (1636–1689), Übersetzer unter anderem von Giambattista della Portas (1532–1625) vierbändiger «Magia Naturalis, sive de miraculis rerum naturalium» (Neapel 1558 und 1589)[34], mit seiner «Kabbala Denudata» eine erste mustergültige lateinische Edition vor[35]. Mit der im Auftrag der Prinzessin Antonia von Württemberg (1613–1679) angefertigten Lehrtafel in der Dreifaltigkeitskirche zu Bad Teinach[36] und Friedrich Christoph Oetinger (1702–1782)[37] war schließlich der erste Höhepunkt einer judaisierenden, kabbalistischen und dennoch durch und durch christlichen Theosophie erreicht.

Ohne die kabbalistischen Dechiffrierungssysteme aber wäre auch die wissenschaftliche Spielerei der frühen Neuzeit mit Buchstaben, Wörtern und Bedeutungen nicht denkbar gewesen. Die Erfindung von «Geheimschriften» bildete eine elitär-intellektuelle Mode, mit der sich etwa auch Johannes Trithemius (1462–1516) beschäftigte. Der Abt im Benediktinerkloster Sponheim und später in St. Jakob in Würzburg, einer der wenigen Zeitzeugen für die Existenz eines historischen Dr. Johannes Faust(us), beendete am 27. März 1500 das Manuskript seines ersten Buchs der «Steganographia», die erstmals 1606 in Frankfurt im Druck erschien. Unverkennbar ist der Einfluß kabbalistischer Schriften; denn jedem Kapitel wird ein der Kabbala entnommener Geistername vorangestellt. Seine Codierungstechnik möge folgendes Beispiel verdeutlichen:

«parmesiel oShUrMi delmuson ThAfLoIn peano ChArUsTrEa melani LiAmUmTo colchan PaRoIs madin MoErLaI bulre aTlEoR don mElCoUe peloin IbUtSiL meon mIsBrEaTh alini

DrIaCo person. TrIsOlNaI lemom sAoSIE midar iCoRiEl pean ThAlMo, asophiel IlNoTrEoN baniel oCrImOs esteuor NaElMa besrona ThUlAoMoR fronian bElDoDrAiN bon oTaLmEsGo merofas ElNaThIn bosramoth[38].»

Auch wenn die Auflösung keinen magischen Sinn ergibt («Sum tali cautela ut prime litere cuiuslibet dictionis secretam intencionem tuam reddant legenti»[39]), verwundert es nicht, daß Trithemius, nicht zuletzt wegen dieser Schrift, schon zu Lebzeiten in Verdacht geriet, Teufelsbündner zu sein; dafür sorgte auch sein Umgang mit anderen Renaissancegelehrten wie Agrippa von Nettesheim. Was von der Kabbala seinen Ausgang genommen hatte, erfuhr nun seine Verselbständigung, obwohl sich die Intellektuellen stets des Ursprungs ihrer Überlegungen bewußt waren; nicht von ungefähr veröffentlichte Athanasius Kircher sein «systema sephiroticum» in einem Werk, in dem er sich – erfolglos – an der Entzifferung ägyptischer Hieroglyphen versucht hatte.

1510 erhielt Trithemius im Würzburger Schottenkloster für einige Tage Besuch von einem jungen Mann namens Heinrich Cornelius Agrippa von Nettesheim. Der Inhalt der Gespräche, die sie führten, ist aus der Widmung der wohl berühmtesten und weitreichendsten Magietheorie der frühen Neuzeit, dem Werk «De occulta philosophia», zu erschließen, die Agrippa dem Mönch kurz später als Handschrift zur Kenntnisnahme zusandte: Die *magia naturalis* sei schon von altersher ausgeübt, aber im Laufe der Zeit vernachlässigt worden; sie verführe zwar ihre Anhänger häufig zum magischen Aberglauben, ihre Gegner aber verdammten mit den Auswüchsen auch zahlreiche positive Ansätze. Der Zuspruch, den er bei Trithemius fand, habe ihn ermutigt, das Buch in drei den Möglichkeiten der Magie entsprechenden Abschnitten zu vollenden[40].

Heinrich Cornelius Agrippa von Nettesheim und die Folgen

Der am 14. September 1486 in Köln geborene Agrippa von Nettesheim führte ein wechselvolles, ja abenteuerliches Leben. Nach Studien in Köln und Paris diente er von 1501 bis 1507 in der Armee Kaiser Maximilians I., weilte 1508 zu Studienzwecken in Spanien, 1509 in Italien und in Avignon, hielt an der Universität von Dôle eine für die Geschichte der christlichen Kabbalarezeption bedeutsame Vorlesung über Johannes Reuchlins «De verbo mirifico» von 1494[41], ging 1510 nach England und von dort zurück nach Köln. Ständige Anfeindungen zwangen ihn 1511 erneut nach Italien, wo er an den Kämpfen der Liga teilnahm. Nach dem französischen Sieg von Marignano (1515) verlor er seinen gesamten Besitz, auch seine Bücher und Aufzeichnungen. Nach einem Zwischenaufenthalt in Turin 1517 verdiente er sich 1518 in Metz und später bis 1525 in Köln, Fribourg und Lyon seinen Lebensunterhalt als Advokat. Seit 1528 wirkte er als Arzt in Antwerpen, seit 1530 als kaiserlicher Archivar und Historiograph in Mechelen, wo er 1533, zwanzig Jahre nach der Fertigstellung des handschriftlichen Entwurfs, die Druckerlaubnis für die drei Bücher der «Occulta philosophia» und für die Schrift «De incertitudine et vanitate scientiarum» erhielt. Beide brachten ihm, dessen Famulus Johann Weier war, entschiedenen Widerspruch, aber auch internationalen Ruf ein. Agrippa starb am 18. Februar 1535 in Grenoble.

Kaum ein Wissenschaftler war zu Lebzeiten so umstritten wie Agrippa von Nettesheim. Er setzte sich ständig dem Magievorwurf aus, man betrachtete ihn als den Magier schlechthin, obwohl er wie seine Florentiner Kollegen am Beginn eines neuen Zeitalters der Naturphilosophie stand, Gott in das System der Magie integrierte und ihn damit in letzter Konsequenz aus der Natur verbannte. In seiner «Occulta philosophia» versuchte er sich an einer Synthese von Christentum und Magie auf der Grundlage der neuplatonischen Lehren: Gott ist der Schöpfer des Alls aus dem Nichts, die Schöpfung erfolgte aufgrund der Archetypen seines Geistes, die in ihr nachgebildet seien.

Ungeachtet zeitgenössischer und späterer Einschätzungen der «Occulta philosophia» als Teufelswerk oder als magiologische Naturwissenschaft bleibt festzustellen, daß Anleitungen zu magischen Ritualen und zauberischen Operationen fehlen. Dies sollte dem 1565 erschienenen «Liber quartus de occulta philosophia, seu de ceremoniis magicis» vorbehalten bleiben, einer nicht von Agrippa verfaßten, sondern nur seinen Namen als Markenzeichen benutzenden und um die «Elementa Magica» des Pietro d'Abano (1257–1316) angereicherten Schrift. Diese aber enthielt die rituellen Anweisungen zur Talismanherstellung und zur Beschwörung von Geistern – in lateinischer Sprache.

In bester kabbalistischer Tradition schuf sich Agrippa von Nettesheim ein *sigillum* mit den vier Buchstaben «A G L A». Nur dem Kundigen erschließt sich dessen Bedeutung: *'atta gadol le olam adonai* («Du bist groß in alle Ewigkeit, Herr»). Dieses Zeichen aber wurde mehr noch als die Schwundformel des *SATOR AREPO* zum magischen Symbol schlechthin, keinesfalls beschränkt allein auf den elitären Gebrauch, sondern nun auch nachweisbar auf populären apotropäischen Gegenständen wie Amuletten, Schutz- und Segenszetteln, Breverln und anderem mehr. Die Kabbala war – dies sei hier abschließend noch einmal nachdrücklich betont – keine Zaubertheorie, wohl aber bot sie die Möglichkeit der Umsetzung in magische Praktiken. Die Idee der Versenkung im Mysterium Gottes gewährleistete die Macht des Wissens, das Tetragrammaton, kryptische Zeichen wie das Pentagramm oder der *magen David* (Davidsstern), die verborgenen Namen Gottes, der Engel und Dämonen die Wirkung der zauberischen Absicht. Johann Weier überlieferte den Text eines Fernzaubers; mit einem Prügel sollte ein Dieb, eine Hexe oder ein anonymer Feind in der Ferne verletzt und dadurch von seinem verbrecherischen Vorhaben abgehalten werden:

«Bistu willens einen Dieb / Hexen oder sonst einen andern dir aufetzigen Feindt zuuerletzen / vnnd dir selber vor schaden / so er dir zufügen möchte / zu seyn / so thue eins / hauwe ab ein junges Haselnüssens schoß / an einem Sambstag vor der Son[n] auffgang / vnnd sprich hiemit: Ich hauwe dich ab du heuriger Ast / in dessen namen / welchen ich zerhauwen oder stümplen / vorhabens bin. Auff solches sol ein decke / auff einen Tisch zerspreitet / vnd diese wort daran gehenckt werden. + Im Namen deß Vatters + / vnd deß Sohns + / vnd deß heiligen Geistes +. Zu dem dritten mal / sollen diese vnnd folgende wort widerefferet werden / Bald blew ein / droch / myrroch / esenaroth / + betu + baroch / + assa + maaroth. Darnach so sprich: Du heilige Dreyfaltigkeit / straff den / welcher diß vbel begangen hat / vnd schaffe es auch ab / durch dein grosse Gerechtigkeit / + eson elion + emaris ales ege. Solchs steub in die decke / so wirst du die Gotteslesterung sehen[42].»

Aus der Zeit des Dreißigjährigen Kriegs stammt ein Schutzbrief für seinen jeweiligen Träger, der die Wirkung aus Buchstabenkombinationen und Charakteren bezieht:

«Der könig von Sero ist gefangen gelegen, wie man in hat richten wollen, so war er selbst ein gut, mit der Gottes hilff. Dann ihn niemand verwunden können, da thät man ihn fragen, wie daß sey, da sprach der könig: meine hochgeehrte herrn von Mannen, es kam, daß man mich nicht verwunden könnte und da er den brieff herfür gab, sprach er nachfolgenden caracter oder buchstaben in namen Gottes des vatters, des sohns und heiligen geistes amen.

XO XO XZ X H X V X J X B D X F X K X M X ll X W X 9 X ss X n X W W X L X P X S X n X y v X x X a Y R X H D ll o o x D X C X S X r X H X Z Y F X 9 X eleisohn pax, vbat pax, recent pax Christi. In nomine patris, et filli [sic!], et spiritus sanctus. Jesus Nazarenus rex judiorum[43].»

Volkstümliche Schutzpraktiken innerhalb des erheblich von kabbalistischem Gedankengut geprägten osteuropäischen Chassidismus des 18., 19. und frühen 20. Jahrhunderts bedienten sich, etwa bei der Anfertigung von Wochenbettamuletten, solcher Zeichensysteme, Buchstabenkombinationen, Engel- und Dämonennamen. Im 1756 beendeten Hamburger «Amulettenstreit», der sich an die Person des Rabbi Jonathan Eybeschütz (um 1690–1764) knüpfte und bei dem sein Gegner Jakob Emden (1697–1776) sabbatianische Tendenzen auf Wochenbettamuletten entdeckt zu haben glaubte, trafen kabbalistisches Denken und aufklärerische Vernunft aufeinander.

Aber nicht nur jüdische Talismane, sondern auch christliche Apotropeia waren voller kabbalistischer Namen und Buchstabenkombinationen. Ihre «natürliche» Magie blieb, da sie sich im Rahmen der bekannten und der unbekannten Namen Gottes und der Engel bewegte, legitim, auch wenn sie Gebete und Schutzformeln häufig auf den Mechanismus der nahezu zwingenden Wiederholung reduzierte. Mit der jüdischen Kabbala hatten sie in diesem Stadium nichts mehr zu tun, einen philologischen Sinn erbrachten sie nicht; allerdings beruhte ihre Bedeutung auf dem Geheimnis, das sie umgab, und auf der Erinnerung an das Wort als Schlüssel zum Tor der allmächtigen Mysterien. Die populäre Magie schuf sich hier eine eigene, innere Logik fernab aller naturphilosophischen und esoterischen Spekulationen der *magia naturalis*.

10. Kapitel Mathematik der Hölle. Der Beginn der Zauberliteratur

Als ich mich niedersetzte, um zu lesen, da sah ich, daß die Bücher weißlich und schimmlig waren und daß sie des alten Morryster konfuse «Marvells of Science», das schreckliche «Saducismus Triumphatus» von Joseph Glanvil, 1681 veröffentlicht, die haarsträubende «Daemonolatreia» des Remigius, gedruckt 1595 zu Lyon, und als Allerschlimmstes, das unglaubliche «Necronomicon» des verrückten Arabers Abdul Alhazred, in Olaus Wormius' Küchenlatein-Übersetzung, ein Buch, das ich nie gesehen, von dem ich aber furchtbare Dinge hatte flüstern hören, enthielten.

HOWARD PHILLIPS LOVECRAFT, DAS FEST

1508 schloß Johannes Trithemius die Arbeit an seinem «Antipalus maleficiorum» ab, den zu verfassen ihn der brandenburgische Kurfürst Joachim I. gebeten hatte[1]. Darin legte er eine umfangreiche Liste von naturphilosophischen, hermetischen, dämonologischen und magiologischen Schriften vor, die er unterschiedslos als «Zauber»-bücher zusammenfaßte, die «Claviculae Salomonis» etwa oder «Hermes», «Geber», «Thebit», «Ptolemaeus», dann «Arnaldus de Villanova» (1235/40–1311) oder Pietro d'Abano[2].

Wir nähern uns dem Ausgangspunkt unserer Überlegungen, der die historische Popularität vor allem schadenszauberischer Praktiken in Frage gestellt hatte. Glaubt man den Inquisitoren des 16. und 17. Jahrhunderts, war teuflisches Zauberwissen weit verbreitet; die moderne, hier insbesondere die geschichtswissenschaftliche Hexenforschung schenkt zwar den Inquisitoren kein Vertrauen mehr, wohl aber den zumeist der Unterschicht angehörenden Hexen; operative Magie sei die Grundlage von Volkskultur schlechthin.

Nach den bisherigen Ausführungen aber liegt nun der krasse Widerspruch zwischen den Wahrnehmungsformen und der geschichtlichen Wahrscheinlichkeit bloß: Magie erwies sich als ein schwieriges Konstrukt, dessen Komplexität gegen eine Umsetzung in die unterschichtliche, analphabetische, in der Mehrzahl ländliche Verständniswelt und gegen die Aneignung als ritueller *magia illicita* sprach. Welchen Stellenwert die mittelalterlichen und nachmittelalterlichen Gelehrten ihrerseits der Magiologie zuwiesen, zeigt der Umstand, daß hinsichtlich ihrer Einbettung in den Wissenschaftskanon kein Zweifel bestand – ganz im Gegensatz zu den in der Moderne dominierenden *artes technicae*, die man dem Handwerk, nicht jedoch den *scientiae* zuordnete.

Von der Magie als einer wissenschaftlichen «Mathematik der Hölle» war die Rede gewesen; der Nachweis scheint erbracht und wird nun durch des Trithemius Hinweise auf Zauberliteratur wie die «Claviculae Salomonis», die seit dem frühen 18. Jahrhundert das Bild von den populären Zauberpraktiken wesentlich mitgestalten sollten, wieder in Frage gestellt. Doch das blinde Vertrauen auf solche Spuren führt rasch auf brüchiges Eis. Unter Titeln wie den «Sigilla Salomonis» kursierten bis weit ins 17. Jahrhundert hinein Schriften unterschiedlichsten Inhalts, sie zirkulierten als Hand- und Abschriften im kleinen Zirkel der Gelehrten, versperrten sich durch ihr Sprachgemisch aus Lateinisch, Griechisch und Hebräisch einer nachweisbaren Handhabung durch die inkriminierten, unterschichtlichen Gruppen, und erst als die fiktive Welt der Hexen ins Wanken geriet, wurde der Zauber populär. Man erinnert sich an die Redensart von den Mäusen, die tanzen, wenn die Katze aus dem Haus ist.

Zaubertheorie für den König und die Jungfrau Maria: Der «Picatrix»

Unter den «Zauber»schriften nannte Trithemius mit dem «Picatrix» nicht nur den berühmtesten, sondern auch einen der wenigen greifbaren mittelalterlichen Vertreter dieser Gattung. Ebenso zählte Johannes Hartlieb, dessen «Buch aller verbotenen Künste» von 1456 man ebenfalls häufig und völlig zu Unrecht als Zauberbuch disqualifiziert hatte, ohne seine aberglaubens- und hexenbekämpfende Absicht zur Kenntnis zu nehmen, den «Picatrix» neben anderen verbotenen – oder zu verbietenden – Büchern wie dem «Sigillum Salomonis», der «Hierarchia» oder dem «Schemhamphorasch», dem «Kiranides», «Thebit», «Ptolemaeus», «Leopold von Österreich», «Arnaldus», «De annullis [sic!] inpensis», dem «Gesegnete(n) Buch», dem «Liber Raselis» [i. e. Rasiel] oder dem «Buch der Heiligen Drei Könige» auf, das mit den Worten «In Egypto tres magi fuerunt» begänne. Nur ein Teil dieser Literatur ist durch spätere Drucke nachweisbar, Hartlieb und Trithemius bedienten sich vermutlich der gleichen Quellen, ohne je persönlich die Zaubermanuskripte zu Gesicht bekommen zu haben, beide waren sich auch über die hervorragende Bedeutung des «Picatrix» einig:

«Es ist noch gar ain mercklich puch in der kunst Nigramancia, das hebt sich an: ‹Ad laudem dei et gloriosissime virginis Marie›, haißt ‹Piccatrix›. das ist das vollkomnest puch, das ich ye gesach in der kunst. das selp puch ist ainem küng von Hysponia gesambelt worden durch ainen hochen doctorem sunder zweifel, wann er hat die kunst also gerümt mit natürlichen aigenschaft und mit sprüchen der hailigen geschrift, das maniger wolgelerter man ganzt gelaubt, das es nit sünd sey. Das puch verfürt gar vil lewt zu ewiger verdambnuß. Vor dem puch sol sich dein fürstlich genad am maisten hütten, wann under seinen süssen worten ist der pitter gift vermist. das puch ‹Piccatrix› ist grösser dann drey psalter. O was hocher list und gespenst hat gehabt Sathanas, bis er das puch einpläsen hat[3].»

Sein Leser aber entstammte den feinsten Kreisen: Alfons von Kastilien (Alfons der Weise) hatte es 1256 «zum Lobe Gottes und der glorreichsten Jungfrau Maria» unter den Namen «Picatrix» aus dem Arabischen übersetzen lassen, daneben existierten Manuskripte und Kopien in arabischer, hebräischer und lateinischer Sprache, Kaiser Maximilian I. besaß sogar zwei Exemplare in seiner Bibliothek, und die großen, der Magie verdächtigten Naturphilosophen Pietro d'Abano und Heinrich Cornelius Agrippa von Nettesheim zitierten es. Faszination wegen der in ihm vermittelten Naturphilosophie sowie der neuplatonischen naturmystischen Theorien und Kriminalisierung infolge der mitgeteilten Gebete an die Planeten und der Beschwörungen von Sternengeistern hielten sich die Waage.

Der lange rätselhaft gebliebene Ursprung des Werks führt uns zum Knotenpunkt der Vermittlung antiken Gedankenguts durch Araber und Juden, nämlich in das mittelalterliche Spanien zurück. Hinter dem zuerst ins Spanische, dann ins Lateinische übersetzten «Picatrix» verbirgt sich die Übertragung des arabischen Buchs «Ġājat al-ḥakīm wa-aḥaqq al-natīǧatain bi-'l-taqdīm» («Das Ziel des Weisen und dasjenige der beiden Konklusionen [Alchemie und Magie], die es am ehesten verdienen, vorangestellt zu werden»), das in späteren arabischen Quellen, zum Beispiel in der «Muqaddima» des Ibn Chaldūn, als *das* Handbuch der Magie schlechthin bezeichnet und einem Verfasser namens Abu 'l-Qāsim Maslama Ibn Aḥmad al-Maǧrīṭī zugeschrieben wurde. Gegen Maǧrīṭī (gest. 1005/08, «Mann aus Madrid»), den führenden Mathematiker des arabischen Spaniens, erheben sich als Verfasser jedoch schwerwiegende historische Bedenken, weswegen man heute vom Pseudo-Maǧrīṭī spricht.

Emanationen, Talismane und Dämonenbeschwörungen

Würde man den «Picatrix», der neuplatonischem, gnostischem, islamischem und jüdischem Gedankengut verpflichtet ist, eine astrologische Magie vertritt und seine zauberischen Anleitungen mit den von den Griechen ererbten Lehren zu begründen versucht, als plattes Zauberhandbuch bezeichnen, dann fielen auch die philosophischen Werke eines Pico della Mirandola unter dieses Verdikt. Denn seine Theorie beruht auf der Überzeugung des *similia similibus,* auf der homöopathischen Wirksamkeit der Dinge und ihrer Eigenschaften *(virtutes)* aufeinander. Überträgt man jedoch das Prinzip der Herstellung von Beziehungen nach dem Gesichtspunkt der Ähnlichkeit auf die Betrachtung des gesamten Kosmos, des Weltganzen, so entsteht nach Ernst Cassirer das Weltbild des strukturalen Denkens, das die Welt nach morphologischen Gesichtspunkten aufteilt und in Klassen ordnet. Für die Magie bedeutet dies die Rechtfertigung der Astrologie durch die neuplatonischen Emanationslehren. Über die schiitische Sekte der Ismāʿīlīja in die arabische Philosophie vermittelt, fanden sie auch im «Picatrix» ihre Nachwirkung, wie das Beispiel der «Marsreihe» verdeutlicht:

«Mars ist die Quelle der anziehenden Kraft. Ihm untersteht die

Naturwissenschaft, die Tierarzneikunde, die Chirurgie, das Zahnziehen, das Schröpfen und das Beschneiden. Von den *Sprachen* gehört ihm zu das Persische, von den *Gliedern* außen am Leibe das rechte Nasenloch und im Inneren die Galle und die Wirkungen, die von ihr in den Körper strömen, nämlich Entflammung und Hitze, die Zorn und Haß und Fieber erregen. Von den *Religionen* gehört ihm zu die Gottesleugnung und der schnelle Religionswechsel, von den *Kleider(stoffe)n* die Halbseide und die Felle der Hasen, Panther und Hunde, von den *Künsten* die Eisen- und Feuerarbeit, das Kriegswesen und der Straßenraub, von den *Geschmäcken* die heiß-trockene Bitterkeit, von den *Landschaften* die Festungen, Burgen, Schlachtfelder, Feuerstätten, Schlachtstätten, die Schlupfwinkel der wilden Tiere und die Gerichtshöfe, und von den *Edelsteinen* der Karneol und alle dunkelroten Steine, und von den *Mineralien* das Schwefelarsen, der Schwefel, das Naphtha, das Glas und das Kupfer, und von den *Pflanzen* alle von heißer Natur, wie Pfeffer, Seidelbast, Wolfsmilch, Scammonium, wilde Raute, Kümmel, Rauke, Stechapfel, Lotus und alle Bäume mit Dornen wie Christdorn, Mispel, Safflor, und was sich zum Feueranzünden eignet, und von den *Drogenpflanzen* alle Drogen von schlimmer Qualität, die durch ihre Schärfe und Hitze töten, und von den Wohlgerüchen das rote Sandelholz, und von den Tieren die roten Kamele und alle wilden Tiere mit Hauern und verletzenden Krallen und alle schädlichen, roten Kriechtiere und die Schlangen, Skorpione und großen Eidechsen, und von den *Farben* die dunkle Röte und von den *Zeichen* .»

Heinrich Cornelius Agrippa von Nettesheim lehnte sich mit seiner «Marsreihe» eng an die Ketten des «Picatrix» an:

«Dem Mars gehören unter den Elementen das Feuer, desgleichen alles Scharfe und Brenzliche; unter den Säften die Galle; unter den Geschmäcken die bittern, scharfen, auf der Zunge brennenden, und die, welche zu Tränen reizen; unter den Metallen das Eisen, das rote Erz, und alles feurige, rötliche und schweflige; unter den Steinen der Diamant, der Magnet, der Blutstein, der Jaspis, der Amethyst; unter den Pflanzen und Bäumen die Nieswurz, der Knoblauch, die Euphorbie, der Meerrettich, der Rettich, der Seidelbast, der Sturmhut, die Purgierwinde und alle wegen ihres Überschusses an Wärme giftigen Pflanzen, ebenso die, welche mit stechenden Dornen bewaffnet sind oder durch ihre Berührung auf der Haut ein Brennen verursachen, stechen oder Blasen ziehen, wie die Disteln, die Nessel, die brennenden Waldreben; ferner solche, deren Genuß zu Tränen reizt, wie die Zwiebeln, der Lauch, der Senf; endlich sind auch alle stacheligen Bäume sowie der Kornelkirschbaum dem Mars heilig. Unter den Tieren gehören ihm die kriegerischen, räuberischen, kühnen und achtsamen an, wie das Pferd, das Maultier, der Bock, der Wolf, der Panther, der wilde Esel; auch die giftigen Schlangen und Drachen und alles, was die Menschen verfolgt, wie Flöhe und Mükken, und der Hundskopf wegen seines Jähzorns; ferner alle räuberischen, fleischfressenden und Beine zermalmenden Vögel, wie der Adler, der Falke, der Habicht, der Geier; solche Vögel, die man Unglück bringende und Tod weissagende nennt, wie die Nachteulen, das Käuzchen, die Weihe; die, welche immer hungrig und raubgierig sind, oder die krächzen und gleichsam Laute des Erstickens von sich geben, wie die Raben und Krähen; auch der Specht ist vor andern dem Mars heilig. Unter den Fischen besitzt er den Hecht, die Seebarbe, den Stachelrochen, den Seewidder, den Seebock, den Seewolf, welche sämtliche sehr gefräßig und räuberisch sind[5].»

Schon hier aber wird deutlich, daß der Verfasser des «Picatrix» kein höllisches Zauberbuch, sondern bestenfalls eine esoterische Zauberphilosophie im Sinne der *magia naturalis* beabsichtigte: Die astrologische Magie versucht, in das dauernde Einwirken der himmlischen Kräfte auf die irdische Welt einzugreifen und sie nach den Wünschen des Magiers zu beeinflussen. Sie aber richtet sich nach der Gestalt der Emanationen der oberen Welt; wenn die Sterne die himmlischen Urformen der Dinge in die Welt übermitteln können, dann hat der Magier dafür zu sorgen, daß eine von ihm gewünschte Form im richtigen Augenblick an der richtigen Stelle der Materie eingeprägt wird. Sendet die Allseele durch die Sterne bestimmte Kräfte oder Geistwesen auf die Erde, muß er sie auf eine bestimmte Stelle, zum Beispiel auf einen Talisman herabziehen und dort fixieren. Erscheinen die Geistwesen in anthropomorpher Gestalt, so heißt es, sie geneigt zu machen und zu einem bestimmten Zweck herbeizulocken. Soll ein Sternengott für menschliche Wünsche zugänglich gemacht werden, sind Gebete und Opfer zur Erringung seiner Gunst erforderlich.

Der Magier aber kann Einfluß auf die Welt der Zwischenwesen gewinnen, indem er das ihm durch das System der sympathetischen Reihen vorgeschriebene Verfahren befolgt: Er hat, da die den einzelnen Planeten zugehörigen Kräfte in der Welt verstreut sind und ihre Wirksamkeit daher nicht rein und ungemischt zur Geltung kommt, möglichst viele zu einer Reihe gehörenden Dinge zusammenzubringen, eine Sphäre herzustellen, in der ein Planet vollkommen, ausschließlich und ungestört, bestenfalls unterstützt durch einen anderen Planeten, herrscht. Erst wenn die Reihe des Sterngottes nach Raum, Zeit, Qualität und Materie völlig deckungsgleich ist, kann und muß er wirken.

Der Verfasser des «Picatrix», der sich vor allem als Kompilator verstand, unterschied zwischen dem theoretischen Zauber der astrologischen Magie und dem praktischen Zauber, der sich der *virtutes* der Dinge in den drei Naturreichen bediente. Was den «Picatrix» so gefürchtet und zugleich zum immer wieder ausgeschriebenen Vorbild späterer Zauber- und Ritualanweisungen machte, waren die präzisen Angaben, was ihn schützte, die theoretischen Begründungen. Ganz im Sinne der Signaturenlehre existiere für jedes Ding der irdischen Welt in der Sphäre ein Bild, das seinem Bilde ähnlich, eine Form, die seiner Form entsprechend, und ein Analogon, das seinesgleichen sei. Will man ein Ding bewegen, stellt man durch Observation den passenden Zeitpunkt fest; in dem Augenblick, in dem seine am Himmel befindliche Form vorbeiläuft und senkrecht über dem Ort steht, an dem die gewünschte Wirkung eintreten soll, wird – im aristotelischen Sinn – die Natur der betreffenden Form durch eine gewaltige «pneumatische Bewegung» «bewegt»[6]. Darauf aber beruht das Geheimnis der Talismanherstellung, wie die beiden folgenden Rezepturen zeigen:

«Talisman zur Gewinnung des Sieges über einen Feind, dessen Untergang man wünscht.

Man macht zwei Bilder, eines im Aszendenten des Löwen zur Stunde der Sonne, während der Mond abfällt, und das andere im Aszendenten des Krebses zur Stunde des Mars, während er abfällt ebenso wie der Mond. Man läßt das erste Bild das zweite auf irgendeine Art peinigen, die man wünscht, und vergräbt beide zur Stunde des Mars im Aszendenten des Widders im ersten Dekan; dann sucht man seinen Untergang auf alle Weise herbeizuführen, und das wird alsbald gelingen.

«Talisman, um Liebesbeziehungen zwischen Männern und Frauen herzustellen.

Man macht einen Talisman in der Gestalt eines Mädchens aus einem kalttrockenen Metall im Aszendenten der Jungfrau, während Merkur in ihr steht und zum Gipfel seines Apogeums aufsteigt, so daß er dessen Regiment innehat. Man beginnt in der Stunde des Merkur, bis sie zu Ende ist, und bedient sich dabei der Hilfe von Handwerkern. Dann macht man einen zweiten Talisman in der Gestalt eines Mannes, wenn Merkur wieder in der Jungfrau steht oder in den Zwillingen. Nimm dich in Acht, daß nicht das falsche Tierkreiszeichen Aszendent ist, so daß etwa Merkur in der Jungfrau steht, wenn die Zwillinge Aszendent sind, oder umgekehrt. Laß die beiden Bilder sich umarmen und lege die Hände des einen auf den Rücken des anderen. Das ganze Werk (muß) in der Stunde des Merkur (geschehen); achte ja auf die beiden Aszendenten, Zwillinge oder Jungfrau. Schnüre die beiden (Bilder) mit etwas, was zu ihrer Art gehört [z. B.: mit einem ‹merkurischen› Stoff], zusammen und vergrab sie auf der belebtesten Straße der Stadt; dann werden Frauen und Männer in Liebesbeziehung zueinander treten. Dasselbe macht man für zwei Einzelpersonen und vergräbt es an einem Ort, wo beide oft hinkommen[7].»

Die himmlischen Formen aber setzen sich aus den am Himmel stehenden Fixsternkombinationen, den zwölf Tierkreiszeichen, den 28 Mondstationen sowie anderen Sternfiguren zusammen, die willkürlich durch Ziehen von Linien zwischen den Sternen hergestellt werden («Siegel»). Die Mannigfaltigkeit der sich dauernd verändernden Sternkonstellationen bedingt ihrerseits die Mannigfaltigkeit der Erscheinungswelt. Sie bilden jedoch nur einen von zwei Faktoren, die eine magische Wirkung hervorrufen. Die zweite Ursache liegt in der Materie selbst, der die Formen eingeprägt werden sollen, deren Empfänglichkeit für die Sternwirkung aber sehr verschieden ist. Zwar wirkt die gleiche Sternkombination im gleichen Augenblick auf alle Wesen gleichartig ein, das Ergebnis hingegen fällt je nach Akzeptanzbereitschaft der Materie unterschiedlich aus. Die astrologische Berechnung und die Observanz der Zeit allein genügen somit nicht; es ist vielmehr ein möglichst empfängliches Substrat vorzubereiten, dessen Materie im Einklang mit dem beherrschenden Stern steht. Dabei kann man sich die natürlichen Eigenschaften der Stoffe zunutze machen, sei es deren *physis* wie «heiß», «trocken» usw., seien es die besonderen Wirkkräfte *(virtutes)*, die in manchen Stoffen wie etwa den Heilkräutern angelegt sind. Schließlich bedarf es für das Gelingen einer solchen Operation der persönlichen Vorbereitungen des Magiers durch sympathetische Parfümierung und Nahrung, Konzentration zur Verbindung der Seelenkräfte mit den himmlischen Kräften und der Durchführung des Rituals in der Stille und Einsamkeit der Nacht.

Diese – astrologischen wie rituellen – Voraussetzungen spielen insbesondere eine wichtige Rolle bei der Herstellung von Amuletten und Talismanen, deren Entstehung, die Verwirklichung von Form in Materie, in den normalen Erscheinungen der Natur tagtäglich vor sich geht. Denn auch beim Talisman vollziehen sich *corruptio* und *generatio*, die Annahme einer neuen Form nach der Zerstörung der vorhergehenden. Für den «Picatrix» stellen die «Menschen [...] jederzeit Talismane her, ohne es zu wissen»[8], vergleichbar mit der Produktion von Butter aus Milch, von Faden aus Wolle; der Magier unterscheidet sich vom Handwerker nur durch seine tiefere Einsicht in die Zusammenhänge der Dinge und die Möglichkeiten von der Anwendung der Dinge zu ungewöhnlichen Zwecken.

Exempla docent. Um ein Schutzmittel zur Vertreibung der Mäuse anzufertigen, zeichnet man beim Aufgang des ersten Dekans des Löwen auf eine Kupferplatte die Konstellation des Sternbildes des Löwen, nämlich eine Figur aus kleinen, mit Linien verbundenen Ringen[9]. Der unbekannte Meister, dem der Verfasser des «Picatrix» diese Anweisung verdankt, hatte davon gesprochen, «daß jede Form in der Welt des Entstehens und Vergehens von einer Kombination der Fixsterne» herrühre. Das himmlische Bild wirke, wenn es an einer besonders wirksamen Stelle, in diesem Fall im Aszendenten, stehe, auf das ihm Feindliche hemmend oder gar vernichtend. Die Feindschaft zwischen Löwe und Maus aber ist bekannt, der Talisman beruht daher auf dem Prinzip der Allopathie.

Als Beispiel für homöopathische Zauberwirkungen möge ein Talisman dienen, der in der Literatur geradezu als Vorbild für die magische Wirkung von Bildern in Anspruch genommen wurde: Auf einen in einen goldenen Siegelring gefaßten Bezoarstein graviert man das Bild eines Skorpions in dem Augenblick ein, in dem der Mond am Anfang des zweiten Dekans des Skorpions steht. Die Abdrücke, die mit diesem Siegel hergestellt und in Wasser aufgelöst werden, helfen gegen Skorpionstiche[10].

Die Anfertigung von Talismanen unter der Influenz der Planetengötter, das Schneiden in die dafür besonders geeignete Materie und genaue Anweisungen über die wirksamen Bilder trugen dazu bei, den antiken Göttern den Weg ins europäische Mittelalter nicht als tote Gestalten einer bewundernswerten, aber überwundenen Welt der Vergangenheit, sondern als höchst lebendigen und wirksamen Wesen zu ebnen.

Doch der «Picatrix» überlieferte neben solch nützlichen Dingen wie der Anfertigung von Talismanen auch phantastisch anmutende Zauberhandlungen, die sein Verfasser im «Großen Buch der Gesetze» von Platon gelesen haben will: das Wandeln auf dem Wasser und in der Luft etwa, das Reden mit Toten, das Spalten von Sonne und Mond, die Verwandlung von Stäben in Schlangen oder Planetenbeschwörungen, in denen der Mond einmal mehr eine wichtige Rolle spielt. So enthält die Beschwörung «Gebet zum Mond» (auch: «Herbeiziehung der Kraft des Mondes») eine recht komplizierte Zeremonie mit Opfern, Räucherungen, zerknirschten Anrufungen, Hersagen von Namen oder Formeln, bestimmten Operationen mit Wasser und Zeichnungen. Bei Gelingen erscheine meist eine schöne Gestalt, der man sein Anliegen vortragen könne, Fehler beim Ritual aber seien gefährlich[11].

Dieser «praktische Zauber» beruht im Gegensatz zum astrologisch bestimmten «theoretischen» Zauber auf der Mischung der Dinge der drei Naturreiche und der Ausnutzung ihrer *virtutes*. Die Mehrzahl der Zaubermittel trägt den persischen Namen «nīrang» oder «nīranǧ». Sie werden unter anderem der Speise oder dem Getränk der zu bezaubernden Person beigefügt oder Parfüm beigemischt, dienen der Erregung von Liebe und Feindschaft, der Bindung der Begierde und der Zunge zur Zügelung der Geschwätzigkeit und bestehen etwa aus Menschenhirn, Menschenfett und frischen Menschenköpfen. Nicht nur diese Substanzen, sondern auch die Ingredienzien eines Bildzaubers zur Stiftung von Feindschaft zwischen dem König und seinen Untertanen aber zwingen zur Frage nach der «alltäglichen» Verfügbarkeit. Der Verdacht, daß es sich hier um eine magiewissenschaftliche Fiktion, um eine intellektuelle, sympathetische Ketten nachvollziehende Spielerei handelte, drängt sich auf. Selbstverständliche Bestandteile in den Regalen der Hexenküchen waren sie keinesfalls:

«Rezeptur und Ritual, um Feindschaft zwischen dem König und seinen Untertanen zu schaffen.

Herstellung eines anderen Nirendsch für die entgegengesetzte Wirkung. Es besteht darin, daß du noch ungebrauchtes Wachs nimmst und daraus ein hohles Bild machst. Dann nimmst du 1 Miṯqāl Galle einer schwarzen Katze, ½ Miṯqāl Gehirn eines schwarzen Hundes, 1 Miṯqāl Gehirn eines schwarzen Esels, 2 Dānaq Aloe, 1 Dānaq schwarzen Pfeffer und 1 Dānaq Myrrhe, pulverisierst die Aloe und den Pfeffer, tust die Galle und das Gehirn in ein Reagenzgefäß und wirfst darauf dies, was du pulverisiert hast. Laß es schmelzen und sich vermischen, und zwar in gelindem Feuer; wenn es dann geschmolzen ist und sich vermengt hat, bohrst du ein Loch in den Kopf des Bildes, gießt es hinein und läßt es kalt werden, und wenn es dann kalt geworden ist, klebst du ein Stück Wachs darauf. Dann nimmst du ½ Miṯqāl Galle eines schwarzen Raben, 1 Miṯqāl Gehirn einer schwarzen Fledermaus, 1 Dānaq Aloe, 1 Dānaq Myrrhe und 4 Dānaq Myrthenbeeren, mischst das alles mit den Gallen und dem Gehirn in einem Reagenzgefäß, und gib es auf Kohlen, daß es schmilzt. Wenn es dann geschmolzen ist, so bohre ein Loch in sein Schlüsselbein und gieß es hinein, damit es in sein Inneres gelangt. Dann laß es kalt werden; und wenn es kalt geworden ist, so klebe ein Stück Wachs darauf. Dann nimm einen eisernen Nagel, durchbohre es in der Brust und sprich, während du es durchbohrst: ‹Kardīlās, Dīqājūs, Bāhūlīs, Barʿūnās.› Dann leg es in einen neuen Henkeltopf, nachdem du dir Räucherwerk aus je 1 Miṯqāl Galle einer schwarzen Katze und Fleischmagen eines schwarzen Raben und je 2 Miṯqāl Hufen einer schwarzen Ziege und Hufen eines störrischen Pferdes verschafft hast. Du zerbrichst die Hufe, vereinigst das mit den Ingredienzien, stellst es auf Kohlenfeuer bis es raucht, und sprichst, während du räucherst: ‹Māṭīras; Giduris, Mamulas,

Farhinus, ich gebe dem Pneuma des Herzens des und des Königs vollkommene Gewalt über N. N. – nenne dabei, wen du willst, mögen es wenige oder viele sein –, damit er ihnen durch Ungnade, Strafe, Zorn und allerlei Rache Unglück zufüge, und errege sein Pneuma gegen sie durch die Kraft dieser pneumatischen Geister und durch Armūlīs, Bāsarās, Fīdūrās, Bāhīmūs.› Wenn du nun dies getan hast, so gehe weg, in der Gewißheit, daß du mit deinem Tun Erfolg hast[12].»

So kompliziert diese Anleitung erscheint, so besitzt sie dennoch Methode, wie der Vergleich mit einem das Gegenteil erreichenden Zauber zeigt: Die Herzen der Könige sollen den Untertanen gewogen sein; hier überwiegen trotz verwendeter Substanzen wie Gazellen- und Hasenhirn oder Menschenblut die hellen Farben Weiß und Rot, und nicht ein eiserner, sondern ein silberner Nagel wird in die Brust des Bildes gebohrt[13].

Auffallenderweise schweigt der «Picatrix» über den Dämonenpakt, obwohl diese Vorstellung in der verwandten arabischen Literatur, etwa im «Fihrist» des Ibn al-Nadīm, durchaus bekannt war: «Die Beschwörer und Zauberer behaupten, daß ihnen die Satane, die Dämonen und Geister gehorchen und daß sie sich die Satane dienstbar machen durch Opfer und Sünden und Begehen der verbotenen Handlungen, an deren Unterlassen Gott und an deren Begehen die Satane Wohlgefallen haben, wie Unterlassen von Gebet und Fasten und Blutvergießen und Verwandtenheirat und andere böse Handlungen [...]. Die Bücher, die darüber verfaßt sind, sind viel an Zahl und vorhanden. Und das Babel der Zauberer ist in dem Lande Ägypten, und sie haben Siegelringe und Beschwörungen und Zaubersprüche [...] und Räucherungen.»

Im «Picatrix» aber erscheint der neuplatonische Schutzdämon in hermetischer Interpretation. Der «Geist der vollkommenen Natur» ist mit dem *pneuma* oder den *pneumata* des Sterns verbunden, der den betreffenden Menschen regiert. Er habe sich Hermes selbst geoffenbart und seinen vierfachen Namen genannt: Tamāġīs, Baġdīsawād, Waġdās, Nūfānāġādīs. Als Hermes das Wissen um «die Geheimnisse der Schöpfung» habe ergründen wollen, sei er auf ein dunkles unterirdisches Gewölbe gestoßen, in dem die Winde bliesen, so daß er kein Licht anstecken konnte. Da sei ihm im Traum eine schöne

Gestalt erschienen und habe ihm geraten, das Gewölbe mit einem Windlicht zu betreten und ein dort vergrabenes Talismanbild hervorzuholen; es würde die Winde veranlassen, sich zu beruhigen. Wenn er an den vier Ecken grabe, werde er das Wissen um die «Geheimnisse der Schöpfung» finden. Gefragt, wer sie sei, habe sich die Erscheinung als die «vollkommene Natur» des Hermes vorgestellt und ihm die Anweisung gegeben, wie er sie zu beschwören habe[14].

Die hermetische Magie des «Picatrix» aber verlagerte den Zauber auf die philosophische Ebene: «Man fragte Hermes: Wodurch erlangt man die Weisheit? Er antwortete: Durch die vollkommene Natur [...]. Man fragte ihn: Und was ist die vollkommene Natur? Er antwortete: Das Pneuma des Philosophen, das mit seinem Stern in Verbindung steht und ihn lenkt, ihm die Riegel der Weisheit öffnet, ihn lehrt, was ihm zu schwer ist, ihm das Richtige offenbart und ihm die Schlüssel zu den Toren (der Weisheit) im Schlaf und im Wachen übergibt.» Der Geist der vollkommenen Natur sei gleichsam der unterweisende Lehrer, der den Schüler ein Wort nach dem anderen lehre und ihn, sobald er ein Tor des Wissens beherrsche, in ein neues Tor einführe, bis alle Schwierigkeiten gelöst und alle Dunkelheit erhellt seien.

Magie also führt den Eingeweihten zum Wissen und verpflichtet ihn zugleich zu ethischer Verantwortung. Das Ritual, das die Erscheinung dem Hermes geoffenbart hatte, damit er sie rufen könne, wann er es wolle und benötige, ging folgendermaßen vor sich:

«‹Und unter welchen Umständen soll ich dich rufen; und wie soll ich es machen, wenn ich dich rufe?› Da sprach er: ‹Wenn der Mond in den Beginn des Widders eintritt, es sei Nacht oder Tag, so geh in ein reines Gemach, stelle in die Ecke des Gemaches auf seiner Ostseite [?] eine Tischplatte auf etwas, was sich über den Boden erhebt, und nimm vier Becher, von denen jeder ein riṭl faßt. Dann fülle jeden von ihnen mit einem von den folgenden Ölen: Mandelöl, Butter, Nußöl und Essigöl. Dann nimm vier ebensolche Becher wie die ersten und fülle sie mit Wein. Ferner mach Helva aus Nußöl, Butter, Honig und Zucker, fett und süß.› ‹Dann nimm die acht Becher und das zurechtgemachte Helva sowie ein Glasgefäß und stelle zunächst das Gefäß mitten auf die Tischplatte und leg das Helva hinein. Nun stell die vier Becher mit Wein rund herum nach den vier Himmelsrichtungen, zuerst nach Osten, dann nach Westen, dann nach der Qibla, dann nach dem Meer. Darauf beginnst du mit dem Ölen: das Mandelöl nach Osten gegenüber dem Weinbecher, dann das Nußöl nach Westen, dann die Butter nach der Qibla, dann das Essigöl nach dem Meer.› – Diese Verteilung habe ich in dem Buch al-Isṭamāṭīs gefunden. – ‹Dann nimm eine Wachskerze, zünde sie an und stelle sie mitten auf die Tischplatte. Nun nimm zwei Kohlenbecken voll Holzkohle, räuchere in dem einen mit Storax und Weihrauch und in dem anderen mit parfümiertem Agallocheholz. Dann stell dich auf, nach Osten gewandt, und sprich siebenmal: Tamāġīs Baġdīsawād Waġdās Nūfānāġādīs.› ‹Dann sprich in folgender Weise: Ich rufe euch, ihr kräftigen pneumatischen erhabenen Geister, die die Weisheit der Weisen, die Klugheit der Klugen und das Wissen der Wissenden sind. Antwortet mir, erscheinet mir, bringet mich eurer Führung nahe, leitet mich mit eurer Weisheit, unterstützt mich mit eurer Kraft, lehret mich verstehen, was ich nicht verstehe, wissen, was ich nicht weiß, sehen, was ich nicht sehe, und wehret von mir die Schäden ab, die in der Unwissenheit, Vergeßlichkeit und Roheit beschlossen sind, damit ihr mich die Stufen der früheren Weisen erreichen lasset, in deren Herzen die Weisheit, die Klugheit, die Wachsamkeit, das Unterscheidungsvermögen und das Verständnis wohnten. Wohnet auch in meinem Herzen und trennt euch nicht von mir›[15].»

Magie ist die Suche nach den Geheimnissen der Natur, und um sie zu entschlüsseln, heißt es, zu den Ursprüngen der Schöpfung zurückzukehren, zu jenem Anfang, als die Geheimnisse noch offen lagen. In dieser Bedeutung konnte der «Picatrix» nicht nur zur königlichen Lektüre, sondern auch unter den Schutz Marias gestellt werden. Wo sich jedoch die Geheimnisse nur noch auf den materialistischen Selbstzweck beziehen, reduziert sich der Zauber auf das Ritual und gerät zur Abnormität des menschlichen und gesellschaftlichen Verfaßtseins.

Wittenberg und Rom. Die Mythen der Magie

Der «Picatrix» gehört zu den wenigen, bereits im Mittelalter exakt nachweisbaren Zauberschriften oder, besser, da man seine neuplatonischen, gnostischen, jüdischen und islamischen Einflüsse zu berücksichtigen hat: synkretistischen Naturphilosophien. Ansonsten führt die Mehrzahl der überlieferten Titel als Literatur ohne faßbaren Inhalt ein okkultes Leben. Das von Hartlieb erwähnte Werk «Kiranides», zu seiner Zeit dem Hermes Trismegistos oder dem angeblichen Perserkönig «Kyranos» zugeschrieben, als magisch-astrologische Heilkunst durch Raimundus Lullus (um 1235–1315) in einer lateinischen Edition den Gelehrten bekannt gemacht, steht neben Manuskripten wie dem «Liber consecratus», dessen Titel zwar Macht verheißt, dessen Inhalt sich aber im Dunkel magischer Mythen verliert. Gleiches gilt für den Umgang der frühen Neuzeit mit der Zauberliteratur, in der sich nun ein gewisser Dr. Johannes Faust, Abraham von Worms mit seinem «Buch der wahren Praktiken in der göttlichen Magie» und andere Verfasser, über deren Identität wir bis heute rätseln, breit zu machen beginnen. Sie treiben ihr Unwesen als Zitate in den magiologischen Traktaten, doch das Licht des Tages scheuen sie wie Vampire den Anblick des Kreuzes. Wo sie als Manuskripte oder Exzerpte reale Gestalt annehmen, lassen sie in ihrer esoterischen und sprachlichen Komplexität die winzige Schicht der Gelehrten als Rezipienten erkennen, die sich mit ihnen – sei es zur Begründung der Hexenverfolgung, sei es in naturwissenschaftlicher Absicht – auseinandersetzten.

Wie aber erklärt sich der Widerspruch, daß Zauberrituale mit ihren extrem schwierigen Strukturen und Begründungen in der Welt der Elite ihre Verschriftlichung fanden, das einfache, des Lesens und Schreibens unkundige Volk sie aber mündlich weiterreichen und zudem mit Erfolg praktizieren konnte? Gehört nicht zum populären Bild des Magiers die umfangreiche Bibliothek? Bedurften die mehrsprachig ausgebildeten Gelehrten eines mnemotechnischen Hilfsmittels, während die offenkundig sehr viel genialere dörfliche Hebamme, auf die zum Beispiel sich der Vorwurf des *crimen magiae* bezog, auf (Zauber)bücher und auf Einführungen in die Mechanismen sympathetischer Zusammenhänge verzichten konnte?

Da nicht nur die Texte, sondern auch die Quellen über die Volksläufigkeit der von ihnen (angeblich) beschriebenen Zauberpraktiken fehlen, bleibt weiter Raum für Spekulationen. So glaubte Wolfgang Brückner in seiner Analyse des Pariser Dirnenprozesses von 1390/91, tatsächlich unterschichtliches Zauberwissen beobachten zu können, «da das umständliche Protokoll nicht den Eindruck macht, als ob der Untersuchungsrichter sein eigenes Zauberwissen in die arme Person hineingefragt» habe:

«Man darf annehmen, daß die Aussagen der Frau in bezug auf den Wachszauber entweder annähernd der Wahrheit entsprachen oder zumindest ihrem eigenen Wissen entstammten, zumal sie als einstige ‹femme de folle vie› mit Liebesaberglauben gut vertraut gewesen sein dürfte. Aus dem kindergleichen Wachspüppchen auf heißem Wasser spricht unverstandenes Zauberhilfsmittel der Kundigen: ein wenig Lekanomantia (Schlüsselwahrsagerei), ein wenig ‹Envoûtement› (Dämonenzwang mit Wachsfigürchen), auf der primitiven Bildungsstufe mittelalterlicher Dirnen jedoch zu einem Automatismus herabgesunken ohne Reflexion und tiefgründige Verständnismöglichkeit, von Mund zu Mund getuscheltes Hausmittel, das hilft oder auch nicht hilft, jedenfalls ‹probatum est›; keinerlei Gedanken an sympathetische Bindungen, nichts von Abbild, nicht einmal ein ‹Männchen›, sondern eine Kindsgestalt, ein Zauberfetisch ganz allgemeiner Art. Diese Frau von der Straße kannte keine urtümlichen Bildzaubervorstellungen im Sinne abbildender Substitution[16].»

Um es vorwegzunehmen: Zwischen dem historisch exakten Nachweis volkssprachlicher Zauberschriften, der für die Wende vom 17. zum 18. Jahrhundert gelingt, und den Hinweisen der Magiologen auf diese verdammenswerte Literatur liegt die dunkle Epoche der Hexenverfolgungen. Als schließlich Werke wie das «6. und 7. Buch Mosis» oder die «Faustischen Höllenzwänge» auf den Markt kamen, hatten sie, einer genrespezifischen Tradition folgend, ihre magische Wirksamkeit durch hohes Alter zu legitimieren.

Denn real ist bis 1686 nicht das populäre Zauberbuch, sondern der Mythos vom Alter, um den sich Wittenberg und Rom streiten und der bis heute Forscher wie Will-Erich Peuckert oder Wolfgang Brückner zu verzaubern vermag[17]. Hohes Alter verbürgt Qualität und gewährleistet zugleich Autorität; mittelalterliche wie frühneuzeitliche Chronisten fälschten immer wieder Ursprungs- und Entstehungsdaten. Dies betrifft gleichermaßen das magische Schrifttum wie die Propaganda für Wallfahrtsorte; Macht und Ehrwürdigkeit resultierten aus mythischen Zeitspannen.

Hinzu kam die *auctoritas* des Namens. Die Tradierung der Autoritäten, neben der Heiligen Schrift die Kirchenväter oder antike Verfasser, war Teil eines wissenschaftlichen Denk- und Argumentationssystems. Was aber die Theologie für sich in Anspruch nahm, mußte für die mittelalterliche und nachmittelalterliche Zauberliteratur ebenso Gültigkeit besitzen: Die Legitimation mit hohem Alter und klingenden Namen wie denen des Moses, David, Salomon oder eines der berühmtesten mittelalterlichen Theologen, Albertus Magnus. Dieser Technik bediente sich auch der «Picatrix». Er berief sich auf Aristoteles und andere antike Autoren oder auf die «Inder», deren Magier sich etwa bei der Anfertigung von Talismanen ebenfalls auf die Mondstationen stützten und die aus dem menschlichen Penis ein Öl herstellten, das in Dämmerzustand versetze und Wahngebilde hervorrufe, die aus einer Mixtur von menschlichem Sperma und Ei ein Tier erzeugten, das, in Öl zerstückelt, den damit Gesalbten in ein Tier verwandle und anderes mehr bewirke. Buddha, Verfasser eines einschlägigen Buches, habe Räucherungen gesammelt, mit denen man die *pneumata* der Planeten zur Emanation zwingen könne. Da tauchen die Juden als Autoritäten neben den Kurden, Abessiniern, Kopten und den alten Ägyptern auf, die Chaldäer steuern ein Gebet an den Sonnengott Shamsa bei, von dem gemäß ihrer Meinung alle Wirkung in dieser Welt ausginge[18].

Solche Fälschungen gerieten zum Topos der seit dem 16. Jahrhundert in elitären Zirkeln bekannten, jedoch sich erst im 18. Jahrhundert verbreitenden Zauber(hand)schriften und -bücher; so datierte sich etwa eine im 18. Jahrhundert entstandene Coburger Handschrift des «Faustischen Höllenzwangs» auf das Jahr 1505[19], während sich eine rosenkreuzerische Zauberhandschrift der gleichen Zeit sowohl auf Trithemius wie auf das Jahr 1506 zurückführte[20].

Die Transparenz solcher Mythen überrascht deswegen, da sie so selten erkannt wurde. Der narrative Topos arbeitet mit realen Orten und imaginären Versatzstücken. Die geheimnisvolle Zauberliteratur wie die «Schildwacht»- und «Getrudenbücher», das «6., 7., 8., 9. und 10. Buch Mosis» oder die «Höllenzwänge» lägen angekettet in

Klosterkellern, wo sie von Mönchen, feurigen Hunden oder bösen Geistern bewacht würden. Wittenberg und Rom kämpften (und kämpfen mit Vorteil für Rom), je nach konfessionellem Blickwinkel, um die Standortpriorität, um die Aufbewahrung des wahren «6. und 7. Buch Mosis» stritten sich Katholiken und Protestanten; man vermutete eine vollständige Schrift in der Hochburg der lutherischen Orthodoxie, in Wittenberg, als komplette Bibel galt die erstmals 1640 gedruckte «Weimarer»- oder «Kurfürstenbibel», zu deren Legende der stattliche Preis von anfänglich sechs Talern beitrug. Geheimnisvolles soll auch im Mannheimer Schloß geschehen, aus dessen Keller im linken Trakt zur Neujahrsnacht neun mit unbekannten Mosestexten beschriebene Getreidesäcke emporsteigen, um ein Uhr nach Mitternacht aber wieder verschwinden[21].

Die um 1800 entstandene Darmstädter Handschrift des «6. und 7. Buchs Moses» beruft sich auf Paracelsus und rechtfertigt ihr Alter mit einer abenteuerlichen Geschichte: Die einzig wahren «6. und 7. Bücher Mosis» seien an den in ihnen veröffentlichten dreiundzwanzig Siegelabbildungen erkennbar und folgten wortgetreu einer im Vatikan aufbewahrten Handschrift, die im Jahre 330 von Kaiser Konstantin nach Rom gebracht und Papst Silvester übergeben worden sei. Man habe sie als wahren Schatz gehütet; erst Paracelsus sei es gelungen, zu ihr vorzudringen und sich mit dem Inhalt vertraut zu machen[22].

Solche autorisierenden Ätiologien erleben in der Gegenwart eine kaum glaubliche Renaissance: Die amerikanische Weltraumbehörde NASA wird in einem Atemzug mit dem Auftauchen nichtidentifizierter Flugobjekte (UFOs) genannt, der Vatikan wacht – vermeintlich eifersüchtig – über okkulte Schriften, welche die Berechtigung seiner Existenz in Frage stellen. Zählt man alle Hinweise in der einschlägigen Literatur über die der Öffentlichkeit vorenthaltenen Marienbotschaften, die Geheimnisse von Fatima oder – derzeit äußerst beliebt – über Schriftstücke zusammen, die eine Auswanderung Jesus von Nazareths entweder in den Kaschmir oder aber nach Südfrankreich beweisen, dann ergäbe das Geheimarchiv des Vatikans ein Gebäude von architektonisch unvorstellbaren Ausmaßen. Ob Autoren wie Michael Baigent und Richard Leigh in der «Verschlußsache Jesus» (1991) eine «neue Wahrheit über das frühe

Christentum» ans Tageslicht befördern oder die Suche nach dem Grab des Emigranten Christus in Frankreich, nach Reliquien wie dem Heiligen Gral mit den mystisch-magischen Kulten und Kultorten von Katharern und Templern zur bestsellerverdächtigen Beweisführung verbinden[23], die Archiv-Monsignores des Vatikans wissen stets vorab Bescheid. Die Belletristik leistet ebenfalls ihren engagierten Beitrag, Mythen am Leben zu erhalten; während James Herbert die Heilige Lanze in den Händen britischer Neonazis vermutet[24], müßte die römische Kurie zumindest dem Amerikaner Robert Ludlum auf Knien danken; denn er entnimmt in einem Roman den «Jesuspapieren» völlig überraschende und deswegen hier dem Leser vorenthaltene Erkenntnisse[25].

Die große Wende. Vom *occultum* zum magischen Hausbuch

Beschränkt man sich auf den objektiven Befund, gelangt man rasch zur Feststellung, daß gedruckte (und populäre) Anleitungen zur *rituellen* Magie wie die «Faustischen Höllenzwänge» oder das «6. und 7. Buch Mosis» trotz der von ihren Verlegern gemachten Altersangaben relativ jungen Datums sind. Zwar hatte bereits Papst Johannes XXII. in seiner 1326 oder 1327 verfaßten Konstitution «Super illius specula» die Verbrennung «magischer» Bücher angeordnet. Doch um welche Schriften es sich gehandelt haben mag, um welche es sich überhaupt hätte handeln können, bleibt der Spekulation überlassen, um philosophische arabische oder aus dem Arabischen übersetzte Texte vielleicht, vielleicht auch um antike Werke, deren Lektüre in den mittelalterlichen Klöstern und Kurien verboten war. Moses blieb als Verfasser eines Zauberbuchs dem Hochmittelalter und sogar dem Spätmittelalter völlig unbekannt, fehlte etwa in dem aus der zweiten Hälfte des 13. Jahrhunderts stammenden «Speculum astronomiae» des selbst von der Nachwelt als Magier gebrandmarkten Albertus Magnus, auch im «Antipalus maleficiorum» des Johannes Trithemius. Peuckert datierte einen im 18. Jahrhundert geschriebenen Mosestext aus der Darmstädter Landesbibliothek[26] nur deshalb in das 16. Jahrhundert zurück, weil dieser sich selbst auf eine ältere Vorlage berief: «Rezabla wegesches harez arez. Rabole oder Geheimnisse des VI. Buch Mosis 1540.»

Der mündlichen Familientradition, daß «Das Buch der wahren Praktik der göttlichen Magie» im 15. Jahrhundert von einem jüdischen Kaufmann und Gelehrten namens Abraham (ben Simeon) in Worms verfaßt worden sei, stehen die – frühesten – handschriftlichen Fassungen und Druckeditionen vom Beginn des 18. Jahrhunderts entgegen[27]. Tatsächlich gelingt der exakte Nachweis für ein gedrucktes «6. und 7. Buch Mosis» für den deutschen Sprachraum erst mit einer Verkaufsanzeige im «Allgemeinen Literarischen Anzeiger» vom 28. März 1797; dort sollten «Folgende magische und alchymistische Manuscripte» für teures Geld, entweder für die Gesamtsumme von 500 Reichstalern oder im Einzelstück zwischen fünf und 100 Reichstalern, «aus dem Nachlasse eines bekannten Adepten von dessen Erben verkauft werden»:

«Num. I. Heimliches und übernatürliches Geheimniß des Geistes und der Seele der Welt und der natürlichen Magia a Joh. Trithemio, Ab. Spanh. [sic!] An. 1506 [...]

Num. VIII. Frat. Vincencii Ord. P. das Geheime Mysterium Cabalisticum aus dem Spanischen ins Teutsche übersetzt. [...]

Num. XI. Fr. Bas. Valentini das große Geheimniß der ägyptischen Könige. An. 1482. [...]

Num. LI. Dr. Faust's großer und gewaltiger Meergeist, worin Lucifer und drey Meergeister, um Schätze aus dem Meer zu hohlen, beschworen werden. [...]

Num. LII. Dr. Faust's Mirakul- und Wunderbuch, mit welchem er die Geister gezwungen, daß sie ihm haben müssen bringen, was er begehrt hat, es sey ☉, ☽ oder Edelgestein oder andere Schätze, groß oder klein gewesen. So haben sie müssen bringen auch die Springwurzel und was sonsten nur auf Erden ist, das habe ich mit diesem Buche zuwege gebracht, auch die Wiederabdanckung der Geister. Mit verschiedenen magischen Figuren. Hierzu gehören: 1 magischer Cirkel, 16 Ellen lang, worin die Beschwörer treten, ein Leibgurt, 1 Pendakel auf Pappe, drei Siegel von Mephistophelos [sic!]. [...]

Num. LIV. Heptameron seu Elementa Magiae, das sind aller Cabalisten und Magorum Fundamental-Praxis, wie man auch alle gute Geister oder heilige Engel vor sich fodern [sic!] und rufen kann. Mit ausgemahlten Figuren und Charakteren. Hierzu gehören 7 Siegel der Thron-Engel, 1 Sigillum Salomonis, 4 Pendakel, 1 magischer Cirkel auf Pappe geklebt zur Citation, 4 Ellen ungefähr im Durchschnitt. [...]

Num. LV. VI et VII. Liber Mosis. [...]

Num. LX. Das allerhöchste Geheimniß, so der Mensch haben und erlangen mag, i. e. alle verborgene Dinge zu erforschen und zu wissen. [...]

Num. LXI. Ein magisches Manuscript von einem Ungenannten, worin viele rare und seltene Pieçen enthalten sind. [...]

Num. LXII. Der Görtel Salomonis. [...]

Num. LXIII. Claviculae Salomonis. [...]

Num. LXXIII. Das Heckemännchen. [...]

Num. LXXIV. Proceß des Herrn Doctor Kuhnraths, für welchen die von Schomburg 6000 Rthlr gegeben. [...]

Num. LXXVIII. Almuch Abola. [...][28].»

Stets verlieren sich die Spuren magischer Anleitungsliteratur in der frühen Neuzeit und im kleinen Zirkel der Elite. Johann Christoph Albrecht und Heinrich Gottfried Sal wollten 1705 in ihren Gedanken über die Ausstattung einer Bibliothek dieses Schrifttum zwar verboten wissen, konnten sich aber der Faszination der von ihnen aufgeführten Traktate nicht völlig entziehen («non sine ingenio conscriptos») und plädierten deswegen dafür, die Lektüre auf den kleinen Kreis der Gelehrten zu beschränken[29]. Ähnlich beurteilte Daniel Georg Morhof die magiologische Fachliteratur, die er in «secreta» und «secretiora» unterteilte[30]. Auch er gestand den mystischen, theosophischen, prophetischen und magi(ologi)schen Traktaten eine gewisse Bedeutung für einen kleinen Leserkreis zu:

«[...] suos sibi lectores postulant [libri] neqve omnibus ad lectionem concedi solent, neqve ab omnibus intelligi possunt. Non idem omnibus est horum librorum gustus: laudantur ab his, culpantur ab illis [...] Sed mediâ in illis viâ procedendum est. Ut enim nullus liber tam malus est, in qvo non sit aliqvid boni; ita & in illis, qvi mysteria & arcana se tradere venditant, invenies aliqvando, qvae vix credideris[31].»

Im Abschnitt «De libris physicis secretioribus praecipue chemicis» besprach er Abhandlungen zur *magia naturalis,* die er streng von der *magia daemoniaca* trennte («qvi de Daemoniacis artibus scripti sunt»)[32], und im Kapitel «De Qualitatibus occultis» setzte er sich kritisch mit Heinrich Cornelius Agrippa von Nettesheim sowie mit einem Klassiker der magiologischen Literatur des 17. Jahrhunderts auseinander, nämlich dem 1675 in Nürnberg erschienenen «Tractatus de fascinatione novus et singularis» des Johann Christian Frommann, den er einen «Pandekten allein einfältigen Aberglaubens» schalt («omnium superstitionum anilium Pandectas»)[33].

Einen ähnlichen vernichtenden Befund liefert die Durchsicht der Nachlaßverzeichnisse hinsichtlich des Bücherbesitzes der Unter- und Mittelschichten. So erwähnt nur ein einziges von insgesamt 250 ausgewerteten, heute im Staatsarchiv Würzburg befindlichen Inventaren ländlicher und kleinstädtischer Herkunft aus dem 17., 18. und 19. Jahrhundert neben einem «artzneybüchlein» auch eine «Sibillieweissagung»[34]. Für die Zürcher Leselandschaft erfaßte Marie-Louise von Wartburg-Ambühl anhand von Verzeichnissen insgesamt 223 Buchtitel, von denen sich 50 % (= 113) auf Glaubenslehre und theologische Literatur, 32 % (= 71) auf Erbauungs- und Andachtsschriften, 10 % (= 23) auf Moral- und Sittenlehre und nur 8 % (= 19) auf weltliche Literatur verteilten[35]. An Magica nannten die Listen lediglich Bartholomäus Anhorns *aberglaubensbekämpfende* Schrift «Magiologia. Christliche Warnung für den Aberglauben und Zauberey» (Basel 1674), Ludwig Lavaters «Schrifftmässiger Bericht von Gespenstern, Nachtgeistern, mancherley wundersamen Erscheinungen, und merkwürdigen Vorbedeutungen [...] mit namhaften Historien» (Zürich 1670) sowie mit Rudolff Gwerbs «Bericht von dem abergläubigen Leuth- und Vych besägnen, und andern Zauberkünsten» (Zürich 1646) eine Warnung vor Schriften zur populären Medizin, deren Besitz in Gebieten fernab der offiziellen medizinischen Versorgung nicht eben Verwunderung auslöst. Erwähnung fand ferner mit dem «Medicinalia buechlin» eine vermutlich paracelsische Schrift. Von «Kohlers Hausbuch», einem Frühwerk der Hausväterliteratur, das neben vielen nützlichen Ratschlägen auch eine verschiedene Prognostiken enthaltende «Astrologia», Heilmethoden der *magia naturalis* und ein Traumbuch enthält[36], wußte der Pfarrer von Wiesendangen 1709 «nicht vil zu melde[n]»[37].

Vereinzelt lassen sich in Inventaren auch Kalender nachweisen;

sie wurden etwa durch das Landgebot wider Aberglauben, Zauberei und Hexerei Herzog Maximilians von Bayern vom 12. Februar 1611 als abergläubisch verboten und unter Strafe gestellt, da sie etliche Tage als glück- oder unglücksbringend bezeichneten[38].

Trotz der Zufälligkeit der Auswahl umreißen diese Zeugnisse ein relativ klares Bild von jener «magischen» Literatur, der man – mit aller Vorsicht – eine gewisse Popularität zugestehen könnte; wer des Lesens fähig war, die Zeit zum Lesen besaß und sich die Schriften leisten konnte, besaß aberglaubens*bekämpfende* Werke einerseits, praktische Anweisungsliteratur andererseits, die zur Bewältigung der Nöte und Wünsche des Alltags, der Prävention und Therapie von Krankheiten, der Abwehr von natürlichem oder magisch verursachtem Unheil, dem – moralisch zwar kaum gutzuheißenden, infolge des Lebensstandards jedoch durchaus verständlichen – Streben nach Gewinn und letztendlich dem Überleben in einer von Kriegen und Hungersnöten geprägten Zeit diente. Wir bekommen hier die kleine Magie des Alltags, nicht den großen Zauber des Dämonenpakts, des Hexenwesens und der *schädlichen* Einflußnahme auf den Mitmenschen zu fassen.

Zu diesem Anleitungsschrifttum, das sowohl praktisch-technische Angaben für die Arbeiten im Haushalt wie auch paramagische Rezepte zur Verfügung stellte, gehört die Hausväterliteratur, vor allem die «magische Hausväterliteratur». So enthält der bekannteste Vertreter des Genres, die vielfach aufgelegte «Oecomia ruralis et domestica» Johannes Colers (1566–1639), neben dem «Traumbuch Apomasaris»[39], das mit einer «Astrologia» beginnt, auch zahlreiche Prognostiken umfaßt, die man heute den «Bauernregeln» zuordnen würde: «Wann die Frösche quarcken [sic!] / oder schreyen vngewöhnlich sehr / so verkündigen sie ohne den Regen / brausenden Wind.»

Es wäre aber zu einfach, daraus Schlüsse auf den «Bauern» als lesenden Rezipienten ziehen zu wollen. Das Titelblatt des «Traumbuchs Apomasaris» wendet sich an den «gemeinen Mann / so das Latein nicht verstehet». Doch der «gemeine Mann» war, wie Rudolf Schenda anhand von Titelblättern und Adressatenanreden einschlägiger Arzneikünste verfolgt hat, keinesfalls mit dem Angehörigen der Unterschicht gleichzusetzen[40]. Da schrieb zum Beispiel

1497 Johannes Tallat aus Kempten in seinem in Memmingen gedruckten «Büchlein der Arznei», einer Bearbeitung des «Hortus sanitatis»:

«Mag aber der gemeine Mann durch Armut oder fern des Wegs nit allweg bei ihm haben Meister der Arznei, hierum soll ein solcher Mensch Zuflucht haben zu diesem Büchlein[41].»

1529 erschien in Wittenberg ein nach Hieronymus Brunschwig und Michael Puff kompiliertes Rezeptbüchlein mit dem Titel «Apothek für den gemeinen Mann»; 1633 hieß es in Gregor Horsts «Bericht von der jetzo hin und wider regierenden genannten Hitzigen Krankheit», daß das Buch von der «Vorsorge und Curation dieser Krankheit» handele und «dem gemeinen Mann zum besten zu Papier» gebracht worden sei. 1680 übersetzte Christian Knorr von Rosenroth «Des vortrefflichen Engelländers Thomae Brown, der Arznei Dr., Pseudodoxia Epidemica, das ist: Untersuchungen der Irrtümer, so bei dem gemeinen Mann und sonst hin und wieder im Schwange gehen». Christian Frantz Paulini zielte mit seinen Ratschlägen, Heilmittel aus menschlichen und tierischen Exkrementen anzufertigen, auf einen sozialen Querschnitt durch die Bevölkerung: Nicht die Zugehörigkeit zu einer bestimmten sozialen Schicht, sondern die Situation mache die Bedeutung einer Therapie durch Kot und Urin aus:

«Diß Wercklein aber ist geschrieben vor arme, sonderlich Land- und Bauers-Leute, welche von denen zur Artzney dienlichen überall wachsenden Kräutern und andern Hauß-Mittel keine (wenigstens zulängliche) Käntnuß, diese Dreck-Artzneyen aber beständig um sich haben und damit umgehen; doch also, daß sich dessen auf Reisen, in Lägern und anderswo (da nicht allemahl eine wolangeordnete Apothecke einem nachgetragen wird) hohen und niedern Standes Personen auch bedienen können, sönderlich in der Eile, und auf den Nothfall, in welchem, wie bey denen Medicis überhaupt, auch das allergarstigeste Mittel billig zu loben ist, wo es nur nützlich ist und hilfft, auch ohnedeme niemahl ein Gesetz gegeben ist[42].»

Vom 15. bis zum 17. Jahrhundert repräsentierte der «gemeine Mann» keinesfalls die unteren und untersten Sozialschichten, sondern auch den besitzenden Bauern, die städtischen Mittelschichten, den «Untertan», somit eine durchaus privilegierte soziale Pufferschicht zwischen Adel oder Patrizier und Ratsherren einerseits und den plebejischen Unterschichten andererseits. Die Verbindung mit dem Begriff des «Hausvaters» zeigt zudem, daß damit der des Lesens und vielleicht auch des Schreibens fähige Teil der Bevölkerung gemeint war.

An eben diese Schicht des «gemeinen» Mannes wandte sich etwa Coler mit Ratschlägen wie der Zubereitung von «Hirnschalenöl» («Oleum ex calvaria humana»); sie zeigen erneut die zwei Gesichter des Magiers: Paracelsus wurde nicht nur zum Theoretiker einer dämonischen Magie, sondern auch zum Inbegriff des Heilkundigen. Der Paracelsischen Medizin entnahm Coler unter anderem ein Rezept zur Linderung der Menstruation:

«Es gehe das menstruum roth oder weiß / so lege einen Magneten auff das Centrum, dz ist auff die erste Wurtzel / da der Vrsprung ist / so gehet der Fluß nicht mehr. Ratio, denn alle Flüsse seyn Martialische Kranckheit[43].»

Diese gedruckte und – wie die Auflagen zeigen – durchaus zugängliche Literatur vermochte populäre Traditionen in Gang zu setzen. Ein handgeschriebenes Rezeptbuch von 1725 führt unter dem Markennamen des «Theophrast Paracelsus» die Anleitung zur Herstellung eines Stichpflasters auf[44]. Volkstümliche Heilpraktiken aber haben mit der Magie der Inquisitoren, Theologen und Richter wenig gemeinsam. Zwei Punkte kristallisierten sich auf der Suche nach den Zauberpraktiken bislang heraus: Zum einen sind der Schutz- und Heilzauber, nicht die Rituale der dämonischen Magie zu fassen, zum anderen erweckt die späte Verschriftlichung an der Wende vom 17. zum 18. Jahrhundert Verdacht.

Zwar konnten, wie Rudolff Gwerbs «Bericht von dem abergläubigen vnd verbottnen Leuth- und Vych besägnen» zeigt, auch harmlose, sich meist aus dem kirchlichen Segensbrauch ableitende Praktiken wie das Besprechen von Krankheiten in die Nähe verdammenswerter Zauberei geraten, da sie «von dem Teufel [...] ursprung und würckung» hätten[45] und deswegen das «Besägnen und Lachsnen» nicht nur von Gott, sondern auch von der weltlichen Obrigkeit bestraft werden müßte. Ob die Kriminalisierung von ideologisch nichtkonformen Prozeduren aus den ländlichen Therapeuten Magier oder lediglich diskriminierte Außenseiter machte, die sozialen Folgen waren in beiden Fällen unangenehm. Dies mußte auch der Verleger Andreas Luppius am eigenen Leib erfahren, nachdem er 1686 erstmals die «Claviculae Salomonis» in einer deutschen Ausgabe veröffentlicht und damit die Tradition der volkssprachlichen magischen Anleitungsliteratur begründet hatte. Ihn charakterisierte Johann Christoph Adelung 1788 in seiner unter dem Titel «Geschichte der menschlichen Narrheit» veröffentlichten achtbändigen Biographiesammlung über «Schwarzkünstler, Goldmacher, Teufelsbanner, Zeichen- und Liniendeuter, Schwärmer, Wahrsager, und anderer philosoph. Unholden»:

«Der Buchdrucker und Buchhändler Luppius ist aus mehreren ähnlichen Skarteken bekannt, wegen welcher er immer von einem Orte zum anderen vertrieben worden. Auch wegen gegenwärtiger wurde er, wie man sagt, gerichtlich verfolgt, und die Schrift conficiret, woher denn ihre große Seltenheit rühren mag[46].»

Man mag es als einen wichtigen Hinweis für die quantitative Bestimmung des Zaubers als einer «volkstümlichen» Kulturform betrachten, wenn die «Claviculae Salomonis» bereits am Ende des 18. Jahrhunderts als *rara* galten.

Von der Legende zur Wirklichkeit. Das «6. und 7. Buch Mosis»

Die in den ersten nachchristlichen Jahrhunderten verfaßten griechischen Zauberpapyri scheinen allen bisher aufgestellten Beobachtungen über das Alter der Zauberliteratur Hohn zu sprechen: Denn sie vertreten einerseits mit präzise mitgeteilten Zauberanleitungen die schadenszauberische und zwingende *magia daemoniaca,* andererseits setzen sie mit einem «8. Buch Moses» auch die Existenz eines «6. und 7. Buchs» voraus, jener Schrift, die zum Inbegriff der Zauberkunst werden sollte.

Ein aus acht Doppelblättern bestehendes, in zwei Versionen überliefertes und heute im Rijksmuseum van Oudheden in Leiden unter den Signaturen J 395 und J 397 aufbewahrtes Manuskript enthält zusammen mit Zauberrezepten auch den Weltschöpfungsbericht «Gott/Götter. Heiliges Buch, genannt ‹Die Monas› oder ‹Achtes Buch Mosês vom geweihten Namen›». Die Textvariante dieses Zauberpapyrus, «Des Mosês heiliges Geheimbuch, genannt ‹achtes› oder ‹geweihtes›», stellt sich als «die Praktik des allumfassenden Namens» vor[47].

Doch wie die Zauberpapyri geriet auch das der Antike geläufige Wissen um Moses als Zauberer und Verfasser einschlägiger Schriften völlig in Vergessenheit; so hatte ihn Plinius für den Gründer einer ägyptischen Zauberschule gehalten (Historia naturalis 30, 2). Der exakte Nachweis für ein gedrucktes «6. und 7. Buch Moses» gelingt für den deutschen Sprachraum erst eineinhalb Jahrtausende später mit einer Verkaufsanzeige im «Allgemeinen Literarischen Anzeiger» vom 28. März 1797.

Für die verlorengegangene frühe Geschichte der Moses zugeschriebenen Zauberbücher ist ein griechischer Zauberpapyrus in einer Sammelhandschrift des 4. Jahrhunderts n. Chr., die sich im Britischen Museum in London befindet (Pap. gr. XLVI), von Bedeutung. Sie enthält aufschlußreiche Vorstellungen über Moses als Zauberer und Vermittler zwischen Mensch und Gott:

«Inschrift des leû, Hieroglyphenschreibers, in seinem ‹Brief›: ‹Dich rufe ich an, den Kopflosen, der geschaffen hat Erde und Himmel, der geschaffen hat Nacht und Tag, dich, der geschaffen hat Licht und Finsternis; du bist der Gute Osiris, den keiner je gesehen, du bist labas, du bist lapôs, du hast geschieden das Gerechte und das Ungerechte, du hast geschaffen Weiblich und Männlich, du hast gezeigt Saat und Früchte, du hast gemacht, daß die Menschen einander lieben und einander hassen. Ich bin Moysês, dein Prophet, dem du übergeben hast deine Mysterien, die von Israel gefeiert werden, du hast gezeigt Feucht und Trocken und jede Nahrung. Erhöre mich! Ich bin der Engel des Wohltäters Pharao. Das ist dein wahrhafter Name, der den Propheten Israels überliefert wurde. Erhöre mich: [...], erhöre mich und wende diesen Dämon ab. Ich rufe dich an, der du im leeren Luftraum bist, den gewaltigen und unsichtbaren Gott›[48].»

Daneben aber belegen die hellenistischen Zauberpapyri eine weitere, auffallenderweise erst im Nachmittelalter wieder aufgegriffene Vorstellung von Moses als Autoren von Zauberbüchern. Der Zauberpapyrus P. gr. CXXI des Britischen Museums in London aus dem 4. Jahrhundert n. Chr., eine Formularsammlung von Zauberrezepten für unterschiedliche Zwecke, etwa zur Anfertigung von

Phylakterien, Heilmitteln, Offenbarungs- und Liebespraktiken, enthält den Hinweis auf ein «Diadem des Mosês», eine Formel, die den Magier unsichtbar, ihm aber auch eine Frau sexuell gefügig machen soll:

«Nimm die Pflanze Kynokephalidion und hab sie beim Schlafengehen unter deiner Zunge und früh beim Aufstehen sag, bevor du noch redest, die Namen her, und du wirst unsichtbar sein für alle. Doch wenn du sie über Trinkgefäßen sprichst und die einem Weib reichst, wird sie dich lieben, wie denn diese Formel für alles wirkt: [Zauberformel mit Nennung der Götter ‹Göttin›, ‹Hôros der Falke›; am Ende ‹laô, Sabaôth, Adônai›.] Sag dann, wozu du es willst. ‹Verschaffe die NN dem NN.› Nach Belieben, was du willst[49].»

Schließlich überliefert der bereits erwähnte Leidener Zauberpapyrus auch den Weltschöpfungsbericht «Gott/Götter. Heiliges Buch, genannt ‹Die Monas› oder ‹Achtes Buch Mosês vom geweihten Namen›». Er setzt mit der von zahllosen Ritualen begleiteten 41tägigen Vorbereitung der Schöpfung ein, die unter anderem das spätantike Magiesystem der medialen Helfer repräsentieren. Voraussetzung ist die Kenntnis des wahren Namen Gottes, wofür kaum ein anderer in Frage käme als Moses. Folglich bezeichnet sich die Textvariante des Leidener Zauberpapyrus als «Des Mosês heiliges Geheimbuch, genannt ‹achtes› oder ‹geweihtes›» und stellt sich als «die Praktik des allumfassenden Namens vor», die «eine Empfehlung enthält, durch die du ihn erlangen wirst, so du nichts übersiehst»[50]. Die erste Version dieses apokryphen Mosesbuchs setzt, ähnlich wie die zweite, mit den die Kenntnis dieses geheimen Namens ermöglichenden Vorbereitungsritualen ein; der *magus* wird zum Weltschöpfer, das Ritual findet sein Ebenbild in der Schaffung des Kosmos:

«Der Namen aber sind neun, und vor ihnen mußt du erst die Stundengötter aufsagen zusammen mit dem Gebet und die Tagesgötter und die Wochengötter nach ihrer Ordnung, und ihre Zwingformel. Denn ohne sie wird der Gott nicht auf dich hören, sondern als Uneingeweihten wird er dich nicht annehmen, wenn du nicht vorher den Herrscher des Tages und der Stunde recht nachdrücklich anrufst, wofür du die Belehrung am Ende finden wirst. Denn ohne diese [Götter] kannst du nichts von allem ausführen, was du im ‹Schlüssel› findest. Das heilige Gebet, das auf die Natrontafel geschrieben wird, lautet also:

‹Ich rufe dich an, der größer ist als alle, der alles geschaffen hat, dich, den selbstgeschaffenen, den Allseher und Nichtgesehenen; du hast der Sonne ihre Herrlichkeit und alle ihre Macht verliehen, dem Monde, daß er zu- und abnimmt und bestimmte Bahnen einhält, und hast nichts von der früheren Finsternis weggenommen, sondern hast ihnen gleiches Maß zugeteilt. Denn als du erschienst, wurde das Weltall, und das Licht erschien. Dir ist alles unterworfen; deine wahre Gestalt kann keiner der Götter sehn [sic!]. Du, der in alle sich verwandeln kann, bist der unsichtbare Aiôn des Aiôns [...][51].»

Der *Kosmopoeia* schließen sich Zauberrezepte für denjenigen an, dem die «Weihe des ‹Monas›» zuteil wurde: «Ich will aber, Kind, für dich folgen lassen auch die Rezepte des heiligen Buches, die alle Weisen nach diesem heiligen und glückbringenden Werk ausführten. Wie ich dich beschworen habe, Kind, im Heiligtum von Jerusalem: du bist erfüllt von der Gottesweisheit, mach das Buch unauffindlich[52].»

Der Leidener Zauberpapyrus beruft sich auf ein weiteres Exemplar des «geheimen achten Buches» Moses; in ihm «war geschrieben: ‹Des Moses geheimes Buch vom großen Namen, das für alles wirkt, in dem der Name steht dessen, der alles ordnet›». Es führt den Adepten zum geheimen Namen Gottes:

«Hinzunehmen mußt du, Kind, zur Vornahme der persönlichen Schau die Tages-, Stunden- und Wochengötter nach Angabe des Buches, und die zwölf Monatsherrscher und den ‹Sieben›buchstaben-Namen des ersten Buches, den du auch im ‹Schlüssel› verzeichnet findest, den großen und wunderbaren. Denn er ist es, der alle deine (Zauber)Bücher belebt. Ich habe dir aber den Eid, der für das Buch vorliegt, vorgelegt; denn hast du einmal die Zauberkraft des Buches erkannt, mußt du es geheimhalten, Kind. Denn in ihm liegt der Name des Herrn verborgen, der ist Ogdoas, der Gott, der alles anordnet und verwaltet. Denn ihm wurden untertan Engel, Erzengel, Dämonen und Dämoninnen und alles, was der Schöpfung untergeordnet ist.

Vorhanden sind auch noch andere vier Namen: der mit den 9 Buchstaben, und der mit den 14 Buchstaben, und der mit den 26

Buchstaben, und der des Zeus. Gebrauche sie bei Kinder(medien), die keine Erleuchtung haben, auf daß sie dennoch unfehlbar [den Gott] schauen, und für alle Formeln und alle Bedürfnisse: Befragungen, Sonnen- wie Spiegelorakel. Aber als Zwingformel verwende den großen Namen, der ist Ogdoas, der Gott, der alles ordnet auf Erden. Denn ohne ihn kann einfach nichts vollendet werden. Halt geheim, Kind, den Namen der 9 Buchstaben [...] und den der 14 Buchstaben [...], den der 26 Buchstaben [...], des Zeus Namen [...][53].»

Diese Handschrift dachte synkretistisch, die angerufenen Gottheiten der Griechen, Römer, Juden und Ägypter standen einträchtig nebeneinander; nun aber trat für eine Fessellösung der neue christliche Gott hinzu:

«Sprich: ‹Höre mich, Christus, in Martern, hilf in Nöten, mitleidig in Stunden der Gewalttat, viel Mächtiger in der Welt, Erschaffer von Zwang und Strafe und Marter› – 12 Tage pfeif dreimal und sprich achtmal des Hêlios Namen ganz, vom Achebykrôm an – ‹gelöst sei alle Fessel, alle Gewalt, reißen soll jedes Eisen, jeder Strick oder jeder Riemen, jeder Knoten, jede Kette soll sich auftun und keiner habe Gewalt über mich, weil ich bin› (sprich den Namen)[54].»

Die überragende Bedeutung des Moses als Zauberer verdeutlicht der Leidener Zauberpapyrus, indem er zusätzlich ein «geheimes Mondgebet» des Moses erwähnt[55]. Doch damit nicht genug. Auf den Religionsstifter bezieht sich unter dem Titel «Schwert des Moses» ein weiterer Zaubertext, der vor allem Hilfe bei schadenszauberischen Praktiken, so zum Beispiel «um die Berge und die Hügel zu zerstören», ferner «um die Könige zu wählen und abdanken zu lassen, um die Augen blind zu machen, um den Mund zu verschließen und mit den Toten zu reden, um die Lebenden zu töten, um niederzuschlagen und zu erheben, um die Engel zu beschwören, um erhört zu werden, um alle Geheimnisse dieser Welt zu sehen» oder «um deinen Schrecken über das Geschlecht der Menschen auszustreuen», verspricht. Hierzu soll zum Beispiel eine Zauberformel auf eine Bleiplatte geschrieben und diese rechts neben der Synagoge begraben werden[56]. Zusätzlich enthält die Schrift ausführliche Angaben zu den Namen der Erzengel und der Anführer der himmlischen Heerscharen, von denen jeder mit einem besonderen Aspekt negativer Macht verbunden ist: Mzpopiasaiel fungiert als Führer der Engel des Ärgers, Zkzoromtiel als Führer der Engel der Wut, Kso'ppghiel als Führer der Engel der Raserei, N'mosnikttiel als Führer der Engel des Zorns. Zum Schutz vor diesen Dämonen werden *nicht*dämonische Engel wie Raphael, der über den ersten Tag der Woche regiert, angerufen. Über ihn schreibt die «Weisheit der Chaldäer»:

«Seine Gestalt ist die eines Mannes, der auf einem Thron sitzt, mit ausgestreckten Armen und Beinen. Zu seiner Rechten dient Rahabiel, zu seiner Linken Faniel, über seinem Kopf Ariel, unter seinen Füßen Lahabiel. Ihre Aufgabe ist es, alle Arten von Krankheiten zu heilen, den Menschen vor allen abwegigen Shiddim und vor allen bösen Geistern zu bewahren, die dem Menschen Krankheiten verursachen können. Willst du einen Menschen von einem Zauber oder einem bösen Geist oder vom Wahnsinn oder von irgendeinem der erwähnten Dinge heilen, zeichne mit beiden ausgestreckten Händen das Bild eines Menschen auf ein reines Pergament. Unter seine rechte Hand zeichne einen kleinen Mann und auf seine Schulter schreibe: Ariel. Zu seinen Füßen zeichne das Bild eines anderen Mannes, aber führe es mit roter Tinte aus, denn dies ist ein Engel, der über das Feuer herrscht, und schreibe auf seine Schulter: Lahabiel. Und darunter die folgenden Beschwörungen: Ich beschwöre dich, o Raphael, dich und deine Diener [...][57].»

Doch solches Wissen fiel völliger Vergessenheit anheim. Daß die griechischen Zauberpapyri ein «achtes Buch Moses» kannten, setzt voraus, daß ein «sechstes und siebtes» existierte, und dennoch war dem Mittelalter Moses als Verfasser von Zauberbüchern, konkret, seines eigenen 6. und 7. Buchs, völlig unbekannt. Dabei hätte man seinen kanonisierten fünf Büchern unschwer entnehmen können, daß er ein Zauberer war, hatte er doch Aaron aufgefordert, seinen Stab vor den Pharao zu werfen, wo er sich in eine Schlange verwandelte, die ihrerseits die zu Schlangen verwandelten Stäbe der ägyptischen Zauberer auffraß (Exodus 7, 8–12). Mit diesem Wettstreit der Magier nicht genug, hatte Moses von Gott zuvor auch andere Kunststücke erlernt, nämlich Hände verfaulen zu lassen und Wasser in Blut zu verwandeln (Exodus 4, 1–4). Die Verbrennung des goldenen Kalbs, dessen Asche er in Wasser auflöste und den Kindern Israels zu trinken gab (Exodus 32, 20), hätte ihn zum Erfinder des *aurum potabile* und zum Vater der Alchemie werden lassen, und noch die Apostelgeschichte rühmte den Wundertäter Moses, der die Juden aus Ägypten herausgeführt und «Wunder und Zeichen in Ägypten, im Roten Meer und in der Wüste vierzig Jahre» lang vollbracht habe (Apg. 7, 36).

Trotzdem stand er etwa für Johannes Hartlieb fern jeglichen Zaubereiverdachts; vielmehr war er ein Streiter wider allen Aberglaubens: Gott selbst habe die teuflischen Künste

«im 5. Buch Mose, das man Deuteronomium nennt, ausdrücklich untersagt. Im 23. Kapitel spricht er: ‹Hüte dich, Israel, daß du nicht dem Aberglauben der Heiden nachfolgst; und keiner soll unter euch sein, der die Wahrsager befragt oder die Träume deutet. Es soll auch weder ein Beschwörer noch ein Zauberer unter euch sein, und keiner soll die unredlichen Wahrsager um Rat fragen noch zukünftige Dinge erfahren. Ebenso soll keiner von euch die Wahrheit von den Toten erfragen, denn alle diese Dinge sind Gott zutiefst verhaßt. Wegen solchen Aberglaubens wird Gott den Einzug ins Gelobte Land verbieten, denn die Heiden vertrauen diesem Aberglauben und richten sich nach (ihren) Zauberern und Wahrsagern. Aber du, Israel, bist darüber unterrichtet, wie die Dinge wirklich sind›[58].»

Auch weiterhin blieb Moses als Magier tabuisiert. Dabei hätte das von der lateinischen Traktatliteratur angewandte Verfahren der etymologischen Bedeutungssuche durchaus die direkte Verbindung zwischen dem wundertätigen Stab Moses' und der Zauber-, vor allem aber der Wünschelrute erlaubt, wäre den Magiologen dieser Zusammenhang bewußt gewesen. Die *virgula divinatrix* spielte gerade bei der Erzprospektion eine wichtige Rolle, wovon unter anderem Georg Agricola in seinen erstmals 1556 in Basel erschienenen, 1580 in Frankfurt als «Berckwerck Buch» übersetzten «De re metallica libri XII» berichtete[59]. Ihre Wirkung beruhe auf Zaubersprüchen, die er «nicht wiedergeben darf noch mag». Unter den Bergleuten herrsche Meinungsverschiedenheit; die einen behaupteten, sie sei beim Aufsuchen der Gänge von größtem Nutzen, andere verneinten dies. Die Befürworter nähmen unter anderem die Gabel eines Haselstrauches, aber auch andere Ruten: Hasel sei für Silbererzgänge zu bevorzugen, Esche für Kupfererz, Kiefer für Blei- und Zinnerz, eiserne oder stählerne Ruten vorzüglich für das Auffinden von Gold geeignet. Man müsse die Enden der Rute mit zu Fäusten geballten Händen halten, wobei die angepreßten Finger zum Himmel sehen und die Rute mit dem Ende, in dem die beiden Zinken zusammentreffen, aufwärts gerichtet wird. Die Wünschelrutengänger bezögen die Wirkung dieses Metalldetektors unter anderem auf die den Gängen innewohnende Kraft, die mit der psychischen Struktur des Suchenden in Einklang stehen müsse. «Die Rute könne daher einem frommen und ernsten Manne beim Aufsuchen der Gänge von Nutzen sein[60].»

Die Gegner aber behaupteten, daß der Effekt der *virgula divinatrix* auf Zaubersprüchen beruhe und sie identisch mit den Zauberstäben der Magier sei. Auffallenderweise erwähnte Agricola die ägyptischen Zauberer, die ihre Stöcke in Schlangen verwandelt hätten, «wie die Schriften der Juden erzählen», führte auch andere antike Zeugnisse an, um schließlich festzustellen, daß «die Rute erstmals durch das unsaubere Gebaren von Zauberern in den Bergbau gelangt» sei[61], doch den Bezug zu Moses stellte er nicht her.

Von mosaischen Zauberanleitungen aber war auch im 17. Jahrhundert noch nicht die Rede, obwohl sich nun die Züge des «Magiers» Moses zu präzisieren begannen. So referierte die am 5. Dezember 1661 unter dem Präsidium von Michael Liebentantz von Philipp Christoph Beern verteidigte Dissertation «De Magia Baculorum», die sich neben den Zauberstäben generell auch der Wirkkraft der Wünschelrute widmete, das antike Wissen um den «Zauberer» Moses und seinen Stab, der auch «der des Aaron» genannt werde *(qui & Aaronis dicitur)*, doch nach wie vor wies sie die Gleichsetzung des Moses mit einem Zauberer entschieden zurück: Die Geschehnisse in Ägypten könnten nicht mit Magie verbunden werden, sondern seien auf den Willen Gottes hin geschehen[62]. Okkulte Mosesbücher waren unbekannt, sogar jenen, die als Universitätsangehörige leichten Zugang zu den Bibliotheken besaßen.

Gleiches gilt für eine am 9. Dezember 1669 in Wittenberg unter dem Präsidium Theodor Kirchmaiers von Johann Heinrich Martius verteidigte «Dissertatio physica de virgula divinatrice», die ein wenig konkreter formulierte und eine – aus heutiger Sicht ebenso kuriose wie originelle – Deutung der Zauberkraft der Stäbe mitteilte. Daß diese etwa weissagende Fähigkeiten besäßen, stünde ebenso außer Zweifel wie die vom Stab Moses und Aarons vor dem Pharao vollbrachten Wunder; hinter ihnen sei Gott gestanden *(manu Dei)*, während sein Gegenspieler, der Teufel, sich die fraglichen Effekte lediglich zu eigen gemacht hätte, um durch die Magier ähnliche «Wunder» zu wirken:

«Postquam enim manu Dei Moses & Aaron coram Pharaone, Rege Aegypti, per baculum varia miracula edebant, Diabolus, Simia Dei, illa, qvantum poterat, instrumento consimili per magos imitabatur[63].»

Auch und gerade in der jüdischen Überlieferung rankten sich zahllose Legenden um Moses, der wie niemand anders Gott nahe gewesen war[64]. Er sei, wie er selbst dem Todesengel anvertraute, unbeschnitten auf die Welt gekommen[65], habe einen Ägypter durch das Aussprechen des wahren Namen Gottes getötet[66] und sei «von den Hüften abwärts wie ein Mensch, von den Hüften aufwärts aber wie ein Engel des Himmels gestaltet» gewesen[67], vor allem aber auf dem Berg Sinai in eine Sphäre vorgedrungen, die vor und nach ihm keinem Menschen mehr zugänglich war:

«Fünfzig Tore der Weisheit waren in der Welt geschaffen worden, und alle wurden sie Mose geöffnet, nur ein einziges nicht. Also steht es auch geschrieben: Du hast ihn nur ein Geringes niedriger gemacht denn Gott[68].»

Auf dem Berg Sinai wurde er – fast – aller Weisheit teilhaftig:

«[...] Als Mose in den Himmel stieg, die Thora zu empfangen, daß er sie Israel brächte, da offenbarte ihm der Herr das Geheimnis der neunundvierzig Jahrtausende und ließ ihn das Ende aller Sabbatjahre wissen. Da begehrte Mose noch, daß ihm das Rätsel des fünfzigsten Jahrtausends eröffnet würde. Aber Matatron trat dazwischen, und es blieb Mose verborgen[69].»

Wirklichkeit aber wurden die Legenden vom Magier Moses erst an der Wende vom 18. zum 19. Jahrhundert. Um 1800 entstand ein handschriftliches «Sechstes und siebtes Buch Mosis», das sich selbst auf eine ältere Vorlage mit dem Titel «Rezabla wegesches harez arzas. Rabole oder Geheimnisse des VI. Buches Mosis. 1540» zurückführte und mit einer in kaum verständlichem Hebräisch abgefaßten Beschwörung begann. Ein zweiter Text liegt in einem Scheible-Druck aus der zweiten Hälfte des 19. Jahrhunderts vor, die «Biblia

Arcana Magica Alexander. Nach der Tractation des VI. und VII. Buchs Moises [...]»[70]. Er versteht sich als Auszug aus dem 6. und 7. Buch Mosis, teilt zum einen die von Moses in Ägypten etwa zur Verwandlung des Stabes in eine Schlange benutzten Zauberformeln und eine Generalbeschwörung aller Geister mit, zum anderen enthält er Auskünfte über Geister, Bileams Zauberei, das Brustschild des Moses, die Abdankung der Geister, die *citatio infernalis* und die Beschwörung Eleasars.

Seinen Siegeszug aber begann das «6. und 7. Buch Mosis» mit dem Jahr 1849, als es der Stuttgarter Antiquar und Verleger Johann Scheible in seiner «Bibliothek der Zauber-, Geheimniß- und Offenbarungsbücher» erstmals herausgab und dieser *editio prima* 1853 eine weitere Ausgabe mit dem fingierten Druckort «Philadelphia» und der ebenfalls erfundenen Verlagsgesellschaft «J. Weik & Comp.» unter dem Titel «Das sechste und siebente Buch Mosis, das ist: Mosis magische Geisterkunst, das Geheimnis aller Geheimnisse. Wort- und bildgetreu nach einer alten Handschrift mit 23 Tafeln. Samt einem wichtigen Anhange» folgen ließ. Sie präzisierte sich als «Magia alba et nigra universalis seu Necromantia» mit der Absicht, «Die IX Chori der guten Engel und Geister: Saturn, Jupiter, Mars, Sonne, Venus, Merkurius, Mond» zu zitieren.

Um sich eine Vorstellung von diesen «frühen» Editionen machen zu können, seien hier die zwölf Tafeln des 7. Buchs Mosis wiedergegeben, die

«I, bei sich getragen, mit Hilfe der Luftgeister aus Not erretten,

II, zur Beschwörung der Feuergeister zu verschiedenem Nutzen dienen,

III, Wassergeister zur Hebung von Wasserschätzen und aller Kostbarkeiten der See zitieren,

IV, Erdgeister Erdschätze finden lassen,

V, die Geister des Saturn Glück in Spielen bringen lassen,

VI, hilft ‹überwinden in Prozeß, Streit, Spielen...›, auch

VII, bringt Glück in Streitsachen durch Geister Martiis,

VIII, die Tafel der Sonnengeister, ‹hilft zu hohen Ehrenstellen, Reichtum› und wieder zu Schätzen Goldes,

IX, die Tafel der Venus-Geister macht, so versteht sich schon durch den Namen Venus, ‹beliebt und allerwegen›, vergißt aber darüber die gedeihlichen Geschäfte nicht und zeigt Geheimnisse im Traum. Die Natur-Geister schaffen unter

X, abermals Reichtum, ‹auch in der Chemie› und bringen Bergschätze,

XI, ‹gibt Segen und Glück, deren Geister bringen Seeschätze›.

XII, Schemhamforasch [...], bezieht sich auf ‹alle Geister der magia alba et nigra› und dient ‹in Allem› ebenso wie die abschließende ‹General-Citation›[71].»

Seit der Edition Scheibles entwickelte das «6. und 7. Buch Mosis» sein Eigenleben und war fortan aus dem Angebot der auf *Occulta* spezialisierten Verlage wie der Haspel'schen Buchhandlung in Schwäbisch Hall (um 1880), des Buchversands Gutenberg in Dresden (1931) oder des Berliner Bartels-Verlags (um 1920) nicht mehr wegzudenken.

Ein im «7. Buch Moses» mitgeteiltes Rezept gegen Syphilis aber führte 1956 zu einem aufsehenerregenden Prozeß gegen den Verlag Planet-Masuch, der unter dem Schlagwort «Braunschweiger Moses-Buch-Prozeß» Schlagzeilen liefern, durch die Beteiligung Ostberliner Gutachter zum Politikum werden und den Aberglaubensbekämpfer und Aufklärer Johann Kruse und die akademische Volkskunde in Gestalt Will-Erich Peuckerts in eine in aller Öffentlichkeit ausgetragene polemische Konfrontation bringen sollte[72]. Kruse hatte unter anderem Anzeige wegen einer Empfehlung der Okkultschrift gestellt, sich bei Syphilis bis zum Hals in Pferdemist einzugraben. Die verharmlosende juristische Formulierung der Anklageschrift vom «Verstoß gegen das Gesetz zur Bekämpfung von Geschlechtskrankheiten» darf nicht über die Lebensgefährlichkeit dieser Anweisung hinwegtäuschen.

Der berühmte Ethnologe, Slawist und Sexualforscher Friedrich Salomo Krauss (1859–1938) hatte im Winter 1874, als er die fünfte Gymnasialklasse im slowenischen Požega besuchte, ein Schlüsselerlebnis, das seine spätere wissenschaftliche Tätigkeit, nämlich die Erhebung und Analyse erotischer, skatologischer und pornographischer Folklore, nicht unwesentlich beeinflussen sollte, wie er selbst schrieb; er habe nämlich seit diesem Vorfall, «so oft die Leute irgendwelche, wie Sittenwächter bei uns sagen, Unzüchtigkeiten und Schweinereien erzählten», die Ohren gespitzt und «bei jeder günstigen Gelegenheit» auf den ausgedehnten Forschungsreisen «Wissende» befragt.

Folgendes war passiert: Schulkameraden hatten ihn eingeladen, gemeinsam mit ihnen im Hotel «Zum goldenen Lamm» eine ortsbekannte Prostituierte aufzusuchen. Dem entzog er sich, mit gutem Grund, wie sich später herausstellen sollte. Denn alle seine Schulkameraden steckten sich bei ihr an; von den vierzehn Mitschülern endeten sieben als Selbstmörder, zwei wurden als Tobsüchtige ins Irrenhaus gesteckt, «andere vier heilten sich aus, wurden Beamte, ergaben sich der Trunksucht, um sich zu betäuben, heirateten, steckten ihre Frauen an und zeugten erblich belastete Kinder. Dann siechten sie jämmerlich dahin. Der 5., der einzige Sohn des obersten Gespanschaftsgerichtsvorsitzenden, kam als Neunzehnjähriger mit seiner von Syphilis zerfressenen Nase vergeblich zu den Berühmtheiten der Wiener medizinischen Fakultät. Er verfaulte bei lebendigem Leibe.» Der Lehrer Vidmar, der ebenfalls die Dirne besucht hatte, «starb an Paralyse im Irrenhaus in Graz unter Hinterlassung eines unterleibskranken Weibes».

Die Verursacherin der Epidemie aber irrte, «mit schwärenden Wunden bedeckt, als Bettlerin umher. In einem Dorfe riet man ihr, sich in einen Düngerhaufen zu vergraben, um zu genesen. Am nächsten Morgen fand man sie im Unrat erstickt vor[73].»

Die Gefährlichkeit derartiger «magischer» Heilmethoden hinderte weder den Planet-Verlag noch andere Verlage, weiterhin Ghostwriter für Moses zu beschäftigen. Die Anklagen zwischen 1953 und 1972 um die Prozesse von 1956 bis 1960 verschufen der Okkultliteratur erhöhte Popularität, weitere Mosesbücher waren fällig, ohne Rücksicht auf die zwar kurze, dennoch bereits fixierte Tradition dieser Schrift. Man hängte etwa den inzwischen wissenschaftlich edierten Leidener Zauberpapyrus des 3. Jahrhunderts n. Chr. als «8. und 10. Buch Moses» an. 1973 veröffentlichte der Planet-Verlag in «Philadelphia», was nun für Braunschweig steht, ein pseudokabbalistisches Sammelsurium, das «Buch Jezira» als «Achtes und Neuntes Buch Moses oder der egyptische Hausschatz mit 101 Geheimnissen aller Geheimnisse. Nach einer alten Handschrift mit höchst sonderbaren originellen Abbildungen», das unter anderem «Haussegen», das «Grosse egyptische Traumbuch», die angeblich auf Pergament geschriebene, aus dem Kapuzinerkloster Füssen stammende Schrift «M. Danielis Caesris [sic!?] Spiritus familiaris», den «Conclavis Romanis, die kräftigste Geistkunst», «Der heiligen Corona Schatzgebet», Anweisungen zum Schatzheben und den «Unterricht vom Gebrauch des Erdspiegels 1658» enthält; für letzteren mußte ein weiterer Kapuzinerpater, nämlich Franziscus Seraph. Helder aus dem Kapuzinerkloster Immenstadt, herhalten. Ein Ende der Okkultwelle aber ist bei weitem nicht abzusehen.

11. Kapitel Vom Ende der Schatzgräber oder: Das Scheitern der populären Magie

Die halb spielerische, halb pathologische Beschwörung von Ungeheuern, an die man nur halb glaubte, war für den Westen fast hundert Jahre lang die Methode, sich mit den nächtlichen Regungen der Psyche auseinanderzusetzen.

LESLIE A. FIEDLER

Das Ende der Hexenprozesse

Nicht von ungefähr fiel der Beginn der gedruckten – volkssprachlichen – Zauberanleitungen in die Wende vom 17. zum 18. Jahrhundert. Dazu mögen viele Entwicklungen beigetragen haben, sicherlich schufen die verbesserten Ausbildungsanstrengungen der Obrigkeit die Voraussetzung für eine erhöhte Bereitschaft zum Lesen und zugleich dieser Literatur einen Platz in den Randzonen des Buchmarkts. Andererseits aber fällt auf, daß die bescheidene Popularität dieser Schriften mit dem Ende der Hexenverfolgung einhergeht. Würzburg nahm für sich den traurigen Ruhm in Anspruch, am 21. Juni 1749 zwischen acht und neun Uhr morgens die einundsiebzigjährige Nonne Maria Renata Singer von Mossau wegen Hexerei durch den Kitzinger Scharfrichter vom Leben zum Tod gebracht und damit den letzten Hexenprozeß in Franken abgeschlossen zu haben[1]. Die Kritik an den Grundlagen des Hexenglaubens, wie sie bereits Johann Weier formuliert hatte und die durch die nach Beendigung des Dreißigjährigen Krieges an den Universitäten einsetzende Frühaufklärung gestützt worden war, begann nun Früchte zu tragen. Zwar stand der holländische Theologe Baltasar Bekker (1634–1694) mit seiner radikalen Verbannung des Teufels in die Hölle – noch – allein[2], da man weiterhin die Existenz und das Wirken von Dämonen und Hexen in der diesseitigen Welt anerkannte. Diese Prämissen zu leugnen wäre gleichbedeutend mit dem Zweifel an der Allmacht Gottes gewesen.

Folglich bedurfte es anderer Angriffspunkte. Der Jesuit Friedrich von Spee (1591–1635) erkannte in seiner 1631 in Rinteln erschienenen «Cautio Criminalis» die Realität der *Hexerei* noch grundsätzlich an, hielt jedoch die *Hexen* für unschuldige Menschen, deren Geständnisse ausschließlich durch die Anwendung der Folter zustande gekommen seien; er forderte daher die sofortige Einstellung der Hexenprozesse und die Beseitigung der Folter als Teil der Gerichtspraxis.

Die Zeit befand sich im Umbruch. Der gebürtige Leipziger Jurist Christian Thomasius (1655–1728) hatte noch 1694 selbst als Mitglied der Juristenfakultät der Universität Halle in einem Hexenprozeß die Folterung der Angeklagten befürwortet, obwohl ihn seine Kollegen überstimmt hatten. Seine daraufhin einsetzenden Zweifel führten ihn zur Lektüre der Werke Weiers, Spees und Bekkers. Der radikale Wandel seiner Einstellung schlug sich in den beiden epochalen Dissertationen «De crimine magiae» von 1701[3] und «De origine ac progressu processus inquisitorii contra sagas» von 1712 nieder, in denen er sich nun sogar gegen das Kernstück der Hexenlehre, den Teufelspakt und die Buhlschaft, wandte; sie könnten *realiter* zwischen einem Geistwesen und einem Menschen nicht vollzogen werden. Die von Thomasius ausgelöste Kontroverse führte zum Edikt des preußischen Königs von 1713, das die Beendigung der Hexenprozesse in Preußen einleitete. Andere Territorien sollten sich wenige Jahre später anschließen. Seine in der «Conclusio» des «Processus inquisitorii contra sagas« von 1712 ausgesprochene Hoffnung war damit erfüllt worden:

«Daher denn zu hoffen ist, daß die gemeine persuasion von denen Hexen, endlich wieder zu Grund gehen werde; und dannenhero nicht nöthig ist, daß wir viel von denen ersten Irrthümern, aus welchen diese Einbildung entstanden, und wie ein Irrthum aus dem andern gekommen, wie auch von denen Verhinderungen, welche denen ersten Widersachern solcher Irrthümer, als dem Wierio etc. entgegen gewesen, sprechen, und wie es kommen sey, daß sie nicht viel ausrichten können. Wiewohl aus dem, was bißher gesagt worden, der kluge Leser gar leicht sich solche Anmerckungen von selbst machen kan, zumal da der Naudaeus hierzu vieles an die Hand giebet[4].»

Zauberwissen für den Ungebildeten. Vermittler und Vermittlungen

Im 18. Jahrhundert brach das Wissenschaftssystem der Magie, das sowohl die Hexenverfolgungen legitimiert als auch in der *magia naturalis* zu abstrakten Naturerkenntnissen wie zu populären Aneignungen geführt hatte, wie ein Kartenhaus zusammen. Magie hatte sich als elitäres Konstrukt, die *magia daemoniaca* als Utopie erwiesen, und die Realität des populären Zaubers – zumindest für den im frühen 18. Jahrhundert zu Ende gegangenen magischen Zeitraum – einer nüchternen Betrachtung der Quellen nicht standgehalten.

Obwohl sich die handelnde dämonische Magie unserer Beobachtung entzog, dürfen wir keinesfalls davon ausgehen, daß die Unterschichten vom Wissen über Hexen, Hexerei und Bezauberung ausgeschlossen gewesen wären. Tatsächlich wurde ein nicht unbeträchtlicher Teil der Hexenprozesse infolge von Anzeigen und Denunziationen aus dem gleichen gesellschaftlichen Umfeld, dem auch die Angeklagten angehörten, eingeleitet, ja es lassen sich sogar sozial geschlossene Systeme wie Nachbarschaften und dörfliche Lebenswelten als Täter und Opfer der Verfolgungswellen namhaft machen. Ebenso sind die Vermittler gelehrten dämonologischen und magiologischen Wissens an die Unterschichten zu ermitteln, und zu ihnen gehörten nicht nur die Produzenten von Flugblättern, Freskenzyklen und Bildern in den Kirchen, die den Teufel buchstäblich und furchterregend an die «Wand malten», sondern auch die Kleriker, die sie in wortgewaltigen Predigten erläuterten. Allerdings ist bei der Lektüre der erhaltenen Predigttexte erneut Vorsicht angebracht, da sie – häufig standardisiert und nur als Musterpredigten für andere Homileten verschriftlicht – wenig über die Gebrauchssituation und noch weniger über die intellektuelle und soziale Zugehörigkeit ihrer Hörer aussagen.

Dennoch ist ihnen eine gewisse Bedeutung bei der Weitergabe elitärer Vorstellungen an das Kirchenvolk nicht abzusprechen. So heißt es in einer schweizerischen Predigt gegen heidnische Gottheiten vom Ende des 14. Jahrhunderts:

«Hier umb sülent ellü menschen bekennen und für war wissen, das ein ieklicher mensche, wib oder man, der da haltet oder uebet solich wissagung oder losen von zober [zauber] oder bescherten, oder luppe, oder hezze oder lachnen oder fürsehen oder messen oder der agelster schrien oder vogel sang oder brawen iucken, oder von den bathinien oder deheiner hant das ungelöb ist[5].»

Mit der Reformation wurden Predigten gegen Zauberei und das Gesindel der Hexen und Hexer zum literarischen Genre. So hielt Johannes Geiler von Kaysersberg (1445–1510) am Mittwoch nach Reminiscere eine Ansprache «Von den Unholden oder von den Hexen»:

«Du fragest ob etwas daran sey / wenn sie fahren in Frauw Venus Berg / oder die Saxen wenn sie hin vn[d] her fahren / fahren sie oder bleiben sie / oder ist es ein Gespenst / oder was soll ich darvon halten / Ich gebe die antwort als nach stehen.

Zum ersten sprech ich / daß sie hin vnnd her fahren / vnd bleiben doch an einer statt / aber sie meynen daß sie fahren / dann der Teufel kan jhnen einen schein also in dem Kopff machen / vnnd also ein Phantasey / daß sie nicht andes meynen / dann sie fahren allenthalben / vnnd meynen / sie gehen bey einander / vnnd springen / vnd essen / vnd das kan er allermeist denen thun / die da mit jhm zuschaffen haben / jhm verpflicht seyndt (pacto interiori vel exteriori) vnnd das laß dich nicht wundern / daß es jhnen so eigentlich träumet / daß sie wehnen es sey an jhm selber also / Dir träumet etwan natürlich so eigentlich von einem dinge / als wenn du so viel gülden habest / oder etwa träumet dir / wie du bey den Männern seyst / oder bey den Frauwen / oder habest das vnnd das zu essen / vnd träumet dir so eigentlichen / da dir träumet / es sey kein Trauwm / es sey also in der warheit / vnd wenn du erwachest / so ist nichts da / einer kan etwan verjrrts in einem Traum machen / einer findet etwas in dem traum / daß er in manchem nicht finden kan. Kan das die Natur / wie viel mehr kan solches der böse Geist / da ein Mensch wehnt daß nicht ist / also höre ein Exempel: Ich laß daß ein Säliger kam in ein Dorff / da war eine Fraw die sagt / wie sie die nacht also vmbher führe / der Prediger kam zu jhr vnd straffet sie darumb / sie solte darvon abstehen / denn sie führe nimmer / sie würde betrogen / Sie sprach / wöllend jhrs nicht glauben / so wil ich es euch zeigen / Er sprach: Ja / er wolte es sehen / da es nacht ward / daß sie fahren wolte / da rüffet sie jhm / da sie fahren wolte / da leget sie ein Multen auff eine Banck / da man Teig innen machet in den Dörfferen / vnnd besonder inn dem Lanndt bachet jederman selber / da sie in der Multen also saß vnnd sich salbete mit Oli / vnnd sprache die wort die sie sprechen solte / da entschlieffe sie also sitzendt / da wehnet sie / sie führe / vnnd hette ziemliche freuwde innwendig / da sie fechtet mit Händen vnnd Füssen / vnnd fochte also fast daß die Multen vber den Banck abfiel / vnnd lag sie vnder der Multen / vnd schlug jhr ein loch in den Kopff[6].»

Es fehlte nicht an drastischen Schilderungen hexerischer Untaten wie des Hagelmachens; so wetterte Abraham a Sancta Clara (Johann Ulrich Megerle, 1644–1709) 1688 in seiner «Wiener Kapuzinerpredigt»:

«Dieß Jahr 1688, im Monat Juni, haben sie einen so großen Schauer heruntergeworfen, daß deren etliche Steine fünf Pfund schwer gewogen, und hat man unweit der Hauptstadt Gräz gewissen große Vögel wahrgenommen, welche in der Höhe vor diesem grausamen Schauerwetter geflogen und selbiges hin und her geführt. Einige bekannten, so nachmals verdienter Maßen im Feuer aufgeopfert worden, wie sie das höchste Gut und die heiligsten Hostien *salva venia* in den Sautrog geworfen, selbige mit einem hölzernen Stössel nach Genügen zerquetscht, daß auch mehrmalen ihren Gedanken nach das helle Blut hervorgequellt, dennoch ganz unmenschlich und unbeweglich in ihrer Bosheit fortgefahren, gedachtes höchstes Geheimnis mit unflätigem Wasser begossen, und nachdem sie es mit einem alten Besenstiel gerührt, sei alsobald der klare Himmel verfinstert worden und allerseits, wo es ihnen gefällt, der häufige Schauer heruntergeprasselt[7].»

Das «Volk», wer auch immer sich dahinter verbarg, wußte also um die Art der teuflischen Manifestationen und um die böswilligen Anschläge der Hexen. Vielleicht handelte es sich bei der Nachbarin, die gerade in einer anderen Bankreihe der Predigt lauschte, um eine jener Milchhexen, gegen die Abraham a Sancta Clara in seinem «Wein-Keller» wütete:

«O GOtt! O Herr! was Gefahren ist der arme Mensch nicht unterworffen / was sie für Schaden denen Äckern / Wein-Garten / und auch dem Vieh zufügen / ist allbekandt / sie können gar meisterlich denen Kühen die Milch nehmen / und ihnen selbst zu Theil machen / dahero eine und andere mit einem Scheffel in einen finstern Winckel sich begibt / und sticht daselbst mit einem Messer in die Wand / woraus alsobald eine häuffige Milch rinnet / dise aber stiehlt der böse Feind der nächsten Nachbar ihren Kühen / dahero gar offt geschicht / daß man von solchen Kühen nicht ein Tropffen Milch kan herausmelcken. Mit dergleichen Geschichten könnte man gantze Bücher füllen / wie dann hiervon Delrio und andere bewährte Skribenten häufig geschrieben / wir zwar haben gar nicht vonnöthen / dergleichen Bücher zu lesen / indeme es leider! die fast tägliche Erfahrenheit selbst genugsam weiset[8].»

Alltagsmagie

Die Alltagsmagie der wortmächtigen Segen, Beschwörungen und Gebete, die den Dämon nicht benötigten, wohl aber Gott, die Engel und die Heiligen ungeduldig drängten, ergab sich aus den Lebensbedingungen, aus der Suche nach Schutz vor dem Unbill der Zeiten, vor Krankheit, Not und plötzlichem Tod. Die Praktiken deuten zum Beispiel sensibel auf soziale und kollektive Konflikte hin: Salben, mit denen man sich und seine Waffen unverwund- und unüberwindbar machte, oder die um 1620 entstandene, dem Passauer Scharfrichter Kaspar Neidhart, laut einer anderen Überlieferung dem relegierten Studenten (!) Christian Elsenreiter zugeschriebene «Passauer Kunst», die hieb- und stichfest zu machen versprach[9] und deren Wirksamkeit sogar das «6. und 7. Buch Mosis» in Zweifel zog, da die «in der Schlacht getödteten [...] sich nicht beklagen» könnten[10], verloren in friedlichen Zeiten und ruhigen Lebensperioden ihren Sinn.

Diesen zauberischen Kampf gegen den Alltag aber bezeugen zahllose Quellen. Für eine Probe aufs Exempel bietet sich hier das 1669 erschienene Werk «Blockes-Berges Verrichtung» des Johannes Praetorius (1630–1680) an, auf das bereits zu seinen Lebzeiten die gelehrte magiologische Diskussion zurückgriff. Hierzu ist eine Vorbemerkung notwendig. Sowohl die mittelalterliche wie auch die frühneuzeitliche Wissenschaftsmethodik, die bis ins 17., teilweise sogar bis ins frühe 18. Jahrhundert ihre Gültigkeit behielt, wies der Empirie des eigenen Augenscheins, des *vidi* und des *audivi,* nur eine untergeordnete Rolle hinter dem blinden Vertrauen auf bewährte Autoren, den *auctoritates,* zu. Die Lehren der Heiligen Schrift, des Augustinus und der Kirchenväter, aber auch der im Mittelalter in den Lernstoff einbezogenen und dadurch kanonisierten Philosophen der Antike und die von ihnen mitgeteilten Geschichten galten als Richtschnur für die Gegenwart, die sich folglich wie selbstverständlich an der Vergangenheit ausrichtete. Die im *exemplum* zusammengefaßte *historia* prägte die Wahrnehmungsfähigkeit der Autoren.

Auch Praetorius faßte, den wissenschaftlichen Spielregeln seiner Zeit gehorchend, das verfügbare Wissen über die Hexerei aus bewährten *auctoritates* und Skribenten zusammen. Es muß daher als sensibles Indiz für populäre Zauberpraktiken und -vorstellungen gelten, was er aus *eigenem* Augenschein beizutragen hatte. Das Ergebnis ist ebenso enttäuschend wie bezeichnend: neben vielen hunderten der Literatur entnommenen oder mit dieser gerechtfertigten Aussagen zum Teufelspakt, Hexensabbat und den zahllosen, von den Hexen verübten Untaten stammen gerade zwölf (!) Belege eindeutig aus eigener, nichtautorisierter Beobachtung. Sie aber stellen der «populären Magie» indirekt ein Armutszeugnis aus.

Da begegnet man zum einen, wen will es wundern, der Furcht vor Gespenstern; von dem «Würdigen Herrn Johann Kennerer Pfarrherrn zu Mansfeld / seines Alters über 80. Jahr» hörte Praetorius vom Auftritt des «Wütenden Heers» in Mansfeld[11]. Da finden sich zum anderen Spuren diagnostischen Wissens zur Erkennung der Hexen: Sie verlieren während der Ekstase jegliches Empfindungsvermögen[12], sie buttern auf dem Dach eines Hauses, wie es «noch unlängst / da alhier zu Leipzig gesagt ward»[13], die von ihnen zubereiteten Speisen sättigen nicht, «welches ich von vielen / so noch am Leben / vernommen»[14], und die Geschichte, daß in Genf ein junges Mädchen alle diejenigen tanzen und springen ließ, die sie mit einer ihr vom Teufel überlassenen eisernen Gerte berührte, hatte Praetorius «von einem / so dem Schaden beygewonet», vernommen[15]. «Herr Albertus von Poctiers [sic!] ein Advokat im Parlament, hat mir erzehlet / daß er» an «einer Instruction eines beklagten Zauberers» teilgenommen und dabei beobachtet habe, daß das Teufelszeichen bei dem Inquisiten verschwinde[16] / und daß man die «Hexen in Niedersachsen noch auff den heutigen Tag» «Druten» nenne[17], wird als Mitteilung einer sprachlichen Konvention den modernen Zauberhistoriker nicht allzu sehr überraschen.

Ansonsten aber begegneten Praetorius aus eigenem Augenschein lediglich harmlose Abwehrrituale gegen die Bezauberung durch anonyme Hexer:

«Im Stifft Münster in Westphalen / haben die Bauren eine Gewonheit / daß auff S. Peters Stuelfeyr Tag den 22. Febr. ein Freund dem andern frühe vor der Sonnen Auffgang für sein Hauß schlägt mit einer Axt an die Thür zu dem Worth / daß er redet / und rufft laut in seiner Sprache also. Heruth / heruth Stulle-Vögel & c. Auff Hochteutsch also! Herauß / herauß du Schwellenvogel / S. Peters Stulfeir ist kommen / verbaut dir Hauß und Hof und Stall / Haurschoppen / Scheuren und anders all / biß auff diesen Tag übers Jahr / daß hie kein Schade wiederfahr.

Durch den Schwellen-Vogel verstehen sie Kröten / Otter / Schlangen und andere böse Gewürme / daß sich unter den Schwellen gerne auffhält / auch alles / was dahin Gifftiges möchte vergraben seyn oder werden [...] Diß sind die köstliche Ding / damit sie der Zauberey sich so kräfftiglich erwehren können / wie sie meynen[18].»

Betritt eine Hexe das Haus, streut man ihr, sobald sie wieder gegangen ist, Asche nach, «welches mit dem übereinkömt», was Praetorius auch «anderswo gesehen»[19]. Vom aktiven Zauber bleibt hingegen lediglich der Hinweis auf die Anwendung von Kräutern als Abwehrmittel gegen Schaden und Bezauberung; dies aber steht in direkter Verbindung mit kirchlichem Segensbrauch, etwa der Kräuterweihe am 15. August:

«Doch kann ich mich erinnern / daß anno 1658. ich gleich auff Johannis Tage alhiere bey Leipzig / mit ein paar guten Freunden spatzieren und herbatim gangen / von welchem mir einer sagte / wie er erstlich von einem Quacksalber gehöret hette / daß damahlen unlängst eine Brocksbergische Hexin sey verbrand worden / welche bekant / daß sie allen hette schaden mögen / ohne zween Bauren im Dorffe / welche neunerley Kräuter in ihren Häusern gehabt / die sie am S. Johannis-Tage gesamlet hetten[20].»

Ähnlich benötigte man für das «+.9.Räuchern an etlichen Orten / als zu Salefeld in Thüringen [...] neunerley Kräuter[21].» Nicht ohne vorurteilsbefrachtetes Standesbewußtsein verwies er auf den Glauben, daß man am Abend nicht spinnen solle; ansonsten würden sich die Hexen des zurückgelassenen Garns bemächtigen: hier handele es sich wohl eher um eine Erklärung für die Faulheit der Mägde[22].

Dies unterstreicht die bisherigen Beobachtungen: Die Hexe bleibt anonym, die Zeugnisse schildern die Mechanismen der Angst, nicht die Magie, bestenfalls Schutzrituale. Die *magia daemoniaca* wird als Schablone einer Projektion sichtbar. Es bleibt die kleine Magie des Alltags, der Abwehrstrategie, der versinnbildlichenden Handlung, die sich der im Spektrum von *magia naturalis* und kirchlich legitimiertem Heil- und Segensbrauch bewegenden Praktiken bedient.

Zwischenschichten und Randwelten. Magie als Betrugsmanöver

Daß Geistliche den Teufel mit plastischen Worten lebendig machten und Arme Seelen erscheinen ließen und sich durch solche Betrugsmanöver finanzielle und bisweilen auch sexuelle Vorteile verschafften, gehört zu den gängigen Topoi der Konfessionspolemik. Vor dem Teufel aber kann sich nur derjenige fürchten, dem Angst eingejagt wurde. Erst die Furcht macht den Dämon real, wenn die Gottesliebe fern, der Aberglaube aber stark ist. In sein «Narrennest» legte der Prediger Abraham a Sancta Clara auch den «Forchtsamben Narren»; zu dieser Gattung rechnete er einen Handwerksburschen, der sich auf der Reise von Wien zur Wiener Neustadt befand; als dieser

«unweit einer Mühl gewest / so ins gemein die Teufels-Mühl genennt wird / und bei sich gedenckt / er habe einmahl gehört / daß an disem Orth ein lebendiger Teuffel umbgehe (so aber deme nicht also) fast hierüber erschrocken / weil es sehr Abends ware / daß er angefangen zu lauffen / und weil er vorhin umb etliche Kreutzer Nuß in den Sack geschoben [gestohlen; Anm. d. Verf.] / der Sack aber zerrissen gewest / also ist ihme ein Nuß nach der andern auff die Fersen gefallen / dardurch er gäntzlich vermeint / es trätte ihm der Schwartze schon auff die Füß / ist endlich dergestalten geloffen /

und also matt geworden / daß er zu Boden gefallen / und geschrien / Teufel holst mich / oder holst mich nicht / ich kan warhafftig nicht mehr lauffen [...][23].»

Ängste erzeugen wiederum Wünsche, die befriedigt werden wollen, auch auf magischem Wege, als die Zauberei ihre Lebensbedrohlichkeit verlor. Mögliche Verbindungen zwischen elitärem Disput und volkstümlicher Anwendung aber sind nachweisbar: in der Grauzone der Halb- und Randwelten. Es heißt eine Schicht ausfindig zu machen, die sowohl am elitären Bildungssystem partizipierte als auch zumeist am Rande des Existenzminimums lebte, die folglich ein Bindeglied zwischen der *culture des élites* und der *culture des masses* darstellte. Wir stoßen auf sie in der Welt der Händler, die Zauberutensilien wie Alraunen, mumifizierte «Eisvögel» und Amulette an die leichtgläubigen Kunden zu bringen versuchten, was eine Regensburger Wachtordnung aus der zweiten Hälfte des 16. Jahrhunderts unter dem Abschnitt «Von warsagern vnnd zauberern» strikt untersagte[24], vor allem aber in der Randzone der Vaganten und Scholaren, einer mobilen Gruppe, die von Ort zu Ort, von Universität zu Universität zog und nur zu häufig auf «Nebeneinkommen» angewiesen war. Ihre Bildung reichte meist aus, um sich hohler magischer Schablonen zu bedienen und diese den Ängsten der Bevölkerung vor dem Übernatürlichen anzupassen. Sie inszenierte keine magischen, sondern theatralische Praktiken, keine *magia*, sondern Bühnenzauber, um die Opfer zu erschrecken, tölpelhafte Bauern auszunehmen und ehrbare Bürgersfrauen ins außereheliche Beilager zu ziehen.

Dieser Schicht im Niemandsland zwischen akademischer Ehrbarkeit und krimineller Potenz setzte Jakob Thomasius, der Lehrer des Johannes Praetorius, 1675 mit seiner Schrift «Discursus historico-philologicus de vagantibus scholasticis» ein Denkmal. Die Studenten bedienten sich des dumpfen, wenig konkreten Aberglaubens der Ungebildeten, um sich durch vorgetäuschte magische Rituale, Rezepturen und Objekte zu bereichern. So verkauften sie zu einem überhöhten Preis von 18 Gulden einem Bauern ein «Aalräunlein»[25], erzählten den *rusticos* und den *homines simplices* wunderliche Geschichten vom Venusberg *(mons Veneris)*, in dem sie wunderbare Dinge gesehen hätten; sie könnten wahrsagen, verlorene Dinge wieder auffinden und die Menschen gegen Hexen und Magie schützen; sie murmelten «unter den Zähnen» («sub dentibus») monströse Wörter («monstrosa quaedam verba»), um das Interesse insbesondere der Frauen auf sich zu ziehen und um Geld in die eigene Tasche wandern zu lassen[26]. Durch Zaubersprüche («verba») machten sie die Menschen unverwundbar, schützten die Feldfrüchte vor Hagel, die Bewohner eines Hauses vor Bezauberung und das Vieh vor Krankheiten. Sie besäßen Macht gegen die Dämonen des «Wilden Heers», in dem sich die ungetauft verstorbenen Kinder, die in der Schlacht Getöteten sowie die Ekstatiker («ecstatici») befänden, in deren Körper die Seele nicht zurückgekehrt sei[27].

Doch bei Großsprecherei allein beließen es die gelehrten Ganoven nicht. Um die Ängste der Menschen weiter zu schüren, kümmerten sie sich höchstpersönlich um sichtbare Zeichen paranormaler Verursachung: Zuerst legten sie Spuren von Wölfen an und erschreckten dadurch das Vieh; dann behaupteten sie, dahinter verberge sich Zauber. Als Gegenmittel bedienten sie sich liturgischer Zeremonien wie des Kreuzzeichens und magischer Sprüche, um schließlich für die Durchführung der Rituale klingende Münze einzustreichen[28].

Damit nicht genug der Strategien, um die Dummen an der Nase herumzuführen. So nützten sie die Träume von Reichtum, Wohlstand und Sicherheit im Alltag aus, indem sie sich als Schatzgräber («fossores thesaurorum») ausgäben, diesmal aber gegen einen beträchtlichen Vorschuß. Darauf fiel tatsächlich ein Bauer herein. Ein Fahrender hatte vorab von ihm 30 Silbertaler erhalten, worauf er mit seinem Degen einen Kreis um das Haus des Bauern zog, geweihte Gegenstände («res consecratas»), Salz, Wasser, Kräuter und angezündete Kerzen anbrachte, ein Kreuz in den Kreis stellte und Holzkohlen anzündete. Die Zeichnung einer dämonischen, Geld in den Händen haltenden Figur hielt er über die Glut. Der Bauer sah sie und glaubte, daß an dieser Stelle der Geldschatz im Boden vergraben liege. Der Betrüger aber gab nun dem Bauern zu erkennen, daß seine Arbeit beendet sei, und verschwand mit der Vorauszahlung, während sein Auftraggeber, getäuscht durch einen aufwendigen Bühnenzauber, wohl bis an sein Lebensende an der bezeichneten Stelle nach Geld oder Gold grub[29].

Magie wurde damit zur nicht ganz ungefährlichen Lebens- und Betrugsstrategie einer sozialen Randgruppe. Akademisch halbgebildete Vaganten inszenierten für die Einfältigen einen Theaterdonner magisch-unverständlicher Versatzstücke, doch sie bewegten sich innerhalb eines für beide Seiten verständlichen Kommunikationssystems, dessen elitäre, keinesfalls volkstümliche Herkunft auf der Hand liegt. Nicht zu Unrecht stellte daher Jakob Thomasius die Frage, ob man diese Scholaren nicht dem Agrippa von Nettesheim als Schüler zuordnen müsse:

«Ergóne hos omnes, & horum discipulum Agrippam vagantibus scholasticis annumerabimus? [...] Aliud igitur, nisi abuti vocabulô praeter consuetudinem velis, Magicus est scriptor, qualis Thetel, aliud Scholasticus vagans. Ille, ut alia nunc mittam, malae, quam profitetur, artis non imperitus, hic rudis[30].»

Daß die Sehnsüchte der Menschen durch betrügerische Geschäftemacher ausgenutzt werden, ist nicht nur ein Phänomen des modernen Okkultkommerzes. Die *artes magicae* gehörten auch in früheren Zeiten zu den Praktiken sowohl der individuellen wie der organisierten Kriminalität. Friedrich Christian Benedict Avé-Lallemant sprach in seinem «Deutschen Gaunertum» eine Reihe von divinatorischen und magischen Akten wie das «Jedionen» und «Wahrsagen», das «Kelefen» (Kartenlegen), den «Erbschlüssel» oder das «Schocher-majim», die Prophezeiung aus der sich unter Hitze verändernden Form von Wachs, Blei oder Zinn an, womit die Ganoven vor allem auf den «durch das Volk verbreiteten Drang nach positiven Grundlagen in der Wahrsagerei» reagierten[31]. Wer willig war zu zahlen, bekam zu hören, was er wollte.

Eine der beliebtesten Betrugsstrategien bestand im «Sefelgraben», dem Schatzgraben, das der «Habgier und Leichtgläubigkeit des Volkes» Rechnung trug[32]. Es bedurfte nur, so Avé-Lallemant, der Fähigkeit, die Menschen von der Existenz der Schätze und von der Schwierigkeit ihrer Bergung zu überzeugen. Da sie unter der Obhut Belials oder eines anderen bösen Geistes stünden, müßten zur Lösung von den Dämonen, aber auch für die Unkosten zur «Herbeischaffung der notwendigen geheimnisvollen Zauber- und Drudenbücher, besonders des Christophelesgebets und der sogenannten Weimarischen Bibel von 1505 mit den sieben Büchern

Moses usw.» Geld vorab beschafft werden, mit dem die Ganoven dann auf Nimmerwiedersehen verschwanden[33]. Avé-Lallemant nannte sogar eine Bande von dreißig bis vierzig Mitgliedern, die mit dem angeblichen Suchen nach dieser ominösen Bibel und Fausts «Höllenzwang» in einem relativ kurzen Zeitraum nahezu zweihundert Schwarzwälder Bauern mit der Versprechung betrogen hatten, «daß der heilige Christoph ihnen 500 000 fl. herbeitragen» würde[34].

«So platt, lästerlich und gaunerisch alle diese widerlichen Formeln sind, und so sicher der Betrug jedesmal aufgedeckt wurde, so ist doch die Sefelgräberei noch immer ein oft und mit Glück versuchtes Unternehmen des Gaunertums. Gerade die aufklärenden, fast täglich neu zum Vorschein kommenden Entdeckungen auf dem Gebiete der Technik und Naturwissenschaften, die dem gemeinen Manne unbekannt bleiben, geben dem Betruge immer reichere Mittel und Gelegenheit an die Hand, den Aberglauben und die Unwissenheit des gemeinen Mannes auf die schmählichste Weise auszubeuten. So ist denn die Schatzgräberei geradezu als eine besondere Art des Betruges auch von den meisten deutschen Strafgesetzgebungen, freilich mit verschiedenartiger Auffassung, behandelt worden. Aber gerade weil die Betrogenen die gesetzliche Strafe oder doch den Spott bei Bekanntgabe des erlittenen Betruges zu fürchten haben, wuchert die Schatzgräberei noch immer ungestraft fort, und somit erfährt der Polizeimann noch immer Züge des rohesten Aberglaubens und der stumpfsinnigsten Unwissenheit, die nachzuerzählen er beinahe Bedenken tragen muß. Sogar der Verkauf von Erdmännchen, Geldmännchen, Alraunen und dergleichen kommt noch immer bei dem heimlichen Hausierhandel vor. Es werden als Geldmännchen vorzüglich Kröten, Frösche, Eidechsen und andere kleine Reptilien, auch große Käfer, besonders die Gryllotalpa benutzt, denen man rotes Tuch mit Schaumgold anklebt oder auch durch die Haut heftet. Diese Geldmännchen werden in kleinen, phantastisch beklebten Schachteln geführt, die dem Abergläubigen ein wenig geöffnet wird, so daß er durch die Spalte das rätselhafte Geschöpf nicht deutlich unterscheiden kann. Nur zu oft gelingt es noch heute, diese Ware für bedeutendes Geld abzusetzen.

Noch andere grobe Betrügereien werden mit metallischem Streusand, namentlich mit Zinn-, Messing- und Kupferspänen, zum

Goldmachen und Metallverwandeln getrieben; kaum begreiflich würde es erscheinen, wie solche Betrügereien auch in höheren Ständen vorkommen, wenn nicht zugleich auch zutage läge, daß Aberglaube und Unwissenheit auch in diesen Kreisen noch immer den alten Platz hartnäckig behaupten[35].»

Seit dem 19. Jahrhundert hat sich nicht viel geändert. Lediglich der Hausierhandel wurde durch das Versandgeschäft ersetzt, das mit horrenden Preisen Wirkungsloses unter wirkungsvollem Namen wie «Draco-Magnet» an die Dummen, Habgierigen oder auch nur an diejenigen veräußert, die ihre letzte Hoffnung auf das Angebot der Kleinanzeigen in den Zeitungen setzen.

Die «Jenaische Christnachts-Tragödie»

Mit dem «Schatzgraben» aber schließt sich der magische Kreis – auch dieser Studie. Zu den elementaren Sehnsüchten des Menschen gehört der Wunsch nach materieller Sicherheit, der nur für die wenigsten in Erfüllung ging; er fand seine Umsetzung in der wohl am häufigsten beschriebenen zauberischen Praktik, der Zitierung von Geistern zum Heben eines verborgenen Schatzes. Am Anfang stand ein modernes, vermutlich satanistisches Ritual, das Dänemark bis heute beschäftigt, das Ende soll ein Sensationsfall bilden, der zum Jahreswechsel 1715/16 die Gemüter erregte, noch einmal die gelehrte magiologische und dämonologische Diskussion in Gang brachte und in dem die Fäden der bisherigen Argumentation zusammenlaufen, die Fragen etwa nach den Verbindungen und Vermittlern zwischen elitärer Magietheorie und populärer Aneignung, nach Zauberrequisiten und nach der *magia daemoniaca,* die nun ins Leben treten konnte, da man inzwischen ihre theologischen und physikalischen Grundlagen zu bezweifeln begonnen hatte. Die Rede ist von der durch eine gerichtliche Untersuchung gut dokumentierten «Jenaischen Christnachts-Tragödie». In ihr spiegelte sich die geistige Unsicherheit einer Gesellschaft wider, in der die neue Vernunft der Aufklärung mit den Folgen jahrhundertealter magiologischer Indoktrination kämpfte.

In der Johannes Faust zugeschriebenen «Magia naturalis et innaturalis oder Dreifacher Höllenzwang» findet sich folgendes Ritual zur Hebung eines Schatzes:

«Alsdann lege folgende Worte, auf einen Zettel geschrieben, auf die linke Seite des Kegels, und bei der Auswechslung sprich dieses eben:

Diabola Lucifer Löfexabat fona Marbuelis, Kastay Acielis, Adamnia, Arielis paxis et fors Malvara.

Ferner sprich auch:

Jesus fincit + Jesus + Nazareth +.

Alsdann lies Aciels Particular-Conjuration an die dreimal.

Auf die Schaufelstiele schreibe T. T. T. Hernach wirf den Kegel um und räuchere mit 1. Weihrauch, 2. Myrrhe, 3. Melisse, 4. Drachenblut, 5. Schwefel und 6. Rosmarin, so lange, bis das Geld schwitzt, so ist es gut.

Als mich einst der Geist rief Fauste, Fauste Hischacosdalam, das hieß, ich solle den höllischen Schatz-Geist scheiden von des verstorbenen seinen Hischacos, so mußt du es auch tun, et vide die Scheidung derer Stamm-Geister hinten.

Wenn du nun das Geld bekömmst, so räuchere solches mit Weihrauch und Myrrhe und sprich dazu: Jesus + Christus + gestern und heut + vertreibe den Geist vom Geld in Ewigkeit + amen.

Danach sprich folgende Conjuration:

O Jehova + Amasalm + Hischacolam + Jesus + Maaschii + Christe + Nazarenus + Rex + Elohim + Judaeorum + Adas + Kipis + o Jesus + Hocordam + Schacos + Diabolam + Christe + Benedictam +.

Diese Conjuration sprich dreimal.

Nunmehr nimm Taufwasser von einem Knaben und womöglich von einem erstgeborenen Knaben und taufe das Geld, wie ein Priester das Kind tauft. Und wenn du dieses hast getan, so mußt du den Geist scheiden von dem Gelde mit den 7 Scheidungen. Aber du mußt sie nicht alle nehmen, sondern die 7 Scheidungen sind wie die 7 Tage. In dem Tage nun, da du sie gebrauchen willst, so mußt du auch die Scheidung auf den Tag nehmen[36].»

Die Vorstellung, daß der *Mundus subterraneus* Schätze enthält, überrascht nicht. Daß zu deren Hebung bisweilen magische Rituale angewandt werden müssen, ist spätestens seit dem 18. Jahrhundert, als die «Faustischen Höllenzwänge» eine gewisse Verbreitung gefunden hatten, verbindliche Überzeugung. Daß das Schatzgraben jedoch tödlich verlaufen kann, wußte man zumindest in Jena seit dem Ersten Weihnachtsfeiertag des Jahres 1715.

Wie die meisten magischen Operationen, die mit dem 18. Jahrhundert breiteren Kreisen der Bevölkerung vertraut zu werden begannen, war auch der Zugang zu den Mysterien der unterirdischen Welt theoretisch von der Bildungselite längst vorgedacht. Ein Beispiel von vielen hierfür mag wiederum Paracelsus geben, der die Diagnose mit naturmystischen Ätiologien und – vage formulierten – Zauberformeln verband. Da hieß es, zuerst einmal den Platz zu bestimmen; verdächtig seien Orte, an denen sich Gespenster zeigten, man beim nächtlichen Passieren unerklärliche Angstausbrüche bekomme oder sich andere unerklärliche Phänomene bemerkbar machten. Wo Schätze in Häusern verborgen seien, ließen sich Poltergeister hören[37]. Zudem habe man zu beachten, daß es zwei Arten von Schätzen gibt:

«Einer kann gefunden und erlangt werden, der andere aber nit. Das ist aber nun der Unterschied: der eine, welcher gefunden und bekommen werden kann, ist ein Schatz aus dem Gelde, das wir selbst machen und von uns Menschen herkommt. Der andere aber, welcher nit gefunden, bekommen oder herausgebracht werden kann, ist ein Schatz des Goldes, welches von den sylphis und pygmaeis herkommt, das sie selber machen und münzen[38].»

Beim Ausheben des Schatzes habe man gewisse astrologische Grundregeln strikt zu befolgen. Paracelsus schlug vor, das Unternehmen in der «Influenz lunae oder saturni» anzugehen, nämlich dann, «wann der Mond in Stier, Steinbock und virginem geht». Weitere Zeremonien benötige man nicht, streng verboten sei es, einen Kreis zu zeichnen und eine Beschwörung darüber zu sprechen: «allein grab fröhlich hinein und hab der Geister halben keine bösen seltsamen Gedanken noch imaginationes, sonst erscheinen dir von stundan wunderbarliche Phantasien». Die Schatzgräber sollten «mit einander reden, singen und fröhlich sein, unverzagt und guten Muts, und keineswegs soll das Reden verboten sein, wie denn die Unerfahrenen dieser Dinge sagen». Stoße man nun auf den Schatz und nähme dämonische Manifestationen wahr, dann stammten diese von den *sylphae* und *pygmaei*. «Solcher Schätz muß sich der Mensch verzeihen[39].»

Paracelsus dachte auch über die Gründe nach, warum das Schatzgraben so beliebt sei, nämlich «wegen des Geizes und der Begierde, so wir nach dem Gelde haben». Kollektive Ängste der Zeit und zugleich ein frühes Manifest der Denkmalpflege ergeben sich aus einer weiteren Begründung: Die Schatzhebung mache die Orte «hernach sicher, friedsam, heimlich und still von diesen Geistern». So vollbringe man sogar ein gutes Werk, da viele «Häuser und alten Schlösser im Land, die man öd liegen lassen muß, und niemand wegen solcher Gespenst und Ungestümigkeit darin wohnen und bleiben kann», anschließend wieder bewohnbar würden[40].

Welchen Einfluß Paracelsus besaß, zeigt Wolfgang Hildebrands «Kunst- und Wunderbuch» von 1704, ein Beispiel der «magischen Hausväterliteratur», das praktische Anweisungen zur Haushaltsführung, etwa zur Konservierung von Lebensmitteln, mit der angewandten *magia naturalis* verknüpfte. So findet sich im zweiten Teil des Buchs neben apotropäischen und medizinischen Rezepten zur Abwehr von Zauberei und Hexerei oder Maßnahmen gegen die Behexung von Vieh und Praktiken zum Erkennen zauberischer Butter auch ein ausführlicher Hinweis zum Schatzgraben, der sich weitgehend auf die «Philosophia occulta» des Paracelsus beruft, dieser aber auch Neues wie die Warnung vor dem Gebrauch der Wünschelrute, Spiegelkristalle (Kristallomantie) und der «nigromantischen» Schatzgräberei hinzufügt[41]. Als Ersatz für solche Hilfsmittel empfiehlt Hildebrand die Berücksichtigung der astrologischen Konjunktionen[42] und schildert schließlich das von Paracelsus «Ars Lucis» genannte Ritual, zu dem man Weihrauch, Schwefel, «unbederbt Wachs», Garn und eine Kerze benötige; sie erlösche an der Stelle, wo sich der Schatz verbirgt.

Geisterbeschwörungen aber verliefen keinesfalls komplikationslos, wie der anonyme Verfasser des 1715 erschienenen «Sympathetisch- und Antipathetischen Misch Maschs» nicht ohne Ironie berichtete: Ein Magus und Teufelsbanner, der sich lange Zeit in Wien aufgehalten habe, sei bei einer «hochen Stands-Persohn» vorstellig geworden, deren Schicksal es gewesen war, gerade eine hohe Summe Geldes beim Spiel verloren zu haben. Der Vorschlag des

Zauberers, im Wienerwald «in einem Creyß» einen Geist zu beschwören, «welcher etwas zum Spillen bringen werde», sei folglich auf geneigte Ohren gestoßen. Man sei dorthin gegangen, habe sich splitternackt in den Kreis gestellt, «wo der Magus, welcher besoffen ware / die Beschwörung anfangt und fehlet». Deswegen habe sich aus dem Wald heraus ein gewaltiges Unwetter erhoben, «und ein ganz zottichtes Monstrum wie ein Bähr» sei zum Kreis gekommen und habe die beiden gewaltig verprügelt[43].

Daher gab er einen ebenso ungefährlichen wie originellen Ratschlag:

«Wer einen Schatz graben will / der solle nothwendig wissen / wann der Schatz am höchsten stehet: dann er steiget mit der Sonne auff / und auch widerum ab / wann die Sonne zuruck gehet. Ligt nun der Schatz im freyen Felde / so ist der Sache bald geholfen / durch creutzweise Untergrabung / daß man unter den Schatz komme / da aber man mit dem Stollenwerck / um den Schatz zeitlich zu unterstitzen / nicht saumseelig seyn muß / sonsten kan der Gräber unter dem Schatz unterdruckt werden. Wann hingegen man es so weith bringen kan / daß die Sonne creutzweise unter den Schatz scheinen kan / so ist er gewonnen / dieweil die Erd-Geister ihn nicht mehr verrucken können[44].»

In Jena aber stoßen wir auf die makabre Wirklichkeit. In der Christnacht 1715 verlief eine Geisterbeschwörung für zwei der Teilnehmer tödlich, und die Meinung der Öffentlichkeit war gespalten: Handelte es sich um einen Erstickungstod durch «ausgeschlagen Kohlen-Rauche und Dampffe», oder aber war der zitierte Geist gewalttätig geworden?

«Andere hingegen / in Betrachtung der / von dem Studioso und Bauren unternommenen citirung der Geister / und des kurtz darnach von denen drey Wächtern / wahrgenommen und erblickten Gespenstes / nebst denen / an dem Ammerbachischen Mann unter dem annoch zugeknüpfften Rocke / befundenen ungewöhnlichen Zeichen / viel lieber und sicherer dahin schliessen wollen / daß der einmahl dahin beruffene Satan / als ein Mörder vom Anfange / an dem so wohl Ertödeten / als sonst verletzten Personen / Hand angeleget; Worzu vielleicht annoch die dritte Meynung: Daß der Teuffel und die Natur sich entweder in allen Stücken allhier vereinbaret /

oder eines bey diesem / und das andere bey jenem / ein mehrers gewürcket / und solcher Gestalt / durch ein schwehres und uns unbekanntes Verhängnis GOttes / bey diesen theils schuldigen / theils unschuldigen Leuten / diese Tragödie angerichtet[45].»

Die Vorgeschichte des tragischen Falls führt zurück zu jener Kontaktzone, in der sich elitäres Zauberwissen und vage unterschichtliche Erinnerung trafen. Das Soziogramm ist typisch; denn zu den Beteiligten gehörte der Medizinstudent Johann Gotthard Weber, von Schweinsburg bei Zwickau gebürtig, Sohn eines Bildhauers, 24 Jahre alt und seit 1712 als Student an der Universität Leipzig immatrikuliert. Er sollte schwer geschädigt überleben. Zusammen mit seinem Stubengesellen Caspar Rechen hatte er in Jena den Schneider Georg Heichler kennengelernt, als er sich einen Rock anfertigen lassen wollte.

«Dieser vertraute jenem / es wüste ein Schäfer zu Döbritzschen / Hans Friedrich Geßner genannt / einen großen Schatz / zu dessen Hebung es aber an der Spring-Wurtzel und D. Fausts Buche / so den Titul Höllen-Zwang führete / fehle.»

Weber erklärte sich daraufhin bereit, die erforderliche Zauberliteratur zu beschaffen, und man verabredete sich im unweit des Galgens gelegenen Weinberg Heichlers. Inzwischen hatte sich der Kreis der Eingeweihten erweitert, eine Bekannte des Studenten hatte ebenfalls von dem verborgenen Schatz und den zu seiner Hebung erforderlichen magischen Mitteln gehört, und zur Unterredung acht Tage vor Weihnachten kam der Bauer Hans Zenner aus Ammerbach hinzu. Er bestellte Weber am 21. Dezember zu sich nach Hause, wo sich – nach einem Wirtshausbesuch – auch Geßner einfand. Der Schäfer, der offensichtlich die Mär vom verborgenen Schatz weiter verbreitet hatte, ergriff bei diesem Treffen als erster das Wort; er rühmte sich unter anderem, daß er

«der Theosophiae pnevmaticae, welche er auf teutsch die Geist-Kunst nannte / zwar kundig» sei, «von welcher Er ein Tractätgen ehemals gehabt / so er aber in Weimar einigen / sich daselbst aufgehaltenen und zu der Lutherischen Religion übergetretenen München gegeben / von denen er es nicht wieder bekommen / fügte hinzu / wann er nur jemant hätte / der die Bücher von dergleichen Kunst recht lesen könte / so wolte er schon seine Sachen so einrichten / daß ihm ein Geist zu Hebung der Schätze gehorsam seyn müste.»

Geßners Beschreibung des Schatzes, dessen genaue Lage er (noch nicht) offenbaren dürfe, da er darauf einen Eid geschworen habe, war fabulös; sein Wert «trüge etliche Königreiche», in dem Gewölbe liefe ein kleiner Hund umher, zudem habe er einige Schriften liegen sehen, und «so wohl Tags als Nachts» erschiene dem Besitzer des Platzes eine «Jungfer / die Ihn liebkosete / und sage: Die Spring-Wurtzel wäre schon da / sie solten sie nur gegen Morgen zu suchen».

Im Weinberg des Schneiders Heichler habe sich mehrmals ein Gespenst in Gestalt einer Weißen Frau gezeigt, was einen hier vergrabenen Schatz aus dem Dreißigjährigen Krieg vermuten ließe. Zur Bestätigung dieser Gerüchte holte Geßner einige sonderbare alte Münzen hervor, die er aus dem von ihm gefundenen, aber magisch gesicherten Schatz mittels einer mit Vogelleim bestrichenen Stange herausgeholt hatte:

«Auf deren einer Seiten 5. Schilder und in jeden eine Elephante gepräget / aber auf der andern Seiten die Babylonische Hure auf dem 7. Köpffichten Thiere oder Drachen sitzend / von welchen die Offenbahrung Johannis im 7. Capitel meldet / wie dann die Zahl dieses Capitels ebenfalls wie auch vor den Drachen 3. Manns-Bilder mit Cronen auf denen Häuptern gepräget wären.»

Nun nahm das Schicksal seinen Lauf. Der inzwischen überzeugte Studiosus Weber legte seinerseits die Karten auf den Tisch; er zog

«seinen Vorrath hervor / der in 2. Manuscriptis Magicis, nehmlich Fausts Höllen-Zwange und Clavicula Salomonis bestunde / davon das erstere Weber mit eigener Hand abgeschrieben / das letztere aber vor etwan 6. Jahren zu Reichenbach von seinem Vater erhalten / diese stacken in einen von alten Pergament zusammen geneeheten Futterall / und waren mit 2. kleinen vorlege Schlößergen verwahret / lase daraus Geßnern und Zennern sachte / damit es Zenners Weib und Kinder nicht hören möchten / vor / unter andern die Reguln / von dem was bey der Beschwerung derer Geister / und der vorher nöthigen praeparation darzu / zu mercken / und sonst wurde damahls von nichts / als von der Conjuration der Geister unter ihnen geredet.»

Skeptisch hinsichtlich der Wirksamkeit der Beschwörung baten die Schatzgräber Weber, den schatzbewachenden Geist nach seinem Namen zu fragen; dieser offenbarte sich als «Nathaël», der gerne in Gestalt einer Jungfrau spuke. Als man dann jedoch auf die Idee kam, «Och, als Fürsten derer Geister in der Sonnen» höchstpersönlich herbeizuzitieren, lehnte Weber ab; dies sei eine gefährliche Angelegenheit und bedürfe intensiver Vorbereitungen; nachdem er ihnen «anbey nochmahls die Reguln / so in dem Manuscripte p. 57 befindlich / und aus des Cornelii Agrippae Philosophia occulta excerpiret» vorgelesen hatte, kam man überein, das Experiment auf die Christnacht zu verschieben und sich hierzu im Weinberghäuschen des Schneiders Heichler einzufinden[46].

Am Vormittag des Heiligen Abends, einem Dienstag, begaben sich Weber, Geßner und Heichler getrennt, um Aufsehen zu vermeiden, zum Weinberg, observierten das Haus und fanden es für ihre Zwecke geeignet. Allerdings fehlten noch einige geeignete magische Requisiten, so ein «Hecke-Thaler» und mehrere Beutelchen, die nach Vorschrift des Rituals nicht mehr als drei Pfennige kosten dürften. Der Schneider Heichler bot sich an, diese selbst zu verfertigen. Wegen der Kälte schlug Geßner vor, einen Kohleofen in das Weinberghäuschen zu schaffen. Dagegen sprach sich Weber aus; es sei zu auffällig und errege Neugier, ein Sack Kohlen genüge. Damit aber unterlief ihm der erste entscheidende, tödliche Fehler; den zweiten beging er, als er die Bitte seines Zimmerkollegen abschlug, mit ihm zusammen nach Naumburg zu reisen. Gegen 16.00 Uhr ging er zusammen mit Geßner nach Ammerbach, wo sie sich mit dem Bauern Zenner trafen. Heichler hatte sich inzwischen unter Vorwänden aus der Sache zurückgezogen; einerseits müsse, so die Ritualanweisung, die Zahl der Beschwörenden immer ungerade sein, andererseits fürchte er um sein Ansehen bei der Kundschaft, falls die geheime Operation entdeckt werden sollte.

Bei Zenner fiel es Geßner ein, daß er «zu Hauße auch noch ein Buch / das von Beschwerung der Geister handelte», besäße; aber er könne angesichts der fortgeschrittenen Zeit darauf verzichten, es zu holen, da er «seine Beschwerung schon auswendig hersagen» könne. Weber zog nun sein Schnupftuch heraus, in das er eine «runde / längliche / höltzerne gedrechselte Büchse gewickelt hatte /

aus welcher er verschiedene abergläubische Sachen hervor that». Gegen 21.00 Uhr begaben sich die drei in das Weinberghäuschen, wo nicht nur die Beschwörung, sondern auch das Unglück seinen Lauf nahm.

Zuerst hieß es, sich gegen die dämonischen Mächte zu schützen. Weber teilte «3. Sigilla Magica» aus und schrieb vor Betreten des Hauses mit einem «Wasserbley-Stiffte auswendig über die Thür das Wort: Tetragrammaton»; bevor sie sich an den Tisch setzten, beteten sie gemeinsam ein Vaterunser. Da es kalt war, zündeten sie die Kohlen in einem Blumentopf an, mußten aber wegen des entstehenden Dampfes die Tür einen Spalt breit öffnen. Endlich konnten sie am Tisch Platz nehmen, wo Weber die zwei Ritualbücher sowie «alle bey sich habende Characteres, Sigilla magica, und andere Sachen» hervorzog. Keiner sprach ein Wort, «weil es nehmlich auch in Fausts Hölle[n]-Zwange verbothen wird / nicht ehender zu reden / bis der gemachte Crayß erst wieder geöffnet / oder ein Geist erschienen ist».

Von den für die Beschwörung und den Dämonenschutz verwendeten Hilfsmitteln, die später im Weinberghäuschen gefunden und der Untersuchungskommission übergeben wurden, liegt eine detaillierte Beschreibung vor, die ein bezeichnendes Licht auf die populäre, insgesamt jedoch dilettantische, allen paracelsischen Regeln Hohn sprechende Zauberpraxis des frühen 18. Jahrhunderts wirft:

«1. in einem alten / von Pergament zusammen geneheten Futerall stacken 2. MSS. Magica, nehmlich das erstere von 48. fol. in 4to. Clavicula Salomonis Filii Davidis genannt. Das andere ist ein Fragmentum MSti, und bestehet aus 144. foliis, auch in 4. unter der rubric:

Requisita ad Citationem spirituum necessaria.

Welches letztere der Studiosus Weber vor Fausts Höllen-Zwang ausgiebt.

2. In einer höltzernen länglich-rund gedrechselten Büchße waren folgende Stücke:

a. Ein kleines Zedelgen / worauf geschrieben stund:

Paulus Gottlob.

+

Nabel

+

Vater

+

b. Ein zusammen gedorrtes Näbelgen / vermuthlich von einem kleinen Kinde / umb welches ein rother Faden gewickelt.

c. Ein klein Stück Fell / dem Ansehn nach / von einem weißen Wiesel,

d. Zehn Stücke einzelne Pfennige / in ein Pappier gewickelt.

e. Ein rund Stückgen Glaß.

f. Ein Magischer in Meßing geschnittner Character, so in einem Stückgen Holtze fest eingemacht.

g. Ein wenig Baum-Wolle.

h. Drey Sigilla als 2. von Bley / das dritte aber entweder von Englischen Zinn oder Silber / auff welchen letztern auff der einen Seite ein Löwe stehet / und auf dem Rande die Worte:

Non Chad, Helsy, Saday, San Jaco,

Auf der andern Seiten stehet zwischen 2. Characteribus das Wort:

VERCHIEL.

Und herum die Worte:

Vincit Leo de Tribu Juda Radix David.

Auf den grösten / von denen bleyernen Sigillen, stehen auch Worte / und Buchstaben auf der einen Seiten / so aber nicht wohl zuerkennen sind. Auf dem kleinern Sigillo aber / stehet auf der einen Seiten die Figur

gedoppelt / und in beyden inwendig ADONAI, Was auf der andern Seiten stehet / ist nicht wohl zu lesen / ausser die Worte: Christus est veritas & vita. Ein Catholischer Rosen Crantz / oder so genanntes Pater Noster, von blauen Corallen / und 7. Agat-Steinen / unten ist in einer Capsul Facies Salvatoris Mundi auf einer Seiten / auf der andern aber die Gesichte Ignatii Loyolae und Francisci Xaverii zu sehen / nebst angehängten 2. kleinen Meßingen Medaillen und ein dergleichen Creutzchen.

4. [sic!] Ein viereckichtes zusammen genehetes Ledernes Beutelchen / worinn unterschiedene Sachen dem Anfühlen nach / genehet sind / und ein Riemen daran / daß man solches anhängen und am Leibe bey sich tragen kan.

5. Eine Schreibe-Feder und ein Waßer-Bley-Stifft. Die beyden MSS. waren in dem Futteral mit 2. vorgelegten Schlößergen verwahret gewesen / welche aber in dem Weinbergs-Häußgen abhanden kommen / auf Befragen aber / wo Weber solche bekommen / gab er zur Antwort: Er habe das eine (nehmlich Faustens Höllen-Zwang) / von einem andern MSto so ihm sein Vater gegeben / abgeschrieben / die Clavicula Salomonis aber / hätte er nach seines Vaters Tode von ihm ererbet.

In das Zettelgen N. 1. worauf Paulus Gottlob stunde / welches seines verstorbenen Bruders Nahme sey / war desselben Nabel eingewickelt / nebst noch einem Kleidgen / so sein Bruder mit auf die Welt gebracht / welches aber allhier ermangelt / und wohl bey hiesigen Stadt-Gerichten befindlich seyn dürffte.

Das Stückgen Fell von einer weißen Wiesel / wuste Inquisit nicht / wovor es gut seyn solte / sondern sagte / Er habe diese Büchse mit allen denen darinn befindlichen Sachen von seinem Vater ererbet.

Das Stückgen runde Glaß / gab er vor einen Böhmischen Diamant an.

In dem bißgen Baum-Wolle / soll obbeniemtes [sic!] Kleidgen und Nabel gewickelt gewesen seyn. So wolte er auch nicht wissen / worzu der von Messing gemachte Character dienen solte / sondern sprach: Er hätte solchen mit in der Büchse gefunden / und obwohl ihme von Fürstl. Amte remonstriret wurde / es wäre ja dergleichen Character in dem sogenannten Höllen-Zwange pag. 65. abgezeichnet zubefinden / und darbey gemeldet / daß dessen Krafft sey / die Weibes Personen dadurch zur Liebe zu bewegen / gab er zur Antwort: Es könte wohl seyn / er habe ihn aber niemahls probiret.

Von dem einen kleinen bleyernen Sigill, gab er vor / die Figur darauf nennte man Druiden / Fuß / und stünde der Nahme Adonai darauf / die Schrifft aber auf der andern Seiten und des Siegels große und wunderliche Krafft wäre in dem MSto. fol. 55. zuersehen. Was das große bleyerne Sigill bedeutete / wußte er nicht / und gab vor: Er habe es gleichfalls von seinem Vater ererbet.

Die drey kleinen Sigilla, welche von denen Stadt-Gerichten / weilen sie doppelt vorhanden / dem Fürstl. Amte ad Acta gegeben worden / hielte er vor gut wieder die Antastung des bösen Feindes / und habe er je 3. und 3. Geßnern und Zennern / auf ihr Bitten / ehe sie von Ammerbach in den Weinberg gangen / deshalber gegeben. die [sic!] 10. Pfennige so alle einerley Schlags sind / betreffende / so hätten dieselbe / wie schon oben gedacht / zu Erlangung derer Hecke-Thaler gebraucht werden sollen / und habe Geßner auch 10. dergleichen Pfenninge zu dem Ende bey sich / Zenner aber keine gehabt.

Den Rosen-Crantz oder pater noster hat Inquisit, seinem beständigen Vorgeben nach / auch von seinem Vater bekommen / und in Ammerbach herausgezogen / auch bey dem Fortgehen nach dem Weinberge umb seine Hand gewickelt.

Mit dem Bley-Stifft ist an die Thür des Weinbergs Häußgens / wie oben gemeldet das Wort:

TETRAGRAMMATON.

geschrieben worden.

In den obengedachten viereckichten Beutelchen / welches Inquisit allezeit an seinem Leibe getragen / solte zwar nach Webers Vorgeben / weiter nichts enthalten seyn / als ein / auf die Welt mitgebrachtes Kinder-Kleidgen / gleichwohl aber / weil dieses Beutelchen sich ziemlich starck anfühlen ließe / wurde vor nöthig erachtet es auf zuschneiden / da denn folgende Stücke darinn gefunden worden:

1. Nur ermeldtes Kleidgen / so in das gedrückte Evangelium St. Johannis: Im Anfang war das Wort &c. gewickelt / und solte dieses zu Uberkommung vieles Glücks helffen / auch vor Kranckheiten praeserviren.

2. Ein großes bleyernes Sigillum, dessen Schrifft / und was sonst darauff stehet / nicht wohl zuerkennen ist / dessen Tugend auch er nicht wissen will.

3. Auf einen kleinen Zedelgen / das gedruckte Bildniß S. Nicolai / von welchen Inquisit vorgiebt / daß es ein Zeichen der Jenigen sey / welche zu Leipzig in der Nicolai Kirchen einen Stuhl gelöset hätten / und wäre darein was gewickelt gewesen / dahero es mit eingenehet worden.

4. Ein Stückgen mit Blut befleckte Leinewand / darbey ein Ze-

delgen lag / auf welchen der Nahme einer gewissen Jungfer in Reichenbach geschrieben war / und gab Inquisit vor / es wäre von ihrem *indusio menstruato*, welches sein Vater von deren Mutter überkommen / und solte / wie Inquisit gelesen / solches zu Versprechung Feuers-Brünste gut seyn.

5. Noch ein klein Zedelgen / worauf Inquisitens Geburths-Stunde / auch sein und seiner Tauff-Pathen Nahmen stehen / welches er deshalber bey sich getragen zu haben vorgab / daß wann er etwa eines unverhofften Todes stürbe / man wissen konne / wer er gewesen sey.

6. Vier kleine Stückgen Corallen-Zincken / 2. kleine / so wie gummi aussehe[n] / u. ein klein Stückgen blauer Stein / Weber sagt: daß die 2. Stückgen / so wie gummi aussehen / Hyacinth / der blaue Stein aber Lapis Lazul, und alles zusammen / nach der Meinung Alberti Magni, wieder die Zauberey gut wären. Ob nun wohl der Schneider / Georg Heichler / u. die / offt bemeldte Frau N. N. die meiste[n] wieder sie angebrachte Beschuldigungen läugne[n] / so ist ihne[n] doch alles von dem Studioso Webern bey der Confrontation beständig unter die Augen gesagt worden.»

Wie verabredet begannen sie nach 22.00 Uhr mit dem eigentlichen Ritual, dessen Schilderung hier im Originalwortlaut wiedergegeben sei. Zuerst zeichnete Geßner mit dem Degen des Studenten Weber an der Decke einen Kreis, daraufhin steckte Weber selbst die Waffe mit der Spitze in den Dielenboden. Anschließend «wiederholte Geßner 3.mahl seine Citation, dergestalt / daß er iedesmahl eine halbe Viertelstunde inne hält / umb zusehen / ob ein Geist erscheinen würde / ehe er solche zum andern und 3.ten mahl thate.»

«Es bestunde auch so wohl Geßners / als Webers Beschwerung in einerley / und etwa folgenden Innhalt / der in Fausts Höllen-Zwange pag. 57. enthalten seyn: Erstlich nenneten Sie Worte: Tetragrammaton, Adonai Agla, Jehova, und andern Nahmen Gottes / ferner beschwuren sie den Och aus dem Reiche der Sonnen als Fürsten / daß er ihnen auf ihr Verlangen / den unter seiner Bothmäßigkeit stehenden Geist Nathaël in sichtbarlicher und menschlicher Gestalt stellen solte / damit solcher ihnen zu Hebung der Schätze behülflich seyn möchte &c. &c. &c. Und diese 3.mahlige Beschwerung verrichtete Geßner memoriter, Weber aber hat selbige Fausts

Höllen-Zwange ein mahl gantz völlig hergelesen / würde solche zum andern und dritten mahl auch wiederholet haben / wann er nicht / wie er selbige zum andernmahl nicht gar geendiget / ausser sich selbst kommen / ihn das Gesichte vergangen / daß er nicht mehr lesen können / und Er gleichsam wie von einem gehlingen Schlafe überfallen / und dadurch genöthiget worden / da Geßner und Zenner damahls beyde noch aufrecht geseßen / und Ihnen nichts gefehlet / sich mit dem Kopffe auf den Tisch zu liegen / daß also der gantze Actus nicht gar eine Stunde gewähret hat.»

Weber hatte Glück, Geßner und Zenner jedoch nicht. Am Ersten Weihnachtsfeiertag begann sich Heichler während der Nachmittagspredigt zu ängstigen, da sich keiner der Geisterbeschwörer gemeldet hatte. Er überredete den Stubenkameraden Webers, ihn zum Weinberghäuschen zu begleiten. Dort trafen sie Weber lebend, aber lallend und in eigenartiger Position, den Degen zwischen den Beinen im Fußboden steckend, auf dem Boden ausgestreckt, unansprechbar, mit «gräßlich und fürchterlichem Gesichte» an. Geßner und Zenner hockten tot am Tisch. Reche, der Freund Webers, kümmerte sich um den Überlebenden, nahm das auf dem Tisch befindliche magische Manuskript sowie die «darbey befindlichen Sächelgen» an sich und brachte den Freund in die Stadt. Anzeige wurde beim Gericht der Stadt erstattet, die Obrigkeit sandte drei Wächter, Christian Krempe, Georg Beyer und Nicol Schumann, zur Bewachung der Leichen in den Weinberg; zu ihnen gesellten sich mit dem Nachtwächter Hans Wolff Starcke und dem Gerichtsknecht zwei weitere Personen. Auch sie entzündeten ein Feuer, um sich zu wärmen und um den schlechten, von den Leichen ausgehenden Geruch im Zimmer des Häuschens zu überdecken, denn wie sich bei der Untersuchung der Leichen herausstellen sollte, hatten sich Geßner und Zenner in die Hosen gemacht: so entstand ein Dampf,

«welchen ein ander Geruch / der aus der Gegend / wo die 2. todten Bauren den hintern Theil ihrer Hose[n] hatten / wie dann beyde / als es sichs nachgehends wies / die Hosen gantz voll excrementa geladen / herstrich.»

Die Wächter machten es sich in der Stube – trotz der Leichen – gemütlich; sie nahmen sogar den Tabak Geßners und rauchten ihre Pfeifen. Ob es der übermäßige Genuß von Branntwein war, den sie sich zwischenzeitlich beschafft hatten, oder der Dampf des von ihnen angezündeten Kohlenfeuers, jedenfalls wurden zwei von ihnen am nächsten Tag halbtot und in schwerem Schockzustand aufgefunden, während Beyer starb. Krempe behauptete, als er wieder vernehmungsfähig war, ein Gespenst in Gestalt eines sieben- bis achtjährigen Knabens gesehen zu haben, der mit Donnerknall die Türe zugeworfen habe, während Schumann felsenfest darauf beharrte, daß eine unsichtbare Macht ihn auf der Bank hin und her geschoben und zuletzt auf eine der am Boden liegenden Leichen geworfen habe.

Die Leichen Geßners und Zenners wurden am 11. Januar 1716 in Begleitung von zwei Scharfrichtern durch die Stadt zum Galgen gebracht und dort, «in Gegenwart einer sehr großen Anzahl Menschen / tief eingescharret», während man dem toten Nachtwächter Hans Georg Beyer auf Anordnung des Fürstlichen Konsistoriums das christliche Begräbnis auf dem Friedhof zugestand.

Daß Geßner und Zenner wie Schwerverbrecher behandelt wurden, zeigt die Überlebenskraft des magischen Rests noch in der Aufklärung. Man hatte die Leichen obduziert, und obwohl sich die Untersuchungskommission mit dem Gerichtsmediziner weitgehend darüber einig war, daß die Todesursache wohl in einer Kohlenmonoxydvergiftung zu suchen sei, konnten nicht alle an den Leichen beobachteten Befunde restlos geklärt werden. Zwar stellte man bei Geßner keinerlei Anzeichen eines gewaltsamen Todes fest, doch an Zenners Leiche fand man eigenartige Spuren. Sein Körper

«wurde in kniender / und auf der Erden liegender positur, gefunden / dessen Zunge ungefehr eines Gliedes lang / aus dem Munde hervor ragete / über welches sich / auf der Brust / viele lange / eines Feder-Kiels breite / rothe Striemen / so nach dem Halse zu giengen / befunden / dergleichen etwan, von einem starcken kratzen / oder streiffen / zu entstehen pflegen / Item viele kleine Flecken / wie sonst von angezündeten / und in die Haut geschlagenen Büchsen-Pulver kan veruhrsachet werden / waren auf- und zwischen diesen Strimen zu sehen: Dergleichen blaue Pulver-Flecken waren auch im Gesichte unter den Augen befindlich.»

Dem Obduktionsbericht gelang es nicht, das Rätsel dieser Striemen zu lösen und für sie eine «hinlängliche Uhrsache zu finden»;

auch der Witwe Zenners waren diese Körpermale unbekannt gewesen.

Merkwürdig war ebenfalls der Zustand des überlebenden Studenten Weber. Laut Befund des Landphysikus Slevogt konnte am «Verstande [...] kein Mangel» festgestellt werden, wohl aber wies der Körper, der Leiche Zenners vergleichbar, eine Reihe von Malen auf, unter anderem «zwischen der Hand und Ellenbogen / eine röthliche Geschwulst und auf selbiger / in der Haut / 6 ulcuscula eines Pfenniges breit / 3. an der inwendigen / und 3. gegenüber / an der auswendigen Seite».

Die Tragödie, die zuletzt drei Menschen das Leben und einem den Verstand gekostet hatte, stellt dem *populären* Zauberwissen wie der Zauberliteratur ein schlechtes Zeugnis aus. Daß Weber das «Zauber»manuskript selbst identifizieren mußte, spricht nicht gerade für den Bekanntheitsgrad der Zauberliteratur bei den verantwortlichen Behörden, und dies in einer Universitätsstadt. Einen weiteren wichtigen Hinweis hatte das Verhör erbracht: «die Reguln / so in dem Manuscripte p. 57 befindlich», seien «aus des Cornelii Agrippae Philosophia occulta excerpiret».

Die Spuren solcher populären Zauberpraxis führen immer wieder auf die Paracelsische und vor allem die Agrippinische Magietheorie zurück. Sie verlieren damit selbst ihren Zauber: keine geheimnisvollen Praktiken, sondern verfügbare, von den Anhängseln der Bildungselite halbverstandene und auszugsweise vermittelte, völlig unsystematische Literatur, dilettantisch, phantasievoll und individuell umgesetzter Hokuspokus, wie Vergleiche mit anderen Ritualen zum Schatzgraben zeigen.

Damit aber bleibt nurmehr wenig übrig von der Theorie des zaubernden und geisterbeschwörenden Volks. Die «Jenaische Christnachts-Tragödie» in ihrer enttabuisierten Präzision und der willkürlichen Anhäufung von Formeln, Ritualen und Zauberrequisiten klingt wie ein Nachruf auf eine Magie, die längst im Sterben lag.

Nachwort

Solch Narrenspiel läßt Gott nicht in der Welt geschehen,
Sagt, wer von euch hat es gehöret und gesehen?
Und doch glaubt ihr solch Zeug, das Einfalt ausgeheckt,
Und das sonst nirgends, als in euren Köpfen steckt?

RUDOLPH ZACHARIAS BECKER,
NOTH- UND HÜLFS-BÜCHLEIN FÜR BAUERSLEUTE, 1788

Die Erinnerung an die Zaubertragödie von Jena 1715 blieb in der Folgezeit lebendig, nicht etwa als magiologische Diskursmaterie, sondern als eindringliche Mahnung über die Folgen menschlicher Dummheit. «Indessen ist aus dieser wahrhafften Geschichte deutlich genug zu ersehen», so brachte 1788 Rudolph Zacharias Becker (1752–1822) die beschworenen Geister auf den nüchternen Boden ihrer Nichtexistenz zurück, «daß man in zugemachten Kammern, wo kein Rauchfang ist, weder Steinkohlen noch Holzkohlen brennen darf.» Für den Fall aber, daß man dennoch gegen diese lapidare Vorsichtsmaßnahme verstoßen sollte, teilte er mit Blick auf ein Unglück in Danzig im Dezember 1784 Maßnahmen zur medizinischen Soforthilfe mit; vier Leute hatten «des Abends Pfannenkuchen gegessen und Brandtwein darauf getrunken», doch bei der Feuerung des Ofens unvorsichtig hantiert.

Die Geschichte der Magie endete, als der populäre Zauber begann. Der Widerspruch löst sich ohne Mühe auf: Weder Winkelautoren und Buchdrucker noch die Heilkundigen auf dem Lande mußten fortan um ihr Leben und ihre Ehre fürchten, wenn sie kuriose Zauberanleitungen über den Kolportage- und später über den Versandhandel vertrieben oder sich verschafften und sich im «6. und 7. Buch Moses», in den «Höllenzwängen» oder den Albertus Magnus zugeschriebenen Traktaten kundig machten. Die Aufklärung des 18. Jahrhunderts, vorbereitet durch die wachsende Skepsis der Universitätsgelehrten seit der zweiten Hälfte des 17. Jahrhunderts, ließ die einst menschheitsbedrohende Sekte des Hexen- und

Zauberergesindels zu einfältigen Bauern und alten Weibern verkommen, die – bildungsunwillig und jedem geistigen Fortschritt abhold – weiterhin «fabulae aniles», Ammenmärchen, erzählten, um sich selbst und den Kindern das Fürchten zu lehren. Aufklärerische Kompilationen wie Georg Christoph Zimmermanns (1663–1744) «Der in vielen Stücken allzuabergläubige Christ» (Frankfurt a. M. / Leipzig 1721) oder Johann Georg Schmidts (1660–1722) «Gestriegelte Rocken-Philosophie» (Chemnitz 1718) versuchten sich an der systematischen Erfassung alten Aberglaubens, um die durchwegs mit der ländlichen Bevölkerung identifizierten Ungebildeten von der Unsinnigkeit ihres Denkens und Tuns zu überzeugen. Ironisch, bisweilen auch mit sarkastischer Heftigkeit geißelten sie magische und divinatorische Praktiken, die vielleicht nur in ihren eigenen, am Schreibtisch geschulten Hirnen existierten. Da verwies Schmidt in seiner Beschimpfung des «von super-klugen Weibern hochgehaltenen Aberglaubens» auf die Therapie einer Krankheit, gegen die bis heute noch kein Kraut gewachsen ist: «Wenn ein Weib den Schnupffen hat / soll sie in ihres Mannes Schuh riechen»:

«Warum soll sie denn in des Mannes Schuh riechen? Resp. Wenn sie den Gestanck der Schuhe nicht empfindet, so weiß sie gewiß / daß sie den Schnupffen hat; so sie ihn aber riechet, so ist der Schnupffen vergangen. Dieser Punct aber weiset eigentlich und hauptsächlich dahin, daß, wenn das Weib in des Mannes Schuh riechet, ihr hiervon der Schnupffen vergehen soll. Woraus abzunehmen ist, was vor unglaubliche Kräffte alles, was von den Männern ausgehet, hat, daß auch wenigstens der Gestanck ihrer Füsse, s. v. ein Mittel ist wider der Weiber Schnupffen. Darumb die Weiber wohl Ursach haben, die Männer hoch zu achten.»

Und, um gleich bei der Nase zu bleiben: «Wem die Nase jucket / der wird in eine Pfitze fallen / oder einen Rausch trincken.» Zur Widerlegung dieser und ähnlicher prognostischer Weisheiten bedurfte es nun nicht mehr der Legitimation durch antike Philosophen und langatmige lateinische Zitate; es genügten auch derbe Gedichte:

«Weil ich versoffner Hase
Das Jucken meiner Nase
Curiren will im Glase,
Und bey dem Biere sitze,

So sauff ich auf die Hitze,
Und falle in die Pfitze;
Drum, weil ich armer Gecke
In diesem Loche stecke,
So zieht mich aus dem ...»

Mit dem Zauber kam das Lesevergnügen. Nicht nur der aufklärerische Spott auf überkommene Vorstellungswelten, auch alte Geschichten wurden nun lesenswert. Den Teufel und seine dämonischen Helfershelfer, die mit dem Ende der Magie ihr Gesicht verloren hatten, schickte man in Rente, um ihn zu verlachen und zugleich auch ein wenig zu fürchten, nicht mehr als Realität, wohl aber als mögliche Alternative zur Wirklichkeit: Magie und Zauber, Dämonen- und Gespensterglauben erhielten im Variété der Lüste und Neugierden ihr Gnadenbrot als Unterhaltungsstoffe.

Allerdings wären Berichte über Magisches und Außergewöhnliches, über spektakulären Zauber und schreckenerregende Poltergeister nicht wirklich lesenswert geworden, hätte nicht ein Rest alter magischer Denkweisen und Ängste in einer sozialen wie geistigen Nische überlebt: als Heilzauber vor allem auf dem flachen Lande, als letztes Relikt intellektueller Unsicherheit in den Köpfen der Gebildeten. Die «Jenaische Christnachts-Tragödie» von 1715 hatte dies erwiesen; obwohl sich die Untersuchungsbehörden weitgehend über Erstickung als Todesursache im klaren waren, genügte der frevelhafte Akt einer Geisterbeschwörung, an die niemand mehr so richtig glauben wollte, um den Verunglückten ein christliches Begräbnis zu verweigern.

Die Intellektuellen des 18. Jahrhunderts zerrissen sich also zwischen einer dunklen Vergangenheit und der leuchtenden Zukunft der absoluten Vernunft. Gespenster und Bergmännlein seien bestenfalls eine papistische Erfindung, um die Menschen zu erschrekken, und bei der Hexenfahrt zum Blocksberg habe es sich um die halluzinogene Einbildung kranker Gehirne gehandelt. Es gebe keinen Rechtsgrund mehr dafür, wegen Klopfgeistern und Spuk im Hause von heute auf morgen die Miete aufzukündigen; tatsächlich ließ der große Aufklärer Christian Thomasius dieses Problem in einer Disputation behandeln, die 1701 ins Deutsche übertragen wurde und in Halle in der Rengerschen Buchhandlung unter dem

Titel «Juristische Entscheidung der Frage: Ob einer einem andern / wegen Furcht Vor Gespenstern / die Haus-Miethe wieder auffsagen könne?» erhältlich war. Gerade Schriften dieser Thematik wurden nun immer häufiger aus dem Lateinischen in die Volkssprache übersetzt, ein sensibles Indiz dafür, daß sich Leserpublikum und -interesse vergrößert hatten.

Der Zauber, von dem man sich Kontakt mit der übernatürlichen (oder, besser: unternatürlichen) Welt erhoffte, konnte überleben, da die Aufklärung des 18. Jahrhunderts ein Spannungsfeld zwischen dem magischen und dem physikalischen Weltbild aufbaute und in lesbar-spannende Sachliteratur übertrug. Aus der Geschichte der Magie wurden Geschichten, aus dem Zauberer der Voyeur. An vermeintliche Fälle von Vampirismus in Südosteuropa, 1725 im südungarischen Kisolova, wo die Bevölkerung darauf drängte, die Leiche des der Blutsaugerei verdächtigten Peter Plagojevitz zu exhumieren, dann im Winter 1731/32 im serbischen Medwegya, knüpfte sich in kurzer Zeit eine bald unüberschaubare Literaturflut an: Die Bewohner des Dorfes hatten sich über ein nur mit Vampiren erklärbares Massensterben beklagt. Ein Arzt erhielt den Auftrag, eine Untersuchung einzuleiten; wegen der Bitte, die Hinrichtung der Vampire vollziehen zu dürfen, wurden Berichte an das militärische Oberkommando in Belgrad und an das «Collegium Sanitatis» in Wien gesandt. Doch bevor der Interimskommandant von Belgrad, Marquis Botta d'Adorno, die Exekution der Leichname gestatten konnte, ordnete er eine «Chyrurgische Visitation» an, die der Feldscher Johann Flückinger und zwei Unterfeldschere in Anwesenheit mehrerer Offiziere am 7. Januar in Medwegya vornahmen. Sein Gutachten verbreitete in Windeseile in Europa die Nachricht von Vampiren in Serbien, die Kommunikationsstränge zwischen den europäischen Königs- und Adelshäusern sowie den Gelehrten erwiesen einmal mehr ihre Wirksamkeit. Bereits 1732 legte König Friedrich Wilhelm I. von Preußen eine Abschrift des medizinischen Berichts Flückingers der «Königlich Preußischen Societät derer Wissenschaften» vor, deren Mitglieder am 5. März darüber diskutierten und am 11. März 1732 zu ihrer Entscheidung kamen. Der Siegeszug des Vampirismus zuerst als wissenschaftlicher Gegenstand hatte begonnen, unterstützt vom Bestseller des französischen

Benediktinertheologen Augustin Calmet (1672–1757), den erstmals 1746 in Paris erschienenen «Dissertations sur les Apparitions des Anges, des Démons et des Esprits, et sur les Revenants et Vampires de Hongrie, de Bohême, de Moravie, et de Silésie». Allerdings hatte die Säkularisierung des Jenseits längst eingesetzt; denn am Aberglauben, an Magie und Zauber machten sich gerade noch Gelehrte des zweiten und dritten Gliedes die Finger schmutzig. Es sollte nicht mehr lange dauern, bis sich die Belletristik in Gestalt Bram Stokers und anderer Autoren des Themas annahm und aus historischen Erinnerungen und zeitgenössischen Nachrichten die tragische Figur des Grafen «Dracula» zeugte. Die Dämonologie war zur nervenkitzelnden Nachmittags- und Abendlektüre geworden, die ins Unterbewußtsein verdrängten Ängste, die nun der *gothic tale* den Weg bereiteten, blieben jedoch.

Mit den exakten Wissenschaften kam das Ende der Magie und des Zaubers als eines logischen Konstrukts; die Tragik der Magie besteht darin, daß sie auf ihrem Weg hin zur Naturwissenschaft selbst zu ihrem Un-Tod beigetragen hatte. Als der Mensch einer Welt und ihres Anspruchs, sich selbst in mathematischen, physikalischen und chemischen Formeln zu erklären, überdrüssig wurde, als durch die Technisierung und Industrialisierung im 19. Jahrhundert das Ende der Phantasien und des Glaubens an andere, verborgene Wirklichkeiten drohte, erhielten Satan, die Dämonen und die *qualitates occultae* neue Namen.

Im Herbst 1921 stellte der bis heute als Verfasser phantastischer Geschichten beliebte Gustav Meyrink am Beispiel einer der Schlüsselfiguren des modernen Okkultismus, Alphonse-Louis Costant, besser bekannt unter dem Pseudonym Eliphas Lévi (1810–1875), fest, daß das Schicksal sonderbar gespielt habe: «Vor hundertfünfzig Jahren noch wurden auf Befehl der Inquisition Hexen und Hexenmeister zu tausenden auf dem Scheiterhaufen verbrannt, und kaum ein Menschenalter später – um die Mitte des XIX. Jahrhunderts – tritt aus demselben katholischen Klerus ein Mann hervor, Abbé Louis Costant, und wird zum Bannerträger und Propheten für viele – nennen wir sie ruhig: kabbalistische Zauberlehrlinge und -meister.»

Dennoch hatte die Zeit der von Meyrink beschworenen Generation ausgereicht, um Traditionen abbrechen zu lassen. Daß sich seit 1848 infolge von Spukerscheinungen in Nordamerika der Spiritismus als Schlagwort wie als Gegenstand nahezu epidemisch ausbreitete und mit dem 19. Jahrhundert das Zeitalter des Okkultismus begann, hat mit der alten Magie und dem herkömmlichen Dämonen- und Geisterglauben nur mehr wenig, oft nicht einmal die Hülle gemeinsam. Der Kabbalismus eines Lévi, die Theosophie einer gerade von indisch-buddhistischen Heils- und Jenseitslehren beeinflußten Helena Petrowna Blavatsky (1831–1891) oder gar die exzentrisch-radikale Magie eines Aleister Crowley (1875–1947), des «Meister Therion», des «Großen Tiers» (To Mega Therion), wie er sich nannte, banden alte Inhalte mit neuen Einflüssen jenseits europäischer Kulturen zusammen und schufen eine synkretistische Zauberlehre, die ihre geistige wie körperliche Exotik aus der Ungläubigkeit einer säkularen Gesellschaft bezog. Der alten Magie war es gelungen, eine Utopie in kollektive Überzeugungen umzusetzen, dadurch erheblich in die Geistes- und Sozialgeschichte einzugreifen und kulturelle Prozesse in Gang zu setzen. Der neuen Magie fehlte diese Grundlage, und so boten (und bieten) die Geheimgesellschaften, spiritistischen und okkultistischen Zirkel, die «Goldene Dämmerung» etwa, der auch Bram Stoker angehörte, der «O. T. O.» oder die «Fraternitas Saturni», die seit dem 19. Jahrhundert wie Pilze aus dem Boden schossen, ihren Mitgliedern Schutz vor dem Spott der Außenwelt.

Dennoch stehen die Zeiten wieder einmal günstig für die Magie, die nach und nach Schritt auch mit den technischen Entwicklungen und Moden hält. Die Hilfe des «6. und 7. Buchs Moses» oder Faustischer Anleitungen zur Dämonenbeschwörung, die im 18. Jahrhundert das kurze Zeitalter des populären Zaubers zu begründen halfen, benötigte man nicht mehr: Tonbandgeräte und Videokameras stehen zur Verfügung, um die Stimmen und Gestalten der Jenseitigen zu materialisieren; die Parapsychologie gibt hierzu neben klugen Kommentaren auch das technische Rüstzeug. Die wissenschaftliche Stagnation und der Offenbarungseid der Medizin bei der Therapie von Zivilisationskrankheiten wie Krebs oder Aids treiben die Verzweifelten in die Arme von Heilern, die sich traditioneller wie von fremden Kulturen beeinflußter Verfahren bedienen, und soziale wie geistige Verunsicherung führt gerade Jugendliche in okkultistische Phantasien und Praktiken, die sie nun nicht aus der Kenntnis einschlägiger Zauberschriften, sondern aus dem visuellen Angebot Hollywoods schöpfen. Jede Zeit entwickelt ihre eigenen Vermittlungsstrategien und -medien.

Auch Anholt, mit dem diese Überlegungen begannen, lebt fort, und die Zeitungsmacher würden nicht darüber berichten, wenn sie nicht von der Resonanz der Öffentlichkeit überzeugt wären. Da löste laut «Politiken» am 14. Januar 1993 eine gewisse «Alice Løgsovs» («Zwiebelsoße») das Rätsel um fünf kürzlich aufgetauchte Behälter auf, die man mit satanistischen Ritualen auf der Kattegatinsel in Verbindung gebracht hatte; sie entschuldigte sich zugleich dafür, daß sie in einem anonymen Brief den Namen eines völlig ahnungslosen Religionshistorikers mißbraucht hätte: Ihr Psychiater habe ihr gesagt, daß sie als Kind schief auf dem Nachttopf gesessen sei, «und das ist, ehrlich gesagt, überhaupt nicht lustig».

La magie est morte, vive la magie. Aber das wäre ein neues Buch.

Anhang

Anmerkungen

1. Kapitel

1 Leserbrief in: Politiken, Sonntag, 19. Oktober 1980, 4. Sektion, S. 3.

2 Zum Fall Anholt s. Bente Gullveig Alver, Blæsten om Anholt. In: Tradisjon. Tidsskrift for Folkeminnevitskap 4 (1974), S. 1–20.

3 Gerhard Meier, Die assyrische Beschwörungssammlung Maqlû (Archiv für Orientforschung, Beiheft 2). Berlin 1937.

4 Knut L. Tallqvist, Die assyrische Beschwörungsserie Maqlû (Acta Societatis Scientiarum Fennicae XX, 6). Leipzig 1895.

5 Gerhard Schormann, Hexenprozesse in Deutschland (Kleine Vandenhoeck-Reihe, 1470). Göttingen 1981, S. 5.

6 Hans Biedermann, Handlexikon der magischen Künste von der Spätantike bis zum 19. Jahrhundert. München/Zürich 1976, S. 202.

7 Wolfgang Brückner, Magie. In: Brockhaus-Enzyklopädie, Bd. 11. Wiesbaden 1970, S. 786–788, hier S. 786.

8 Leander Petzoldt, Einleitung. In: ders. (Hg.), Magie und Religion. Beiträge zu einer Theorie der Magie (Wege der Forschung, Bd. CCCXXXVII). Darmstadt 1978, S. VIII.

9 S. J. Tambiah, Form und Bedeutung magischer Akte. Ein Standpunkt. In: Hans G. Kippenberg, Brigitte Luchesi (Hg.), Magie. Die sozialwissenschaftliche Kontroverse über das Verstehen fremden Denkens. Frankfurt a. M. 1978, S. 259–296, Zitat S. 259.

10 Konstantin Franziskus von Khautz, De cultibus magicis eorumque perpetuo ad ecclesiam et rempublicam habitu, liber primus. Wien 1767, S. 4, § V.

11 Dieter Harmening, Magie III (Historisch). In: TRE. Theologische Realenzyklopädie Bd. XXI, Lfg. 5. Berlin/New York 1991, S. 695–701, hier S. 696.

12 Hans G. Kippenberg, Brigitte Luchesi, Vorwort. In: dies., Magie (wie Anm. 9), S. 7–8, Zitat S. 8.

13 Luise Heim, geb. Freiin von Aufseß, Friedrich XVI., Freiherr von und zu AUFSESS 1843/1936, seine Familie und seine Umwelt im Spiegel von Überlieferung und Erinnerung, zusammengefaßt und dargestellt von seiner Enkelin Luise Heim, geb. Freiin von Aufseß. O. O., o. J. (Masch.), S. 126.

14 Ebd. S. 131.

15 F[rederik] Ohrt, Danmarks Trylleformler (F. F. Publications, Northern Series Nr. 3). København/Kristiania 1917, S. 321–322, Nr. 663; vgl. auch S. 154–155.

16 Martin von Cochem, Libellus benedictionum et exorcismorum. Editio quinta. Multo auctior. Mainz/Frankfurt a. M. 1736, S. 197–203.

17 S. hierzu Wolfgang Brückner, Überlegungen zur Magietheorie. Vom Zauber mit Bildern. In: Leander Petzoldt (Hg.), Magie und Religion. Beiträge zu einer Theorie der Magie (Wege der Forschung, Bd. CCCXXXVII). Darmstadt 1978, S. 404–419, hier S. 414.

18 Dieter Harmening, Joska Pintschovius, Hexen. Wahn und Träume. Eine Ausstellung zur Geschichte der Zauberei und Erfindung der Hexen. Herbst 1991 – Frühjahr 1992 (Schriften des Freilichtmuseums am Kiekeberg, Bd. 10). Ehestorf 1991, S. 36.

19 Jacob Grimm, Deutsche Mythologie, Bd. II. Nachdruck der 4., von Elard Hugo Meyer besorgten Ausgabe. Frankfurt a. M./Berlin 1981, S. 925–926.

20 Ebd. S. 960.

21 Vgl. hierzu Christoph Daxelmüller, Vorwort zu: Handwörterbuch des deutschen Aberglaubens. Hg. von Hanns Bächtold-Stäubli unter Mitwirkung von Eduard Hoffmann-Krayer, Bd. 1–10. Berlin/Leipzig 1927–1942. Nachdruck Berlin/New York 1987, S. V–XL.

22 Wie konservativ noch 1977 die Beschäftigung mit dem Phänomen des Aberglaubens sein konnte, zeigt das stark an Eduard Hoffmann-Krayers Entwurf für das «Handwörterbuch des deutschen Aberglaubens» angelehnte Konzept Matthias Zenders, Glaube und Brauch. Fest und Spiel. In: Günter Wiegelmann, Matthias Zender, Gerhard Heilfurth, Volkskunde. Eine Einführung (Grundlagen der Germanistik, Bd. 12). Berlin 1977, S. 149.

23 Karl Preisendanz (Hg.), Papyri graecae magicae. Die griechischen Zauberpapyri. 2., verb. Aufl., mit Ergänzungen von Karl Preisendanz, durchgesehen und hg. von Albert Henrichs (Sammlung wissenschaftlicher Commentare, Bd. I). Bd. I. Stuttgart 1973 (1. Aufl. Leipzig/Berlin 1928), S. V.

24 Karl Preisendanz (Hg.) Papyri graecae magicae. Die griechischen Zauberpapyri, Bd. II. 2., verb. Aufl., mit Ergänzungen von Karl Preisendanz und Ernst Heitsch. Durchgesehen und hg. von Albert Henrichs (Sammlung wissenschaftlicher Commentare, Bd. II). Tübingen 1974 (1. Aufl. Leipzig/Berlin 1931/[Vol. III:] 1941, S. XVI–XVII).

25 Robert Muchembled, Kultur des Volks – Kultur der Eliten. Die Geschichte einer erfolgreichen Verdrängung. Stuttgart 1982, S. 248.

26 Ebd. S. 258.

27 Ebd. S. 13.

28 Richard van Dülmen, Einleitung. In: ders. (Hg.), Kultur der einfachen Leute. Bayerisches Volksleben vom 16. bis zum 19. Jahrhundert. München 1983, S. 7–16, hier S. 14.

29 Jürgen Kuczynski, Geschichte des Alltags des deutschen Volkes, Bd. I. Berlin 1980, S. 132; vgl. auch Sigrid und Wolfgang Jacobeit, Illustrierte Alltagsgeschichte des deutschen Volkes 1550–1810. 2. Aufl. Köln 1988, S. 109.

30 Peter Dinzelbacher, Zur Erforschung der Geschichte der Volksreligion. Einführung und Bibliographie. In: ders., Dieter R. Bauer (Hg.), Volksreligion im hohen und späten Mittelalter (Quellen und Forschungen aus dem Gebiet der Geschichte, N. F. Heft 13). Paderborn/München/Wien/Zürich 1990, S. 9–27, hier S. 21.

31 Jean-Claude Schmitt, Der Mediävist und die Volkskultur. In: Dinzelbacher/Bauer (Hg.), Volksreligion (wie Anm. 30), S. 29–40, hier S. 31.

32 Eva Labouvie, Zauberei und Hexenwerk. Ländlicher Hexenglaube in der frühen Neuzeit. Frankfurt a. M. 1991, S. 12 und passim.

33 Ebd. S. 15.

34 Ebd. S. 59.

35 Ebd. S. 61–62.

36 Ebd. S. 62.

37 Ebd. S. 62.

38 Petrus de Abano, Eptameron, sev Elementa Magica. Beigebunden an: Heinrich Cornelius Agrippa von Nettesheim (zugeschrieben), Liber quartus de Occulta Philosophia, seu de Ceremonijs Magicis. s. l. 1565, S. 97–173, hier S. 119–120.

39 Andreas Blauert, Die Erforschung der Anfänge der europäischen Hexenverfolgungen. In: ders. (Hg.), Ketzer, Zauberer, Hexen. Die Anfänge der europäischen Hexenverfolgungen (edition suhrkamp, N. F. Bd. 577). Frankfurt a. M. 1990, S. 11–42.
40 Vgl. Daniel 4, 30–31.
41 1 Samuel 28.
42 Christoph Daxelmüller, Der Werwolf. Ein Paradigma zur Geschichte der kulturellen Wahrnehmung. In: Zeitschrift für Volkskunde 82 (1986), S. 203–208, hier S. 206; zu Vermittlungsprozessen und zum Verhältnis zwischen literarisierter *auctoritas* und Empirie s. ders., Literarisierte Mündlichkeit – mündliche Schriftlichkeit. Anmerkungen zum Weltbild und zur Weltdeutung mittelalterlicher und nachmittelalterlicher Exempelautoren. In: Lutz Röhrich, Erika Lindig (Hg.), Volksdichtung zwischen Mündlichkeit und Schriftlichkeit (ScriptOralia 9). Tübingen 1989, S. 125–145.

2. Kapitel

1 Namburbi 12, neuassyrisch, Sprache babylonisch-assyrisch; s. Richard Caplice, Namburbi Texts in the British Museum II. In: Orientalia 36 (1967), S. 1–38, hier S. 1–6.
2 Heinrich Cornelius Agrippa von Nettesheim, De occulta philosophia sive de magia libri tres. Lyon/Paris 1533, hier Lib. I, cap. 2.
3 C. Plinius Secundus d. Ä., Naturalis historiae lib. XXX, II, 4–5.
4 Ebd. LI, 145.
5 Vitruvius, De architectura IX, c. VI, 2.
6 Paris, Bibliothèque Nationale, Sign. Suppl. gr. 574; Karl Preisendanz (ed. Albert Henrichs), Papyri Graecae magicae, Bd. I, 2. Aufl. Stuttgart 1973, S. 64–180, hier S. 83–85 (P IV).
7 Papyrus Michigan University, Inv. 7 (Ende 3./Anfang 4. Jh.); Preisendanz (wie Anm. 6), Bd. II, 2. Aufl. Stuttgart 1974, S. 202–203 (P LXX).
8 C. R. Phillips III, *Nullum Crimen sine Lege*: Socioreligious Sanctions on Magic. In: Christopher A. Faraone, Dirk Obbink (Hg.), Magika Hiera. Ancient Greek Magic and Religion. New York/Oxford 1991, S. 260–276, Zitat S. 261.
9 Preisendanz (wie Anm. 6), Bd. II, S. 164–165 (P XXXVI).
10 Agrippa von Nettesheim (wie Anm. 2), Lib. III, cap. 16–18.
11 Ilias 17, 98–101; vgl. auch 1, 222.
12 S. hierzu u. a. Martin P. Nilsson, Geschichte der griechischen Religion. Bd. II: Die hellenistische und römische Zeit. München 1950, S. 390.
13 Zur griechischen Dämonenlehre s. vor allem Theodor Hopfner, Griechisch-Ägyptischer Offenbarungszauber, Bd. 1 (alles Erschienene). Amsterdam 1974, S. 1–38.
14 Vgl. auch Cicero, De divinatione I, 3; II, 58.
15 Symposion D 13 sowie 202e–203a.
16 Phaidon 107D.
17 Z. B. Gottfried Olearius (Präses), Johann David Herbst (Respondent), Dissertatio philosophica de Socratis Daemonio. Leipzig 1702; zur Dämonologie Platons s. u. a. Hopfner (wie Anm. 13), S. 8–9; Nilsson (wie Anm. 12), S. 211–212, 255–256.
18 Z. B. De def. orac. 10–16.
19 Plutarch, Über die eingegangenen Orakel, 10; s. Plutarch, Über Gott und Vor-

sehung, Dämonen und Weissagung. Eingeleitet und neu übertragen von Konrat Ziegler. Zürich/Stuttgart 1952, S. 117.

20 Plutarch, Dion 2.

21 Maximos von Tyros, Diss. VIII, 8; vgl. auch Nilsson (wie Anm. 12), S. 394–395.

22 Apuleius von Madaura, De deo Socratis, c. 13; Augustinus, De civitate dei VIII, 16.

23 Apuleius (wie Anm. 22), c. 45.

24 Apuleius, Apologia 26.

25 Vgl. Nilsson (wie Anm. 12), S. 396.

26 Dieter Harmening, Von der Spätantike zur Renaissance. In: Marie-Louise Thomsen, Dieter Harmening, Christoph Daxelmüller, Magie. In: Kindlers Enzyklopädie «Der Mensch», Bd. VI. Zürich/München 1983, S. 691–696, hier S. 691.

27 Zitiert nach Hopfner (wie Anm. 13), S. 18.

28 Ebd. S. 18–19.

29 Nilsson (wie Anm. 12), S. 414.

30 Vgl. Ennead IV, 4, (28) 43.

31 Vgl. für die Antike z. B. Plutarchs Schrift «Der Mythus am Ende des Dialoges über das in der Mondscheibe erscheinende Gesicht».

32 S. Hopfner (wie Anm. 13), S. 22–23.

33 Porphyrios, De abstinentia II, 38–42.

34 Thomas Frederick Crane (Hg.), The «Exempla» or Illustrative Stories from the «Sermones vulgares» of Jacques de Vitry (The Folk-Lore-Society Publications, Bd. XXVI). London 1890 (Nachdruck Nendeln 1967), num 130; vgl. auch Heinrich Günter, Psychologie der Legende. Studien zu einer wissenschaftlichen Heiligen-Geschichte. Freiburg i. Br. 1949, S. 319.

35 Porphyrios, De abstinentia II, 41.

36 Vgl. Augustinus, De civitate dei X, 9.

37 Ebd. X, 27.

38 Z. B. Jamblichos, De fato 179.

39 Jamblichos, Über die Geheimlehren, hg. von Theodor Hopfner. Schwarzenburg 1978, S. 27–28.

40 Ebd. S. 26.

41 S. Hopfner (wie Anm. 13), S. 38–39.

42 Plinius (wie Anm. 3), lib. XXX, II, 4.

43 Agrippa von Nettesheim (wie Anm. 2), lib. I, cap. 27.

44 Der Ausdruck «Untergrund des Abendlandes» ist entlehnt aus: Helmut Möller, Ellic Howe, Merlin Peregrinus. Vom Untergrund des Abendlandes (Quellen und Forschungen zur Europäischen Ethnologie, Bd. II). Würzburg 1986.

45 Harmening (wie Anm. 26), S. 692.

46 Preisendanz (wie Anm. 6), Bd. II, 2. Aufl. Stuttgart 1974, S. 222 (P 13a).

3. Kapitel

1 Herbert Haag, Teufelsglaube. Tübingen 1974, S. 166.

2 Tertullian, De corona 3, 4.

3 Bernard Botte, La tradition apostolique de Saint Hippolyte. Essai de reconstitution (Liturgiewissenschaftliche Quellen und Forschungen, Heft 39). Münster [3]1963, S. 84, num. 37–38.

4 Plinius, Naturalis historiae lib. XXVIII, 27.

5 Vgl. S. 63–66.
6 S. hierzu u. a. Carl Andresen, Die Kirchen der alten Christenheit (Die Religionen der Menschheit, Bd. 29, 1/2). Stuttgart/Berlin/Köln/Mainz 1971, S. 335 und 632–636.
7 Augustinus, De civitate dei VIII, 19: «Illud etiam, quod alio loco de his artibus dicit: / Atque satas alio vidi traducere messes, / eo quod hac pestifera scelerataque doctrina fructus alieni in alias terras transferri perhibentur, nonne in duodecim tabulis, id est Romanorum antiquissimis legibus, Cicero commemorat esse conscriptum et ei, qui hoc fecerit, supplicium constitutum?»; vgl. auch ibid. X, 9; vgl. auch M. Kaser, Römische Rechtsgeschichte. München/Berlin ^{2}1967, S. 71.
8 Cod. Just. IX, Tit. 18, 5.
9 Z. B. 1. Theod. IX, 16, 4 von 357 n. Chr.; 2. Theod. IX, 16, 7 von 364 n. Chr.; weitere Belege bei Andresen (wie Anm. 6), S. 334, Anm. 17.
10 Vgl. hierzu Andresen (wie Anm. 6), S. 334–336.
11 Augustinus, Enarrationes in Psalmos 141, 18–19.
12 Augustinus, De vera religione [XIII. 26] 70–72.
13 Augustinus, De civitate dei IV, 8; vgl. Dieter Harmening, Superstitio. Berlin 1979, S. 292–293.
14 Dieter Harmening, Von der Spätantike zur Renaissance. In: Marie-Louise Thomsen, Dieter Harmening, Christoph Daxelmüller, Magie. In: Kindlers Enzyklopädie «Der Mensch», Bd. VI. Zürich/München 1983, S. 691–696, Zitat S. 693.
15 Augustinus, De vera religione [LV. 107] 296–299.
16 Augustinus, II De doctrina christiana XX.
17 Ebd. II, 17 u. ö.
18 Augustinus, De civitate dei IV, 32.
19 S. hierzu Roland Götz, Der Dämonenpakt bei Augustinus. In: Georg Schwaiger (Hg.), Teufelsglaube und Hexenprozesse. München 1987, S. 57–84, hier S. 64.
20 Augustinus, De civitate dei XVIII, 18; s. auch Harmening, Superstitio (wie Anm. 13), S. 99–100.
21 Augustinus, De civitate dei XXI, 6; s. Harmening, Superstitio (wie Anm. 13), S. 298–300. Bei dem Zitat handelt es sich um Vergil, Aeneis 4, 487–491.
22 Augustinus, II De doctrina christiana, I.
23 Ebd. II, 24; vgl. Harmening, Superstitio (wie Anm. 13), S. 110.
24 Augustinus, Contra Faustum Manichaeum 19, 11.
25 Thomas von Aquin, Summa theologiae II. II. 96, 2.
26 Augustinus, De moribus ecclesiae et de moribus Manichaeorum I, 38; zum *curiositas*-Begriff bei Augustinus s. Hans Blumenberg, Der Prozeß der theoretischen Neugierde. Frankfurt a. M. 1973, S. 103–121.

4. Kapitel

1 Adversus haereses IV, 40, 3.
2 Divinae institutiones II, 8, 4–5.
3 Oratio ad Graecos, 7, 5.
4 Complexiones in Apocalypsin 17; Migne, PL 70, 1411c.
5 Apologia ad Antoninum Pium; Mag. Bib. Pat. I, S. 141.
6 Apologeticus adversus gentes c. 22; Migne I, 464–465.
7 Z. B. Contra Julianum II, 1.i, 88; Migne, PL XLV, 1107.
8 Bernhard Silvestris, De mundi universitate II, 6. Zum Komplex der hochmittelalterlichen Dämonologie s. vor allem Lynn Thorndike, A History of Magic and

Experimental Science During the First Thirteen Centuries of Our Era, Vol. II. New York/London 1923.

9 Ethica seu Scito te ipsum; Migne, PL 178, 647.

10 De universo II, 3.

11 Jacob Grimm, Deutsche Mythologie, Bd. II. Nachdruck Frankfurt a. M./Berlin/Wien 1981, S. 872–873, Zitat S. 873.

12 Horst Dieter Schlosser (Hg.), Althochdeutsche Literatur. Ausgewählte Texte mit Übertragungen und Anmerkungen. Frankfurt a. M. 1970, S. 254–255.

13 Joseph Hansen, Quellen und Untersuchungen zur Geschichte des Hexenwahns und der Hexenverfolgung im Mittelalter. Bonn 1901 (Nachdruck Hildesheim 1963), S. 639–641, hier S. 640.

14 Schlosser (wie Anm. 12), S. 212–213.

15 Tacitus, Germania 8.

16 Sigrdífumál 6; s. hierzu Åke V. Ström, Germanische Religion. In: ders., Haralds Biezais, Germanische und Baltische Religion. Stuttgart/Berlin/Köln/Mainz 1975 (Die Religionen der Menschheit, Bd. 19/1), S. 256.

17 Ernst Alfred Philippson, Germanisches Heidentum bei den Angelsachsen. Leipzig 1925 (Kölner Anglistische Arbeiten, Bd. 4), S. 153.

18 Z. B. Ynglingasaga 38.

19 Guđrúnarkviđa III, 6–11.

20 S. hierzu Klaus Düwel, Buchstabenmagie und Alphabetzauber. Zu den Inschriften der Goldbrakteaten und ihrer Funktion als Amulette. In: Frühmittelalterliche Studien 22 (1988), S. 70–110, hier vor allem S. 110, Anm. 193.

21 Gregor von Tours, Historiarum libri decem 8, 15.

22 Albert Vierling, Unvertilgbarer Volksglaube und Aberglaube nach ältestem bayrischem Volksrecht. In: Oberbayerisches Archiv 52 (1904–1907), S. 150.

23 Holger Homann, Der Indiculus superstitionum et paganiarum und verwandte Denkmäler. Phil. Diss. Göttingen 1965, S. 144.

24 Epistola ad Mellitum Abbatem; MG Ep. 2, 330–331.

5. Kapitel

1 Kap. 79, fol. 48^{v}.

2 Moritz Güdemann, Geschichte des Erziehungswesens und der Cultur der Juden in Frankreich und Deutschland von der Begründung der jüdischen Wissenschaft in diesen Ländern bis zur Vertreibung der Juden aus Frankreich (X.–XIV. Jahrhundert), Bd. I. Wien 1880 (Nachdruck Amsterdam 1966), S. 224.

3 Lex Salica, Art. 21 *(De maleficis)*.

4 Lex Ribuaria, Art. 83, Ziff. 2 *(De maleficio)*.

5 Capitulatio de partibus Saxoniae, cap. 6; s. Wilhelm Boudriot, Die altgermanische Religion in der amtlichen kirchlichen Literatur des Abendlandes vom 5. bis 11. Jahrhundert (Untersuchungen zur allgemeinen Religionsgeschichte, Heft 2). Bonn 1928, S. 53; s. auch Friedrich Merzbacher, Die Hexenprozesse in Franken. 2., erw. Aufl. München 1970, S. 11–16.

6 Wilhelm Gottlieb Soldan, Heinrich Heppe (ed. Max Bauer), Geschichte der Hexenprozesse, Bd. 1. Darmstadt 1976 (München [1]1912), S. 116.

7 Zitiert nach Johann Diefenbach, Der Hexenwahn vor und nach der Glaubensspaltung. Mainz 1886, S. 206–207; die Orthographie des Zitats ist den modernen Regeln angepaßt.

8 «Katharer» und «Ketzerei», als Begriffe nebeneinander verwendet, stellt eigent-

lich einen Pleonasmus dar, da sich der Ausdruck «Ketzer», italienisch «gazzari», von «Katharer» ableitet.

9 S. Lynn Thorndike, A History of Magic and Experimental Science. Vol. III: Fourteenth and Fifteenth Centuries. New York/London 1966 ([1]1934), S. 18–19.

10 Joseph Hansen, Quellen und Untersuchungen zur Geschichte des Hexenwahns und der Hexenverfolgung im Mittelalter. Bonn 1901 (Nachdruck Hildesheim 1963), Nr. 3, S. 2–4, hier S. 2–3.

11 Thorndike (wie Anm. 9), S. 23–28.

12 Ebd. S. 20.

13 S. hierzu u. a. Wolfgang Brückner, Überlegungen zur Magietheorie. Vom Zauber mit Bildern. In: Leander Petzoldt (Hg.), Magie und Religion. Beiträge zu einer Theorie der Magie (Wege der Forschung, Bd. 337). Darmstadt 1978, S. 404–419, hier s. 412–413.

14 Thorndike (wie Anm. 9), S. 29.

15 Ebd., S. 30–31.

16 Hansen (wie Anm. 10), Nr. 5, S. 5–6, Zitat S. 5.

17 Brückner (wie Anm. 13), S. 414–415.

18 Chartularium universitatis Parisiensis IV, 32–35; Lynn Thorndike, University Records and Life in the Middle Ages. New York 1971 ([1]1944), Nr. 101, S. 261–266.

19 Johann Weier, De praestigiis daemonvm. Von Teuffelsgespenst, Zauberern vnd Gifftbereytern [...]. Frankfurt a. M. 1586, S. 479.

20 Thorndike (wie Anm. 18), S. 261–262.

21 «quod imagines de aere vel plumbo vel auro vel de cera alba vel ribra vel alia materia baptizatae & exorcizatae consecratae secundum praedictas artes & sub diebus certis habeant virtutes mirabiles»; lateinischer Text zitiert nach Konstantin Franziskus von Khautz, De cultibus magicis eorumque perpetuo ad ecclesiam et rempublicam habitu, liber primus. Wien 1767, S. 165.

22 Hartlieb (wie Anm. 1), Kap. 79 A, fol. 48v–49r.

23 «quod Deus per eas inducatur daemones compellere suis invocationibus obedire»; Khautz (wie Anm. 21), S. 165.

24 Etymologiae VIII, 9.

25 Hrabanus Maurus, De magicis artibus; Migne, PL 110, 1095–1110.

26 Decretum Gratiani, pars II, causa XXVI, v. a. quaestio II.

27 Sentenzen, liber II, dist. VII, cap. VI.

28 Albertus Magnus, Sentenzenkommentar zu liber II, dist. VII: art. X; Augustinus, De diversis quaestionibus LXXXIII, LXXIX, 4.

29 Thomas von Aquin, Summa theologiae II. II. 92, 3.

30 Ebd. II. II. 92, 1.

31 Ebd. II. II. 95, 1.

32 Ebd. II. II. 92, 2.

33 Ebd. II. II. 95, 3.

34 Ebd. II. II. 95, 6.

35 Vgl. ebd. II. II. 96, 1.

36 Ebd. II. II. 96, 2.

37 Ebd. II. II. 96, 4.

38 So z. B. Isidor von Sevilla, Etymologiae, VIII, 9, 3; Hildegard von Bingen, Scivias, I, 2; Hugo von St. Victor, Didascalion, VI, 15; Maimonides, Moreh nebuchim, III, 37.

39 Thomas von Aquin (wie Anm. 29), II. II. 95, 5.
40 Thorndike, University Records (wie Anm. 18), S. 282.
41 PG 94, 677 A–780 D.
42 PG 45, 153.
43 Codex Vindobonensis 2245.
44 Gerhard Eis (Hg.), Wahrsagetexte des Spätmittelalters (Texte des späten Mittelalters, Heft 1). Berlin 1956, S. 66–68, hier S. 66–67.

6. Kapitel

1 Ben Kadosh (pseud.), Den Ny Morgens Gry. Lucifer Hiram. Verdensbygmesterens Genkomst. København 1906, S. 7.
2 Ebd. S. 5.
3 Gershom Scholem, On the Kabbalah and Its Symbolism. New York 1969, S. 97–98.
4 Jean Bodin, De magorvm daemonomania. Vom Außgelasnen Wütigen Teuffelsheer [...]. Straßburg 1591, S. 66.
5 Zum Manichäismus s. u. a. Geo Widengren, Die Religionen Irans (Die Religionen der Menschheit, Bd. 14). Stuttgart 1965, S. 299–308.
6 Aramäisch *qʿrā* «schaffen», «rufen».
7 Milćhama XVII, 5–9; s. Millar Burrows, Die Schriftrollen vom Toten Meer. 3. Aufl. München 1960, S. 336.
8 Emmanuel Le Roy Ladurie, Montaillou. Ein Dorf vor dem Inquisitor 1294–1324. Frankfurt a. M./Berlin/Wien 1983, S. 351.
9 S. hierzu u. a. Arno Borst, Die Katharer. Freiburg i. Br./Basel/Wien 1991. S. 136–142.
10 Ebd. S. 66–67.
11 M. Bouquet u. a., Recueil de historiens des Gaules et de la France. 24 Bde. Paris 1738–1904, hier Bd. X, S. 538.
12 Guibert von Nogent, De vita sua III, 17; Migne, PL CLVI, 951; s. auch Gerhard Zacharias, Satanskult und Schwarze Messe. Ein Beitrag zur Phänomenologie der Religion. München/Berlin 1964, S. 51.
13 Pierre Dupuy [Petrus Puteanus], Historischer Tractat vom dem Process wider den Ritterorden der Tempel-Herrn. Frankfurt a. M. 1665.
14 Georges Bataille, Le procès de Gilles de Rais. Les documents. O. O. [Paris] 1965, S. 12 und 16.
15 Ebd. S. 240–241.
16 Ebd. S. 241–242.
17 Artikel XXII; ebd. S. 243.
18 Artikel XXIV; ebd. S. 243.
19 Artikel XXX; ebd. S. 245.
20 Artikel XXXI; ebd. S. 245.
21 Artikel XXXII; ebd. S. 245.
22 Artikel XXXVIII; ebd. S. 247.
23 Artikel XXXIV; ebd. S. 246.
24 Artikel XXXV; ebd. S. 246.
25 Hans Biedermann, Handlexikon der magischen Künste von der Spätantike bis zum 19. Jahrhundert. München/Zürich 1976, S. 129.
26 Borst (wie Anm. 9), S. 168.

27 Gérard de Sède, Die Templer sind unter uns oder das Rätsel von Gisors. Berlin 1962.
28 Otto Rahn, Kreuzzug gegen den Gral. Die Tragödie des Katharismus. Stuttgart 1964.
29 Michael Baigent, Richard Leigh, Henry Lincoln, Holy Blood, Holy Grail. New York 1983; deutsch: Der Heilige Gral und seine Erben. Ursprung und Gegenwart eines geheimen Ordens, sein Wissen und seine Macht. Bergisch Gladbach 1984.
30 F[rederik] Ohrt, Danmarks Trylleformler (F. F. Publications, Northern Series No. 3). København/Kristiania 1917, S. 321–322, Nr. 663.
31 Codex Par. 3833, fol. 61; zitiert nach Adolph Franz, Die Messe im deutschen Mittelalter. Beiträge zur Geschichte der Liturgie und des religiösen Volkslebens. Freiburg i. Br. 1902 (Reprint Darmstadt 1963), S. 97, Anm. 3.
32 Berthold von Regensburg, Predigten I, 67, 83, 84, 189 u. ö.
33 Giovanni Domenico Mansi, Sacrorum conciliorum nova et amplissima collectio. 31 Bde., Florenz/Venedig 1757–1798 (Reprod. Paris 1899–1927); hier Bd. 12, S. 99; s. Dieter Harmening, Superstitio. Überlieferungs- und theoriegeschichtliche Untersuchungen zur kirchlich-theologischen Aberglaubensliteratur des Mittelalters. Berlin 1979, S. 222–223.
34 Mansi (wie Anm. 33), Bd. 23, S. 30; s. Harmening (wie Anm. 33), S. 223.
35 Franz (wie Anm. 31), S. 99–100, hier S. 100 mit Anm. 6.
36 S. Ludwig Andreas Veit, Volksfrommes Brauchtum und Kirche im deutschen Mittelalter. Freiburg i. Br. 1936, S. 10.
37 Joris-Karl Huysmans, Là-bas. Paris 1926.
38 Stanislas de Guaita, Le serpent de la Genèse. Permière septaine: Le temple de Satan (Essais de sciences maudites, 2). Paris 1891.
39 Jean Bricaud, La messe noire: ancienne et moderne. Paris 1924.
40 Diözesanarchiv Würzburg (DAW) Hexenprozesse, Geistliche der Stadt Würzburg, Verlassenschaftsakten 1628–1630, Fasz. 2 (Verhörprotokoll Melchior Hammelmann); s. hierzu Harald Schwillus, Die Hexenprozesse gegen Würzburger Geistliche unter Fürstbischof Philipp Adolf von Ehrenberg (1623–1631) (Forschungen zur fränkischen Kirchen- und Theologiegeschichte, Bd. 14). Würzburg 1989, S. 63–64.
41 Ebd.
42 Ebd.
43 DAW Hexenprozesse, Geistliche der Stadt Würzburg, Verlassenschaftsakten 1628–1630, Fasz. 1 (Verhörprotokoll Nicodemus Hirsch); s. Schwillus (wie Anm. 40), S. 66–67.
44 DAW Hexenprozesse, Geistliche der Stadt Würzburg, Verlassenschaftsakten 1628–1630, Fasz. 1 (Verhörprotokoll Heinrich Betz); s. Schwillus (wie Anm. 40), S. 67–68, Zitat S. 68.
45 Benedikt Carpzov, Practica rerum criminalium. Leipzig 1635 (auch Wittenberg 1646); zitiert nach Wolfgang Behringer, Hexen – und Hexenprozesse in Deutschland, München 1988, S. 356–357.

7. Kapitel

1 Staatsarchiv Amberg, Bestand Oberster Lehenhof München, Nr. 1456; s. Bernd Thieser, Die Oberpfalz im Zusammenhang des Hexenprozeßgeschehens im Süddeutschen Raum während des 16. und 17. Jahrhunderts. Bayreuth 1987, S. 183.

2 F 19, 147a–150; zitiert nach Matthias Senn (Hg.), Die Wickiana. Johann Jakob Wicks Nachrichtensammlung aus dem 16. Jahrhundert. Küsnacht/Zürich 1975, S. 196–198.
3 F 13, 90a–91; Senn (wie Anm. 2), S. 78–79.
4 F 13, 68–69; Senn (wie Anm. 2), S. 79–80.
5 F 19, 121–121a; Senn (wie Anm. 2), S. 179–180.
6 F 19, 239a–240; Senn (wie Anm. 2), S. 188–189.
7 F 19, 277a–279; Senn (wie Anm. 2), S. 208–210.
8 Gervasio Pizzurni, Enchiridion exorcisticvm. Lyon 1668, S. 36.
9 Ebd. S. 37.
10 S. Gerhard Schormann, Hexenprozesse in Deutschland. Göttingen 1981, S. 16–18, hier S. 16–17.
11 S. Harald Schwillus, Die Hexenprozesse gegen Würzburger Geistliche unter Fürstbischof Philipp Adolf von Ehrenberg (1623–1631). Würzburg 1989, S. 120–124.
12 Bayerisches Staatsarchiv Würzburg, Kapitelprotokolle Neumünster Bd. 6 (1608–1611), fol. 170v; s. Schwillus (wie Anm. 11), S. 121.
13 Bayerisches Staatsarchiv Würzburg, Kapitelprotokolle Neumünster Bd. 8 (1617–1623), fol. 291v; s. Schwillus (wie Anm. 11), S. 123.
14 Jos Van Ussel, Histoire de la répression sexuelle. Paris 1972, S. 39.
15 Robert Muchembled, Kultur des Volks – Kultur der Eliten. Die Geschichte einer erfolgreichen Verdrängung. Stuttgart 1982, S. 186–187.
16 Alan Macfarlane, Witchcraft in Tudor and Stuart England. London 1970, S. 9.
17 S. hierzu Dieter Harmening, Himmlers Hexenkartei. Ein Lagebericht zu ihrer Erforschung. In: Jahrbuch für Volkskunde N.F. 12 (1989), S. 99–112.
18 G. L. Burr, The Literature of Witchcraft. In: American Historical Association Papers 4 (1890/91), part 3, S. 66.
19 Homer Charles Erik Midelfort, Recent Witch Hunting Research, or Where Do We Go from Here? In: The Papers of the Biographical Society of America 62 (1968), S. 373.
20 Vgl. hierzu Andreas Blauert, Die Erforschung der Anfänge der europäischen Hexenverfolgungen. In: ders. (Hg.), Ketzer, Zauberer, Hexen. Die Anfänge der europäischen Hexenverfolgungen. Frankfurt a. M. 1990, S. 11–42, hier S. 14–15.
21 Schormann (wie Anm. 10), S. 64.
22 Ebd. S. 65.
23 Herbert Pohl, Hexenglaube und Hexenverfolgung im Kurfürstentum Mainz. Ein Beitrag zur Hexenfrage im 16. und beginnenden 17. Jahrhundert. Stuttgart 1988, S. 202–203, Anm. 7.
24 Hartmut Lehmann, Hexenglaube und Hexenprozesse in Europa um 1600. In: Christian Degn, Hartmut Lehmann, Dagmar Unverhau (Hg.), Hexenprozesse. Deutsche und skandinavische Beiträge. Neumünster 1983, S. 14–27.
25 S. hierzu u. a. Stefan Rohrbacher, Michael Schmidt, Judenbilder. Kulturgeschichte antijüdischer Mythen und antisemitischer Vorurteile. Reinbek bei Hamburg 1991, S. 179–180.
26 Keith Thomas, Religion and the Decline of Magic. Studies in Popular Beliefs in Sixteenth- and Seventeenth-Century England. Harmondsworth 1973, S. 661.
27 Schormann (wie Anm. 10), S. 78–79.
28 Friedrich Merzbacher, Die Hexenprozesse in Franken. 2., erw. Aufl. München 1970, S. 53.

29 Sigmund (von) Riezler, Geschichte der Hexenprozesse in Bayern. Stuttgart 1968 (Nachdruck der Ausgabe 1896), S. 102.

30 Dieter Harmening, Hexenbilder des späten Mittelalters – Kombinatorische Topik und ethnographischer Befund. In: Peter Segl (Hg.), Der Hexenhammer. Entstehung und Umfeld des Malleus maleficarum von 1487. Köln/Wien 1988, S. 177–194, hier S. 177.

31 J. W. R. Schmidt (Hg.), Malleus Maleficarum. Der Hexenhammer. Verfaßt von den beiden Inquisitoren Jakob Sprenger und Heinrich Institoris. 3 Teile, Berlin 1906 (Nachdruck Darmstadt 1980), hier Teil 1, S. 10–14.

32 Johann Hartlieb, Puch aller verboten kunst, fol. 49r.

33 Zu Delrio s. vor allem Edda Fischer, Die «Disquisitionum magicarum libri sex» von Martin Delrio als gegenreformatorische Exempel-Quelle. Phil. Diss. Frankfurt a. M. 1975.

34 Kurt Baschwitz, Hexen und Hexenprozesse. Die Geschichte eines Massenwahns und seiner Bekämpfung. Gütersloh 1963, S. 147.

35 Fridericus Fornerus [Friedrich Förner], Panoplia armaturae dei. Ingolstadt 1626.

36 Peter Binsfeld, Tractat von Bekanntnuß der Zauberer und Hexen. 2. Aufl. München 1592, fol. 4.

8. Kapitel

1 Vgl. auch S. 273–278.

2 Karl Preisendanz (Hg.), Papyri graecae magicae. Die griechischen Zauberpapyri, Bd. II, 2., verb. Aufl. Stuttgart 1974, S. 174 (P XXXVI, 322–332).

3 Kristian Frantz Paul(l)ini, Heylsame Dreck-Apothecke, Wie nemlich mit Koth und Urin fast alle / ja auch die schwerste / gifftigste Kranckheiten, und bezauberte Schäden vom Haupt biß zun Füssen, inn- und äusserlich, glücklich curiret worden. 4. Aufl. Frankfurt a. M. 1734, S. 262.

4 So Gunnar Heinsohn, Otto Steiger, Die Vernichtung der weisen Frauen. Hexenverfolgung – Kinderwelten – Menschenproduktion – Bevölkerungswissenschaft. München 1987, S. 13.

5 J. F. Albrecht, Heimlichkeiten der Frauenzimmer oder Die Geheimnisse der Natur hinsichtlich der Fortpflanzung des Menschen; über Befruchtung, Beischlaf und Empfängnis und eheliche Geheimnisse zur Erzeugung gesunder Kinder und Erhaltung der Kräfte und Gesundheit. 6. Aufl., Quedlinburg/Leipzig 1851 (Reprint München 1976), S. 144 und 145–146.

6 Ebd. S. 36.

7 Dr. Becker, Der Rathgeber vor, bei und nach dem Beischlafe oder faßliche Anweisung, den Beischlaf so auszuüben, daß der Gesundheit kein Nachtheil zugefügt, und die Vermehrung des Geschlechts durch schöne, gesunde und starke Kinder befördert wird. 6. Aufl. [Leipzig] 1816 (unveränderte Neuauflage Vaduz 1977), S. 18–19.

8 Sermones 243, 2.

9 De virginibus velandis 7.

10 Summa theologiae I quaestio 92, 4.

11 Ebd. I 118. 3 ad 2.

12 Alfonso di Nola, Der Teufel. Wesen, Wirkung, Geschichte. München 1990, S. 283–284.

13 Ebd. S. 286.

14 Ebd. S. 286.
15 Johann W. R. Schmidt (Hg.), Malleus Maleficarum. Der Hexenhammer. Verfaßt von den beiden Inquisitoren Jakob Sprenger und Heinrich Institoris. 3 Teile, Berlin 1906 (Nachdruck Darmstadt 1980), hier Teil 1, S. 93.
16 Ebd. S. 96.
17 Ebd. S. 99–100.
18 Ebd. S. 97–98.
19 WA 12, 345. 16–18; s. Jörg Haustein, Martin Luthers Stellung zum Zauber- und Hexenwesen. Stuttgart/Berlin/Köln 1990, S. 178.
20 Johann Weier, De Praestigiis Daemonvm. Von Teuffelsgespenst Zauberern vnd Gifftbereytern [. . .]. Frankfurt a. M. 1586, S. 157b.
21 Ebd. S. 157a.
22 Ebd. S. 157a.
23 Gervasio Pizzurni, Enchiridion Exorcisticvm. Lyon 1668, S. 38.
24 Valentin Alberti (Präses), Christian Stridtbeck(h) (Autor und Respondent), Dissertatio academica de Sagis, sive Foeminis, commercium cum Malo Spiritu habentibus. Leipzig 1690; Valentin Alberti, Academische Abhandlung von den Hexen und dem Bündniß So sie mit dem Teuffel haben. Frankfurt a. M./Leipzig 1723.
25 Alberti, Academische Abhandlung (wie Anm. 24), Cap. II, § II (unpag.).
26 Ebd. Cap. II, § IV (unpag.).
27 Herbert Pohl, Hexenglaube und Hexenverfolgung im Kurfürstentum Mainz. Ein Beitrag zur Hexenfrage im 16. und beginnenden 17. Jahrhundert. Stuttgart 1988, S. 219–226.
28 Alberti, Academische Abhandlung (wie Anm. 24), Cap. II, § XIV (unpag.).
29 Ebd. Cap. II, § XIV (unpag.).
30 Ebd. Cap. II, § XVII (unpag.).
31 Pizzurni (wie Anm. 23), S. 28.
32 WA 40 I, 313.28–315.18; s. Haustein (wie Anm. 19), S. 87.
33 Tobias Tandler, Dissertatio de fascino. Wittenberg 1606, S. 32.
34 Ebd. S. 32.
35 Ebd. S. 31.
36 Alberti, Academische Abhandlung (wie Anm. 24), Cap. II, § XVI (unpag.).
37 Zu diesem Komplex s. Hartwig Weber, Kinderhexenprozesse. Frankfurt a. M./Leipzig 1991.
38 Pizzurni (wie Anm. 23), S. 38.
39 Pohl (wie Anm. 27), S. 218–219.
40 Theophrastus Paracelsus, Werke. Band V: Pansophische, magische und gabalische Schriften, hg. v. Will-Erich Peuckert. Darmstadt 1976, S. 243.
41 Ebd. S. 243.
42 Heinrich Cornelius Agrippa von Nettesheim, De occulta philosophia sive de magia libri tres. Lyon/Paris 1533, Lib. I, cap. 42.
43 Ebd. Lib. I, cap. 42.
44 Ebd. Lib. I, cap. 42.
45 Paracelsus (wie Anm. 40), S. 247–249.
46 Ebd. S. 256.
47 Ebd. S. 256–257.
48 Ebd. S. 258.
49 Ebd. S. 259.

50 Ebd. S. 260.

51 Johannes de Ketham Alemannus, Der Fasciculus medicinae. Facsimile des Venetianer Erstdruckes von 1491. Mit einer historischen Einführung hg. v. Karl Sudhoff (Monumenta medica, Bd. 1). Mailand 1923, S. 18; s. hierzu vor allem Esther Fischer-Homberger, Krankheit Frau. Bern/Stuttgart/Wien 1979, hier vor allem S. 53–59.

52 Petrus Andreas Matthiolus, Commentarii in libros sex Pedacii Dioscoridis Anazarbei, de medica materia. Venedig 1554, Lib. VI, cap. 25, S. 672.

53 Vgl. hierzu u. a. Urs Benno Birchler, Der Liebeszauber (Philtrum) und sein Zusammenhang mit der Liebeskrankheit in der Medizin, besonders des 16.–18. Jahrhunderts. Zürich 1975.

54 Christian Gottfried Stentzel (Präses), Johann Friedrich Wolff (Respondent), Dissertatio medico-ivridica de philtris, rite examinandis et dividicandis. Von Liebes-Tränken. Wittenberg 1726, S. 46.

55 S. hierzu Will-Erich Peuckert, Gabalia. Ein Versuch zur Geschichte der magia naturalis im 16. bis 18. Jahrhundert. Berlin 1967, S. 325–326.

56 Weier (wie Anm. 20), S. 234a.

57 Dean R. Koontz, Mitternacht. München 1992.

9. Kapitel

1 Heinrich Cornelius Agrippa von Nettesheim, De occulta philosophia sive de magia libri tres. Lyon/Paris 1533, Lib. I, cap. 2.

2 Ebd. Lib. I, cap. 2.

3 Ebd. Lib. I, cap. 2.

4 Johannes Sperling (Präses), Heinrich Solter (Autor und Respondent), Positionum decas de magia. Wittenberg 1648, § IV (unpag.).

5 Ebd. § III (unpag.).

6 Ebd. § III (unpag.).

7 Ebd. § IV (unpag.).

8 Vgl. hierzu u. a. D. P. Walker, Spiritual and Demonic Magic from Ficino to Campanella (Studies of the Warburg Institute, 22). London 1958 (Nachdruck Nendeln/Liechtenstein 1969).

9 Zur Bildertheorie des Florentiner Neuplatonismus s. Werner Raith, Die Macht des Bildes. Ein humanistisches Problem bei Gianfrancesco Pico della Mirandola (Humanistische Bibliothek. Abhandlungen und Texte, Reihe I: Abhandlungen, Bd. 3). München 1967.

10 Athanasius Kircher, Musurgia universalis sive Ars magna consoni et dissoni in X. libros digesta, Tom. II. Rom 1650, S. 214–233.

11 Athanasius Kircher, Neue Hall- vnd Thon-Kunst, oder Mechanische Gehaim-Verbindung der Kunst und Natur, durch Stimme und Hall-Wissenschafft gestifftet. Nördlingen 1684.

12 Ebd. S. 139.

13 Kircher, Musurgia universalis (wie Anm. 10), S. 232; vgl. hierzu Christoph Daxelmüller, *Quod non Hamelensi modo an fabula an historia*. Barocke Traktatliteratur zur Rattenfänger-Sage. In: Norbert Humburg (Hg.), Geschichten und Geschichte. Erzählforschertagung in Hameln, Oktober 1984. Hildesheim 1985, S. 103–111.

14 Kircher, Hall- vnd Thon-Kunst (wie Anm. 11), S. 119.

15 Ebd. S. 120.

16 Giovanni Pico della Mirandola, Disputationes adversus astrologiam divinatricem libri I–XII, hg. v. Eugenio Garin. 2 Bde., Florenz 1946/1952, hier Bd. 1, S. 46–47.

17 Giovanni Pico della Mirandola, De hominis dignitate. In: ders., Opera omnia. Bd. 1, Basel 1557, S. 313–331, hier S. 327–328; deutsche Übersetzung nach Giovanni Pico della Mirandola, De dignitate hominis, hg. v. Eugenio Garin. Bad Homburg/Berlin/Zürich 1968, S. 71–77.

18 S. hierzu Giovanni Pozzi, Da Padova a Firenze nel 1493. In: Italia Medioevale e Umanistica 9 (1956), S. 220–221; Bodhan Kiezkowski, Les rapports entre Elie del Medigo et Pic de la Mirandole. In: Rinascimento, Seconda Serie 4 (1964), S. 63–75.

19 Garin (wie Anm. 17), S. 17–18.

20 Das Manuskript befindet sich heute in der Staatsbibliothek München, Cod. hebr. monac. 209. Es lag der Dissertation von Gerhard (Gershom) Scholem, Das Buch Bahir. Ein Schriftdenkmal aus der Frühzeit der Kabbala. Leipzig 1923 (Nachdruck Darmstadt 1970), zugrunde und leitete damit indirekt die moderne Kabbalaforschung ein.

21 Athanasius Kircher, Oedipus Aegyptiacus, Bd. II, Teil 1. Rom 1658.

22 Vgl. hierzu u. a. Gershom Scholem, Die jüdische Mystik in ihren Hauptströmungen. Frankfurt a. M. 1980, S. 227–236.

23 Sefer ha-Bahir § 96; Scholem, Das Buch Bahir (wie Anm. 20), S. 104.

24 Sefer ha-Bahir § 102; Scholem, ebd. S. 110.

25 Sefer ha-Bahir § 105; Scholem, ebd. S. 112–113.

26 Sefer ha-Bahir § 115; Scholem, ebd. S. 122.

27 Sefer ha-Bahir § 122; Scholem, ebd. S. 130.

28 Sefer ha-Bahir § 80; Scholem, ebd. S. 81.

29 Sefer ha-Bahir § 81; Scholem, ebd. S. 82–83.

30 Jean Bodin, De Magorvm Daemonomania. Vom Außgelasnen Wütigen Teuffelsheer. Straßburg 1591, S. 47.

31 Ebd. S. 48.

32 Ebd. S. 81.

33 Johannes Pistorius, Artis Cabalistiscae, Hoc est Reconditae Theologiae et Philosophiae, Scriptorum. Tomus I, Basel 1587.

34 Christian Knorr von Rosenroth (Übers.), Des Vortrefflichen Herren Johann Baptista Portae von Neapolis Magia Naturalis oder Haus-, Kunst- und Wunder-Buch. Sulzbach 1680.

35 Christian Knorr von Rosenroth, Kabbala Denudata seu Doctrina Hebraeorum transcendentalis et metaphysica atqve theologica. Bd. 1, Sulzbach 1677; Bd. II, Frankfurt a. M. 1684.

36 S. hierzu Friedrich Christoph Oetinger, Lehrtafel der Prinzessin Antonia. 2. Aufl. Stuttgart 1858 ([1]1763); vgl. ferner Julius Beck, Die Lehrtafel der Prinzessin Antonia von Württemberg. Calw 1958; Reinhard Breymayer, Friedrich Häussermann (Hg.), Die Lehrtafel der Prinzessin Antonia. Kritische Ausgabe. 2 Bde., Berlin/New York 1977; Ernst Harnischfeger, Mystik im Barock. Das Weltbild der Teinacher Lehrtafel. Stuttgart 1980.

37 S. hierzu Gerhard Wehr, Friedrich Christoph Oetinger, Theosoph, Alchymist, Kabbalist (Fermenta Cognitionis 3). Freiburg i. Br. 1978.

38 Zitiert nach Klaus Arnold, Johannes Trithemius (1462–1516). Würzburg 1971, S. 188.

39 Wolfgang Ernst Heidel, Vita Johannis Trithemii abbatis. In: ders., Johannis Trithemii [...] Steganographia [...] vindicata, reserata et illustrata. Mainz 1676 (Nürnberg 1721), S. 132–133.
40 Arnold (wie Anm. 38), S. 185–186.
41 Johannes Reuchlin, De verbo mirifico. Basel 1494.
42 Johannes Weier, De prastigiis daemonvm. Von Teuffelsgespenst, Zauberern vnd Gifftbereytern. Frankfurt a. M. 1586, S. 317.
43 Adolf Spamer, Romanusbüchlein. Historisch-philologischer Kommentar zu einem deutschen Zauberbuch. Bearbeitet von Johanna Nickel. Berlin 1958, S. 334.

10. Kapitel

1 Johannes Trithemius, Antipalus maleficiorum. Ingolstadt 1555 (u. ö.).
2 S. hierzu Klaus Arnold, Johannes Trithemius (1462–1516). Würzburg 1971, S. 196–198.
3 Johannes Hartlieb, Puch aller verpoten kunst, ungelaubens und der zaubrey, fol. 22r–22v, Kap. 35.
4 Picatrix: Das Ziel des Weisen von Pseudo-Mağrīṭī. Aus dem Arabischen ins Deutsche übersetzt von Hellmut Ritter und Martin Plessner. London 1962, S. 159–160.
5 Heinrich Cornelius Agrippa von Nettesheim. De occulta philosophia. Köln 1533, Lib. I, cap. 27.
6 Picatrix (wie Anm. 4), S. 156–157.
7 Ebd. S. 28 und 32–33.
8 Ebd. S. 92–93.
9 Ebd. S. 111.
10 Ebd. S. 28–29.
11 Ebd. S. 309–319.
12 Ebd. S. 266–267.
13 Ebd. S. 265–266.
14 Zu diesem ätiologischen Mythos s. auch Jürg von Ins (Hg.), Abraham von Worms, Das Buch der wahren Praktik in der göttlichen Magie. München 1988, S. 209–215.
15 Picatrix (wie Anm. 4), S. 200.
16 Wolfgang Brückner, Überlegungen zur Magietheorie. Vom Zauber mit Bildern. In: Leander Petzoldt (Hg.), Magie und Religion. Beiträge zu einer Theorie der Magie. Darmstadt 1978, S. 404–419, hier S. 415.
17 Wolfgang Brückner, Jungfernpergament. Gestaltungskräfte und historische Schichten in Magie und Volksglaube. In: Bayerisches Jahrbuch für Volkskunde 1969, S. 85–112, hier z. B. S. 93.
18 Picatrix (wie Anm. 4), S. 241–242.
19 Johann Scheible (Hg.), Doktor Johannes Faust's Magia naturalis et innaturalis oder Dreifacher Höllenzwang, letztes Testament und Siegelkunst (Bibliothek der Zauber-, Geheimniß- und Offenbarungsbücher). Stuttgart 1849.
20 S. hierzu Carl Kiesewetter, Faust in Geschichte und Tradition. Leipzig 1893 (Abdruck Wien, o. J.), Teil 2, S. 184ff.
21 Adolf Spamer, Romanusbüchlein. Historisch-philologischer Kommentar zu einem deutschen Zauberbuch. Aus seinem Nachlaß bearbeitet von Johanna

Nickel (Veröffentlichungen des Instituts für deutsche Volkskunde, Bd. 17). Berlin 1958, S. 14.

22 Will-Erich Peuckert, Das Sechste und Siebente Buch Mosis. In: Zeitschrift für Deutsche Philologie 76 (1957), S. 163–187, hier S. 171.

23 Z. B. Michael Baigent, Richard Leigh, Henry Lincoln, Holy Blood, Holy Grail. New York 1983.

24 James Herbert, Blutwaffe. München 1992.

25 Robert Ludlum, Das Jesuspapier. 9. Aufl. München 1987.

26 Landesbibliothek Darmstadt, Sign. Nr. 2537.

27 Z. B. Die egyptischen grossen Offenbarungen, in sich begreifend die aufgefundenen Geheimnisbücher Mosis oder des Juden Abraham von Worms Buch der wahren Praktik in der uralten göttlichen Magie und in erstaunlichen Dingen, wie sie durch die heilige Kabbala und durch Elohym mitgeteilt worden samt der Geister- und Wunderherrschaft, welche Moses in der Wüste aus dem feurigen Busch erlernet, alle Verborgenheiten der Kabbala umfassend [...]. Köln 1725; ferner: Des Juden Abraham von Worms Buch der wahren Praktik in der uralten göttlichen Magie und in erstaunlichen Dingen. Köln 1725; s. Ins (wie Anm. 14), S. 59–60.

28 Georg Conrad Horst, Zauber-Bibliothek. Bd. I, Mainz 1821, S. 371–373.

29 Johann Christoph Albrecht (Präses), Heinrich Gottfried Sal (Respondent), De bibliotheca studiosorum portatili dissertatio prima. s. I. 1705, § 12.

30 Daniel Georg Morhof (ed. Johann Moller), Polyhistor literarius philosophicus et practicus. Editio secunda. Lübeck 1714, Polyhistor. Liter. Lib. I, cap. X, S. 86–96; cap. XI, S. 96–112.

31 Ebd. S. 86–87.

32 Ebd. S. 96.

33 Ebd., Lib. II, cap. VIII, S. 310.

34 Staatsarchiv Würzburg, Rentamt Würzburg/Stadt Nr. 23: Teilungsinventare des Anton Schwind, Randersacker, vom 19. Januar 1739.

35 Marie-Louise von Wartburg-Ambühl, Alphabetisierung und Lektüre. Untersuchung am Beispiel einer ländlichen Region im 17. und 18. Jahrhundert. Bern/Frankfurt a. M./Las Vegas 1981, S. 132–133.

36 Johannes Coler, Oeconomia rvralis et domestica. Das ist: Ein sehr Nützliches Allgemeines Hauß-Buch vnd kurtze Beschreibung vom Haußhalten, Wein- Acker- Garten- Blumen vnd Feldbaw. Mainz 1645 (u. ö.).

37 Staatsarchiv Zürich, Bevölkerungsverzeichnisse E II 700. 124 Wiesendangen 1709; s. Wartburg-Ambühl (wie Anm. 35), S. 129.

38 Hans-Jürgen Wolf, Hexenwahn und Exorzismus. Ein Beitrag zur Kulturgeschichte. Kriftel/Ts. 1979, S. 305–306, hier S. 306.

39 Traumbuch Apomasaris, Das ist: Kurtze Außlegung und Bedeutung der Träume nach der Lehr der Indianer, Persianer, Egypter vnd Araber. Erstlich auß Griechischer Sprach ins Latein bracht, durch Herrn Johann Lewenklaw: Jetztund aber dem gemeinen Mann so das Latein nicht verstehet, zum besten verdeutscht. Frankfurt 1645.

40 Rudolf Schenda, Der «gemeine Mann» und sein medikales Verhalten im 16. und 17. Jahrhundert. In: Joachim Telle (Hg.), Pharmazie und der gemeine Mann. Hausarznei und Apotheke in deutschen Schriften der frühen Neuzeit. Wolfenbüttel 1982, S. 9–20.

41 Zitiert nach Schenda (wie Anm. 40), S. 10.

42 Christian (Kristian) Franz (Frantz) Paulini, Heylsame Dreck-Apothecke, Wie

nemlich mit Koth und Urin Fast alle / ja auch die schwerste / gifftigste Kranckheiten, und bezauberte Schäden vom Haupt biß zun [sic!] Füssen, inn- und äusserlich, glücklich curiret worden. 4. Aufl., Frankfurt a. M. 1734, S. 263–264.

43 Johannes Coler, Oeconomiae ruralis et domesticae, Ander Theil. Mainz 1645, S. 216.

44 Rezeptbuch, 1725, handschriftlich, S. 3. Archiv des Vereins für bayerische Volkskunde und Mundartforschung; Institut für Deutsche Philologie, Volkskundliche Abteilung, Universität Würzburg.

45 Rudolff Gwerb, Bericht von dem abergläubigen vnd verbottnen Leuth- und Vych besägnen. Zürich 1646, S. 41.

46 Johann Christoph Adelung, Geschichte der menschlichen Narrheit oder Lebensbeschreibungen ber. Schwarzkünstler, Goldmacher, Teufelsbanner, Zeichen- und Liniendeuter, Schwärmer, Wahrsager, und anderer philosoph. Unholden. 8 Bde., Leipzig 1785–1799; hier Bd. 6, 1788, S. 360.

47 Papyri graecae magicae. Die griechischen Zauberpapyri, hg. von Karl Preisendanz. 2., verb. Aufl. Stuttgart 1974, Bd. II, S. 105–131, hier S. 105.

48 Ebd. Bd. I, Stuttgart 1973, S. 184–187.

49 Ebd. Bd. II, S. 28.

50 Ebd. Bd. II, S. 105–131; Zitat S. 105.

51 Ebd. Bd. II, S. 86–133, Zitat S. 90.

52 Ebd. Bd. II, S. 98–99.

53 Ebd. Bd. II, S. 120–121.

54 Ebd. Bd. II, S. 102.

55 Ebd. Bd. II, S. 131.

56 Moses Gaster, The Sword of Moses. In: ders., Studies and Texts in Folklore, Magic, Medieval Romance, Hebrew Apocrypha and Samaritan Archaeology, Bd. 1. London 1925/28, S. 288–337, hier S. 319.

57 Gaster, ebd. Bd. 2, S. 348.

58 Hartlieb (wie Anm. 3), Kap. 40.

59 Georg Agricola, Vom Berg- und Hüttenwesen. Hg. von Carl Schiffner unter Mitwirkung von Ernst Darmstaedter, Paul Knauth, Wilhelm Pieper, Friedrich Schumacher, Victor Tafel, Emil Treptow, Erich Wandhoff. 3. Aufl. Düsseldorf 1961 (Nachdruck München 1977), S. 30–31.

60 Ebd. S. 30–31, Zitat S. 31.

61 Ebd. S. 31–32.

62 Michael Liebentantz (Präses), Philipp Christoph Beern (Respondent), De magia baculorum dissertatio physio-philo-logicam. Wittenberg 1661, § 12 (unpag.).

63 Theodor Kirchmaier (Präses), Johann Heinrich Martius (Respondent), Dissertatio physica de virgula divinatrice. Wittenberg 1669, sectio prior, qvaestio I (unpag.).

64 S. z. B. Micha Josef bin Gorion (ed. Rahel und Emanuel bin Gorion), Mose. Jüdische Sagen und Mythen (= Die Sagen der Juden: Mose). Frankfurt a. M. 1926.

65 Ebd. S. 368.

66 Ebd. S. 141.

67 Ebd. S. 377.

68 Anspielung auf Psalm 8, 6; ebd. S. 235.

69 Ebd. S. 236.

70 Vgl. hierzu Will-Erich Peuckert, Das Sechste und Siebente Buch Mosis. In: Zeitschrift für Deutsche Philologie 76 (1957), S. 163–187, hier vor allem S. 171.

71 S. hierzu Karl-Peter Wanderer, Gedruckter Aberglaube. Studien zur volkstümlichen Beschwörungsliteratur. Phil. Diss. Frankfurt a. M. 1976, S. 55.

72 S. Joachim Friedrich Baumhauer, Johann Kruse und der «neuzeitliche Hexenwahn». Zur Situation eines norddeutschen Aufklärers und einer Glaubensvorstellung im 20. Jahrhundert untersucht anhand von Vorgängen in Dithmarschen (Studien zur Volkskunde und Kulturgeschichte Schleswig-Holsteins, Bd. 14). Neumünster 1984.

73 Friedrich Salomo Krauss, Wider die Unzuchtschnüffler der deutschen Justiz. Ein Haró-Rufen durch die deutschen Lande. Basel 1928, S. 6–7.

11. Kapitel

1 S. hierzu Friedrich Merzbacher, Die Hexenprozesse in Franken. 2., erw. Aufl. München 1970, hier vor allem S. 49–52.

2 Baltasar Bekker, De betoverde Weereld. Leeuwarden 1690 (u. ö.); deutsche Ausgabe: Die Bezauberte Welt. Amsterdam 1693 u. ö.

3 Christian Thomasius (Präses), Johannes Reiche (Respondent), Theses de crimine magiae. Halle 1701.

4 Zitiert nach der 1712 in Halle unter dem Titel «Historische Untersuchung vom Ursprung und Fortgang des Inquisitions Processes Wieder die Hexen» erschienenen deutschen Übersetzung (§ 88).

5 Joseph Hansen, Quellen und Untersuchungen zur Geschichte des Hexenwahns und der Hexenverfolgung im Mittelalter. Bonn 1901 (Nachdruck Hildesheim 1963), S. 633–634.

6 Zitiert nach Johann Weier, Die Praestigiis daemonvm. Von Teuffelsgespenst Zauberern vnd Gifftbereytern. Frankfurt a. M. 1586, S. 555^{b}–556^{a}.

7 Abraham a Sancta Clara, Judas der Ertzschelm. Zitiert nach Gottlieb Wilhelm Soldan, Heinrich Heppe und Max Bauer, Geschichte der Hexenprozesse. Hanau 1911, Bd. 2, S. 64.

8 Abraham a Sancta Clara, Wohl angefüllter Wein-Keller / in welchem Manche durstige Seel sich mit einem Geistlichen Geseng-GOtt erquicken kan. Nürnberg 1710, S. 235; s. Elfriede Moser-Rath, Dem Kirchenvolk die Leviten gelesen. Alltag im Spiegel süddeutscher Barockpredigten. Stuttgart 1991, S. 214–215.

9 S. hierzu u. a. Walter Hartinger, Mariahilf ob Passau. Volkskundliche Untersuchung der Passauer Wallfahrt und der Mariahilf-Verehrung im deutchsprachigen Raum (Neue Veröffentlichung des Instituts für Ostbairische Heimatforschung der Universität Passau, Nr. 43). Passau 1985, S. 23–24.

10 Das sechste und siebente Buch Mosis, das ist Mosis' magische Geisterkunst. Das Geheimnis aller Geheimnisse. Nach einer alten Handschrift. Philadelphia/Hamburg o. J., S. 182.

11 Johannes Praetorius, Blockes-Berges Verrichtung, Oder Ausführlicher Geographischer Bericht von den hohen trefflich alt- und berühmten Blockes-Berge. Leipzig/Frankfurt a. M. 1669, S. 27.

12 Ebd. S. 237.

13 Ebd. S. 293–294.

14 Ebd. S. 319.

15 Ebd. S. 329.

16 Ebd. S. 400.

17 Ebd. S. 438.

18 Ebd. S. 117.

19 Ebd. S. 458–459.
20 Ebd. S. 455–456.
21 Ebd. S. 457.
22 Ebd. S. 457–458.
23 Abraham a Sancta Clara, Wunderlicher Traum. Von einem grossen Narren-Nest. Salzburg 1703. Hg. von Alois Haas, Stuttgart 1969, S. 30–34, hier S. 32.
24 Wachtordnung der Stadt Regensburg, undatiert, wohl 2. Hälfte 16. Jh.; Bayerisches Haupt- und Staatsarchiv München, Rst. Regensburg Lit. 384; den Hinweis auf diese Ordnung verdanke ich Herrn Jürgen Nemitz M. A., Regensburg.
25 Jakob Thomasius (Präses), Johann Ulrich Mayer (Respondent), Discursus historico-philologicus de vagantibus scholasticis, sive Von Fahrenden Schülern. s. l. 1675, § 16 (unpag.).
26 Ebd. § 18 (unpag.).
27 Ebd. § 19 (unpag.).
28 Ebd. § 20 (unpag.).
29 Ebd. § 22 (unpag.).
30 Ebd. § 96 (unpag.).
31 Friedrich Christian Benedict Avé-Lallemant, Das deutsche Gaunertum in seiner sozialpolitischen, literarischen und linguistischen Ausbildung zu seinem heutigen Bestande, Teil 2. Reprint Wiesbaden o. J., S. 194–209, hier S. 203.
32 Ebd. S. 207–209, Zitat S. 207.
33 Ebd. S. 207.
34 Ebd. S. 207–208, Zitat S. 208.
35 Ebd. S. 208–209.
36 Zitiert nach: Doktor Johannes Faust, Magia Naturalis. Sämtliche magische Werke, hg. v. Kurt Benesch. 2. Aufl. Wiesbaden 1985, S. 155–156.
37 Paracelsus, De occulta philosophia. In: Theophrastus Paracelsus, Werke. Bd. V: Pansophische, Magische und gabalische Schriften, hg. v. Will-Erich Peuckert, Darmstadt 1976, S. 133–176, hier S. 157.
38 Ebd. S. 158.
39 Ebd. S. 158–159.
40 Ebd. S. 160–161.
41 Wolfgang Hildebrand, Magia naturalis: Das ist Kunst und Wunderbuch, Darmstadt 1610, Teil II, S. 300–302.
42 Ebd. S. 301.
43 Sympathetisch- und Antipathetischer Misch Masch. Das ist: Ein Compendium Magisch-Sympathetisch- und Antipathetischer Arcanitaeten Wider Die Zauberer/Hexen/Unholden. Frankfurt a. M./Leipzig/Regensburg 1715, S. 103–104.
44 Ebd. S. 110–111.
45 Wahre Eröffnung der Jenaischen Christnachts-Tragödie. Jena 1716. Vorwort (unpag.); im folgenden wird auf die Angabe von Seitenzahlen verzichtet.
46 Interessant ist die Nennung des Geistes Och. Er findet sich u. a. im «6. und 7. Buch Moses», das etwa in einem Scheible-Druck von 1853 unter dem Titel «Das sechste und siebente Buch Mosis, das ist: Mosis magische Geisterkunst» und mit dem fingierten Druckort «Philadelphia» vorliegt. Im 6. Buch beruft sich das erste Geheimnis auf den Chor der dienstbaren Erzengel und beschwört Och, der in «schöner, sanftmütiger Gestalt eines Jünglings» erscheinen soll, herbeizitiert durch «[...] das Wasser und Feuer, Luft und Erden und was darinnen lebet und sich beweget und durch die allerheiligsten Namen Gottes».

Literaturauswahl

A Quellen

Abano, Pietro d': De venenis eorumque remediis. Basel 1591

Abraham von Worms (Abraham Ben Simeon): Die egyptischen grossen Offenbarungen, in sich begreifend die aufgefundenen Geheimnisbücher Mosis oder des Juden Abraham von Worms Buch der wahren Praktik in der uralten göttlichen Magie und in erstaunlichen Dingen, wie sie durch die heilige Kabbala und durch Elohym mitgeteilt worden samt der Geister- und Wunderherrschaft, welche Moses in der Wüste aus dem feurigen Busch erlernet, alle Verborgenheiten der Kabbala umfassen; aus einer hebräischen Pergamenthandschrift von 1387 im XVII. Jahrhundert verteutscht und wortgetreu herausgegeben. Köln 1725 (nur in der Scheible-Ausgabe Stuttgart 1853 nachweisbar)

Adelung, Johann Christoph: Geschichte der menschlichen Narrheit oder Lebensbeschreibungen ber. Schwarzkünstler, Goldmacher, Teufelsbanner, Zeichen- und Liniendeuter, Schwärmer, Wahrsager, und anderer philos. Unholden. 8 Bde., Leipzig 1785–1799

Agricola, Georg: De re metallica. Basel 1556

Agrippa von Nettesheim, Heinrich Cornelius: De incertitudine & vanitate omnium scientiarum & artium liber [...]. Leiden 1614 (auch Köln 1531)

Agrippa von Nettesheim, Heinrich Cornelius: De occulta philosophia sive de magia libri tres. Antwerpen 1531 (Köln 1533)

Alberti, Valentin (Präses), Christian Stridtbeckh (Autor): De Sagis, sive Foeminis, commercium cum malo Spiritu habentibus, Das ist: Von denen Zauberinnen und Hexen. Leipzig 1716 (u. ö.)

Albrecht, Bernhard: Magia, d. i.: Christlicher Bericht von der Zauberey und Hexerey ins gemein, und dero zwölfferley Sorten und Arten [...]. Leipzig 1628

Andreae, Erdmann Friedrich: Gründlicher Gegensatz auf das ohnlängst in Halle im Magdeburgischen ausgegebene Gründliche Bedencken und Physicalische Anmerckungen eines berühmten Medici von dem tödtlichen Dampff der Holtz-Kohlen, In welchem die von GOtt dem Allerhöchsten dem Teuffel über die Gottlosen verliehene Gewalt abgestritten, und der Tod derer in dem Heuchlerischen Weinberge zu Jena am 1. Christ-Tage 1715. gefundenen vorhero iedoch in würcklicher Citation der Teuffel beschäfftiggewesenen zweyen Männer, lediglich natürlichen Ursachen zugeschrieben, in jenem aber das Gegentheil hinlänglich und Acten-mäßig erwiesen, auch woher der schnelle Tod des einen Wächters entstanden, erklähret wird. Jena 1716

Andreae, Johann Valentin: Chymische Hochzeit Christiani Rosencreutz. Regensburg 1923

Anhorn, Bartholomaeus: Magiologia. Christliche Warnung für dem Aberglauben und Zauberey. Basel 1674

[Anonymus]: Sympathetisch- und Antipathetischer Misch Masch. Das ist: Ein Compendium Magisch-Sympathetisch- und Antipathetischer Arcanitaeten Wider Die Zauberer, Hexen, Unholden, und Truten, wie auch zu Erweckung der gebührlichen Liebe, Vertreibung oder Aufhebung des Haßes, von Festmachungen und dergleichen &c. Frankfurt/Leipzig/Regensburg 1715

[Anonymus]: Wahre Eröffnung der Jenaischen Christnachts-Tragödie Oder Gründlicher und Actenmäßiger Bericht, Von der sonderbahren und höchstbetrübten Begebenheit, Welche in einen, der Stadt Jena nahangelegenen Weinbergs-Häußgen, Mit drey Personen, So die Geister, zur Zeigung eines eingebildeten Schatzes, citiret und beschwohren, Im Jahr 1715. in der Christnacht Und die folgende Nacht hierauf, mit freyen dahin gesendeten Wächtern sich zugetragen. Jena 1716

Arbatel de magia veterum. Wesel/Duisburg/Frankfurt a. M. 1686

Augustinus: De vera religione / Über die wahre Religion. Hg. von Wilhelm Thimme. Stuttgart 1983 (Reclam Universal-Bibliothek, 7971 [3])

Bagatta, Bonifacio: Admiranda orbis christiani. 2 Bde., Augsburg/Dillingen 1695

Beaumont, Jean: Historisch-physiologisch und theologischer Tractat von Geistern, Erscheinungen, Hexereien und anderen Zauber-Händeln. Halle 1721

Becker, Rudolph Zacharias: Noth- und Hülfs-Büchlein für Bauersleute. oder lehrreiche Freuden- und Trauer-Geschichte des Dorfes Mildheim. Für Junge und Alte beschrieben. Gotha/Leipzig 1788 (u. ö.)

Bekker, Balthasar: De Betoverde Weereld. Amsterdam 1691

Bekker, Balthasar: Bezauberte Welt. 3 Bde. Leipzig 1781–1782 (deutsche Erstausgabe: Amsterdam 1693)

Ben Kadosh (pseud.): Den Ny Morgens Gry. Lucifer Hiram. Verdensbygmesterens Genkomst. Kopenhagen 1906

Biermann, Martin: De magicis actionibus, sententiae Johannis Bodini ivreconsulti Galli opposita. s. l., s. a.; (beigebunden in: D. Alexii Pedemontani, De secretis libri septem. Basel 1603; auch Helmstedt 1590)

Binsfeld, Petrus: Tractatus de confessionibus maleficorum & sagarum secundo recognitus, & auctior redditus. Trier 1591 (1. Aufl. Trier 1589)

Binsfeld, Petrus: Tractat von Bekantnuß der Zauberer unnd Hexen. Trier 1590

Bodin, Jean: De daemonomania magorum. Straßburg 1581

Bodin, Jean: De la demonomanie des sorciers. Paris 1580

Bodin, Jean: De Magorum Daemonomania, seu destando Lamiarum ac Magorum cum Satana commercio, libri IV. Recens recogniti, & multis in locis a mendis repurgati. Frankfurt a. M. 1590

Bodin, Jean: De magorvm daemonomania. Vom Außgelaßnen Wütigen Teuffelsheer Allerhand Zauberern, Hexen vnnd Hexenmeistern [...]. Straßburg 1591

Bricaud, Jean: Catéchisme gnostique à l'usage des fidèles de l'Église Catholique Gnostique. Lyon 1907

Brunnemann, Jacob: Discours von betrueglichen Kennzeichen der Zauberey. Nebst einer Historischen Anleitung von dem Zustande des Hexenprozesses vor und nach der Reformation. Halle 1727

Burchard von Worms: Decretorum Libri XX [...]. Köln 1548

Calmet, Augustin: Dissertations sur les apparitions des anges, des démons et des esprits et sur les revenants et vampires de Hongrie, de Bohême, de Moravie et de Silésie. Paris 1746

Camerarius, Elias: Unpartheiische Gedancken über die kurtze Lehr- Saetze von dem Laster der Zauberey, welche der berühmte JCtus und Professor zu Halle, Herr D. Cristianus Thomasius, damahls in einer Inaugural-Disputation defendiret [...]. O. O. 1703

Camerarius, Joachim: s.: Matthiolus, Petrus Andreas (Pierandrea)

Campanella, Tommaso: De sensu rerum et magia libri quatuor. Frankfurt a. M. 1620

Caramuel, Johannes: Steganographie nec non claviculae Salomonis germani, Johannes Trithemii [...] genuina, facilis dilucidaque declaratio. Köln 1635
Cardano, Girolamo: Metoposcopia. Paris 1658
Carion, Johann: Bedeütnuss unnd Offenbarung warer Hymlischer Influxion. O. O. O. J. [1526]
Carpzow, Benedict: Practica nova Imperialis Saxonia rerum criminalium in partes III divisa. Wittenberg 1684
Carpzov, Benedikt: Practica rerum criminalium. Wittenberg 1646
Carrichter, Bartholomaeus: Von heylung zauberischer Schäden. Breslau 1551
Cigogna, Strozzio: Magiae omnifariae, vel potius, Universae Naturae Theatrum. Köln 1607
Claviculae Salomonis et Theosophia pneumatica, Das ist warhafftige Erkänntnüß Gottes und seiner sichtigen und unsichtigen Geschöpffen, Die Heil. Geist-Kunst genannt. Wesel/Duisburg/Frankfurt a. M. 1686
Cocles, Bartolommeo: Ein kurtzer bericht der gantzen Phisiognomey und Ciromancy. Straßburg 1533
Cocles, Bartolommeo: Physiognomiae et chiromantiae compendium. Straßburg 1551
Cordovero, Mose ben Jakob: Pardes rimmonim. Krakau 1591 (5352)
Croll(ius), Oswald (de): Basilica chymica. Frankfurt a. M. 1629
Curieuse und gantz neue Art zu Punctiren. Aus dem Arabischen ins Deutsche übersetzt von einem Liebhaber dieser Kunst. Leipzig 1743
Daneau, Lambert: Les Sorciers. Dialogue très utile et nécessaire. Genf 1574
Das sechste und siebente Buch Mosis das ist Mosis' magische Geisterkunst. Das Geheimnis aller Geheimnisse. Nach einer alten Handschrift. Philadelphia/Hamburg o. J.
Decker, Johann Heinrich: Spectrologia, h. e. Discursus ut plurimum philosophicus de spectris. Hamburg 1690
Dee, John: Monas hieroglyphica. Antwerpen 1564
Delrio, Martin: Disquisitionum magicarum libri sex. Leiden 1599/1600 (u. ö.)
Dupuy, Pierre (Petrus Putanus): Historischer Tractat von dem Process wider den Ritterorden der Tempel-Herrn. Frankfurt a. M. 1665
Egyptische und Sympathetische Geheimnisse des Albertus Magnus. 5. verm. und verb. Aufl., Frauenfeld 1837
Ficino, Marsilio: De triplici vita. Florenz 1489
Ficino, Marsilio (Hg.). Iamblichvs, De mysteriis Aegyptiorum (Sammelband neuplatonischer Schriften). Venedig 1503 (Nachdruck: Frankfurt a. M. 1972)
Foertsch, Michael (Präses), Johann Andreas Rinneberg (Autor): Exercitatio theologica de pactis hominvm cvm diabolo. Jena 1716
Förner, Michael: Panoplia armaturae dei. Ingolstadt 1626
Francisci, Erasmus: Der höllische Proteus oder Tausendkünstige Versteller. Nürnberg 1690
Frommann, Johann Christian: Tractatus de Fascinatione novus et singularis. Nürnberg 1675
Gaurico (Gauricus), Lucas: Tractatus astrologicus in quo agitur de praeteritis multorum hominum accidentibus per proprias eorum genituras. Venedig 1552
Geomantia nova. Collecta per Valent. Weigelium, Neopaganum. Wesel/Duisburg/Frankfurt a. M. 1686
Goedelmann, Johann Georg: Tractatus de magis, veneficis et lamiis, de que his recte cognoscendis et puniendis libri tres. Frankfurt a. M. 1591

Goedelmann, Johann Georg: Von Zauberern, Hexen und Unholden. Warhafftiger und wolgegründter Bericht. Frankfurt a. M. 1592
Gratian: Decretum Gratiani emendatum ab notationibus illustratum. Venedig um 1591
Grillandus, Paulus: Tractatus de Hereticis et Sortilegijs. Lyon 1536
Guazzo (Guaccius), Francesco Maria: Compendium maleficarum. Mailand 1609 (u. ö.)
Hartlieb, Johannes: Das Buch aller verbotenen Künste, des Aberglaubens und der Zauberei. Hg. von Falk Eisermann und Eckhard Graf. Ahlerstedt 1989 (Esoterik des Abendlandes, 4)
Hauber, Eberhard David: Bibliotheca sive acta et scripta magica. Gründliche Nachrichten und Urtheile von solchen Büchern und Handlungen, welche die Macht des Teufels in leiblichen Dingen betreffen. 3 Bde., Lemgo 1743–1745
Heidel, Wolfgang Ernst: Johannis Trithemii [...] Steganographia [...] vindicata, reserata et illustrata. Mainz 1676 (Nürnberg 1721)
Hildebrand, Wolfgang: Magia Naturalis: Das ist Kunst vnd Wunderbuch. Darmstadt 1610
Hildebrand, Wolfgang: New augurirte weitverbesserte und vielvermehrte Magia naturalis: Das ist Kunst und Wunderbuch, darinne begriffen wunderbare Secreta Geheimnüsse und Kunststücke. Erfurt 1618
Hildebrand, Wolfgang: Ein new außerlesen Planeten-Buch: Darinnen beschrieben waß dem Menschen für Glück, Vnglück, Reichthumb, Armut Gutes vnd Böses, nechst Göttlicher Allmacht begegnen kan [...]. Erfurt 1613 (u. ö.)
Historia von D. Johann Fausten dem weitbeschreyten Zauberer und Schwartzkünstler. Mit einem Nachwort hg. von Richard Benz. Stuttgart 1964
Hohenheim, Philippus Theophrastus Bombastus von: s. Paracelsus
Horst, Georg Conrad: Daemonomagie, oder Geschichte des Glaubens an Zauberei und dämonische Wunder [...] mit besonderer Berücksichtigung des Hexenprocesses seit Innozenz VIII. 2 Bde., Frankfurt a. M. 1818
Horst, Georg Conrad: Zauber-Bibliothek oder von der Zauberei, Theurgie und Mantik, Zauberern, Hexen, und Hexenprocessen, Dämonen, Gespenstern, und Geistererscheinungen. 6 Bde., Mainz 1821–1826
Indagine, Johannes ab: Die kunst der Chiromantzey. Straßburg 1523 (u. ö.)
Irenaeus: Adversus haereses Valentini similiumque. Hg. v. Erasmus von Rotterdam. Basel 1526
Khautz, Konstantin Franziskus von: De cultibus magicis eorumque perpetuo ad ecclesiam et rempublicam habitu. 2 Tle., Wien 1767
Khunrath, Heinrich: Amphitheatrum sapientiae aeternae solius verae, christiano-kabalisticum, divino-magicum, nec non physico-chemicum, tertrinum catholicon. Hanau 1609
Kircher, Athanasius: Magiae naturalis centuriae III. Würzburg 1659
Kircher, Athanasius: Magnes sive de magnetica arte opus tripartitum. Köln 1643
Kircher, Athanasius: Mundus subterraneus in XII libros digestus. 2 Bde., Amsterdam 1678
Kircher, Athanasius: Mvsvrgia vniversalis sive ars magna consoni et dissoni in X. libros digesta. 2 Bde., Rom 1650
Kircher, Athanasius: Neue Hall- und Thon-Kunst. Ellwangen 1684
Kircher, Athanasius: Oedipus Aegyptiacus. Rom 1658
Kircher, Athanasius: Polygraphia nova et universalis. Rom 1663

Kirchmaier, Theodor (Präses), Johann Heinrich Martius (Respondens): Dissertatio physica de virgula divinatrice. Wittenberg 1669

Knorr von Rosenroth, Christian: Kabbala denudata. 2 Bde., Sulzbach/Frankfurt a. M. 1677, 1684

Lancre, Pierre de: Tableau de l'inconstance des mauvais anges et démons. Où il est amplement traicté de la Sorcelerie & Sorciers. Livre très curieux et très utile, non seulement aux juges, mais à tous ceux qui vivent soubs les loix Chrestiennes. [...]. Paris 1612

Lancre, Pierre de: Wunderbarliche Geheimnussen der Zauberey, darinn auß der Urgicht und Bekenntnuß vieler underschiedlicher Zauberer und Zauberinnen die vornehmbste Stück, so bey solchen Teufelswesen umbgehen, beschrieben werden. O. O. 1630

Lavater, Ludwig: De spectris, lemuribus et magnis atque insolitis fragoribus. 2. Aufl. Leiden 1659

Laymann, Paul: Processus Iuridicus contra sagas et veneficos. Das ist ein rechtlicher Proceß gegen die Vnholden und Zauberische Personen. Köln 1629

Leib, Johannes: Consilia, responsa ac deductiones iuris variae, cum primis vero processum contra sagas concernantia. Frankfurt a. M. 1666

Lemnius, Levinus: De miracvlis occvltis natvrae libri IIII. Frankfurt a. M. 1598

Lévi, Eliphas (pseud. für Alphonse-Louis Constant): La clef des grands mystères suivant Hénoch, Abraham, Hermès Trismégiste, et Salomon. Paris 1861

Liebentantz, Michael (Präses), Philipp Christoph Beern (Respondens): De magia baculorum. O. O. 1661

Longinus, Caesar: Trinum magicum sive secretorum magicorum opus. Frankfurt a. M. 1673

Maier, Michael: Chymisches Cabinet derer grossen Geheimnussen der Natur. Frankfurt a. M. 1708

Maier, Michael: Symbola aureae mensae duodecim nationum. Frankfurt a. M. 1617

Martin von Cochem, Libellus benedictionum et exorcismorum. Editio quinta. Multo auctior, Mainz/Frankfurt a. M. 1736

März, Agnellus: Vertheidigung wider die geschwulstige Vertheidigung der betrügenden Zauberkunst und träumenden Hexerey. München 1767

Matthiolus, Petrus Andreas (Pierandrea): Kreutterbuch. [...] Jetzt widerumb mit vielen schönen newen Figuren, auch nützlichen Artzneyen, vnd andern guten Stükken, zum vierdten mal auß sonderm Fleiß gemehret, und verfertiget, Durch Ioachimum Camerarium. Frankfurt a. M. 1626

Meigerius, Samuel: De panurgia Lamiarum, Sagarum, Strigum ac Veneficiarum, totiusque cohortis Magicae Caccodaemonia Libri tres. Hamburg 1587

Menghi, Girolamo: Compendio dell'arte essorcistica. Macerata 1580

Menghi, Girolamo: Flagellum daemonum, exorcismos terribiles, potentissimos et efficaces [...]. Lyon 1608

Meyfarth, Johann Matthäus: Christliche Erinnerung an gewaltige Regenten und gewissenhafte Praedikanten, wie das abscheuliche Laster der Hexerei mit Ernst auszurotten, aber in Verfolgung desselbigen auf Cantzeln und in Gerichtshäusern sehr bescheidentlich zu handeln sey. Schleusingen 1635

Michaelis, Sebastien: Discours des esprits en tant qu'il est de besoin pour entendre et résoudre la matière difficile des Sorciers. Paris 1594

Michelspacher, Stephan: Cabala, speculum artis et naturae, in alchymia. Augsburg 1667

Molitor(is), Ulrich: De lamiis et phitonicis mulieribus. Konstanz 1489
Moses de Leon: Ha-Nefesch ha-chachama. Basel 1608
Nostradamus, Michel: Les vrayes centuries et propheties. Amsterdam 1668
Ossuna, Francesco de: Flagellum diaboli: Oder Deß Teufels Gaißl. München 1602
Paracelsus: Chirurgische Bücher vnd Schrifften / deß Edelen / Hochgelehrten vnnd Bewehrten Philosophi vnd Medici, Philippi Theophrasti Bombast / von Hohenheim / Paracelsi genandt: Jetzt auffs New auß den Originalen / vnd Theophrasti eygenen Handschrifften / so viel derselben zubekomen gewesen / auffs trewlichst vnd vleissigest wider an tag geben [...]. Straßburg 1605
Paulini, Kristian Frantz: Heylsame Dreck-Apothecke, Wie nemlich mit Koth und Urin fast alle, ja auch die schwerste, gifftigste Kranckheiten, und bezauberte Schäden vom Haupt biß zum Füssen, inn- und äusserlich, glücklich curiret worden. 4. Aufl. Frankfurt a. M. 1734
Pererus, Benedikt: De magia, de observatione somniorum, et de divinatione astrologica libri tres. De magia, de observatione somniorum, et de divinatione astrologica libri tres. Köln o. J.
Peucer, Caspar: Commentarivs de praecipvis generibvs divinationvm. Wittenberg 1553 (u. ö.)
Pico della Mirandola, Giovanni: De dignitate hominis. Lateinisch und deutsch. Eingeleitet von Eugenio Garin. Bad Homburg v. d. H./Berlin/Zürich 1968 (Respublica Literaria, Bd. 1)
Pico della Mirandola, Giovanni: Disputationes adversus astrologiam divinatricem libri I–XII. A cura di Eugenio Garin. 2 Bde., Firenze 1946/52 (Edizioni nazionale dei classici del pensiero italiano, 2–3)
Pico della Mirandola, Giovanni: Opera omnia. 2 Bde., Basel 1557–1573
Pistorius, Johannes: Artis Cabalisticae: Hoc est reconditae theologiae et philosophiae scriptorum. Tomus I, Basel 1587
Pizzurni, Gervasio: Enchiridion exorcisticvm; compendiosissime continens Diagnosim, Prognosim, ac Therapiam Medicam & diuinam affectionum Magicarum. Lugduni 1668
Plantsch, Martin: Opusculum de sagis maleficiis. Opusculum de sagis maleficiis. Pforzheim 1507
Pomponazzi, Pietro: De naturalium effectuum, admirandorum causis seu incantationibus liber. Basel 1556 (u. ö.)
Porta, Giovanni Baptista della: Amphitheatrum Magiae Universae. Nürnberg 1714
Porta Giovanni Battista della: Magiae Natvralis Libri viginti. Frankfurt a. M. 1591 (auch: Amsterdam 1664)
Porta, Giovanni Battista della: Phytognomonica. Rouen 1650
Postel, Guillaume: Or nerot ham-menora. Venedig 1548
Praetorius, Anton: Von Zauberey und Zauberern gründtlicher Bericht. Heidelberg 1613 (1. Ausgabe 1598)
Praetorius, Johannes: Alectryomantia seu divinatio magica cum gallis gallinaceis peracta. Frankfurt a. M./Leipzig 1680
Praetorius, Johannes: Anthropodemus Plutonicus, das ist Neue Weltbeschreibung von allerley wunderbaren Menschen. Magdeburg 1666
Praetorius, Johannes: Blockes-Berges Verrichtung. Leipzig 1669
Praetorius, Johannes: De Coscinomantia, Oder vom Sieb-Lauffe. Buchta 1677
Praetorius, Johannes: Philologemata abstrusa de pollice: in qvibus singularia animadversa vom Diebes-Daume et manu [...]. Leipzig 1677

Prierias, Sylvester: De strigimagarum daemonumque mirandis. Rom 1520
Ranfft, Michael: Tractat von dem Kauen und Schmatzen der Todten in Gräbern. Leipzig 1734
Reichelt, Julius: Exercitatio de amuletis aeneis figuris illustrata. Straßburg 1676
Rémy (Remigius), Nicholas: Daemonolatriae libri III, ex judiciis capitalibus noningentorum plus minus hominum, qui sortilegii crimen intra annos quindecim in Lotharingia capite luerunt. Lyon 1595 (auch: Köln 1595, Frankfurt a. M. 1598)
Rémy (Remigius), Nicholas: Daemonolatria, das ist von Unholden und Zauber-Geistern. Frankfurt a. M. 1598 (u. ö., z. B. unter dem Titel: Daemonolatria oder Beschreibung von Zauberern und Zauberinnen. Hamburg 1703)
Reuchlin, Johannes: De arte cabalistica libri tres Leoni X. dicati. Hagenau 1517 (u. ö.)
Reuchlin, Johannes: De verbo mirifico. O. O. 1494
Rivius, Johannes: De conscientia libri III. Eiusdem De spectris et apparitionibus umbrarum, seu de veteri superstitione liber I. Leipzig 1641
Rübel, Johann Friedrich: Systematische Abhandlung von denen fast allgemein eingerissenen Irrthümern betreffend die Besizung des Menschen vom Teufel, Hexerey [...] nach physikalischen Lehrsätzen ausgeführt und erwiesen. O. O. 1758
Sallwigt, Gregorius Anglus: Tractatus mago-cabbalistico chymicus et theosophicus, von des Saltzes Uhrsprung und Erzeugung, Natur und Nutzen. Salzburg 1729
Schäffer, Johann Christoph: Der von GOtt verfluchte Feuer-Seegen. Leipzig 1723 (u. ö.)
Schmidt, Johann Georg: Die gestriegelte Rocken-Philosophie, Oder Aufrichtige Untersuchung derer Von vielen super-klugen Weibern hochgehaltenen Aberglauben. 2 Bde., Chemnitz 1718/22
Schott, Kaspar: Magia universalis naturae et artis [...] opus quadripartitum. Würzburg 1657–1659
Schott, Kaspar: Schola Steganographica. Nürnberg 1665, 1666, 1680
Schweighart, Theophilus (pseud. für Daniel Mögling): Speculum sophicum rhodostauroticum. Das ist: Weitläuffige Entdeckung dess Collegii und axiomatum von der sondern erleuchten Christ-Rosen-Creutz. O. O. 1618
Sefer Jezira ha-mejuchas le-'Abraham 'Abinu. Mantua 1562 (auch: Warschau 1884)
Seiler, Tobias: Daemonomania. Vberaus schreckliche Historia von einem besessenen zwelffjährigen Jungfräwlein, zu Lewenberg in Schlesien. Wittenberg 1605
Selenus, Gustav: Cryptomenytices et cryptographiae libri IX. In quibus et planissima Steganographiae a Johanne Trithemio [...] olim conscriptae enodatio traditur. O. O. (Lüneburg) 1624
Semiphoras vnd Schemhamphoras Salomonis Regis. Wesel/Duisburg/Frankfurt a. M. 1686
Spee, Friedrich von: Cautio criminalis seu de processibus contra sagas liber. Rinteln 1631 (auch: Frankfurt a. M. 1632 u. ö.)
Sperling, Johannes (Präses), Heinrich Solter (Autor): Positionum decas de magia. Wittenberg 1648
Sprenger, Jacob, Heinrich Institoris, Der Hexenhammer (Malleus maleficarum). Zum ersten Male ins Deutsche übertragen und eingeleitet von Johann W. R. Schmidt. Teil 1–3, Berlin 1906 (Nachdruck: Darmstadt 1980)
Sprenger, Jacob, Heinrich Institoris: Malleus maleficarum. Speyer 1492/93
Sprenger, Jacob, Heinrich Institoris: Malleus Maleficarum: De lamiis et strigibus, et sagis aliisque magis. Frankfurt a. M. 1600 (ed. princeps Straßburg 1487)
Staricius, Johannes: Neu-vermehrter Helden-Schatz. 6. Aufl. Frankfurt/Leipzig 1734

Sterzinger, Ferdinand: Akademische Rede von dem gemeinen Vorurtheile der wirkenden und thaetigen Hexerey. München 1766

Tandler, Tobias: Dissertatio de fascino & incantatione. Wittenberg 1606

Tanner, Adam: Astrologia sacra, Hoc est, orationes et quaestiones quinque. Ingolstadt 1615

Tartarotti, Girolamo: Del congresso notturno delle Lammie libri tre. Rovereto 1749

Theatrum Diabolorum. Das ist: Ein sehr nützliches verstenndiges Buch, darauß ein jeder Christ sonderlich unnd fleissig zu lernen. Frankfurt a. M. 1569

Theatrum de veneficis. Das ist: Von Teuffelsgespenst, Zauberern und Giftbereitern, Schwarzkünstlern, Hexen und Unholden. Frankfurt a. M. 1586

Thiers, Jean Baptiste: Traité des superstitions qui regardent les sacrements. 4 Bde., Paris 1697–1741 (4. Ausg. Avignon 1777)

Thomasius, Christian (Präses), Johannes Paulus Ipsen (Respondent): Disputatio juris canonici de origine ac progressu processus inquisitorii contra sagas. Halle 1712

Thomasius, Christian (Präses), Johannes Reiche (Respondent): Theses inaugurales De crimine magiae. Halle 1701

Thyraeus, Petrus: De apparitionibus spirituum tractatus duo. Köln 1600

Thyraeus, Petrus: Daemoniaci. Hoc est: De obsessis a spiritibus daemoniorum hominibus liber unus. Köln 1598

Thyraeus, Petrus: Loca infesta, hoc est: De Infestis, ob molestantes daemoniorum et defunctorum hominum spiritus, locis liber unus. Köln 1598

Tikkune Sohar. Mantua 1558 (auch Amsterdam 1718)

Trithemius, Johannes: Antipalus maleficorum. O. O. 1508

Trithemius, Johannes: Steganographia (ed. Wolfgang Ernst Heidel). Nürnberg 1721

Vogt, Gottlob Heinrich: Kurtzes Bedencken von denen acten-mäßigen Relationen wegen der Vampiren. Leipzig 1732

Wallin, Georg: Dissertatio historico-literaria de arte Tritemiana scribendi per ignem. Uppsala 1728

Wecker, Johann Jacob: Hexen-Büchlein, das ist: Ware entdeckung und erklärung [...]. Colmar 1575

Weier, Johannes: De Praestigiis Daemonum. Von Teuffelsgespenst Zauberern vnd Gifftbereytern / Schwartzkünstlern / Hexen vnd Vnholden [...]. Frankfurt a. M. 1586 (lat.: Basel 1563)

Wolff, Jakob: Curiosus amuletorum scrutator. Frankfurt a. M. 1692

Zehner, Joachim: Fünf Predigten von Hexen, ihren anfang, Mittel und End in sich haltend und erklärend. Aus heiliger, göttlicher Schrift und vornehmster alter Kirchenlehrer zusammengestelt. Leipzig 1613

B Sekundärliteratur

Gesamtdarstellungen, Bibliographien usw.

Barrett, Francis: The Magus or Celestial Intelligencer, being a Complete Systeme of Occult Philosophy. London 1801

Baumer, Iso: Christentum-Religion-Magie. In: Schweizerisches Archiv für Volkskunde 66 (1970), S. 28–40

Beth, Karl: Religion und Magie. Ein religionsgeschichtlicher Beitrag zur psychologischen Grundlegung der religiösen Prinzipienlehre. 2. Aufl. Leipzig/Berlin 1927

Biedermann, Hans: Handlexikon der magischen Künste von der Spätantike bis zum 19. Jahrhundert. München/Zürich 1976; 2. Aufl. Graz 1973; 3. Aufl. 2 Bde., Graz 1986

Blumenberg, Hans: Der Prozeß der theoretischen Neugierde (suhrkamp taschenbuch wissenschaft 24). Frankfurt a. M. 1973

Caillet, Albert L.: Manuel bibliographique des sciences psychiques ou occultes. Sciences des mages, hermétique, astrologie, kabbale, franc-maçonnerie, médecine ancienne, mesmérisme, sorcellerie. 3 Bde., Paris 1912

Cavendish, Richard: The Black Arts. London 1967

Crowe, Martha J. (Hg.): Witchcraft. Catalogue of the Witchcraft Collection in Cornell University Library. Millwood, New York 1977

Daxelmüller, Christoph: Bibliographie barocker Dissertationen zu Aberglaube und Brauch. Teil I, in: Jahrbuch für Volkskunde N. F. 3 (1980), S. 194–238; Teil II, ebd. N. F. 4 (1981), S. 225–243; Teil III, ebd. N. F. 5 (1982), S. 213–224; Teil IV, ebd. N. F. 6 (1983), S. 230–244; Teil V und Gesamtregister, ebd. N. F. 7 (1984), S. 195–240

Daxelmüller, Christoph: Dualismus. In: Enzyklopädie des Märchens Bd. III, Berlin/New York 1981, Lfg. 4–5, Sp. 903–918

Daxelmüller, Christoph: Der Werwolf. Ein Paradigma zur Geschichte der kulturellen Wahrnehmung. In: Zeitschrift für Volkskunde 82 (1986), S. 203–208

Delumeau, Jean: La peur en Occident (XIVe–XVIIIe siècles). Une cité assiégée. Paris 1978 (deutsch: Angst im Abendland. Die Geschichte kollektiver Ängste im Europa des 14. bis 16. Jahrhunderts. 2 Bde., Hamburg 1985)

Duveen, Denis I.: Bibliotheca alchemica et chemica. London 1948

Ennemoser, Joseph: Geschichte der Magie. Wiesbaden 1844 (Nachdruck Wiesbaden 1966)

Evans-Pritchard, Edward Evan: Witchcraft, Oracles and Magic among the Azande. Oxford 1937 (deutsche Ausgabe: Hexerei, Orakel und Magie bei den Zande. Von Eva Gillies gekürzte und eingeleitete Ausgabe. Übersetzt von Brigitte Luchesi. Frankfurt a. M. 1987)

Ferguson, John: Bibliotheca Chemica. A Catalogue of rare alchemical, chemical and pharmaceutical books, manuscripts and tracts. Glasgow 1906

Fersling, Poul: Mystikkens verden. Håndbog om parapsykologi og magi. Kopenhagen 1978

Français, Jean: L'Eglise et la Sorcellerie. Précis historique suivi des documents officiels, des textes principaux et d'un procès inédit. Paris 1910

Frazer, James George: The Golden Bough. A Study in Magic and Religion. London/Basingstoke 1978

Galbreath, Robert: The History of Modern Occultism: A Bibliographical Survey. In: Journal of Popular Culture 5 (1971), No. 3, S. 726–754

Garinet, Jules: Histoire de la magie en France, depuis le commencement de la Monarchie jusqu'à nos jours. Paris 1818

Graesse, Johann Georg Theodor: Bibliotheca Magica et Pneumatica. Leipzig 1843 (Nachdruck Hildesheim/Zürich/New York 1986)

Graesse, Johann Georg Theodor: Trésor de livres rares et précieux, ou, Nouveau dictionnaire bibliographique. 7 Bde., 1 Suppl. Dresden/Genf/London/Paris 1859–1869 (Nachdruck Mailand 1950)

Grimm, Heinrich: Die deutschen «Teufelsbücher» des 16. Jahrhunderts. Ihre Rolle im Buchwesen und ihre Bedeutung. In: Archiv für Geschichte des Buchwesens 2 (1960), S. 513–570

Grimm, Jacob: Deutsche Mythologie. Bearbeitet von Elard Hugo Meyer. 3 Bde., 4. Aufl., Berlin 1875–1878

Hall, Manly Palmer: An Encyclopedic Outline of Masonic, Hermetic, Qabbalistic and Rosicrucian Symbolical Philosophy. Beeing an Interpretation of the Secret Teachings Concealed within the Rituals, Allegories and Mysteries of All Ages. San Francisco 1928

Handwörterbuch des deutschen Aberglaubens. Hg. von Hanns Bächtold-Stäubli unter Mitwirkung von Eduard Hoffmann-Krayer. 10 Bde., Berlin/Leipzig 1927–1942; Nachdruck mit einem Vorwort von Christoph Daxelmüller, Berlin/New York 1987

Harmening, Dieter: Superstitio. Überlieferungs- und theoriegeschichtliche Untersuchungen zur kirchlich-theologischen Aberglaubensliteratur des Mittelalters. Berlin 1979

Holmsten, Georg: Okkultismus. Die Welt der Geheimnisse. Eine allgemeinverständliche Darstellung okkulter Erscheinungen und übersinnlicher Kräfte. Berlin/Düsseldorf 1950

Kiesewetter, Carl: Geschichte des Neueren Occultismus. Leipzig 1891

King, Francis: Sexuality, Magic, and Perversion. London 1971

Kippenberg, Hans G., Brigitte Luchesi (Hg.): Magie. Die sozialwissenschaftliche Kontroverse über das Verstehen fremden Denkens. Frankfurt a. M. 1978

Lea, Henry Charles: Materials Toward a History of Witchcraft. 3 Bde., New York 1957 (1. Aufl. 1939)

Lehmann, Alfred: Aberglaube und Zauberei von den ältesten Zeiten an bis in die Gegenwart. 2. Aufl. Stuttgart 1908

Lévi, Eliphas (pseud. für Alphonse-Louis Constant): Histoire de la magie. Paris 1860

Ludwig, August Friedrich: Geschichte der okkultistischen (metapsychischen) Forschung von der Antike bis zur Gegenwart. I. Teil: Von der Antike bis zur Mitte des 19. Jahrhunderts. Pfullingen 1922

Macphail, Ian, Laurence Claiborne Witten II, Richard Pachella (Hg.): Alchemy and the Occult. A Catalogue of Books and Manuscripts from the Collection of Paul and Mary Mellon Given to Yale University Library. Bd. 1, New Haven 1968

Midelfort, Homer Charles Erik: Recent Witch Hunting Research, or Where Do We Go from Here? In: Studies in Bibliography. The Papers of the Bibliographical Society of America 62 (1968), S. 373–420

Monter, E. William: The Historiography of European Witchcraft: Progress and Prospects. In: Journal of Interdisciplinary History 2 (1971/72), No. 4, S. 435–451

Nola, Alfonso di: Der Teufel. Wesen, Wirkung, Geschichte. Mit einem Vorwort von Felix Karlinger. München 1990 (italienisch: Il diavolo. Le forme, la storia, le vicende di Satana e la sua universale e malefica presenza presso tutti i populi, dall'antichità ai nostri giorni. Rom 1987)

Nugent, Donald: Witchcraft Studies, 1959–1971. A Bibliographical Survey. In: Journal of Popular Culture 5 (1971), No. 3, S. 710–725

O'Keefe, Daniel L.: Stolen Lightning. The Social Theory of Magic. Oxford 1982

Petersdorff, Egon von: Daemonologie. 2 Bde., München 1956/57 (Nachdruck: Stein am Rhein 1982)

Petzoldt, Leander (Hg.): Magie und Religion. Beiträge zu einer Theorie der Magie (Wege der Forschung, Bd. CCCXXXVII). Darmstadt 1978

Peuckert, Will-Erich: Von schwarzer und weißer Magie. Berlin o. J. (um 1926)

Robbins, Rossell Hope: The Encyclopaedia of Witchcraft and Demonology. New York 1959
Röhrich, Lutz: Dämon. In: Enzyklopädie des Märchens Bd. III, Berlin/New York 1979, Lfg. 1, Sp. 223–237
Russell, Jeffrey Burton: A History of Witchcraft, Sorcery, Heretics, and Pagans. London 1980
Schneider, Heinrich: Die Hexenliteratur-Sammlung der Cornell Universität in Ithaca, New York. In: Hessische Blätter für Volkskunde 41 (1950), S. 196–208
Seligmann, Kurt: Das Weltreich der Magie. 5000 Jahre Geheime Kunst. Wiesbaden o. J. (amerikanische Ausgabe: The History of Magic. New York 1948)
Summers, Montague: The Geography of Witchcraft. London 1927
Summers, Montague: The History of Witchcraft and Demonology. London 1926
Tambiah, S. J.: Form und Bedeutung magischer Akte. Ein Standpunkt. In: Magie. Die sozialwissenschaftliche Kontroverse über das Verstehen fremden Denkens, hg. von Hans G. Kippenberg und Brigitte Luchesi. Frankfurt a. M. 1978, S. 259–296
Thomas, Keith: Religion and the Decline of Magic. London 1971; Harmondsworth 1973; New York 1979
Thomsen, Marie-Louise, Dieter Harmening, Christoph Daxelmüller: Magie. In: Kindlers Enzyklopädie «Der Mensch», Bd. VI. Zürich/München 1983, S. 688–706
Thorndike, Lynn: A History of Magic and Experimental Science. 8 Bde., New York/London 1923–1958
Thorndike, Lynn: Science and Thought in the Fifteenth Century. New York 1929
Truzzi, Marcello: Definition and Dimensions of the Occult: Towards a Sociological Perspective. In: Journal of Popular Culture 5 (1971), No. 3, S. 635–646
Viller, Marcel (Hg.): Dictionnaire de spiritualité, ascétique et mystique. Paris 1954
Wilson, Colin: Das Okkulte. Berlin 1982. Wissende, Eingeweihte und Verschwiegene. Esoterik im Abendland. Ausstellungskatalog Zentralbibliothek Zürich, 23. September bis 22. November 1986. Zürich 1986

Mesopotamien, Antike, Frühchristentum, Missionsländer

Abt, Adam: Die Apologie des Apuleius von Madaura und die antike Zauberei. Giessen 1908 (Religionsgeschichtliche Versuche und Vorarbeiten, IV, 2)
Aigner, Heribert: Zum Hexenwesen im Altertum. In: Helfried Valentinitsch (Hg.), Hexen und Zauberer. Die große Verfolgung. Graz/Wien 1987, S. 175–181
Augustinus: De Civitate Dei libri XXII. Ed. Bernhard Dombart, Alfons Kalb, Johannes Divjak. 2 Bde., Darmstadt 1981
Betz, Hans Dieter: Magic and Mystery in the Greek Magical Papyri. In: Christopher A. Faraone, Dirk Obbink (Hg.), Magika Hiera. Ancient Greek Magic and Religion. New York/Oxford 1991, S. 244–259
Botte, Bernard: La tradition apostolique de Saint Hippolyte. Essai de reconstruction. 3. Aufl. Münster 1963 (Liturgiewissenschaftliche Quellen und Forschungen, 39)
Boudriot, Wilhelm: Die altgermanische Religion in der amtlichen kirchlichen Literatur des Abendlandes vom 5. bis 11. Jahrhundert. Bonn 1928 (Untersuchungen zur allgemeinen Religionsgeschichte, 2)
Bousset, Wilhelm: Hauptprobleme der Gnosis. Göttingen 1907
Burkert, Walter: Weisheit und Wissenschaft. Studien zu Pythagoras, Philolaos und

Platon. Nürnberg 1962 (Erlanger Beiträge zur Sprach- und Kunstwissenschaft, Bd. X)
Davies, Thomas W.: Magic, Divination, and Demonology among the Hebrews and their Neighbours. Including an examination of biblical references and of the biblical terms. New York 1969
Daxelmüller, Christoph: Gnosis. In: Enzyklopädie des Märchens Bd. V, Berlin/New York 1987, Lfg. 3–5, Sp. 1331–1336
Daxelmüller, Christoph, Marie-Louise Thomsen: Bildzauber im alten Mesopotamien. In: Anthropos. Internationale Zeitschrift für Völker- und Sprachenkunde 77 (1982), S. 27–64
Dornseiff, Franz: Das Alphabet in Mystik und Magie. 2. Aufl. Berlin 1925 (Stoicheia. Studien zur Geschichte des antiken Weltbildes und der griechischen Wissenschaft, VII)
Dörries, Hermann: Das Verhältnis des Neuplatonischen und Christlichen in Augustinus «De vera religione». In: Zeitschrift für Neutestamentliche Wissenschaft 33 (1924), S. 64–102
Düwel, Klaus: Buchstabenmagie und Alphabetzauber. Zu den Inschriften der Goldbrakteaten und ihrer Funktion als Amulette. In: Frühmittelalterliche Studien. Jahrbuch des Instituts für Frühmittelalterforschung der Universität Münster 22 (1988), S. 70–110
Eitrem, Samson: Dreams and Divination in Magical Ritual. In: Christopher A. Faraone, Dirk Obbink (Hg.), Magica Hiera. Ancient Greek Magic and Religion. New York/Oxford 1991, S. 175–187
Faraone, Christopher A.: The Agonistic Context of Early Greek Binding Spells. In: ders., Dirk Obbink (Hg.), Magica Hiera. Ancient Greek Magic and Religion. New York/Oxford 1991, S. 3–32
Faraone, Christopher A., Dirk Obbink (Hg.): Magica Hiera. Ancient Greek Magic and Religion. New York/Oxford 1991
Flowers, Stephen E.: Runes and Magic. Magical Formulaic Elements in the Older Runic Tradition. New York 1986
Foerster, Werner (Hg.): Die Gnosis – Zeugnisse der Kirchenväter. Zürich/Stuttgart 1969
Friedländer, Moritz: Der vorchristliche jüdische Gnosticismus. Göttingen 1891
Götz, Roland: Der Dämonenpakt bei Augustinus. In: Georg Schwaiger (Hg.), Teufelsglaube und Hexenprozesse. München 1987, S. 57–84, 185–187 (Anmerkungen)
Graetz, Heinrich: Gnosticismus und Judentum. Krotoschin 1846
Graf, Fritz: Prayer in Magic and Religious Ritual. In: Christopher A. Faraone, Dirk Obbink (Hg.), Magika Hiera. Ancient Greek Magic and Religion. New York/Oxford 1991, S. 188–213
Gundel, Hans Georg: Weltbild und Astrologie in den griechischen Zauberpapyri. München 1968 (Münchener Beiträge zur Papyrusforschung und antiken Rechtsgeschichte, 53)
Gundel, Wilhelm: Neue astrologische Texte des Hermes Trismegistos. Funde und Forschungen auf dem Gebiet der antiken Astronomie und Astrologie. Berichtigungen und Ergänzungen in einem Anhang von Hans Georg Gundel. München 1936 (Nachdruck Hildesheim 1978)
Hopfner, Theodor: Griechisch-Ägyptischer Offenbarungszauber. Mit einer eingehenden Darstellung des griechisch-synkretistischen Daemonenglaubens und der Voraussetzungen und Mittel des Zaubers überhaupt und der magischen Divination im

besonderen. Bd. I, Amsterdam 1974 (Studien zur Palaeographie und Papyruskunde, XXI) [alles Erschienene]
Jamblichos (ed. Otto Schönberger): Aufruf zur Philosophie. Erste deutsche Gesamtübersetzung. Mit zweisprachiger Übersetzung von Ciceros «Hortensius». Würzburg 1984
Jamblichus: Über die Geheimlehren. Die Mysterien der Ägypter, Chaldäer und Assyrer. Hg. v. Theodor Hopfner. Leipzig 1922 (Nachdruck Schwarzenburg 1978, Bibliotheca Hermetica II)
Kaser, Max: Römische Rechtsgeschichte. Göttingen 1950 (2. Aufl. Göttingen 1967)
Kee, Howard Clark: Medicine, Miracle and Magic in New Testament Times. Cambridge 1986 (Society for New Testament Studies, Monograph Series, 55)
Kiesewetter, Carl: Der Occultismus des Altertums. Leipzig 1896 (Nachdruck Hildesheim/New York 1976)
Kießling, Edith: Zauberei in den germanischen Volksrechten. Jena 1941
Kirchner, Karl Hermann: Die Philosophie des Plotin. Aalen 1978 (1. Aufl. 1854)
Lenormant, François: Die Magie und Wahrsagekunst der Chaldäer. Jena 1878 (Nachdruck Wiesbaden 1974)
Luck, Georg: Hexen und Zauberei in der römischen Antike. Zürich 1962 (Lebendige Antike)
Marrou, Henri: Augustinus in Selbstzeugnissen und Bilddokumenten (rowohlts monographien 8). Reinbek b. Hamburg 1958
Meier, Gerhard: Die assyrische Beschwörungssammlung Maqlû. Berlin 1937 (Archiv für Orientforschung, Beiheft 2)
Nilsson, Martin P.: Geschichte der griechischen Religion. Bd. I: Die Religion Griechenlands bis auf die griechische Weltherrschaft. 2. Aufl. München 1955; Bd. II: Die hellenistische und römische Zeit. München 1950/1961
Novak, Herbert: Zur Entwicklungsgeschichte des Begriffes Daimon. Phil. Diss. Bonn 1960
Oort, Johannes van: Jerusalem and Babylon. A Study into Augustine's City of God and the Sources of his Doctrine of the Two Cities. Leiden 1991 (Vigiliae Christianae, Supplement 14)
Phillips III, C. R.: Nullum Crimen sine Lege: Socioreligious Sanctions on Magic. In: Christopher A. Faraone, Dirk Obbink (Hg.), Magica Hiera. Ancient Greek Magic and Religion. New York/Oxford 1991, S. 260–276
Plinius Secundus d. Ä. (ed. Roderich König und Joachim Hopp): Naturalis Historiae libri XXXVII. Libri XXIX/XXX (Medizin und Pharmakologie: Heilmittel aus dem Tierreich). Darmstadt 1991
Plutarch: Über Gott und Vorsehung, Dämonen und Weissagung (Religionsphilosophische Schriften, eingeleitet und neu übertragen von Konrat Ziegler). Zürich/Stuttgart 1952 (Die Bibliothek der Alten Welt)
Preisendanz, Karl (Hg.): Papyri graecae magicae. Die griechischen Zauberpapyri. 2., verb. Aufl., mit Ergänzungen von Karl Preisendanz, durchgesehen und hg. von Albert Henrichs (Sammlung wissenschaftlicher Commentare, Bd. I). Bd. I, Stuttgart 1973 (1. Aufl. Leipzig/Berlin 1928)
Preisendanz, Karl (Hg.): Papyri graecae magicae. Die griechischen Zauberpapyri, Bd. II. 2., verb. Aufl., mit Ergänzungen von Karl Preisendanz und Ernst Heitsch. Durchgesehen und hg. von Albert Henrichs (Sammlung wissenschaftlicher Commentare, Bd. II). Tübingen 1974 (1. Aufl. Leipzig/Berlin 1931/[Vol. III: 1941])
Quispel, Gilles: Gnosis als Weltreligion. Zürich 1951

Reiner, Erica: La magie babylonienne. Le monde du sorcier. Paris 1966 (Sources orientales, 7)
Reiner, Erica: Surpu. A Collection of Sumerian and Akkadian Incantations. Graz 1968 (Archiv für Orientforschung, Beiheft 11)
Rochberg-Halton, Francesca: Aspects of Babylonian Celestial Divination. The Lunar Eclipse Tablets of Enuma Enlil. Horn 1988 (Archiv für Orientforschung, Beiheft 22)
Rohde, Erwin: Psyche, Seelenkult und Unsterblichkeitsglaube der Griechen. Tübingen 1925
Rudolph, Kurt: Die Gnosis. Wesen und Geschichte einer spätantiken Religion. 2., durchgesehene und ergänzte Aufl., Göttingen 1980
Strömbäck, Dag: Sejd. Textstudier i nordisk religionshistoria. Stockholm 1935 (Nordiska texter och undersökningar, 5)
Tallqvist, Knut L.: Die assyrische Beschwörungsserie Maqlû. Nach den Originalen im British Museum herausgegeben. Helsinki 1895 (Acta Societatis Scientiarum Fennicae, XX, 6)
Thee, Francis C.: Julius Africanus and the Early Christian View of Magic. Tübingen 1984 (Hermeneutische Untersuchungen zur Theologie, 19)
Theiler, Willy: Porphyrios und Augustinus. Halle 1933
Theiler, Willy: Die chaldäischen Orakel und die Hymnen des Synesios. Halle 1942 (Schriften der Königsberger Gelehrten Gesellschaft, Geisteswissenschaftliche Klasse, 18, 1)
Theiler, Willy: Forschungen zum Neuplatonismus. Berlin 1966 (Quellen und Studien zur Geschichte der Philosophie, 10)
Theiler, Willy: Porphyrios und Augustinus. Halle 1933
Theiler, Willy: Die Vorbereitung des Neuplatonismus. 2. Aufl. Berlin 1964
Thompson, Reginald Campbell: The Devils and Evil Spirits of Babylonia. 2 Bde., London 1903–1904
Thompson, Reginald Campbell: Semitic Magic. Its Origins and Development. London 1908 (Luzac's Oriental Religions Series, III)
Thomsen, Marie-Louise: Die Vorläufer der abendländischen Magie. In: dies., Dieter Harmening, Christoph Daxelmüller, Magie. In: Kindlers Enzyklopädie «Der Mensch», Bd. VI. Zürich/München 1983, S. 688–690
Thomsen, Marie-Louise: Zauberdiagnose und Schwarze Magie in Mesopotamien. Kopenhagen (1987) (CNI Publications, 2)
Waerden, B. L. van der: Die Pythagoreer. Religiöse Bruderschaft und Schule der Wissenschaft. Zürich/München 1979
West, Martin L.: Early Greek Philosophy and the Orient. Oxford 1971
Widengren, Wilson, Robert MacLachlan: Gnosis and the New Testament. Oxford 1968
Wünsche, Richard: Antike Fluchtafeln. Bonn 1907 (Kleine Texte, 20)
Wünsche, Richard: Defixionum tabellae Atticae. Berlin 1897 (Inscriptiones Graecae, vol. III, pars II, Appendix)

Dämonologie, Satanologie, Spektrologie, Besessenheit, Exorzismus

Balducci, Corrado: Gli Indemoniati. Rom 1959
Böcher, Otto: Dämonenfurcht und Dämonenabwehr. Ein Beitrag zur Vorgeschichte der christlichen Taufe. Stuttgart/Berlin/Köln/Mainz 1970 (Beiträge zur Wissenschaft vom Alten und Neuen Testament, Fünfte Folge, 10)

Daxelmüller, Christoph: Besessenheit. In: Enzyklopädie des Märchens Bd. II, Berlin/New York 1977/78, Lfg. 1–2, S. 195–205
Daxelmüller, Christoph: Dämonologie. In: Enzyklopädie des Märchens Bd. III, Berlin/New York 1979, Lfg. 1, Sp. 237–259
Daxelmüller, Christoph: Exorzismus. In: Enzyklopädie des Märchens, Bd. IV, Berlin/New York 1983, Lfg. 2/3, Sp. 664–674
Ernst, Cécile: Teufelsaustreibungen. Die Praxis der katholischen Kirche im 16. und 17. Jahrhundert. Bern/Stuttgart/Wien 1972
Götz, Roland: Der Dämonenpakt bei Augustinus. In: Georg Schwaiger (Hg.), Teufelsglaube und Hexenprozesse. München 1987, S. 57–84, 185–187 (Anmerkungen)
Graf, Arturo: The Story of the Devil. London 1931
Haag, Herbert: Teufelsglaube. Mit Beiträgen von Katharina Elliger, Bernhard Land und Meinrad Limbeck. Tübingen 1974
Harmening, Dieter: Der Anfang von Dracula. Zur Geschichte von Geschichten. Würzburg 1983 (Quellen und Forschungen zur Europäischen Ethnologie, I)
Jacobsen, J. C.: Djævlebesværgelse. Træk af exorcismens historie. Kopenhagen 1972
Jensen, Søren Skovgaard: Dualism and Demonology. The Function of Demonology in Pythagorean Platonic Thought. Kopenhagen 1966
Jung-Stilling, Johann Heinrich: Theorie der Geister-Kunde, in einer Natur- Vernunft- und Bibelmäsigen Beantwortung der Frage: Was von Ahnungen, Gesichten und Geistererscheinungen geglaubt und nicht geglaubt werden müße. Nürnberg 1808
Kasper, Walter, Karl Lehmann (Hg.): Teufel – Dämonen – Besessenheit. Zur Wirklichkeit des Bösen. Mainz 1978
Langton, Edward: La démonologie. Étude de la doctrine juive et chrétienne, son origine et son développement. Paris 1951
McNally, Raymond Thomas, Radu Florescu: In Search of Dracula. A True History of Dracula and Vampire Legends. Greenwich/New York 1972
Obendiek, Hermann: Der Teufel bei Martin Luther. Eine theologische Untersuchung. Berlin 1931
Österreich, Traugott Konstantin: Die Besessenheit. Langensalza 1921
Ohse, Bernhard: Die Teufelsliteratur zwischen Brant und Luther. Ein Beitrag zur näheren Bestimmung der Abkunft und des geistigen Ortes der Teufelsbücher, besonders im Hinblick auf ihre Ansichten über das Böse. Phil. Diss. Berlin 1971
Petersdorff, Egon von: Daemonen, Hexen, Spiritisten, Mächte der Finsternis einst und jetzt. Eine Daemonologie aller Zeiten. 2 Bde., Wiesbaden 1960
Plenzat, Karl: Die Theophiluslegende in den Dichtungen des Mittelalters. Berlin 1926 (Germanische Studien, 43)
Rodewyk, Adolf: Die dämonische Besessenheit in der Sicht des Rituale Romanum. Aschaffenburg 1963
Rodewyk, Adolf: Dämonische Besessenheit heute. Tatsachen und Deutungen. 4. Aufl. Aschaffenburg 1976
Röhrich, Lutz: Dämon. In: Enzyklopädie des Märchens Bd. III, Lfg. 1, Berlin/New York 1979, Sp. 223–237
Rommel, Otto: Rationalistische Dämonie (Die Geisterromane des ausgehenden 18. Jahrhunderts). In: Deutsche Vierteljahrsschrift für Literaturwissenschaft und Geistesgeschichte 17 (1939), S. 183–220
Roskoff, Gustav: Geschichte des Teufels. 2 Bde., Leipzig 1869 (Nördlingen 1987)
Schmidt, Philipp: Der Teufel- und Dämonenglaube in den Erzählungen des Cäsarius von Heisterbach. Basel 1926

Schroeder, Aribert: Vampirismus. Seine Entwicklung vom Thema zum Motiv. Frankfurt a. M. 1973 (Studienreihe Humanitas. Studien zur Anglistik. Germanistik. Romanistik. Philosophie. Geschichte. Politikwissenschaft)
Schwab, Moise: Vocabulaire de l'Angélologie, d'après les manuscrits hébreux de la Bibliothèque Nationale. Paris 1897

Aberglaube und Superstitionenkritik

Assion, Peter: Zur Kritik einer parapsychologischen Volkskunde. In: Zeitschrift für Volkskunde 71 (1975), S. 161–180
Assion, Peter: Legitimierte Irrationalität. Zur popularisierten Parapsychologie. In: Hermann Bausinger, Elfriede Moser-Rath (Hg.), Direkte Kommunikation und Massenkommunikation. Referate und Diskussionsprotokolle des 20. Deutschen Volkskunde-Kongresses in Weingarten. Tübingen 1976 (Untersuchungen des Ludwig-Uhland-Instituts, Bd. 41), S. 145–155
Assion, Peter: Parapsychologie, Glaube und Wissen. In: Zeitschrift für Volkskunde 72 (1976), S. 83–84
Auhofer, Herbert: Aberglaube und Hexenwahn heute. Aus der Unterwelt unserer Zivilisation. Freiburg/Basel/Wien 1960
Baumann, Karin: Aberglaube für Laien. Zur Programmatik und Überlieferung spätmittelalterlicher Superstitionenkritik. 2 Bde., Würzburg 1989 (Quellen und Forschungen zur Europäischen Ethnologie, 6, 1–2)
Bausinger, Hermann: Aufklärung und Aberglaube. In: Deutsche Vierteljahrsschrift für Literaturwissenschaft und Geistesgeschichte 37 (1963), S. 345–362
Bender, Hans: Parapsychologie. Ihre Ergebnisse und Probleme. 2. Aufl. Frankfurt a. M. 1976
Haltrich, Josef: Die Macht und Herrschaft des Aberglaubens in seinen vielfachen Erscheinungsformen. Mit einigen Beispielen vom Aberglauben aus dem Siebenbürger Sachsenlande. 2. Aufl. O. O. (Selbstverlag), 1871
Harmening, Dieter: Aberglaube und Alter. Skizzen zur Geschichte eines polemischen Begriffes. In: Volkskultur und Geschichte. Festgabe für Josef Dünninger zum 65. Geburtstag, hg. von Dieter Harmening, Gerhard Lutz, Bernhard Schemmel, Erich Wimmer. Berlin 1970, S. 210–235
Harmening, Dieter: Superstition – «Aberglaube». In: Wege der Volkskunde in Bayern. Ein Handbuch, hg. von Edgar Harvolk (Veröffentlichungen zur Volkskunde und Kulturgeschichte, 25 / Beiträge zur Volkstumsforschung, XXIII). München/ Würzburg 1987, S. 261–292
Harmening, Dieter: Superstitio. Überlieferungs- und theoriegeschichtliche Untersuchungen zur kirchlich-theologischen Aberglaubensliteratur des Mittelalters. Berlin 1979
Harmening, Dieter: Zauberei im Abendland. Vom Anteil der Gelehrten am Wahn der Leute. Skizzen zur Geschichte des Aberglaubens. Würzburg 1991 (Quellen und Forschungen zur Europäischen Ethnologie, X / Schriften des Freilichtmuseums am Kiekeberg, 9)
Helbling-Gloor, Barbara: Natur und Aberglaube im Policraticus des Johannes von Salisbury. Zürich 1956
Homann, Holger: Der Indiculus superstitionum et paganiarum und verwandte Denkmäler. Phil. Diss. Göttingen 1965
Lehmann, Alfred: Aberglaube und Zauberei von den ältesten Zeiten an bis in die Gegenwart. 2. Aufl. Stuttgart 1908

Meyer, Carl: Der Aberglaube des Mittelalters und der nächstfolgenden Jahrhunderte. Basel 1884 (Nachdruck Hildesheim 1971, Volkskundliche Quellen, 2)
Moser, Dietz-Rüdiger (Hg.): Glaube im Abseits. Beiträge zur Erforschung des Aberglaubens. Darmstadt 1992
Peuckert, Will-Erich: Deutscher Volksaberglaube im Spätmittelalter. Stuttgart 1942 (Nachdruck Hildesheim 1978)
Pott, Martin: Aufklärung und Aberglaube. Die deutsche Frühaufklärung im Spiegel ihrer Aberglaubenskritik. Tübingen 1992 (Studien zur deutschen Literatur, 119)
Schindler, Heinrich Bruno: Der Aberglaube des Mittelalters. Breslau 1858
Spamer, Adolf: Zur Aberglaubensbekämpfung des Barock. Ein Handwörterbuch deutschen Aberglaubens von 1721 und sein Verfasser (Georg Christoph Zimmermann). In: Miscellanea Academica Berolinensia II, 1 (Berlin 1950), S. 133–159
Staber, Joseph: Ein altbayerischer Beichtspiegel des 15. Jahrhunderts. In: Bayerisches Jahrbuch für Volkskunde 1963, S. 7–24
Wagener, Hans: Eberhard Werner Happel. Vernunft und Aberglaube im Spätbarock. In: Hessische Blätter für Volkskunde 59 (1968), S. 45–56
Wanderer, Karl-Peter: Gedruckter Aberglaube. Studien zur volkstümlichen Beschwörungsliteratur. Phil. Diss. Frankfurt a. M. 1976
Wimmer, Wolf: Parapsychologie, Aberglaube und Verbrechen. In: Zeitschrift für Volkskunde 71 (1975), S. 181–201
Wuttke, Adolf: Der deutsche Volksaberglaube der Gegenwart. 3. Aufl. Berlin 1900
Zingerle, Ignaz von (Hg.): Die Pluemen der Tugent. Innsbruck 1874

Mittelalter

Baigent, Michel, Richard Leigh, Henry Lincoln: Der Heilige Gral und seine Erben. Ursprung und Gegenwart eines geheimen Ordens, sein Wissen und seine Macht. Bergisch Gladbach 1984
Biedermann, Hans: Medicina Magica. Metaphysische Heilmethoden in spätantiken und mittelalterlichen Codices. Graz 1972; 2. Aufl. Graz 1978
Borst, Arno: Die Katharer. Stuttgart 1953 (Schriften der Monumenta Germaniae historica, 12)
Borst, Arno: Die Katharer. Mit einem Nachwort von Alexander Patschovsky. Freiburg/Basel/Wien 1991 (Herder Spektrum, Bd. 4025)
Clément, Pierre: Enguerrand de Marigny, Benaune de Semblançay, le chevalier de Rohan. Épisodes de l'histoire de France. Paris 1859
Crawford, Jane: Evidences for Witchcraft in Anglo-Saxon England. In: Medium Aevum 32 (1963), S. 99–116
Daxelmüller, Christoph: Hexen, Hexerei 2: Hexenglaube und Zauberei. In: Lexikon des Mittelalters Bd. IV, München/Zürich 1989, Lfg. 10, Sp. 2203–2204
Daxelmüller, Christoph: Magie. In: Lexikon des Mittelalters Bd. VI, München/Zürich 1992, Lfg. 1, Sp. 82–86
Flade, Paul: Das römische Inquisitionsverfahren bis zu den Hexenprozessen. Aalen 1972 (1. Aufl. 1902) [Studien zur Geschichte der Theologie und der Kirche, IX, 1]
Flasch, Kurt: Das philosophische Denken im Mittelalter. Von Augustinus zu Machiavelli. Stuttgart 1986
Grundmann, Herbert: Ketzergeschichte des Mittelalters. Göttingen 1963 (Die Kirche in ihrer Geschichte, Bd. 2, Lfg. G, Teil 1)
Gurjewitsch, Aaron J.: Probleme der Volkskultur und Religiosität im Mittelalter. In: ders., Das Weltbild des mittelalterlichen Menschen. München 1982, S. 352–401

Hain, Mathilde: Burchard von Worms († 1025) und der Volksglaube seiner Zeit. In: Hessische Blätter für Volkskunde 47 (1956), S. 39–50

Hansen, Joseph: Quellen und Untersuchungen zur Geschichte des Hexenwahns und der Hexenverfolgung im Mittelalter. Mit einer Untersuchung der Geschichte des Wortes Hexe von Johannes Franck. Bonn 1901 (Nachdruck Hildesheim 1963)

Homann, Holger: Der Indiculus superstitionum et paganiarum und verwandte Denkmäler. Phil. Diss. Göttingen 1965

Kieckheffer, Richard: Magic in the Middle Ages. Cambridge/New York/Port Chester/Melbourne/Sydney 1989 (2. Aufl. 1990) [Cambridge medieval textbooks]

Ladurie, Emmanuel Le Roy: Montaillou. Ein Dorf vor dem Inquisitor 1294–1324. Frankfurt a. M./Berlin/Wien 1983

Loos, Milan: Dualist Heresy in the Middle Ages. Prag 1974

Macfarlane, Alan: Witchcraft in Tudor and Stuart England. A Regional and Comparative Study. London 1970

Michel, Robert: Le procès de Matteo et de Galeazzo Visconti. In: Mélanges d'archéologie et d'histoire publiés par l'École française de Rome 1909, S. 277–327

Russell, Jeffrey Burton: Witchcraft in the Middle Ages. Ithaca/London 1972

Schmitt, Wolfram: Hans Hartliebs mantische Schriften und seine Beeinflussung durch Nikolaus von Kues. Phil. Diss. Heidelberg 1962

Söderberg, Hans: La Religion des Cathares. Étude sur le Gnosticisme de la Basse Antiquité et du Moyen Age. Uppsala 1949

Thomas, Keith: Religion and the Decline of Magic. London 1971; Harmondsworth 1973; New York 1979

Thorndike, Lynn: University Records and Life in the Middle Ages. New York 1971 (Records of Civilization – Sources and Studies, Num. XXXVIII)

Trachtenberg, Joshua: The Devil and the Jews. The Medieval Conception of the Jew and its Relation to Modern Antisemitism. New Haven 1943 (Nachdruck New York 1966)

Tucker, Elizabeth: Antecedents of Contemporary Witchcraft in the Middle Ages. In: Journal of Popular Culture 14 (1980), S. 70–78

Ulm, Dora (Hg.): Johann Hartliebs Buch aller verbotenen Kunst, untersucht und hg. von Dora Ulm. Halle 1914

Valois, Noel: Jacques Duèse, pape sous le nom de Jean XXII. In: Histoire littéraire de la France 34 (1914), S. 391–634

Veit, Ludwig Andreas: Volksfrommes Brauchtum und Kirche im deutschen Mittelalter. Freiburg i. Br. 1936

Widengren, Geo: Mani und der Manichäismus. Stuttgart 1961

Wierschin, Martin: Johannes Hartliebs «Mantische Schriften» – Untersuchungen zur Handschrift der J. Hartlieb zugeschriebenen Chiromantie – Die Zuschreibungsformeln der Gesamtüberlieferung. In: Beiträge zur Geschichte der deutschen Sprache und Literatur 90 (1968), S. 57–100

Wilson, Robert MacLachlan: Gnosis and the New Testament. Oxford 1968

Schwarze Messe

Alver, Bente Gullveig: Blæsten om Anholt. In: Tradisjon. Tidsskrift for Folkeminnevitskap 4 (1974), S. 1–20

Bataille, Georges: Le procès de Gilles de Rais. Les documents, présentés par Georges Bataille. O. O. (Paris) 1965 (deutsch: Gilles de Rais. Leben und Prozeß eines Kindermörders. Hamburg 1967)

Bossard, (Abbé) Eugène: Gilles de Rais, Maréchal de France. Paris 1885; 2. Aufl. Paris 1886
Bricaud, Jean: La messe noire: ancienne et moderne. Paris 1924
Crowley, Aleister: Liber XV: Ecclesiae gnosticae catholicae canon missae. Zürich 1955
Demurger, Alain: Die Templer – Aufstieg und Untergang 1118–1314. München 1992
Dreikandt, Ulrich K. (Hg.): Schwarze Messen. Dichtungen und Dokumente. München 1975
Dupuy, Pierre (Petrus Puteanus): Historischer Tractat von dem Process wider den Ritterorden der Tempel-Herrn. Frankfurt a. M. 1665
Franz, Adolph: Die Messe im deutschen Mittelalter. Beiträge zur Geschichte der Liturgie und des religiösen Volkslebens. Freiburg i. Br. 1902
Gabory, Emile: La vie et la mort de Gilles de Raiz, dit à tort Barbe-Bleue. Paris 1926
Guaita, Stanislas de: Le serpent de la Genèse. Première septaine: Le temple de Satan. Paris 1891 (Essais de sciences maudites, 2)
Hernandez, Lodovico (pseud. für: Fernand Fleuret): Le procès inquisitorial de Gilles de Rais, Maréchal de France, avec un Essai de Réhabilitation. Traduction littérale du procès canonique et reproduction du procès civil. Paris 1922
Huysmans, Joris-Karl: Là-bas. Paris 1926
Kohl, Carl: Satan og hans kultus i vor tid. Kopenhagen 1902
La Vey, Anton S.: The Satanic Bible. New York 1969
Nicolai, Friedrich: Versuch über die Beschuldigungen, welche dem Tempelherrenorden gemacht worden, und über dessen Geheimnis. 2., verb. Aufl. Berlin 1782
Rahn, Otto: Kreuzzug gegen den Gral. Die Tragödie des Katharismus. Stuttgart 1964
Rhodes, Henry Taylor Fowkes: The Satanic Mass. London 1973
Sède, Gérard de: Die Templer sind unter uns oder das Rätsel von Gisors. Berlin 1962
Villeneuve, Roland: Gilles de Rays. Une grande figure diabolique. Paris 1955
Zacharias, Gerhard: Der dunkle Gott. Die Überwindung der Spaltung von Gut und Böse: Satanskult und Schwarze Messe. 3., gänzlich überarb. Aufl. Wiesbaden 1982
Zacharias, Gerhard: Satanskult und Schwarze Messe. Ein Beitrag zur Phänomenologie der Religion. München/Berlin 1979

Hexe, Hexenwesen

Achterberg, Jeanne: Die Frau als Heilerin. Die schöpferische Rolle der heilkundigen Frau in Geschichte und Gegenwart. Bern/München/Wien 1991
Aigner, Heribert: Zum Hexenwesen im Altertum. In: Helfried Valentinitsch (Hg.), Hexen und Zauberer. Die große Verfolgung. Graz/Wien 1987, S. 175–181
Arens, Anton (Hg.): Friedrich von Spee im Licht der Wissenschaften. Beiträge und Untersuchungen. Mainz 1984 (Quellen und Abhandlungen zur mittelrheinischen Kirchengeschichte, 49)
Auhofer, Herbert: Aberglaube und Hexenwahn heute. Aus der Unterwelt unserer Zivilisation. Freiburg/Basel/Wien 1960
Bader, Guido: Die Hexenprozesse in der Schweiz. Diss. jur. Affoltern 1945
Baroja, Julio Caro: Die Hexen und ihre Welt. Mit einer Einführung und einem ergänzenden Kapitel von Will-Erich Peuckert. Stuttgart 1967 (spanisch: Las brujas y su mundo. Madrid 1906)
Baschwitz, Kurt: Hexen und Hexenprozesse. Die Geschichte eines Massenwahns und seiner Bekämpfung. München 1963
Baumgarten, Achim R.: Hexenwahn und Hexenverfolgung im Naheraum. Ein Beitrag

zur Sozial- und Kulturgeschichte. Frankfurt a. M. 1987 (Europäische Hochschulschriften, III, Bd. 325)

Baumhauer, Joachim Friedrich: Johann Kruse und der «neuzeitliche Hexenwahn». Zur Situation eines norddeutschen Volksaufklärers und einer Glaubensvorstellung im 20. Jahrhundert untersucht anhand von Vorgängen in Dithmarschen. Neumünster 1984 (Studien zur Volkskunde und Kulturgeschichte Schleswig-Holsteins, 14)

Beck, Paul: Die Bibliothek eines Hexenmeisters. Mit einem Nachtrag von Johannes Bolte. In: Zeitschrift des Vereins für Volkskunde 15 (1905), S. 412–424

Becker, Gabriele, Silvia Bovenschen, Helmut Brackert (Hg.): Aus der Zeit der Verzweiflung. Zur Genese und Aktualität des Hexenbildes. Frankfurt a. M. 1977

Behringer, Wolfgang: «Erhob sich das ganze Land zu ihrer Ausrottung...» Hexenprozesse und Hexenverfolgung in Europa. In: Richard van Dülmen (Hg.), Hexenwelten. Frankfurt a. M. 1987, S. 131–169

Behringer, Wolfgang (Hg.): Hexen und Hexenprozesse in Deutschland. München 1988 (dtv dokumente)

Behringer, Wolfgang: Hexenverfolgung in Bayern. Volksmagie, Glaubenseifer und Staatsräson in der Frühen Neuzeit. München 1987

Behringer, Wolfgang: Hexenverfolgungen im Spiegel zeitgenössischer Publizistik. Die Erweytterte Unholden Zeyttung von 1590. In: Oberbayerisches Archiv 109 (1984), S. 346–354

Behringer, Wolfgang: Meinungsbildende Befürworter und Gegner der Hexenverfolgung (15. bis 18. Jahrhundert). In: Helfried Valentinitsch (Hg.), Hexen und Zauberer. Die große Verfolgung. Graz/Wien 1987, S. 219–236

Behringer, Wolfgang: Scheiternde Hexenprozesse. Volksglaube und Hexenverfolgung um 1600 in München. In: Richard van Dülmen (Hg.), Kultur der einfachen Leute. Bayerisches Volksleben vom 16. bis zum 19. Jh. München 1983, S. 42–78

Behringer, Wolfgang: «Vom Unkraut unter dem Weizen». Die Stellung der Kirchen zum Hexenproblem. In: Richard van Dülmen (Hg.), Hexenwelten. Magie und Imagination vom 16. bis 20. Jahrhundert. Frankfurt a. M. 1987, S. 60–93

Biedermann, Hans: Hexen. Auf den Spuren eines Phänomens. Traditionen, Mythen, Fakten. Graz 1974

Binz, Carl: Doctor Johann Weyer, ein rheinischer Arzt, der erste Bekämpfer des Hexenwahns. Ein Beitrag zur deutschen Kulturgeschichte des 16. Jahrhunderts. Bonn 1885 (2. Aufl. Berlin 1896, Nachdruck Wiesbaden 1969)

Blauert, Andreas (Hg.): Ketzer, Zauberer, Hexen. Die Anfänge der europäischen Hexenverfolgung. Frankfurt a. M. 1990

Byloff, Fritz: Hexenglaube und Hexenverfolgung in den österreichischen Alpenländern. Berlin/Leipzig 1934 (Quellen zur deutschen Volkskunde, 6)

Byloff, Fritz: Das Verbrechen der Zauberei. Graz 1902

Byloff, Fritz: Volkskundliches aus Strafprozessen der österreichischen Alpenländer mit besonderer Berücksichtigung der Zauberei- und Hexenprozesse 1455 bis 1850. Berlin/Leipzig 1929 (Quellen zur deutschen Volkskunde, 3)

Cohn, Norman: Europe's Inner Demons. An Enquiry Inspired by the Great Witch-Hunt. Chatto 1975 (auch: New York 1977)

Cremer, Albert: Traiano Boccalini als Kritiker Bodins. In: Quellen und Forschungen aus italienischen Archiven und Bibliotheken 55/56 (1976), S. 229–250

Croissant, Werner: Die Berücksichtigung geburts- und berufsständischer und soziologischer Unterschiede im deutschen Hexenprozeß. Diss. iur. Mainz 1953

Daxelmüller, Christoph: Hexen, Hexerei 2: Hexenglaube und Zauberei. In: Lexikon des Mittelalters Bd. IV, München/Zürich 1989, Lfg. 10, Sp. 2203–2204
Decker, Rainer: Die Hexenverfolgungen im Hochstift Paderborn. In: Westfälische Zeitschrift 128 (1978), S. 315–356
Decker, Rainer: Die Hexenverfolgungen im Herzogtum Westfalen. In: Alfred Bruns (Hg.), Hexen-Gerichtsbarkeit im kurkölnischen Sauerland. Schmallenberg-Holthausen 1984, S. 189–218
Degn, Christian, Hartmut Lehmann, Dagmar Unverhau (Hg.): Hexenprozesse. Deutsche und skandinavische Beiträge. Neumünster 1983 (Studien zur Volkskunde und Kulturgeschichte Schleswig-Holsteins, 12)
Demos, John: Entertaining Satan. Witchcraft and the Culture of Early New England. New York 1982
Diefenbach, Johann: Der Hexenwahn vor und nach der Glaubensspaltung in Deutschland. Mainz 1886 (Nachdruck Leipzig 1969)
Diepgen, Paul: Frau und Frauenheilkunde in der Kultur des Mittelalters. Stuttgart 1963
Duesterberg, Daniela: Hexenproduktion – materielle, formelle und literarische Voraussetzungen. Dargestellt am Beispiel der Freien Reichsstadt Nürnberg. Phil. Diss. Frankfurt a. M. 1981
Duhr, Bernhard: Paul Laymann und die Hexenprozesse. In: Zeitschrift für katholische Theologie 23 (1899, Heft 4, S. 733–744)
Duhr, Bernhard: Die Stellung der Jesuiten in den dt. Hexenprozessen. Köln 1900
Dülmen, Richard van (Hg.): Hexenwelten. Magie und Imagination vom 16. bis 20. Jahrhundert. Frankfurt a. M. 1987
Dülmen, Richard van (Hg.): Kultur der einfachen Leute. Bayerisches Volksleben vom 16. bis zum 19. Jahrhundert. München 1983
Dülmen, Richard van, Norbert Schindler (Hg.): Volkskultur. Zur Wiederentdeckung des vergessenen Alltags (16.–20. Jahrhundert). Frankfurt a. M. 1987
Dupont-Bouchat, Willem Frijhoff, Robert Muchembled: Prophètes et sorciers dans les Pays-Bas XVIe–XVIIIe siècle. Paris 1978
Eschenröder, Walter: Hexenwahn und Hexenprozeß in Frankfurt a. M. Gelnhausen 1932 (Phil. Diss. Frankfurt a. M. 1932)
Favret-Saada, Jeanne: Die Wörter, der Zauber, der Tod. Der Hexenglaube im Hainland von Westfrankreich. Frankfurt a. M. 1979
Fischer, Edda: Die «Disquisitionum magicarum libri sex» von Martin Delrio als gegenreformatorische Exempel-Quelle. Phil. Diss. Frankfurt a. M. 1975
Fischer-Homberger, Esther: Krankheit Frau und andere Arbeiten. Zur Medizingeschichte der Frau. Berlin/Stuttgart/Wien 1979
Flade, Paul: Das römische Inquisitionsverfahren bis zu den Hexenprozessen. Aalen 1972 (1. Aufl. 1902) (Studien zur Geschichte der Theologie und der Kirche, IX, 1)
Forbes, Thomas Rogers: The Midwife and the Witch. New Haven 1966
Geilen, Heinz Peter: Die Auswirkungen der Cautio Criminalis von Friedrich Spee auf den Hexenprozeß in Deutschland. Diss. jur. Bonn 1963
Ginzburg, Carlo: Die Benandanti. Feldkulte und Hexenwesen im 16. und 17. Jahrhundert. Frankfurt a. M. 1980 (italienisch: I benandanti. Ricerche sulla stregoneria e sui culti agrari tra Cinquecento e Seicento. Turin 1966)
Godet, Alain: Hexenglaube, Rationalität und Aufklärung. Joseph Glanvill und Johann Moriz Schwager. In: Deutsche Vierteljahrsschrift für Literaturwissenschaft und Geistesgeschichte 52 (1978), S. 580–603

Grabner-Haider, Anton, Ota Weinberger, Kurt Weinke (Hg.): Fanatismus und Massenwahn. Quellen der Verfolgung von Ketzern, Hexen, Juden und Außenseitern. Graz/Wien 1987
Grebner, Christian: Hexenprozesse im Freigericht Alzenau (1601–1605). In: Aschaffenburger Jahrbuch 6 (1979), S. 141–240
Hansen, Joseph: Quellen und Untersuchungen zur Geschichte des Hexenwahns und der Hexenverfolgung im Mittelalter. Mit einer Untersuchung der Geschichte des Wortes Hexe von Johannes Franck. Bonn 1901 (Nachdruck Hildesheim 1963)
Hansen, Joseph: Zauberwahn, Inquisition und Hexenprozeß im Mittelalter und die Entstehung der großen Hexenverfolgung. Leipzig 1900 (Nachdruck Aalen 1964)
Harmening, Dieter, Dieter R. Bauer (Hg.): Hexen heute. Magische Traditionen und neue Zutaten. Würzburg 1991 (Quellen und Forschungen zur Europäischen Ethnologie, IX / Schriften des Freilichtmuseums am Kiekeberg, 8)
Haustein, Jörg: Martin Luthers Stellung zum Zauber- und Hexenwesen. Stuttgart/Berlin/Köln 1990 (Münchener Kirchenhistorische Studien, 2)
Heinemann, Evelyn: Hexen und Hexenglauben. Eine historisch-sozialpsychologische Studie über den europäischen Hexenwahn des 16. und 17. Jahrhunderts. Frankfurt a. M./New York 1986
Heinsohn, Gunnar, Otto Steiger: Die Vernichtung der weisen Frauen. Hexenverfolgung – Kinderwelten – Menschenproduktion – Bevölkerungswissenschaft. München 1987 (1. Aufl. Herbstein-Schlechtenwegen 1985)
Helbing, Franz, Max Bauer: Die Tortur. 2., neubearb. Aufl., 2 Bde., Berlin 1926
Henningsen, Gustav: Fra heksejagt til heksekult 1484–1984. Kopenhagen 1984
Henningsen, Gustav: Heksejægeren på Rugård. De sidste trolddomsprocesser i Jylland 1685–87. O. O. 1991
Henningsen, Gustav: The Witches' Advocate. Basque Witchcraft and the Spanish Inquisition (1609–1614). Reno, Nevada 1980
Honegger, Claudia: Die Hexen der Neuzeit. Frankfurt a. M. 1979
Hörger, Hermann: Wirtschaftlich-soziale und gesellschaftlich ideologische Aspekte des Hexenwahns. Der Prozeß gegen Simon Altseer aus Rottenbuch 1665. In: Zeitschrift für Bayerische Landesgeschichte 39 (1975), S. 945–966
Kamen, Henry: Die Spanische Inquisition. München 1980
Kieckheffer, Richard: European Witch Trials. Their Foundation in Popular and Learned Culture, 1300–1500. London 1976
Kittredge, George Lyman: Witchcraft in Old and New England. Cambridge, Mass. 1929 (Nachdruck New York 1959)
Kneubühler, Hans-Peter: Die Überwindung von Hexenwahn und Hexenprozeß. Diessenhofen 1977
Kollmann, Jakob Anton: Zweifel eines Bayers über die wirkende Zauberkunst und Hexerei. An dem Lechstrom. Augsburg 1786
Krämer, Wolfgang: Kurtrierische Hexenprozesse im 16. und 17. Jahrhundert vornehmlich an der unteren Mosel. Ein Beitrag zur Kulturgeschichte. München 1959
Kunstmann, Hartmut Heinrich: Zauberwahn und Hexenprozeß in der Reichsstadt Nürnberg. Nürnberg 1970 (Nürnberger Werkstücke zur Stadt- und Landesgeschichte, 1; zugleich Diss. jur. Mainz 1970)
Labouvie, Eva: Zauberei und Hexenwerk. Ländlicher Hexenglaube in der frühen Neuzeit. Frankfurt a. M. 1991
Ladurie, Emanuel Le Roy: Die Bauern des Languedoc. Darmstadt 1985

Larner, Christiana: Witchcraft and Religion. The Politics of Popular Belief. Edited with a Foreword by Alan Macfarlane. Oxford 1984

Lehmann, Hartmut: Frömmigkeitsgeschichtliche Auswirkungen der «Kleinen Eiszeit». In: Wolfgang Schieder (Hg.), Volksreligiosität in der modernen Sozialgeschichte. Göttingen 1986 (Geschichte und Gesellschaft, Sonderheft 11), S. 31–51

Lehmann, Hartmut: Hexenverfolgungen und Hexenprozesse im Alten Reich zwischen Reformation und Aufklärung. In: Jahrbuch des Instituts für Deutsche Geschichte 7 (1978), S. 13–70

Leland, Charles G.: Aradia. Die Lehre der Hexen. München 1979

Leutenbauer, Siegfried: Hexerei und Zaubereidelikt in der Literatur von 1450–1550. Mit Hinweisen auf die Praxis im Herzogtum Bayern. München 1972 (Münchener Universitätsschriften – Juristische Fakultät. Abhandlungen zur rechtswissenschaftlichen Grundlagenforschung, 3)

Levack, Brian P.: The Witch-Hunt in Early Modern Europe. London/New York 1987

Lieberwirth, Rolf: Christian Thomasius. Sein wissenschaftliches Lebenswerk, eine Bibliographie. Weimar 1955 (Thomasiana, 2)

Lorenz, Sönke: Aktenversendung und Hexenprozeß. Bd. 1: Dargestellt am Beispiel der Juristenfakultäten Rostock und Greifswald 1570/82–1630. Frankfurt a. M. 1982 (Studia philosophica et historica I, 1)

Lorenz, Sönke: «Die Zauberinnen solt du nit leben lassen». Rechtsgutachten von Johann Fichard in Sachen Hexenprozeß. In: Demokratie und Arbeitergeschichte 1 (1980), S. 37–63

Macfarlane, Alan: Witchcraft in Tudor and Stuart England. A Regional and Comparative Study. London 1970

Mandrou, Robert: Magistrats et sorciers en Françe au XVIIe siècle. Une analyse de psychologie historique. Paris 1968

Merzbacher Friedrich: Geschichte der Hexenprozesse im Hochstift Würzburg. In: Mainfränkisches Jahrbuch 73 (1950), S. 162–185

Merzbacher, Friedrich: Die Hexenprozesse in Franken. München 1957 (Schriftenreihe zur bayerischen Landesgeschichte, 56) (2. Aufl. München 1970)

Midelfort, Homer Charles Erik: Witch-Hunting in Southwestern Germany 1562–1684. The Social and Intellectual Foundations. Stanford, California 1972

Monter, E. William: Witchcraft in France and Switzerland. Ithaca/London 1976

Muchembled, Robert: Kultur des Volkes – Kultur der Eliten. Die Geschichte einer erfolgreichen Verdrängung. Stuttgart 1982 (französisch: Culture populaire et culture des élites dans la France moderne [XVe – XVIIIe siècles]. Paris 1978)

Muchembled, Robert: La sorcière au village (XVe–XVIIIe siècle). Paris 1979

Muchembled, Robert: Sorcières, justice et société aux 16e et 17e siècles. Paris 1987

Müller-Hess, Hans Georg: Die Lehre von der Menstruation vom Beginn der Neuzeit bis zur Begründung der Zellenlehre. Berlin 1938 (Abhandlungen zur Geschichte der Medizin und der Naturwissenschaften, 27)

Murray, Margreth Alice: The Witch-Cult in Western Europe. 3. Aufl. Oxford 1963 (1. Aufl. Oxford 1921)

Paulus, Nikolaus: Hexenwahn und Hexenprozeß, vornehmlich im 16. Jahrhundert. Freiburg i. Br. 1910

Paulus, Nikolaus: Die Rolle der Frau in der Geschichte des Hexenwahns. In: Historisches Jahrbuch 29 (1908), S. 72–95

Peuckert, Will-Erich: Quellen und Untersuchungen zur Geschichte des Hexenglaubens im 16.–18. Jahrhundert. Hildesheim 1968

Pintschovius, Joska: Zur Hölle mit den Hexen. Abschied von den weisen Frauen. Berlin/Frankfurt a. M. 1991
Pohl, Herbert: Hexenglaube und Hexenverfolgung im Kurfürstentum Mainz. Ein Beitrag zur Hexenfrage im 16. und beginnenden 17. Jahrhundert. Stuttgart 1988 (Geschichtliche Landeskunde. Veröffentlichungen des Instituts für geschichtliche Landeskunde an der Universität Mainz, Bd. 32)
Rapp, Ludwig: Die Hexenprozesse und ihre Gegner aus Tirol. Innsbruck 1874
Riezler, Sigmund (von): Geschichte der Hexenprozesse in Bayern im Lichte der allgemeinen Entwicklung dargestellt. Stuttgart 1896 (Nachdruck Stuttgart 1968)
Riezler, Sigmund (von): Paul Laymann und die Hexenprozesse. Zur Abwehr. In: Historische Zeitschrift 84 (1900), S. 244–256
Ritter, Joachim Friedrich: Friedrich von Spee. 1591–1635. Ein Edelmann, Mahner und Dichter. Trier 1977
Roellenbleck, Georg: Zum Schrifttum über Jean Bodin seit 1936. In: Der Staat 2 (1963), S. 339–349; ebd. 3 (1964), S. 227–246
Schneider, Heinrich: Die Hexenliteratur-Sammlung der Cornell Universität in Ithaca, New York. In: Hessische Blätter für Volkskunde 41 (1950), S. 196–208
Schneider, Ulrich Friedrich: Das Werk «De praestigiis Daemonum» von Weyer und seine Auswirkungen auf die Bekämpfung des Hexenwahns. Bonn 1951
Schormann, Gerhard: Hexenprozesse in Deutschland. Göttingen 1981 (Kleine Vandenhoeck-Reihe, 1470)
Schormann, Gerhard: Hexenprozesse in Nordwestdeutschland. Hildesheim 1977
Schwaiger, Georg (Hg.): Teufelsglaube und Hexenprozesse. München 1987 (Beck'sche Reihe 337)
Schwillus, Harald: Die Hexenprozesse gegen Würzburger Geistliche unter Fürstbischof Philipp Adolf von Ehrenberg (1623–1631). Würzburg 1989 (Forschungen zur fränkischen Kirchen- und Theologiegeschichte, 14)
Senn, Matthias (Hg.): Die Wickiana. Johann Jakob Wicks Nachrichtensammlung aus dem 16. Jh. Texte und Bilder zu den Jahren 1560 bis 1571. Küsnacht/Zürich 1975
Siebel, Friedrich Wilhelm: Die Hexenverfolgung in Köln. Diss. jur. Bonn 1959
Siller, Max: Zauberspruch und Hexenprozess. Die Rolle des Zauberspruchs in den Zauber- und Hexenprozessen Tirols. In: Werner M. Bauer u. a. (Hg.), Tradition und Entwicklung. Festschrift für Eugen Thurnher. Innsbruck 1982, S. 127–154
Soldan, Gottlieb Wilhelm, Heinrich Heppe, Max Bauer: Geschichte der Hexenprozesse. 2 Bde., München 1912 (Nachdruck Darmstadt 1976)
Soman, Alfred: The Parlament of Paris and the Great Witch Hunt 1565 to 1640. In: Sixteenth Century Journal 9 (1976), S. 31–44
Spielmann, Karl: Die Hexenprozesse in Kurhessen. 2. Aufl. Marburg 1932
Thieser, Bernd: Die Oberpfalz im Zusammenhang des Hexenprozeßgeschehens im Süddeutschen [sic!] Raum während des 16. und 17. Jahrhunderts. Bayreuth 1987 (Bayreuther Arbeiten zur Landesgeschichte und Heimatkunde, 2)
Unverhau, Dagmar: Die abendländische Hexe. Beispiele ihrer Verfolgung. In: Helfried Valentinitsch (Hg.), Hexen und Zauberer. Die große Verfolgung. Graz/Wien 1987, S. 237–264
Unverhau, Dagmar: Von Toverschen und Kunstfruhwen in Schleswig 1548–1557. Quellen und Interpretationen zur Geschichte des Zauber- und Hexenwesens. Schleswig 1980
Valentinitsch, Helfried (Hg.): Hexen und Zauberer. Die große Verfolgung – ein europäisches Phänomen in der Steiermark. Graz/Wien 1987

Valentinitsch, Helfried, Ileane Schwarzkogler (Hg.): Hexen und Zauberer. Katalog der Steirischen Landesausstellung 1987, Riegerburg/Oststeiermark 1. Mai–26. Oktober. Graz/Wien 1987

Wachter, Georg Friedrich von: Der letzte Hexenprozeß des Stiftes Kempen. In: Allgäuer Geschichtsfreund N. F. 5 (1892), S. 6–83

Waibler, Helmut: Johannes Praetorius (1630–1680). Ein Barockautor und seine Werke. In: Archiv für Geschichte des Buchwesens 20 (1979), Lfg. 4–5, Sp. 951–1152

Waibler, Helmut: M. Johannes Praetorius, P. L. C. Biobibliographische Studien zu einem Kompilator curieuser Materien im 17. Jahrhundert. Frankfurt a. M./Bern/Las Vegas 1979 (Europäische Hochschulschriften, Reihe XIX: Ethnologie/Kulturanthropologie, A: Volkskunde, 15)

Weber, Hartwig: Kinderhexenprozesse. Frankfurt a. M./Leipzig 1991

Wittmann, Pius: Die Bamberger Hexenjustiz 1595–1631. In: Archiv für katholisches Kirchenrecht 50 (1883), S. 177–223

Wolf, Hans-Jürgen: Hexenwahn und Exorzismus. Ein Beitrag zur Kulturgeschichte. Kriftel/Ts. 1979

Wunder, Heide: Frauen in der Gesellschaft Mitteleuropas im späten Mittelalter und in der Frühen Neuzeit (15. bis 18. Jahrhundert). In: Helfried Valentinitsch (Hg.), Hexen und Zauberer. Die große Verfolgung. Graz/Wien 1987, S. 123–154

Zenz, Emil: Cornelius Loos. Ein Vorläufer Friedrich Spees im Kampf gegen den Hexenwahn. In: Kurtrierisches Jahrbuch 2 (1962), S. 41–69

Ziegeler, Wolfgang: Möglichkeiten der Kritik am Hexen- und Zauberwesen im ausgehenden Mittelalter. Zeitgenössische Stimmen und ihre soziale Zugehörigkeit. Köln/Wien 1973 (Kollektive Einstellungen und sozialer Wandel im Mittelalter, 2)

Zwetsloot, Hugo: Friedrich Spee und die Hexenprozesse. Die Stellung und Bedeutung der Cautio Criminalis in der Geschichte der Hexenverfolgungen. Trier 1954

Neuzeit, Magietheorie, *magia naturalis*

Allers, Rudolf: Microcosmos from Anaximandros to Paracelsus. In: Traditio 1 (1944), S. 319–408

Ambelain, Robert: Le cristal magique ou la magie de Jehan Trithème, Abbé de Spanheim et de Wurtzbourg (1462–1516). Paris 1962

Anagnine, Eugenio: Pico della Mirandola. Bari 1937

Arnold, Klaus: Johannes Trithemius (1462–1516). Würzburg 1971 (Quellen und Forschungen zur Geschichte des Bistums und Hochstifts Würzburg, XXIII)

Bailey, John Eglington: John Dee and the «Steganographia» of Trithemius. London 1879

Baron, Frank: Doctor Faustus. From History to Legend. München 1978 (Humanistische Bibliothek, Reihe I, 27)

Baudrillart, Henri: Jean Bodin et son temps. Tableau des théories politiques et des idées économiques au XVIe siècle. Paris 1853

Benesch, Kurt (Hg.): Doktor Johannes Faust, Magia naturalis. Sämtliche magische Werke. 2. Aufl. Wiesbaden 1985

Benesch, Kurt (Hg.): Heinrich Cornelius Agrippa von Nettesheim, Die magischen Werke. Wiesbaden 1982

Blumenberg, Hans: Die Genesis der kopernikanischen Welt. Frankfurt a. M. 1975

Blumenberg, Hans: Pseudoplatonismen in der Naturwissenschaft der frühen Neuzeit.

Mainz 1971 (Akademie der Wissenschaften und der Literatur, Abhandlungen der geistes- und sozialwissenschaftlichen Klasse 1971, 1)

Boll, Franz: Sternglaube und Sterndeutung. Die Geschichte und das Wesen der Astrologie. 3. Aufl. Leipzig/Berlin 1926 (5. Aufl. Darmstadt 1966)

Brann, Noel L.: The Abbot Trithemius (1462–1516). The Renaissance of Monastic Humanism. Leiden 1981 (Studies in the History of Christian Thought, 24)

Cassirer, Ernst: Individuum und Kosmos in der Philosophie der Renaissance. Leipzig 1927

Daxelmüller, Christoph: Disputationes curiosae. Zum «volkskundlichen» Polyhistorismus an den Universitäten des 17. und 18. Jahrhunderts (Veröffentlichungen zur Volkskunde und Kulturgeschichte, Bd. 5). Würzburg 1979

Daxelmüller, Christoph: Magie in der Neuzeit. In: Marie-Louise Thomsen, Dieter Harmening, Christoph Daxelmüller, Magie. In: Kindlers Enzyklopädie «Der Mensch», Bd. VI. Zürich/München 1983, S. 696–705

Dorner, Rainer: Doktor Faust. Zur Sozialgeschichte der deutschen Intellektuellen zwischen frühbürgerlicher Revolution und Reichsgründung (1525–1871). Kronberg/Ts. 1976 (Monographien, Literaturwissenschaft, 26)

Dülmen, Richard van (Hg.): Die Rosenkreuzer-Manifeste. Stuttgart 1973

Engel, Karl: Bibliotheca Faustiana. Zusammenstellung der Faustschriften vom 16. Jahrhundert bis Mitte 1884. Oldenburg 1855 (Nachdruck Hildesheim 1963)

Faivre, Antoine, Rolf Christian Zimmermann (Hg.): Epochen der Naturmystik. Hermetische Tradition im wissenschaftlichen Fortschritt / Grands moments de la mystique de la nature / Mystical Approaches to Nature. Berlin 1979

Fletcher, John Edward: Athanasius Kircher: «Germanus Incredibilis». A Study of his Life and Works, with a Preliminary Report upon his Unpublished Correspondence. 2 Bde., London 1966

Frick, Karl R. H.: Die Erleuchteten. Gnostisch-theosophische und alchemistisch-rosenkreuzerische Geheimgesellschaften bis zum Ende des 18. Jahrhunderts. Ein Beitrag zur Geistesgeschichte der Neuzeit. Graz 1973

Frick, Karl R. H.: Licht und Finsternis. Gnostisch-theosophische und freimaurerisch-okkulte Geheimgesellschaften bis an die Wende zum 20. Jahrhundert. 2 Teile, Graz 1975/78

Godet, Alain: Hexenglaube, Rationalität und Aufklärung. Joseph Glanvill und Johann Moriz Schwager. In: Deutsche Vierteljahrsschrift für Literaturwissenschaft und Geistesgeschichte 52 (1978), S. 580–603

Godwin, Joscelyn: Athanasius Kircher. A Renaissance Man and the Quest for Lost Knowledge. London 1979

Haberkamm, Klaus: «Sensus Astrologicus». Zum Verhältnis von Literatur und Astrologie in Renaissance und Barock. Bonn 1972 (Abhandlungen zu Kunst-, Musik- und Literaturwissenschaft, 124)

Heinekamp, Albert, Dieter Mettler (Hg.): Magia naturalis und die Entstehung der modernen Naturwissenschaften. Symposion der Leibniz-Gesellschaft Hannover, 14. und 15. November 1975. Wiesbaden 1978 (studia leibnitiana, Sonderheft 7)

Henning, Hans: Faust-Bibliographie. Teil I: Allgemeines. Grundlagen. Gesamtdarstellungen – Das Faust-Thema vom 16. Jahrhundert bis 1790. Berlin/Weimar 1966

Kämmerer, Ernst-Wilhelm: Das Leib-Seele-Geist-Problem bei Paracelsus und einigen Autoren des 17. Jahrhunderts. Wiesbaden 1971 (Kosmosophie, 3)

Kibre, Pearl: The Library of Pico della Mirandola. New York 1936

Kiesewetter, Carl: Faust in Geschichte und Tradition. Mit besonderer Berücksichti-

gung des occulten Phänomenalismus und des mittelalterlichen Zauberwesens. Als Anhang: Die Wagnersage und das Wagnerbuch. Leipzig 1893 (Nachdruck Hildesheim 1963)
Kiezkowski, Bodhan: Les rapports entre Elie del Medigo et Pic de la Mirandole. In: Rinascimento, Seconda Serie 4 (1964), S. 63–75
Kretzenbacher, Leopold: Teufelsbündner und Faustgestalten im Abendlande. Klagenfurt 1968 (Buchreihe des Landesmuseums für Kärnten, 23)
Lange, Ursula: Untersuchungen zu Bodins Demonomanie. Frankfurt a. M. 1970 (Das Abendland, 8)
Möller, Helmut: Angewandte Aufklärung und magia naturalis. Versuch über ein konfisziertes Hausbuch des ausgehenden 18. Jahrhunderts. In: Volksüberlieferung. Festschrift für Kurt Ranke, hg. von Fritz Harkort, Karel C. Peeters, Robert Wildhaber. Göttingen 1968, S. 491–502
Muchembled, Robert: La Violence au village. Sociabilité et comportements populaires en Artois du XVe au XVIIIe siècle. O. O. (Turnhout) 1989
Müller-Jahncke, Wolf-Dieter: Astrologisch-magische Theorie und Praxis in der Heilkunde der frühen Neuzeit. Stuttgart 1985
Müller-Jahncke, Wolf-Dieter: Magie als Wissenschaft im frühen 16. Jahrhundert. Die Beziehungen zwischen Magie, Medizin und Pharmazie im Werk des Agrippa von Nettesheim (1486–1535). Phil. Diss. Marburg 1973
Nauert, Charles G.: Agrippa and the Crisis of Renaissance Thought. Urbana, Ill. 1965 (Illinois Studies in the Social Sciences 55)
Oesterle, Friedrich: Die Anthropologie des Paracelsus. Berlin 1937
Orsier, Joseph: Henri Cornélis Agrippa, sa vie et son Œuvre d'après sa correspondance (1486–1534). Paris 1911
Peuckert, Will-Erich: Gabalia. Ein Versuch zur Geschichte der Magia naturalis im 16. bis 18. Jahrhundert. Berlin 1967 (Pansophie, Zweiter Teil)
Peuckert, Will-Erich: Geheimkulte. Heidelberg 1951 (Nachdruck Hildesheim 1984)
Peuckert, Will-Erich: Göttingen und die Magische Hausväterliteratur. In: Zeitschrift für Deutsche Philologie 76 (1957), S. 365–378
Peuckert, Will-Erich: Die große Wende. Das apokalyptische Saeculum und Luther. Hamburg 1948 (Nachdruck in 2 Bden. Darmstadt 1967)
Peuckert, Will-Erich: Pansophie. Ein Versuch zur Geschichte der weißen und schwarzen Magie. 2. Aufl. Berlin 1956; 3. Aufl. Berlin 1976
Peuckert, Will-Erich: Das Rosenkreutz. Mit einer Einleitung hg. von Rolf Christian Zimmermann. 2. Aufl. Berlin 1973 (Pansophie, 3)
Peuckert, Will-Erich (Hg.): Theophrastus Paracelsus Werke. Bd. V: Pansophische, magische und gabalische Schriften. 2. Aufl. Darmstadt 1976
Platzeck, Erhard Wolfram: Raimund Lull. Sein Leben – Seine Werke. Die Grundlagen seines Denkens (Prinzipienlehre). 2 Bde., Düsseldorf 1962–1964 (Bibliotheca Franciscana 5.6)
Pozzi, Giovanni: Da Padova a Firenze nel 1493. In: Italia Medioevale e Umanistica 9 (1956), S. 220–221
Prost, Auguste: Corneille Agrippa. Sa vie et ses œuvres. 2 Bde., Paris 1881–1882 (Nachdruck Nieuwkoop 1965)
Raith, Werner: Die Macht des Bildes. Ein humanistisches Problem bei Gianfrancesco Pico della Mirandola. München 1967 (Humanistische Bibliothek, Abhandlungen und Texte. Reihe I: Abhandlungen, Bd. 3)
Reilly, Conor: Athanasius Kircher S. J. Master of a Hundred Arts 1602–1680. Wiesba-

den/Rom 1974 (Studia Kircheriana. Schriftenreihe der Internationalen Athanasius Kircher Forschungsgesellschaft e. V., 1)
Shumaker, Wayne: The Occult Sciences in the Renaissance. A Study in Intellectual Patterns. Berkeley/Los Angeles/London 1972
Sudhoff, Karl: Iatromathematiker vornehmlich im 15. und 16. Jahrhundert. Breslau 1902
Sudhoff, Karl: Versuch einer Kritik der Echtheit der Paracelsischen Schriften. Berlin 1894
Telle, Joachim: Mythologie und Alchemie. Zum Fortleben der antiken Götter in der frühneuzeitlichen Alchemieliteratur. In: Beiträge zur Humanismusforschung 6 (1980), S. 135–154
Telle, Joachim: Die «Magia naturalis» Wolfgang Hildebrands. In: Mitteilungen der Gesellschaft für Wissenschaftsgeschichte 11 (1973), S. 25–29
Theens, Karl: Doktor Johann Faust. Geschichte der Faustgestalt vom 16. Jahrhundert bis zur Gegenwart. Meisenheim/Kronberg 1948
Tille, Alexander: Die Faustsplitter in der Literatur des sechzehnten bis achtzehnten Jahrhunderts nach den ältesten Quellen. Berlin 1900
Völker, Klaus: Faust. Ein deutscher Mann. Die Geburt einer Legende und ihr Fortleben in den Köpfen. Berlin 1975
Wagmann, Frederick H.: Magic and Natural Science in German Barock Literature. A Study in the Prose Forms of the Later Seventeenth Century. New York 1942
Walker, D. P.: Spiritual and Demonic Magic from Ficino to Campanella. London 1958 (Studies of the Warburg Institute, Vol. 22)
Yates, Frances A.: The Rosicrucian Enlightenment. London 1972 (deutsch: Stuttgart 1952)

Kabbala und Kabbalistik

Abelson, Joshua: Jewish Mysticism. London 1913
Baeck, Leo: Zum Sepher Jezira. In: Monatsschrift für Geschichte und Wissenschaft des Judentums 70 (1926), S. 371–376
Baeck, Leo: Die Zehn Sephirot im Sepher Jezira. In: Monatsschrift für Geschichte und Wissenschaft des Judentums 78 (1934), S. 448–455
Blau, Leon: The Christian Interpretation of the Cabala in the Renaissance. New York 1944
Blau, Ludwig: Das altjüdische Zauberwesen. Budapest 1897/98 (Nachdruck Graz 1974)
Bloch, Philipp: Geschichte der Entwicklung der Kabbala und der jüdischen Religionsphilosophie kurz zusammengefaßt. Trier 1894
Christian Knorr von Rosenroth. Dichter und Gelehrter am Sulzbacher Musenhof. Festschrift zur 300. Wiederkehr des Todestages, hg. vom Literaturarchiv und der Stadt Sulzbach-Rosenberg. Sulzbach-Rosenberg 1989
D'Alveydre, Joseph Alexandre Saint-Yves: Notes sur la tradition cabalistique. Paris 1901
Halevi, Z'ev ben Shimon: Kabbalah. Tradition of hidden knowledge. O. O. 1979.
Harnischfeger, Ernst: Mystik im Barock. Das Weltbild der Teinacher Lehrtafel. Stuttgart 1980
Mathers, Samuel Liddell Macgregor: The Kabbalah Unveiled. Containing the following Books of the Zohar: The Book of Concealed Mystery – The Greater Holy Assembly – The Lesser Holy Assembly. 5. Aufl. New York 1978

Papus: Die Kabbala. Autorisierte Übersetzung von Julius Nestler. Wiesbaden o.J.
Richardson, Alan: An Introd. to the Mystical Qabalah. 2. Aufl. Wellingborough 1977
Schoeps, Hans Joachim: Philosemitismus im Barock. Tübingen 1952
Scholem, Gerhard (Gershom): Bibliographica kabbalistica. Leipzig 1927
Scholem, Gerhard (Gershom): Das Buch Bahir. Ein Schriftdenkmal aus der Frühzeit der Kabbala. Leipzig 1923 (Qabbala. Quellen und Forschungen zur Geschichte der jüdischen Mystik, Bd. I); Nachdruck Darmstadt 1970
Scholem, Gershom: Zur Frage der Entstehung der Kabbala. In: Korrespondenzblatt des Vereins zur Gründung und Erhaltung einer Akademie für die Wissenschaft des Judentums 9 (1928), S. 4–26
Scholem, Gershom: Die jüdische Mystik in ihren Hauptströmungen. Frankfurt a. M. 1980
Scholem, Gershom: On the Kabbalah and its Symbolism. 7. Aufl. New York 1978 (1. engl. Aufl. New York 1969)
Scholem, Gershom: Magische und tellurische Elemente in der Vorstellung vom Golem. In: Eranos-Jahrbuch 22 (1952), S. 235–289
Scholem, Gershom: Von der mystischen Gestalt der Gottheit. Studien zu Grundbegriffen der Kabbala. Frankfurt a. M. 1973
Scholem, Gershom G.: Ursprung und Anfänge der Kabbala. Berlin 1962
Schrire, T.: Hebrew Amulets. Their Decipherment and Interpretation. London 1966
Secret, François: Les kabbalistes chrétiens de la Renaissance. Paris 1964 (Collection Sigma 5)
Der Sohar. Das heilige Buch der Kabbala. Nach dem Urtext hg. von Ernst Müller. Wien 1932 (auch: Düsseldorf/Köln 1982 [Diederichs Gelbe Reihe, 36])
The Sohar. Translated by Harry Sperling and Maurice Simon. 5 Bde., London 1931–1934
Trachtenberg, Joshua: Jewish Magic and Superstition. New York 1939

Zauberpraktiken, Zauberanleitungen, Divination, Heilwesen, Amulett und Talisman, Okkultismus

Ahrens, Wilhelm Ernst Martin Georg: Über magische Quadrate, Anzahlbestimmungen. Vorkommen auf Amuletten. Leipzig/Berlin 1914
Allgeier, Kurt: Die Wunderheiler. Heilungen mit der Kraft des Geistes und des Glaubens. Zürich 1990
Anglo, Sidney (Hg.): The Damned Art. Essays in the Literature of Witchcraft. London 1977
Angst, Beatrice Elsbeth: Magische Praktiken des Menschen unserer Zeit in ihrer sozialpsychologischen und psychodynamischen Bedeutung. Frankfurt a. M. 1972 (Europäische Hochschulschriften, Reihe VI, Bd. 7)
Barthel, Günther (Hg.): Heilen und Pflegen. Internationale Forschungsansätze zur Volksmedizin. Marburg 1986 (Hessische Blätter für Volks- und Kulturforschung, Bd. 19)
Barthel, Günther: Volksmedizin und Volksmedizinforschung im deutschsprachigen Raum. In: ders., (Hg.), Heilen und Pflegen. Internationale Forschungsansätze zur Volksmedizin. Marburg 1986, S. 14–24
Bausinger, Hermann (Hg.): Zauberei und Frömmigkeit. Tübingen 1966 (Untersuchungen des Ludwig-Uhland-Instituts, 13)
Beck, Paul: Die Bibliothek eines Hexenmeisters. Mit einem Nachtrag von Johannes Bolte. In: Zeitschrift des Vereins für Volkskunde 15 (1905), S. 412–424

Besant, Annie, Charles Webster Leadbeater: Okkulte Chemie. Eine Reihe hellseherischer Beobachtungen über die chemischen Elemente. 3. Aufl. Leipzig 1924
Biedermann, Hans: Medicina Magica. Metaphysische Heilmethoden in spätantiken und mittelalterlichen Codices. Graz 1972; 2. Aufl. Graz 1978
Birchler, Urs Benno: Der Liebeszauber (Philtrum) und sein Zusammenhang mit der Liebeskrankheit in der Medizin, besonders des 16.–18. Jahrhunderts. Zürich 1975 (Zürcher medizingeschichtliche Abhandlungen, N. R. 110)
Bitter, Wilhelm (Hg.): Magie und Wunder in der Heilkunde. Ein Tagungsbericht. Stuttgart 1959
Blöcker, Monica: Wetterzauber. Zu einem Glaubenskomplex des frühen Mittelalters. In: Francia 9 (1981), S. 117–131
Bricaud, Jean: Catéchisme gnostique à l'usage des fidèles de l'Église Catholique Gnostique. Lyon 1907
Browe, Peter: Die eucharistischen Wunder des Mittelalters. Breslau 1938 (Breslauer Studien zur Historischen Theologie, N. F. 4)
Browe, Peter: Die Eucharistie als Zaubermittel im Mittelalter. In: Archiv für Kulturgeschichte 20 (1930), S. 134–154
Brückner, Wolfgang: Bildnis und Brauch. Studien zur Bildfunktion der Effigies. Berlin 1966
Brückner, Wolfgang: Jungfernpergament – Gestaltungskräfte und historische Schichten in Magie und Volksglaube. In: Bayerisches Jahrbuch für Volkskunde 1969, S. 85–112
Brückner, Wolfgang: Überlegungen zur Magietheorie. Vom Zauber mit Bildern. In: Leander Petzoldt (Hg.), Magie und Religion. Beiträge zu einer Theorie der Magie (Wege der Forschung, 337). Darmstadt 1978, S. 404–419
Butler, Eliza Marian: The Myth of the Magus. Cambridge 1979
Butler, Eliza Marian: Ritual Magic. Cambridge 1979
Byloff, Fritz: Nestelknüpfen und -lösen. In: Archiv für Geschichte der Medizin 19 (1927), S. 203–208
Clodd, Edward: Magic in Names and in Other Things. London 1920 (Nachdruck Detroit 1968)
Crowley, Aleister (Hg.): The Book of Goetia of Solomon the King. Boleskine 1904
Crowley, Aleister: The Book of Thot. London 1944; 3. Aufl. New York 1973
Crowley, Aleister: Confessions. Die Bekenntnisse des Aleister Crowley. Bergen 1987
Crowley, Aleister: Liber AL vel legis sub figura CCXX wie es gegeben ward von XCIII=418 an DCLXVI. Deutsche Übertragung von Frater Fines Transcendam. Zürich 1953
Crowley, Aleister: Magick. London 1973
Daxelmüller, Christoph: Divination. In: Enzyklopädie des Märchens Bd. III, Berlin/New York 1980, Lfg. 2–3, Sp. 718–727
Daxelmüller, Christoph: Fernzauber. In: Enzyklopädie des Märchen Bd. IV, Berlin/New York 1984, Lfg. 4–5, Sp. 1025–1033
Daxelmüller, Christoph: Festbannen. In: Enzyklopädie des Märchens Bd. IV, Berlin/New York 1984, Lfg. 4–5, Sp. 1043–1052
Daxelmüller, Christoph: Heil- und Volksglaube. In: Jürgen Wittstock (Hg.), Aus dem Alltag der mittelalterlichen Stadt (Hefte des Focke Museums, 62). Bremen 1982, S. 181–192
Daxelmüller, Christoph: Hieb- und stichfest. In: Enzyklopädie des Märchens Bd. VI, Berlin/New York 1990, Lfg. 4–5, Sp. 994–997

Daxelmüller, Christoph: Das literarische Magieangebot. Zur Vermittlung von hochschichtlicher Magiediskussion und magischer Volksliteratur im 17. Jahrhundert. In: Wolfgang Brückner, Peter Blickle, Dieter Breuer (Hg.), Literatur und Volk im 17. Jahrhundert. Probleme populärer Kultur in Deutschland (Wolfenbütteler Arbeiten zur Barockforschung, 13). Teil 2, Wiesbaden 1985, S. 837–863

Dornseiff, Franz: Das Alphabet in Mystik und Magie. 2. Aufl. Berlin 1925 (Stoicheia. Studien zur Geschichte des antiken Weltbildes und der griechischen Wissenschaft, VII)

Douglas, Alfred: Ursprung und Praxis des Tarot. Köln 1986 (Diederichs Gelbe Reihe, 62)

Ebermann, Oskar: Blut- und Wundsegen in ihrer Entwickelung dargestellt. Berlin 1903 (Palaestra, 24)

Eis, Gerhard: Altdeutsche Zaubersprüche. Berlin 1964

Eis, Gerhard (Hg.): Wahrsagetexte des Spätmittelalters. Aus Handschriften und Inkunabeln. Berlin 1956 (Texte des späten Mittelalters, 1)

Elworthy, Frederick Thomas: The Evil Eye. The Origins and Practices of Superstition. London 1895 (auch: New York 1958)

Euringer, Sebastian: Das Sator-Arepo-Quadrat. Aberglaube oder Arkandisziplin? In: Historisches Jahrbuch 71 (1952), S. 334–353

Favret-Saada, Jeanne: Die Wörter, der Zauber, der Tod. Der Hexenglaube im Hainland von Westfrankreich. Frankfurt a. M. 1979

Fournier, Pierre-François: Magie et sorcellerie. Essai historique. Accompagné de documents concernant la magie et la sorcellerie en Auvergne. Paris 1979

Franz, Adolph: Die kirchlichen Benediktionen im Mittelalter. 2 Bde., Freiburg i. Br. 1909

Fults, John L.: Magic Squares. LaSalle, Ill. 1974

Galley, Frithjof: Magie im 18. Jahrhundert. Transkription und Analyse einer Handschrift des ausgehenden 18. Jahrhunderts mit religiösmagisch-alchimistisch-kabbalistisch-kuriosem Inhalt. Phil. Diss. München 1985

Ganser, Oskar: Sympathie und Zaubermedizin. Leipzig 1921

Gardner, Gerald B.: The Meaning of Witchcraft. London 1959

Gaster, Moses: The Sword of Moses, an ancient book of Magic. From a unique manuscript, with introduction, translation, an index of mystical names and a facsimile. London 1896

Grambo, Ronald: Norske trollformler og magiske ritualer. Oslo/Bergen/Tromsø 1979

Gupta, Marie, Fran Brandon: A Treasury of Witchcraft and Devilry. A primer of the Occult. Middle Village, N.Y. 1975

Gutberlet, Constantin: Der Spiritismus. Köln 1882

Hampp, Irmgard: Beschwörung, Segen, Gebet. Untersuchungen zum Zauberspruch aus dem Bereich der Volksheilkunde. Stuttgart 1961 (Veröffentlichungen des Staatl. Amtes für Denkmalpflege Stuttgart, Reihe C: Volkskunde, 1)

Hampp, Irmgard: Untersuchungen zum Zauberspruch auf Grund von Sammlungen aus Württemberg wie aus deutschen und ausländischen Vergleichsgebieten. Phil. Diss. Tübingen 1955

Hand, Wayland D.: Magical Medicine. The Folkloric Component of Medicine in the Folk Belief, Custom, and Ritual of the Peoples of Europe and America. Selected Essays. Berkeley/Los Angeles/London 1980

Harmening, Dieter, Dieter R. Bauer (Hg.): Hexen heute. Magische Traditionen und

neue Zutaten. Würzburg 1991 (Quellen und Forschungen zur Europäischen Ethnologie, IX / Schriften des Freilichtmuseums am Kiekeberg, 8)
Hauschild, Thomas: Der Böse Blick. Ideengeschichtliche und sozialpsychologische Untersuchungen. Hamburg 1979 (Beiträge zur Ethnomedizin, Ethnobotanik und Ethnozoologie, VII)
Hävernick, Walter: Wunderwurzeln, Alraunen und Hausgeister im deutschen Volksglauben. In: Beiträge zur deutschen Volks- und Altertumskunde 10 (1966), S. 17–34
Hay, George, Colin Wilson u. a.: The Necronomicon. The Book of Dead Names. The lost masterpiece of occult literature. O. O. 1978
Hoffmann, Gerda: Beiträge zur Lehre von der durch Zauber verursachten Krankheit und ihrer Behandlung in der Medizin des Mittelalters. Diss. Berlin 1933
Honko, Lauri: Krankheitsprojektile. Untersuchung über eine urtümliche Krankheitserklärung. Helsinki 1959 (FF Communications, 178)
Howe, Ellic: The Magicians of the Golden Dawn. London 1972
Hübscher, Arthur: Die große Weissagung. Texte, Geschichte und Deutung der Prophezeiungen von den biblischen Propheten bis auf unsere Zeit. München 1952
Ins, Jürg von (Hg.): Abraham von Worms, Das Buch der wahren Praktik in der göttlichen Magie. Vergleichende Textausgabe. München 1988 (Diederichs Gelbe Reihe, 77)
Jacoby, Adolf: Die Zauberbücher vom Mittelalter bis zur Neuzeit, ihre Sammlung und Bearbeitung. In: Mitteilungen der schlesischen Gesellschaft für Volkskunde 31/32 (1931), S. 208–228
Kiesewetter, Carl: Faust in Geschichte und Tradition. Mit besonderer Berücksichtigung des occulten Phänomenalismus und des mittelalterlichen Zauberwesens. Als Anhang: Die Wagnersage und das Wagnerbuch. Leipzig 1893 (Nachdruck Hildesheim 1963)
King, Francis: Ritual Magic in England 1887 to the Present Day. London 1972
Klapper, Joseph: Das Gebet im Zauberglauben des Mittelalters. In: Mitteilungen der schlesischen Gesellschaft für Volkskunde 9 (1907), S. 5–41
Kollmann, Jakob Anton: Zweifel eines Bayers über die wirkende Zauberkunst und Hexerei. An dem Lechstrom. Augsburg 1786
Kriss-Rettenbeck, Lenz, Lieselotte Hansmann: Amulett und Talisman. Erscheinungsform und Geschichte. München 1966
Kuhlen, Franz-Josef: Zur Geschichte der Schmerz-, Schlaf- und Betäubungsmittel im Mittelalter und früher Neuzeit. Stuttgart 1983 (Quellen und Studien zur Geschichte der Pharmazie, 19)
Laarss, R. H.: Eliphas Lévi. Der große Kabbalist und seine magischen Werke. Wiesbaden o. J. (1. Aufl. um 1921)
Laarss, R. H.: Das Geheimnis der Amulette und Talismane. 2., vollständig neubearb. Aufl. O. O. (Leipzig) o. J. (1926)
Lammert, Gottfried: Volksmedizin und medizinischer Aberglaube in Bayern und den angrenzenden Bezirken, begründet auf die Geschichte der Medizin und Cultur. Würzburg 1869 (Nachdruck Regensburg 1981)
Leland, Charles G.: Aradia. Die Lehre der Hexen. München 1979
Löber, Karl: Marzell-Bibliographie. In: Hessische Blätter für Volkskunde 59 (1968), S. 212–227
Lorint, Florica Elena, Jean Bernabé: La sorcellerie paysanne. Approches anthropologique de l'Homo Magus, avec une étude sur la Roumanie. Bruxelles 1977

Losch, Friedrich (Hg.): Deutsche Segen, Heil- und Bannsprüche. Nach gedruckten, schriftlichen und mündlichen Quellen zusammengestellt und herausgegeben. Stuttgart 1890

Marzell, Heinrich: Zauberpflanzen, Hexentränke. Brauchtum und Aberglaube. Stuttgart 1964

Mathers, Samuel Liddell MacGregor: The Book of the Sacred Magic of Abra-Melin the Mage, as Delivered by Abraham the Jew unto his Son Lamech, A. D. 1458. 3. Aufl. Wellingborough 1980

Möller, Helmut, Ellic Howe: Merlin Peregrinus. Vom Untergrund des Abendlandes. Würzburg 1986 (Quellen und Forschungen zur Europäischen Ethnologie, II)

Münsterer, Hanns Otto: Amulettkreuze und Kreuzamulette. Studien zur religiösen Volkskunde. Hg. von Manfred Brauneck unter Mitarbeit von Hildegard Brauneck. Regensburg 1963

Münsterer, Hanns Otto: Die magischen und kabbalistischen Schutzkreuze. In: Bayerisches Jahrbuch für Volkskunde 1953, S. 51–77

Münsterer, Hanns Otto: Die süddeutschen Segens- und Heiligenkreuze. In: Bayerisches Jahrbuch für Volkskunde 1954, S. 90–122

Ohrt, F(rederik): Danmarks Trylleformler. Kopenhagen/Kristiania 1917 (F. F. Publications, Northern Series Nr. 3)

Peuckert, Will-Erich: Das sechste und siebente Buch Mosis. In: Zeitschrift für deutsche Philologie 76 (1957), S. 163–187

Regardie, Israel: Das magische System des Golden Dawn. Freiburg 1987

Ritter, Hellmut, Martin Plessner (Hg.): Picatrix – Das Ziel des Weisen von Pseudo-Magriti. London 1962 (Studies of the Warburg Institute, 27)

Rørbye, Birgitte: Kloge folk og skidtfolk. Kvaksalveriets epoke i Danmark. Kopenhagen 1976

Scheffler, Hermann: Die magischen Figuren. Allgemeine Lösung und Erweiterung eines aus dem Alterthume stammenden Problems. Leipzig 1882 (Nachdruck Wiesbaden 1968)

Schenda, Rudolf: Der «gemeine Mann» und sein medikales Verhalten im 16. und 17. Jahrhundert. In: Joachim Telle (Hg.), Pharmazie und der gemeine Mann. Hausarznei und Apotheke in deutschen Schriften der frühen Neuzeit. Ausstellung der Herzog August Bibliothek Wolfenbüttel, 23. August 1982 bis März 1983 (Ausstellungskataloge der Herzog August Bibliothek, 36). Wolfenbüttel 1982, S. 9–20

Schwarz-Winkelhofer, Inge, Hans Biedermann: Das Buch der Zeichen und Symbole. 2., verb. und verm. Aufl., Graz 1980

Seligmann, Siegfried: Die Zauberkraft des Auges und das Berufen. Hamburg 1922 (Nachdruck Amsterdam o. J.)

Spamer, Adolf: Romanusbüchlein. Historisch-philologischer Kommentar zu einem deutschen Zauberbuch. Aus seinem Nachlaß. Bearbeitet von Johanna Nickel. Berlin 1958 (Deutsche Akademie der Wissenschaften zu Berlin. Veröffentlichungen des Instituts für deutsche Volkskunde, 17)

Starck, Adolf Taylor: Der Alraun. Ein Beitrag zur Pflanzensagenkunde. Baltimore 1917 (New York University Ottendorfer Memorial Series of Germanic Monographs, 14)

Taylor, Archer: Ein Diebszauber. In: Hessische Blätter für Volkskunde 22 (1924), S. 59–63

Waite, Arthur Edward: The Book of Black Magic and of Pacts. Including the Rites and Mysteries of Goetic Theurgy, Sorcery, and Infernal Necromancy. New York 1972

Waite, Arthur Edward: The Book of Ceremonial Magic. The Secret Tradition in Goetia, Including the Rites and Mysteries of Goetic Theurgy, Sorcery and Infernal Necromancy. 3. Aufl., Secaucus, New Jersey 1973

Wanderer, Karl-Peter: Gedruckter Aberglaube. Studien zur volkstümlichen Beschwörungsliteratur. Phil. Diss. Frankfurt a. M. 1976

Wierschin, Martin: Johannes Hartliebs «Mantische Schriften» – Untersuchungen zur Handschrift der J. Hartlieb zugeschriebenen Chiromantie – Die Zuschreibungsformeln der Gesamtüberlieferung. In: Beiträge zur Geschichte der deutschen Sprache und Literatur 90 (1968), S. 57–100

Zischka, Ulrike: Zur sakralen und profanen Anwendung des Knotenmotivs als magisches Mittel, Symbol oder Dekor. Eine vergleichend-volkskundliche Untersuchung. München 1977 (tuduv-Studien: Reihe Kulturwissenschaften, 7)

Abbildungsnachweis

V. E. Clausen, Folkelig Grafik i Skandinavien. O. O. 1983, Abb. 34, 50 (Abb. 4, 25). – Liselotte Hansmann, Lenz Kriss-Rettenbeck, Amulett und Talisman. München 1966, Abb. 110, 372, 303, 378, 389, 634, 458 (Abb. 38, 39, 40, 42, 43, 45, 46). – Karl Preisendanz (ed. Albert Henrichs), Papyri graecae magicae, Bd. I. 2. Aufl. Stuttgart 1973, Tafel I, Abb. 2 (Abb. 2). – T. Schrire, Hebrew Amulets. London 1966, S. 62 (Abb. 32). – Matthias Senn (Hg.), Die Wickiana. Küsnacht/Zürich 1975, S. 80, 162, 180, 188, 198 (Abb. 15, 16, 17, 18, 19). – Bruno Stern, Meine Jugenderinnerungen an eine württembergische Kleinstadt und ihre jüdische Gemeinde. Stuttgart 1968, Abb. 44 (Abb. 29). – Helfried Valentinitsch, Ileane Schwarzkogler (Hg.), Hexen und Zauberer. Granz/ Wien 1987, Bd. 1, S. 219 (Abb. 33), Bd. 2, S. 167 (Abb. 34).

Soweit nicht anders vermerkt, stammen die Fotografien und Reproduktionen vom Verfasser.

Personen- und Ortsregister

Sachregister